MW01001347

DAVE EARLEY y DAVID WHEELER

Evangelismo es . . .

Cómo testificar de Jesús con pasión y confianza

B&H Español
Nashville, Tennessee

Evangelismo es...: Cómo testificar de Jesús con pasión y confianza

Publicado por B&H Publishing Group
Nashville, Tennessee

ISBN: 978-1-4336-7679-6

Clasificación Decimal Dewey: 248.5

Título temático: TESTIFICAR/ OBRA EVANGELÍSTICA

Publicado originalmente en inglés por B&H Publishing Group con el título *Evangelism Is...: How to Share Jesus With Passion and Confidence*, © 2012, Dave Earley and David Wheeler.

Traducción al español: José Antonio Septién González

Diseño interior: *A&W Publishing Electronic Services*

Impreso en EE.UU.

1 2 3 4 5 * 15 14 13 12

Índice

Tercera Parte: Modalidad

Evangelismo es...

Cuarta Parte: Métodos

Evangelismo es...

APÉNDICES

Prefacio

Esto es más que otro libro; es la guía que te llevará a la gran aventura de cambiar al mundo para Jesucristo. Te advertimos: estos 40 capítulos son peligrosos. Transformarán tu vida. Te abrirán camino para que veas y trates a las personas de manera diferente, como nunca antes lo hiciste. Harán de ti un agente de cambio espiritual, el que marca la diferencia, un atleta estrella para Jesucristo. Estos capítulos pueden hacer que tu nombre se conozca en el infierno.

Hemos dado nuestra vida adulta para cumplir con la gran comisión. Nuestro viaje nos ha llevado por universidades estatales, inquietos barrios urbanos, iglesias rurales, campos de misión sudamericanos, megaiglesias, cargos denominacionales, cruzadas para plantar iglesias, universidades y seminarios cristianos. Para cumplir con la gran comisión hemos probado todo lo que pensamos que podría ser útil. Hemos cometido muchos errores y ganado muchas victorias. Leímos libros y asistimos a conferencias. Capacitamos a miles de estudiantes, laicos y pastores de todo el país y el extranjero. Como resultado, hemos seleccionado de nuestros 60 años de experiencia en el evangelismo personal lo que creemos son las 40 lecciones más importantes para llegar a entender cómo hablar de Jesús con pasión y confianza.

Deseamos profundamente ayudarte. Estamos orgullosísimos de ti. Cualquiera que tiene las agallas de leer un libro con la palabra *evangelismo* en el título es nuestro tipo de persona. El evangelismo personal eficaz puede ser uno de los desafíos más difíciles pero más gratificantes que puedes aceptar. A menudo demanda enorme paciencia y perseverancia. Seguir trabajando y esperar una cosecha que parece lenta es extremadamente dificultoso. A veces el enemigo parece combatirte a cada paso del camino. Necesitas ánimo en fuertes dosis; por eso escribimos este libro.

Es fácil entrar en una rutina y seguir un hábito; seguir haciendo lo que siempre has hecho. Tu vida espiritual rápidamente se estanca y se hace monótona. Necesitas ideas frescas, sugerencias prácticas y una nueva perspectiva. Es también por eso que escribimos este libro.

Aprender a compartir a Jesús con pasión y confianza puede parecer descomunal. No es posible hacerlo de una vez, es preciso ir lentamente y aprender un poco más cada semana.

Este libro contiene 40 capítulos con equipamiento de alto octanaje, capacitación y aliento para todo el que quiera marcar la diferencia. Explicamos el evangelismo personal desde casi todos los ángulos posibles. Es ideal para principiantes, también ofrece una guía práctica para el veterano más experimentado. Cada uno de los 40 capítulos se escribió de forma independiente, sin embargo, están unidos para entrenar, enseñar y estimular a cualquier potencial hacedor de cambios.

Este libro no fue concebido para leerse y olvidarse rápidamente. Se lo ensambló diligentemente con el objetivo de cambiar tu vida. Te explicará el qué, el por qué y el cómo del evangelismo personal. Hay que leerlo con lápiz en mano para marcarlo y hacer comentarios en el margen. Personalízalo. Deja que marque tu vida al hacerlo *tu* libro.

Antes de comenzar a explicar lo que el *Evangelismo es*, David Wheeler expresará algunas ideas sobre lo que no es.

Lo que el evangelismo no es

Hace años tuve la desgracia de discutir la idea del evangelismo con un administrador de alto rango de una de las principales instituciones cristianas del medio oeste de los Estados Unidos. Si bien se mostró agradecido por las muchas maneras en que nuestra organización estuvo dispuesta a servir y ayudar a los estudiantes, al proporcionar conferencistas motivadores y oportunidades para compartir el evangelio, estaba perplejo por el uso de la palabra *evangelismo* respecto a la promoción de nuestro ministerio entre el alumnado. Incluso llegó a decir: «¡Evangelismo es un término negativo para nuestros estudiantes!» Recuerdo que pensé «¡Oh!...¿desde cuándo a los evangélicos les ofende el concepto del evangelismo?

Por desgracia, he tenido experiencias similares al trabajar con pastores y otros líderes eclesiásticos. Es común encontrarse con cristianos que, como este administrador universitario, valoran tan poco el concepto del evangelismo. La pregunta es...¿por qué?

En gran parte se debe a que la iglesia ha creído en una serie de suposiciones falsas relacionadas con el evangelismo. De manera que acá presentamos algunas cosas que *no son evangelismo...*

1. Una elección. Se acepta por lo general en círculos cristianos que la mayoría de los creyentes rara vez comparte su fe con las personas que no son salvas. He notado esto en mis clases de evangelismo a nivel de posgrado. Con una sencilla muestra a mano alzada, más de la mitad de los estudiantes admitieron que no compartían su fe con los no creyentes. Uno de los factores que contribuye a esto es que el evangelismo se enseña como una *elección* individual y no como un *mandato* bíblico. Esto es engañoso y peligroso, respecto a la gran comisión. Consideremos lo que Jesús dijo en Hechos 1:8: «Pero recibiréis poder, cuando haya venido sobre vosotros el Espíritu Santo, y me seréis testigos en Jerusalén, en toda Judea, en Samaria, y hasta lo último de la tierra». La frase «seréis testigos» es un *mandato* directo de Cristo. El objetivo es movilizar a sus discípulos en el mundo para que cumplan la promesa registrada en Marcos 1:17: «Venid en pos de mí, y haré que seáis pescadores de hombres».

2. Solamente transmitir información. Hay cientos de maneras eficaces de compartir a Cristo con un no creyente. Sin embargo, al hacerlo, hay que recordar que evangelismo *no* es solo compartir la información bíblica correcta. Como siempre digo en mis clases: «No se puede divorciar el mensaje de Jesús de la vida que vivió». Esto simplemente significa que Jesús no solo compartió de palabra la verdad; sino que también la encarnó en un estilo de vida firme. Aunque es importantísimo comunicar el conocimiento bíblico correcto con respecto a la salvación, recuerda siempre que el conocimiento que transmites se valida ante el mundo por el testimonio coherente de una vida transformada.

3. Un don espiritual. Contrariamente a lo que mucha gente cree en la iglesia, el evangelismo *no* aparece como un don espiritual en la Escritura. Si bien hay quien tiene talentos que lo ayudan a ser más natural en el evangelismo, el llamado a evangelizar es para toda la iglesia. *No* está reservado para unos pocos soldados selectos.

Como veremos en el capítulo 7, la palabra evangelismo significa literalmente «buenas noticias» o «mensaje». El problema es que para la mayoría, evangelismo es simplemente *compartir* la buena noticia (un verbo), cuando en realidad es la «buena noticia» en sí (un sustantivo). Nuestro problema es que lo definimos como acción, y no como la naturaleza o esencia de la acción. Ya que su núcleo es la «buena noticia» de Cristo, todos Sus seguidores deben aceptarlo como un estilo de vida.

4. Algo que se hace. El evangelismo nunca debe ser minimizado a algo que se hace como un deber para Dios. Más bien, se trata de compartir el mensaje de Cristo en toda situación y esto debe ser algo tan natural como el acto involuntario de la respiración. En resumen, evangelismo es la esencia de lo que eres en todos los ámbitos de la vida. Es el desbordamiento constante y natural de una profunda y permanente relación con Cristo.

5. Una competencia con el discipulado. A menudo escucho a los que abrazan los principios del discipulado por encima del llamado a evangelizar. Estas personas suelen minimizar el evangelismo al afirmar «soy formador de discípulos, no un evangelista». Esto puede sonar bien, pero es bíblicamente incorrecto. La verdad es que el evangelismo y el discipulado dependen el uno del otro. Mientras que el evangelismo intencional conduce a la conversión espiritual, y siempre precede al desarrollo del discipulado, ningún proceso está completo hasta que el que está siendo discipulado aprende a multiplicar su testimonio cuando comparte el mensaje de Cristo con los inconversos. Poseer una verdadera pasión por la multiplicación bíblica mediante el evangelismo es un indicador clave para evaluar la madurez espiritual.

6. Para ciertas personalidades. Hay quien cree que el evangelismo está reservado solo para personalidades de cierto tipo. Nada podría estar más lejos de la verdad. El evangelismo es un *mandato* bíblico que todo tipo de personas deben cumplir. No importa si eres tímido o extrovertido, recuerda que evangelizar es responsabilidad de todo cristiano.

7. Lo mismo que la «misión». El término *evangelismo* ha perdido en la iglesia su carácter distintivo y su importancia en los últimos 25 años, al ser sustituido con el concepto de «misión». La naturaleza esencial y la expresión del evangelismo es la proclamación apasionada del mensaje del evangelio para que sean redimidos todos los que confían en Cristo y su obra salvífica en la cruz, y reciban perdón y vida eterna. Por otra parte, la «misión» es una empresa transcultural en la que el mensaje del evangelio se lleva a otra cultura, el propio país o el extranjero (Hechos 1:8). Por consiguiente, el evangelismo está en su núcleo. Si la actividad de la misión hace que compartir el mensaje del evangelio sea secundario, entonces, ambas expresiones pierden su enfoque bíblico. El evangelismo debe ser el propósito y la fuerza motriz de toda misión. Es imposible que exista una verdadera misión sin evangelizar.

8. Actuar con arrogancia o superioridad. En 1 Pedro 5:6 leemos: «Humíllense, pues, bajo la poderosa mano de Dios. para que él os exalte a su debido tiempo» (NVI). La clave del evangelismo eficaz es un corazón bien dispuesto, obediente, amoroso y humilde hacia Dios. Una actitud «sabelotodo» y «arrogante» siempre obstaculiza la eficacia de la evangelización.

9. Guardar silencio por temor. En 2 Timoteo 1:7-8, el apóstol Pablo declara, «Pues Dios no nos ha dado un espíritu de timidez, sino de poder, de amor y de dominio propio. Así que no te avergüences de dar testimonio de nuestro Señor...» (NVI). Según la Escritura, hay un temor apropiado y racional en determinadas situaciones, pero no debe aplicarse a la tarea del evangelismo.

10. Un dilema teológico. Hay quienes tratan de ignorar la gran comisión valiéndose de interpretaciones teológicas. Debido a puntos de vista extremos sobre la doctrina de la elección, la mayoría de los ministros contemporáneos abandonan su responsabilidad de ser activos en el evangelismo. Lo mismo ocurre cuando los teólogos liberales ponen en peligro la autoridad de la Escritura. En muchos casos la humildad y la obediencia se sustituyen con la superioridad teológica y un espíritu crítico que perjudican la evangelización. En pocas palabras, teología sin evangelismo, no es teología cristiana en absoluto.

Conclusión

Al final de cada capítulo de este libro, encontrarás desafíos para aplicar lo que lees.

También encontrarás grandes verdades para aprender, un versículo para memorizar y a menudo algunas citas para considerar.

Como hemos experimentado el gozo increíble y la satisfacción que vienen de hablar de Jesús con pasión y confianza, queremos animarte a que leas los 40 capítulos. Quizás podrás leer uno al día durante los próximos 40 días. Así que tendrás que apartar tiempo en tu agenda para la lectura diaria.

Prepara una taza de café, toma tu Biblia y zambúllete. Oramos para que este pequeño libro llegue a ser grande en tu vida, sea tu entrenador, el que te equipe y anime y un catalizador para una vida que marcará la diferencia.

Primera parte:

Motivo

1 Evangelismo es. . .

Una alegría embriagadora

Dave Earley

No hay escapatoria: si nosotros, por la gracia de Dios, tenemos éxito en el evangelismo seremos más felices. Nuestro gozo en el Señor se aumentará.

—John Piper[1]

Pensar en hablar con alguien sobre Jesús me hacía sudar y sentirme demasiado incómodo. Soy una persona introvertida y hablar con la gente sobre cualquier cosa, y mucho más algo controversial como Jesús, estaba a años luz de lo que me hacía sentir a gusto. Pero después de varios años de vida salvaje, recientemente me entregué cien por ciento a Dios. Además, comencé a preocuparme por la vida presente y el destino eterno de mi mejor amigo, Scott. Él necesitaba a Jesús. Maldecía mejor que nadie. Cuando se enojaba, tejía una red de blasfemias que podría impresionar a un marinero. Más allá de eso, sabía que estaba vacío por dentro.

Lee, nuestro pastor de jóvenes, nos había pedido que buscáramos a otro creyente y en oración tratáramos de compartir el evangelio con un amigo la siguiente semana. Me sentí un poco mejor al saber que Roy, mi compañero, había testificado por años y que había llevado a muchos a los pies de Cristo. A diferencia de mí, conocía todos los versículos apropiados y dónde encontrarlos. También era buen amigo de Scott. Así que aquella noche oramos para compartir el mensaje de Jesús con Scott.

Por varias razones, aquella oración fue posiblemente la más difícil que había hecho alguna vez. En primer lugar, la enseñanza de Lee sobre evangelismo en las últimas semanas me indujeron una profunda preocupación por Scott. Me di cuenta de que estaba vacío y sus palabras malignas reflejaban un corazón doliente. Estaba perdido y necesitaba a Dios.

En segundo lugar, el padre de Scott no simpatizaba con el cristianismo verdadero. Tenía temor de lo que pudiera pensar, decir o incluso hacer.

En tercer lugar, Scott era mi mejor amigo. No quería que pensara que éramos afeminados, religiosos excéntricos o aún peor, «vendedores de Jesús». Ni tampoco quería perder un amigo.

En cuarto lugar, insisto, Scott era mi mejor amigo. Me conocía mejor que nadie y si alguien sabía que yo no era perfecto, era Scott.

En quinto lugar, estaba totalmente asustado. Nunca había hablado de Jesús con nadie. No conocía todos los versículos ni qué decir. Nuestro líder, Lee, nos había enseñado algunas preguntas de apertura, pero me preocupaba decir algo tonto y arruinarlo todo. ¿Y si digo algo que termine por alejar aún más a Scott? ¿Y si pregunta algo que yo no sé responder?

Roy tenía más confianza que yo. Dijo algo así como que nosotros hiciéramos nuestra parte y que el Espíritu haría la suya.

La noche siguiente, Roy vino a mi casa. Una vez más oramos por Scott y lo que debíamos compartir con él. Entonces nos dirigimos a su casa.

Le había dicho a Scott que Roy y yo lo visitaríamos y que teníamos algo importante que decirle, pero no le dije qué era. Scott tuvo curiosidad cuando abrió la puerta. Entramos y tuvimos una breve conversión con sus padres, y luego buscamos una excusa para ir a su habitación.

Scott escucha la buena noticia

Scott es aficionado a los deportes y un artista. Incluso las paredes de su habitación estaban cubiertas de retratos que dibujaba o pintaba y carteles de sus atletas favoritos. Con Johnny Bench de los *Reds* de Cincinnati viéndonos fijamente desde arriba, sacamos del pantalón nuestros Nuevos Testamentos de bolsillo y nos sumergimos en la conversación.

«Scott, hemos venido a hablarte de Jesús», le dije con firmeza.

«Nada de bromas», sonrió burlonamente, mirando nuestros Nuevos Testamentos.

«Sabemos que necesitas a Jesús y Roy te va a mostrar por qué» le ofrecí, buscando la ayuda de Roy.

Afortunadamente Roy estaba listo. «Este versículo es Romanos 3:23», dijo, mientras señalaba su Nuevo Testamento. «¿Podrías leerlo por favor?».

Scott se quedó mirando la página y en voz baja dijo: «Por cuanto todos pecaron, y están destituidos de la gloria de Dios».

«Así es», dije. «Todos hemos pecado: yo, tú y también Roy. No somos perfectos. Estamos destituidos. Hemos pecado». Entonces yo no sabía qué más decir, miré a Roy y le dije: «Muéstrale otro».

«Se trata de Romanos 3:10-12» y señaló Roy con calma su Nuevo Testamento. «¿Podrías leer estos versículos por favor?».

Scott miró atentamente la página y comenzó a leer: «Como está escrito: No hay justo, ni aun uno; no hay quien entienda. No hay quien busque a Dios. Todos se desviaron, a una se hicieron inútiles. No hay quien haga lo bueno, no hay ni siquiera uno».

«Sí», expresé, tratando de pensar qué decir.

Una vez más, Roy estaba preparado. «Mira, Scott», dijo: «porque todos hemos pecado, a los ojos de Dios no somos justos. Somos corruptos. Tendemos a arruinarlo todo».

«Sí» aseguré. «Roy, muéstrale otro».

«Este es Romanos 6:23» y volvió a pedirle a Scott que leyera.

«Porque la paga del pecado es muerte, más la dadiva de Dios es vida eterna en Cristo Jesús Señor nuestro».

«El pecado tiene consecuencias», afirmé.

«El castigo que nos hemos ganado por nuestros pecados es la muerte», agregó Roy. «No solo la muerte física, sino también la muerte eterna».

«Eso es el infierno», sostuve. «Esto es serio».

Scott suspiró.

«Muéstrale otro, Roy», dije.

«Antes de continuar» Roy declaró: «¿Podrías leer la última parte de ese versículo una vez más, por favor?

«Más la dadiva de Dios es vida eterna en Cristo Jesús Señor nuestro», leyó Scott.

«Esa es la buena noticia», comentó Roy. «La mala noticia es que todos hemos pecado y merecemos la muerte. La buena noticia es que Jesús murió por nuestros pecados».

«Sí», expresé sonando inteligente.

«Scott, por favor léenos este versículo», dijo Roy señalando Romanos 5:8.

Lentamente Scott leyó el versículo. «Mas Dios muestra su amor para con nosotros, en que siendo aún pecadores, Cristo murió por nosotros».

«Dios te ama tanto, Scott, que envió a Jesús a morir por ti», aseveró Roy.

«Nosotros también te queremos, Scott», añadí. «Es por eso que estamos aquí esta noche». No podía creer que hubiera dicho eso. ¿Qué me había sucedido? Scott sin duda pensaría que éramos mariquitas o algo peor. «Muéstrale otro versículo», le pedí rápidamente.

«Este es Romanos 10:9» señaló Roy. «Por favor, léelo».

Scott miró con seriedad y leyó pausadamente, «Que si confesares con tu boca que Jesús es el Señor, y creyeres en tu corazón que Dios le levantó de los muertos, serás salvo».

«Ya que Jesús murió en nuestro lugar, aclaró Roy, todo lo que tenemos que hacer es creer en Él y confiar en que su muerte es el pago de nuestros pecados; ¡y si estamos dispuestos a que Él sea el Señor de nuestra vida, seremos salvos! Mira este versículo», dijo Roy mientras señalaba Romanos 10:13.

Bien entrenado a estas alturas, Scott leyó: «Porque todo aquel que invocare el nombre del Señor, será salvo».

«Scott, permíteme que te haga algunas preguntas», comenzó Roy. «¿Crees que eres pecador».

Yo estaba orando en silencio tanto como podía.

«Todos sabemos que lo soy», confesó Scott, mientras miraba fijamente a Roy a los ojos.

«¿Crees que Jesús murió para pagar por tus pecados?»

Sorprendentemente, Scott asintió: «Sí».

«¿Estás dispuesto a invocar a Jesús como Señor de tu vida?»

Una vez más Scott declaró: «Sí».

«¿Quieres ser salvo en este momento?», preguntó Roy.

«Sí», susurró Scott débilmente.

Incapaz de estar en silencio un momento más, comencé a hablar: «Lo que tienes que hacer es orar con sinceridad. Si realmente creíste cuando invocaste al Señor, serás salvo». Roy lanzó una mirada de grata sorpresa. Yo mismo estaba sorprendido. Eso en realidad sonó muy bien y tenía sentido. ¿De dónde vino eso?

«¿Quieres orar ahora mismo?», le preguntó Roy.

«Sí», Scott tragó saliva, «tengo que hacerlo, pero nunca he orado en voz alta».

«Está bien», dijo Roy. «Hagamos esto. Pongámonos de rodillas. Diré una frase en voz alta. Si estás de acuerdo con ella, Scott, puedes repetirla en voz alta a Dios».

«Me parece bien», declaró Scott, cayendo en silencio sobre sus rodillas.

«Amado Dios», comenzó Roy.

«Amado... uh... Amado Dios», Scott siguió, tragando saliva. Abrí los ojos y miré a hurtadillas a Scott. No podía creer lo que veía. Una lágrima corría por su mejilla. ¡Cielos! ¡Scott nunca lloraba!

«Admito que he pecado», continuó Roy.

«Admito que he pecado», repitió Scott.

Roy siguió, «creo que Jesús murió para pagar por todos mis pecados».

«Creo que Jesús murió para pagar por todos mis pecados», repitió Scott una vez más.

«Creo que resucitó de entre los muertos», siguió diciendo Roy.

«Creo que resucitó de entre los muertos», oró Scott.

No lo podía creer. Mi mejor amigo malhablado estaba realmente orando a Dios y pidiéndole a Jesús que lo salvara. ¡Dios mío!

«Amado Dios, por favor, perdona mis pecados», seguía diciendo Roy.

En ese momento Scott respiraba pesadamente: «Amado Dios, por favor perdona mis pecados», dijo con voz entrecortada.

«Por favor, ven a mi vida y cámbiame».

«Por favor, ven a mi vida y cámbiame», oraba Scott.

«Quiero que seas mi Señor por el resto de mis días», expresaba Roy.

«Quiero que seas mi Señor por el resto de mis días», repetía Scott.

«Creo que me has oído y que ahora soy salvo», continuó Roy.

«Creo que me has oído y que ahora soy salvo», expresó Scott con firmeza.

«Amén», Roy declaró finalmente.

«Amén», Scott y yo asentimos al mismo tiempo.

En los minutos que siguieron Roy compartió con Scott otros versículos, hicimos una cita para reunirnos y estudiar la Biblia durante la semana. Scott también aceptó ir a la iglesia con nosotros.

La siguiente cosa que supe es que estábamos en la calle. Aquellas dos horas habían pasado volando.

¡Scott recibió la salvación!

Salí de la casa de Scott con un hormigueo en todo el cuerpo. Sentía como si estuviera en un sueño, un sueño muy bueno. Cuando llegamos a la esquina, lo suficientemente fuera de la vista y el oído, agité mis puños y dije «¡Sí!».

«¡Sí!» siguió Roy agitando también sus puños.

«No lo puedo creer» sonreí. «Scott se salvó».

«Aunque parezca mentira, mi amigo», Ron se rió entre dientes. «Scott se salvó».

Entonces Roy hizo algo que nunca olvidaré. Una mirada divertida apareció en su rostro. «Escuché a un evangelista en un campamento juvenil el verano pasado», afirmó, agachándose para quitarse los zapatos. «Dijo que siempre que se sentía feliz en Jesús, se quitaba los zapatos y aplaudía con ellos».

Entonces Roy levantó un zapato en cada mano y comenzó a saltar y a batir un zapato contra otro, arriba y abajo gritando, «¡Scott se salvó! ¡Scott se salvó!»

En segundos me quité los míos, aplaudí con ellos y grité al unísono, «¡Scott se salvó! ¡Scott se salvó».

Todo esto debe parecer bastante extraño, pero les aseguro que es real. Simplemente no lo podíamos evitar. Scott era nuestro amigo y nos preocupamos por él. Además, habíamos experimentado qué se siente cuando el Señor nos utiliza para compartir el mensaje de Jesús con eficacia. Fue muy divertido. Fue uno de los mejores momentos que jamás había vivido.

No me di cuenta en ese momento, pero ahora sé que no estábamos solos mientras nos regocijábamos.

Lucas 15:10 nos permite dar una perspectiva más amplia de lo que ocurre: «Así os digo que hay gozo delante de los ángeles de Dios por un pecador que se arrepiente». Piensen en esto: tal vez los ángeles que presenciaron la conversión de Scott se quitaron sus sandalias y las batieron la noche que se salvó. Quizás el Señor mismo se quitó sus sandalias y también las batió. Quizás algunos de los parientes de Scott que habían ido al cielo se regocijaron y danzaron junto a él.

Aunque he tenido el privilegio de llevar muchas personas a Jesús (por lo general no me quito los zapatos, pero a veces sí) nada ha superado la corriente de adrenalina de la noche en que Scott se salvó. Ello me lanzó a un viaje que no cambiaría por nada. Es una adicción que nunca dejaré hasta que llegue al cielo.

Hemos querido escribir este libro para ayudarte a saber lo que es ver a uno de tus amigos entregarle su vida a Jesucristo. Te podemos decir que ¡es increíble! ¡Nada es más gratificante o divertido! También lo escribimos porque sabemos que tú puedes hacerlo. Si Dios me utilizó para ayudar a que mi amigo se salvara, ciertamente puede usarte a ti. Y lo hará si se lo permites.

Por cierto, la última vez que hablé con Scott, estaba activo en su iglesia. Se casó con una cristiana encantadora y tiene dos hijos maravillosos. Ahora emplea sus habilidades artísticas como diseñador de portadas de libros para editoriales cristianas.

Con los años he descubierto que el evangelismo alegra mi corazón simplemente porque Dios lo mandó y la obediencia siempre produce gozo. También me llena de regocijo porque cuando evangelizo, estoy haciendo famoso el nombre de Jesús. Me siento realmente feliz cuando la persona con quien comparto dice: «Sí».

— Evangelismo es... —

1. Hablar con los amigos de Jesús. Roy y yo pudimos salirnos con la nuestra al aparecer en la casa de Scott y compartir el evangelio con él, porque ya habíamos ganado su amistad.
2. ¡Poderoso! Scott se salvó y su vida cambió.
3. Un incremento embriagador del gozo de todos los que participan. Los que comparten el evangelio, quienes lo reciben y el cielo mismo estallan de alegría.
4. Gozosamente adictivo. Desde la primera vez que Dios me utilizó para ayudar a alguien a encontrar a Jesús, no he dejado de evangelizar.

— Versículo clave —

«Así os digo que hay gozo delante de los ángeles de Dios por un pecador que se arrepiente» (Luc. 15:10).

Citas interesantes

Algo me pasó: Tuve una idea de lo que era ser usado por Dios. Supe que no importaba lo que yo había hecho en la vida, quería seguir compartiendo el evangelio.

—Greg Lurie[2]

Por lo tanto, bajo la autoridad de Dios, nuestra meta en el evangelismo es ser sus instrumentos en la tarea de crear un pueblo nuevo que se deleite en Dios mediante Jesucristo, lo que nos llenará de gran gozo.

—John Piper[3]

Incluso si fuera totalmente egoísta y nada me importara más que mi propia felicidad, escogería, si pudiera, bajo la autoridad de Dios, ser un ganador de almas; porque nunca conocí una felicidad tan perfecta, rebosante y expresable del orden más puro y ennoblecedor que cuando oí por primera vez de uno que había buscado y encontrado al Salvador por el testimonio que yo le di. Ninguna madre alguna vez se regocijó tanto por su primogénito, ni ningún guerrero se alegró tanto después de una victoria duramente ganada.

—C. H. Spurgeon[4]

Aplicación

Haga una lista de algunos de sus amigos o conocidos que aun no conocen a Jesús. Tenga la costumbre de pedir a Dios todos los días que lo utilice para hablarle a la gente de Jesús.

Notas

1. J. Piper, «*How Does Christian Hedonism Relate to Evangelism*?» [¿De qué manera el cristianismo hedonista se relaciona con el evangelismo?] (Enero 1, 1978), http://www.desiringGod.org, ingresado el 1° de abril de 2009.

2. G. Laurie, *New Believer's Guide to Share Your Faith* [Guía para que el creyente nuevo comparta su fe] (Wheaton, IL: Tyndale, 1999), 3.

3. Piper, «*How Does Christian Hedonism Relate to Evangelism*?» 3. [¿De qué manera el cristianismo hedonista se relaciona con el evangelismo?].

4. C. H. Spurgeon, citado por J. Oswald Sanders, *The Divine Art of Soul-Winning* [El arte divino de ganar almas] (Chicago: IL: Moody Press, 1980), 11.

2 Evangelismo es. . .
La verdadera razón de la vida

Dave Earley

La gloria de Dios, y, como nuestro único medio de glorificarlo, la salvación de las almas es la verdadera razón de la vida.

—C. S. Lewis[1]

El negocio de las hamburguesas y los helados

Cuando estaba en la secundaria, entré al mundo de los negocios al conseguir un empleo en un restaurante local de hamburguesas y helados. Durante mis turnos servía helados; hacía leches malteadas, bebidas variadas y refrescos; preparaba *sundaes* y helados con banana. También atendía la caja registradora, lavaba los platos, limpiaba las mesas, actuaba como anfitrión, hacía los preparativos de la comida, y de vez en cuando servía las mesas. Me gustaba el trabajo por varias razones: recibía cada semana un cheque, el restaurante estaba casi siempre lleno, así que el tiempo pasaba volando y la mayoría de las meseras eran bellísimas. Realmente lo disfrutaba.

Sin embargo, después de algunas semanas de turnos nocturnos en fin de semana, la emoción se acabó. Una oscura verdad se estrelló en mi idealista cabeza. Estaba en un negocio de hamburguesas y helados. Me mataba trabajando noche tras noche para que la gente se llevara algo a la boca. El único valor perdurable de la comida que preparaba eran los kilos de grasa que podía crear en los clientes.

En aquellos días un amigo me desafió a que leyera al pensador y escritor cristiano C. S. Lewis. Una frase de él hizo que todo cambiara con respecto a mi trabajo.

Lewis decía: «La gloria de Dios, y, como nuestro único medio de glorificarlo, la salvación de las almas es la verdadera razón de la vida».

El negocio de la salvación de las almas

Aquel día hice una gloriosa transición del negocio de las hamburguesas y el helado al de la «salvación de las almas». Mi empleo en el restaurante adquirió un nuevo significado cuando comencé a ir a trabajar con un propósito eterno. Quería glorificar a Dios mediante la cooperación en su plan para salvar a mis compañeros de trabajo. Trabajaba a diario con tanta dedicación y eficiencia como podía. También traté de cultivar relaciones con los demás empleados y comencé a orar por sus almas cada mañana.

Cuado iba al restaurante con la actitud de glorificar a Dios viendo cómo las personas lo conocían, ocurrió un fenómeno interesante: trabajar se hizo más gratificante y desafiante. Ya no se trataba de helados o hamburguesas, obtener un cheque ni de coquetear con alguna mesera. Era algo mucho más grande que todo eso. Tenía que ver con la gloria de Dios y la eternidad.

Como iba a trabajar con una nueva actitud, rápidamente capté con claridad por qué estaba allí. El jefe de cocina era un destrozado veterano de Vietnam y alcohólico. El encargado era un esposo infeliz y extenuado. La jefa de meseras era una mujer joven y atractiva más que dispuesta a usar sus encantos sexuales para escapar de la vida que había conocido. Otra mesera era una asustadiza madre soltera, y otra más era una chica solitaria cuyos únicos amigos eran los empleados del restaurante. Los asistentes del encargado eran jóvenes vacíos que trataban de encontrar la felicidad en las consabidas tentaciones del dinero, el sexo y el poder.

Comencé a trabajar con los asistentes del encargado en nuestros días libres o en las mañanas cuando trabajaba en el turno de la noche. Nos hicimos amigos. Como resultado de mis esfuerzos y oraciones, uno de los asistentes del encargado comenzó a venir conmigo a la iglesia. Un domingo después de la iglesia fuimos a almorzar al parque de la ciudad. El pastor había compartido claramente el evangelio en el sermón de esa mañana y conversábamos sobre eso. Repasamos el evangelio y le entregó su vida a Cristo. Aquel momento fue más emocionante que cuando recibí mi primer cheque.

Cuando fui parte del verdadero negocio de la vida, *mi* vida, todo se volvió más pleno y trabajar fue más divertido.

No se trata de ti

Uno de los mitos de nuestra cultura es que necesitamos hacer de nosotros mismos el centro de nuestro universo para sentirnos realizados. Vivimos con la mentira de que Dios existe para hacernos felices. Sin embargo, la verdad es que no se trata de ti, ni de mí. La verdadera razón de la vida es mucho más grande que la propia realización personal, la tranquilidad o incluso la felicidad. Es mucho más grande que tu familia, tu carrera o tus sueños y ambiciones. La verdadera razón de la vida es glorificar a Dios y ser usado por Él para transformar a los inconversos en un pueblo cuyo gran deleite en la vida sea conocerlo y confiar en Él.

La felicidad profunda nunca llega cuando uno se centra en sí mismo. Es el resultado de vivir una vida enfocada en Dios y dirigida a los demás. El gozo verdadero no alcanza su punto culminante en una comunión privada con Dios, sino que llega a su plenitud solo cuando la compartimos con los demás.

¿Por qué estamos aquí?

¿Qué es la vida? ¿Para qué es? ¿Por qué existo? ¿Por qué estoy aquí?

Tarde o temprano toda persona pensante se pregunta estas cosas. La Biblia es bien clara. Él dijo: «Trae a mis hijos desde lejos y a mis hijas desde los confines de la tierra. Trae a todo el que sea llamado por mi nombre, al que yo he creado para mi gloria» (Isa. 43:6-7 NVI).

Observa las últimas cuatro palabras: «creado para mi gloria». El significado de la vida se encuentra en glorificar a Dios. Él sabe que lo mejor para nosotros es Dios mismo. Cuando centramos nuestra vida en Él, es decir, cuando lo glorificamos, alcanzamos nuestra realización. Esto se debe a que Él es verdaderamente lo mejor que nos pudo suceder.

El catecismo resumido de Westminster comienza con esta pregunta:

P. ¿Cuál es el fin principal del hombre?
R. El fin principal del hombre es glorificar a Dios y gozar de Él para siempre.

Nuestro objetivo principal es glorificar a Dios y hacer de Él toda nuestra alegría. Pero hay más. No solo fuimos creados para la gloria de Dios, sino también salvados para vivir para la gloria de Dios: «Porque habéis sido comprados por precio; glorificad, pues, a Dios en vuestro cuerpo y en vuestro espíritu, los cuales son de Dios» (1 Cor. 6:20).

Cómo glorificar a Dios

Fuimos creados para la gloria de Dios (Isa. 43:7) y salvados para glorificar a Dios (1 Cor. 6:20). La siguiente pregunta lógica es: ¿*Cómo* puedo glorificar a Dios mejor? Lewis nos contesta en sus *Reflexiones*: «La gloria de Dios, y como nuestro único medio de glorificarle, la salvación de las almas es la verdadera razón de la vida».

En última instancia, Dios recibe más gloria, y encontramos nuestra realización más profunda cuando concentramos nuestra vida en «la salvación de las almas».

Dios es glorificado cuando llevamos a otros a que sean glorificadores de Dios. En otras palabras, Dios recibe la gloria cuando ayudamos a que otros se salven. El apóstol Pablo afirma que la gloria de Dios mediante la salvación de los demás debe ser la motivación impulsora detrás de todo lo que hacemos, incluso lo que comemos o bebemos: «Si, pues, coméis o bebéis, o hacéis otra cosa, hacedlo todo para la gloria de Dios. No seáis tropiezo ni a judíos, ni a gentiles, ni a la iglesia de Dios; como también yo en todas las cosas agrado a todos, no procurando mi propio beneficio, sino el de muchos, para que sean salvos» (1 Cor. 10:31-33).

Observa la frase: «hacedlo todo para la gloria de Dios». Ahora fíjate en las últimas cuatro palabras, «para que sean salvos». El evangelismo, que ayuda a que las personas se salven, es muy gratificante porque cumple con la razón de nuestra existencia. Estamos aquí para evangelizar. Nunca estarás realizado hasta que vivas para la gloria de Dios, y no puedes glorificar a menos que hagas del evangelismo un estilo de vida.

Debes hacer de la salvación de las almas la verdadera razón de la vida, la empresa más importante de *tu* vida. No desperdicies tu vida viviendo solamente para ti ni la pierdas buscando placer, posición o posesiones. Tampoco la derroches acumulando simplemente experiencias y aventuras. No la desperdicies por completo. En cambio, úsala para lo que te dará una plena realización en la tierra y gozo supremo en la eternidad. Invierte tu vida glorificando a Dios en la salvación de las almas.

Dios puede hacer de ti un maestro de escuela, un ama de casa, misionero, un artista, un médico o un músico. Puedes sentir que Dios te dirige para que seas un hombre de negocios, un ingeniero, un obrero, un abogado, un agricultor, un plantador de iglesias o un técnico. Cualquiera que sea la carrera a la que Dios te guía, que sea una plataforma mediante la cual ayudes a cultivar la salvación de las almas.

Embajadores

No importa cuál es la actividad a la que te dediques, la verdadera razón de la vida es glorificar a Dios mediante la salvación de las almas. Esto significa cumplir con la misión asignada por Dios: Servir como su representante para la gente que lo necesita en aquella tienda, oficina, restaurante o fábrica. Es vivir y contar su mensaje a los que necesitan verlo y oírlo.

> «De modo que si alguno está en Cristo, nueva criatura es; las cosas viejas pasaron; he aquí todas son hechas nuevas. Y todo esto proviene de Dios, quien nos reconcilió consigo mismo por Cristo, y nos dio el ministerio de la reconciliación; que Dios estaba en Cristo reconciliando consigo al mundo, no tomándoles en cuenta a los hombres sus pecados, y nos encargó a nosotros la palabra de la reconciliación.
>
> Así que, somos embajadores en nombre de Cristo» (2 Cor. 5:17-20).

Tengamos en cuenta que una vez que hemos sido hechos nuevos por Cristo, se nos da «el ministerio de la reconciliación». Observa también la declaración: «Somos embajadores en nombre de Cristo». El diccionario describe el término «embajador» de tres maneras:

1. Un funcionario diplomático del más alto rango designado y acreditado como *representante residente* de un gobierno o soberano a otro.
2. Un funcionario diplomático al frente de la *misión permanente* de su país ante ciertas organizaciones internacionales, tales como las Naciones Unidas.
3. Un *mensajero autorizado* o representante.

Somos embajadores de Cristo. Los que hemos experimentado la nueva vida del perdón de nuestros pecados mediante la fe en Jesucristo, no debemos guardarla solo para nosotros. Estamos obligados a servirlo como «representantes residentes» enviados del reino de Dios al reino de las tinieblas. Somos parte de su «misión permanente» ante la humanidad, los «mensajeros autorizados» enviados para proclamarlo a los demás.

Evangelismo es...

1. La verdadera razón de la vida.
2. Negarse a desviar la atención rápida y fácilmente de la verdadera razón de la vida.
3. Servir como embajadores de Cristo. Somos sus «embajadores residentes» enviados del reino de Dios al reino de las tinieblas, sus «mensajeros autorizados» enviados a proclamarlo ante los demás.

Versículo clave

«Si, pues, coméis o bebéis, o hacéis otra cosa, hacedlo todo para la gloria de Dios. No seáis tropiezo ni a judíos, ni a gentiles, ni a la iglesia de Dios; como también yo en todas las cosas agrado a todos, no procurando mi propio beneficio, sino el de muchos, para que sean salvos» (1 Cor. 10:31-33).

Citas interesantes

Nuestro vocablo español «misión» viene de la palabra latina «enviar». Ser cristiano incluye ser enviado al mundo como representante de Jesucristo [...] ¿Cuál es esa misión? Presentar a Jesús a los demás [...] Una vez que somos suyos, Dios nos usa para alcanzar a otros. Nos salva y luego nos envía.

—Rick Warren[2]

Pueblo cristiano; la verdadera razón de tu vida es llevar a los hombres a que crean en Jesucristo por el poder del Espíritu Santo, y todo lo demás debe subordinarse a este único propósito; si te esfuerzas por salvarlos, todo lo demás vendrá a su debido tiempo.

—Charles Spurgeon[3]

Aplicación

Pídele a Dios que te ayude a verte como su embajador en todos los escenarios de tu vida. Ya sea en el trabajo, en el salón de clase o en la tranquilidad de tu casa, pídele que te use para glorificarlo al ayudar en la salvación de los demás.

Notas

1. C. S. Lewis, *Reflections* [Reflexiones] (Grand Rapids, MI: Eerdmans, 1967), 14.
2. R. Warren, *The Purpose Driven Life* [Vida con propósito] (Grand Rapids, MI: Zondervan, 2007), 282 (énfasis del autor).
3. Charles H. Spurgeon, *The Soul Winner* [El ganador de almas] (New Kensington, PA: Whitaker House, 2001), 272.

3 Evangelismo es... Obediencia a la gran comisión

Dave Earley

Las últimas palabras y los hechos de la vida de cualquiera por lo general son importantes porque muestran sus valores y prioridades. Por ejemplo, una de las últimas cosas que hizo mi padre fue ponerme a escribir cheques a las 20 organizaciones eclesiásticas, ministerios y organizaciones misioneras a las que él y mi madre brindaban apoyo. Tenían una cuenta especial para algunas de estas, además de sus diezmos y ofrendas, y me dijo que diera todo. Cuando mi padre cayó en cama víctima del cáncer, me dio instrucciones detalladas sobre cómo invertir para la eternidad hasta el último centavo de esa cuenta. Me dijo: «dónalo todo». Unos días más tarde, partió a la gloria.

> Unos días antes de que Jesús ascendiera a la gloria, dio algunas instrucciones finales. De todas las palabras que pronunció, estas son especialmente importantes, porque fueron las últimas. También son significativas porque fue Jesucristo quien las pronunció y se las dio a sus seguidores. Hoy llamamos la gran comisión a estas detalladas instrucciones y declaraciones:
>
> «Por tanto, id, y haced discípulos a todas las naciones, bautizándolos en el nombre del Padre, y del Hijo, y del Espíritu Santo; enseñándoles que guarden todas las cosas que os he mandado; y he aquí yo estoy con vosotros todos los días, hasta el fin del mundo. Amén». (Mat. 28:19-20).
>
> «Y les dijo: Id por todo el mundo y predicad el evangelio a toda criatura» (Mar. 16:15).

«Y les dijo: Así está escrito, y así fue necesario que el Cristo padeciese, y resucitase de los muertos al tercer día; y que se predicase en su nombre el arrepentimiento y el perdón de pecados en todas las naciones, comenzando desde Jerusalén» (Luc. 24:46-47).

«Pero recibiréis poder, cuando haya venido sobre vosotros el Espíritu Santo, y me seréis testigos en Jerusalén, en toda Judea, en Samaria, y hasta lo último de la tierra» (Hech. 1:8).

Estas cuatro declaraciones pronunciadas por Jesús son variaciones del mismo mandato y cada una enfatiza un aspecto ligeramente diferente de lo que significa obedecerlo. Los verbos operativos en estas comisiones del NT son: *hacer discípulos, predicar* y *ser testigos.* El alcance del cumplimiento de estos mandatos es: *todas las naciones, todo el mundo, toda criatura, todas las naciones* y *lo último de la tierra.* Si se aísla la esencia de cada pasaje y se unen, resulta el imperativo: ¡Evangelicen al mundo!

Por tanto, id, y haced discípulos a todas las naciones. (Mat. 28:19)
+ Id por todo el mundo y predicad el evangelio. (Mar. 16:15)
+ Que se predicase en su nombre el arrepentimiento y el perdón de pecados en todas las Naciones. (Luc. 24:47)
+ Me seréis testigos en Jerusalén, en toda Judea, en Samaria, y hasta lo último de la tierra (Hech. 1:8)

= ¡Evangelicen al mundo!

La gran comisión ha estado siempre en el corazón de Dios

Algunos sostienen que la gran comisión fue solo obligatoria para el puñado de discípulos que originalmente la oyeron, pero esto no es posible. Desde el principio del tiempo Dios ha estado siempre interesado en que el evangelio se lleve a todas las naciones.

Los lectores del AT saben que antes de la época de Jesús, Dio trató principalmente con los hebreos. Sin embargo, es indudable que el mensaje del AT fue y es universal en alcance e internacional en amplitud. Esto es muy claro desde el comienzo cuando Dios le prometió a Abraham «serán benditas en ti todas las familias de la tierra».

Haré de ti una nación grande,
Y te bendeciré,
Y engrandeceré tu nombre,

Y serás bendición.
Bendeciré a los que te bendijeren,
Y a los que te maldijeren maldeciré;
Y serán benditas en ti todas las familias de la tierra. (Gén. 12:2-3)

El corazón de Dios y la misión a todos los pueblos de la tierra es evidente cuando notamos el número de aquellos, que no eran los israelitas, a quienes Dios tocó como lo describe el AT. Piensa en Melquisedec, Jetro, la multitud mixta de egipcios que salieron de Egipto con los israelitas, Balaam, Rahab, Rut, la viuda de Sarepta y muchos otros que como ellos respondieron a la predicación de profetas como Jonás, Jeremías e Isaías. Considera también la gran cantidad de "sermones" dados por los profetas mayores (Isaías, Jeremías y Ezequiel) que dispusieron 25 capítulos de sus profecías a las naciones gentiles de sus días (Isaías 13-23; Jeremías 46-51; Ezequiel 25-32). El erudito Walter Kaiser observa: «Hay más versículos dedicados a las naciones extranjeras en estos 25 capítulos de los tres profetas mayores solamente que los que contiene el NT en todas las epístolas paulinas de la prisión. No puede haber duda de que Dios tuvo más que un leve interés en ganar a las naciones fuera de Israel».[1]

El corazón de Dios siempre ha estado llamando a todos los pueblos de todas las naciones. A medida que leas los siguientes versículos, observa la pasión de Dios porque su salvación se extienda por toda la tierra. Si tenemos el corazón de Dios, desearemos ardientemente llevar el evangelio sin límite a cada persona.

«¡Pídeme! Y te daré por herencia las naciones,
y como posesión tuya los confines de la tierra» (Sal. 2:8, BTX).

«Se acordarán del SEÑOR y se volverán a él todos los confines de la tierra;
ante él se postrarán todas las familias de las naciones» (Sal. 22:27, NVI).

«Quédense quietos, reconozcan que yo soy Dios.
¡Yo seré exaltado entre las naciones!
¡Yo seré enaltecido en la tierra!» (Sal. 46:10, NVI).

«Pero tú, oh Dios, estás sobre los cielos,
¡tu gloria cubre toda la tierra!» (Sal. 57:5, NVI).

«Que se conozcan tus caminos en toda la tierra
y tu poder salvador en todos los pueblos» (Sal. 67:2, NTV).

«Todas las naciones que has creado vendrán, Señor,
y ante ti se postrarán y glorificarán tu nombre» (Sal. 86:9, NVI).

«Yo te pongo ahora como luz para las naciones,
a fin de que lleves mi salvación hasta los confines de la tierra» (Isa. 49:6, NVI).

«El SEÑOR desnudará su santo brazo
a la vista de todas las naciones,
y todos los confines de la tierra verán la salvación de nuestros Dios»
(Isa. 52:10, NVI).

«Porque así como las aguas cubren los mares.
así también se llenará la tierra del conocimiento de la gloria del SEÑOR»
(Hab. 2:14, NVI).

La gran comisión es para todos los seguidores de Jesús

Los seguidores de Jesús tomaron seriamente la responsabilidad de cumplir la gran comisión. Después de escuchar por última vez la gran comisión y de verlo a Jesús ascender al cielo en las nubes (Hech. 1:1-11), inmediatamente convocaron a una reunión de oración de una semana (Hech. 1:12-14) para pedirle a Dios que les diera poder para cumplir el mandamiento. Dios respondió dándoles el Espíritu Santo, y comenzaron a proclamar el evangelio y plantar con una iglesia (Hechos 2). Varias veces fueron arrojados en prisión por negarse a dejar de proclamar el evangelio. Pero probablemente ya sabes todo esto.

Puede ser que pienses: *Sí, pero eran los apóstoles. Yo soy una persona común. En realidad Dios no espera que yo evangelice, ¿o sí?*

Si bien los apóstoles fueron los primeros evangelistas, ciertamente no fueron los únicos. Un tal Esteban, que no era apóstol, tenía un poderoso ministerio de hablar la palabra de Dios con sabiduría y el Espíritu Santo (Hech. 6:8-10). Era tan eficaz que los judíos decidieron que la única manera de callarlo era quitarle la vida, lo cual hicieron (Hech. 7:54-60).

Observen lo que sucedió a continuación: «Y Saulo consentía en su muerte [de Esteban]. En aquel día hubo una gran persecución contra la iglesia que estaba en Jerusalén; y todos fueron esparcidos por las tierras de Judea y de Samaria, salvo los apóstoles [...] Pero los que fueron esparcidos iban por todas partes anunciando el evangelio» (Hech. 8:1,4).

Nota *quienes* fueron esparcidos por la persecución: «*Todos* fueron esparcidos por las tierras de Judea y de Samaria, *salvo los apóstoles*». Advierte *qué* hicieron: «Pero los que fueron esparcidos *iban por todas partes anunciando* el evangelio».

El evangelio se esparció por todo el mundo cuando aquellos que no eran apóstoles, sino creyentes comunes y obedientes compartieron las buenas nuevas de Jesús. Ahora observe cómo Dios bendijo el ministerio de estos seguidores de Cristo: «Ahora bien, los que habían sido esparcidos a causa de la persecución que hubo con motivo de Esteban, pasaron hasta Fenicia, Chipre y Antioquía, no hablando a nadie la palabra, sin sólo a los judíos. Pero había entre ellos unos varones de Chipre y de Cirene, los cuales, cuando entraron en Antioquía, hablaron también a los griegos, anunciando el evangelio del Señor Jesús. Y la mano del Señor estaba con ellos, y gran número creyó y se convirtió al Señor» (Hech. 11:19-21).

La gran comisión no es la gran «opción»

La palabra *comisión* es un término militar que significa «una orden autoritativa, cargo o dirección». Se emplea para un documento que confiere autoridad emitido por el presidente de los EE.UU. a los oficiales del ejército, la marina y otros servicios militares. Por ser una orden autoritativa, la obediencia no es opcional. Desobedecer la comisión se consideraría un acto de traición y el desobediente estaría sujeto a una corte marcial.

Nadie puede llamarse seguidor de Jesús si se niega a obedecer sus órdenes. Ya que esta orden de evangelizar al mundo fue dada repetidamente y con claridad debe obedecerse. La evangelización del mundo no es una opción para considerar, sino un mandato de Jesús que debe obedecerse. Los discípulos de Jesús no consideraron la gran comisión de la evangelización del mundo como una opción para entretenerse, sino como un mandato que debía acatarse sin importar el costo.

La gran comisión debe obedecerse a cualquier costo

Las últimas palabras que pronuncia una persona se consideran cruciales, especialmente cuando se trata del personaje más importante de la historia; deben tomarse con la mayor seriedad. Las últimas palabras de Jesucristo, la persona más importante que ha caminado sobre la tierra, deben despertar, impulsar, inspirar, instruir e implorar a cualquiera que sea su seguidor. Estas fueron sus palabras: «Pero recibiréis poder, cuando haya venido sobre vosotros el Espíritu Santo, y me seréis testigos en Jerusalén, en toda Judea, en Samaria, y hasta lo último de la tierra» (Hech. 1:8).

Cabe notar que en esta última entrega de la gran comisión Jesús no les dice qué hacer (evangelizar), sino cómo deben ser (testigos). Compartir el mensaje de la muerte, la sepultura y la resurrección de Jesús debió consumir de tal manera a sus seguidores que literalmente se convirtieron en él.

En un sentido legal, la palabra *testigo* significa «decir lo que has visto y oído con pasión que consume». Proviene de la palabra griega *mártus* de la que surge nuestro vocablo *mártir*. Por consiguiente debemos consumirnos de tal manera al presentar a Jesús a toda persona de este mundo, que muramos al hacerlo. ¡Esto es exactamente lo que han estado haciendo los seguidores responsables de Jesús los últimos 2000 años!

Esteban murió lapidado alrededor del 34 d.C. Jacobo, el hermano de Juan, fue decapitado hacia el 44 d.C. Felipe fue azotado, encarcelado y después crucificado aprox. en el 54 d.C. Mateo murió a espadazos cerca del 60 d.C. Jacobo, el hermano de Jesús, fue golpeado, apedreado y la cabeza fracturada con un garrote. Matías fue lapidado en Jerusalén y luego decapitado. Andrés fue arrestado y crucificado en una cruz, cuyos extremos se fijaron transversalmente en el suelo (de ahí el término, la cruz de San Andrés). Marcos fue arrastrado hasta morir por el pueblo de Alejandría, frente a Serapis, el ídolo pagano. Pedro fue crucificado de cabeza a petición suya, porque dijo que era indigno de ser crucificado como su Señor. Pablo murió a espada. Bartolomé fue golpeado y crucificado en la India. Tomás fue traspasado con una lanza por sacerdotes paganos. Lucas fue colgado de un olivo en Grecia. Judas, el medio hermano de Jesús, fue crucificado en Edesa hacia el 72 d.C.

«Sin reservas, sin retroceder, sin pesar»

En 1904 William Borden, de 16 años, se graduó en una escuela secundaria de Chicago. Como heredero de la fortuna de la familia Borden, ya era millonario. Como premio por haberse graduado, sus padres le dieron un viaje alrededor del mundo. Mientras el joven viajaba por Asia, el Medio Oriente y Europa, sintió una carga creciente por el sufrimiento del mundo. Finalmente, Bill Borden escribió a sus padres sobre su «deseo de ser misionero».

Un amigo se sorprendió de que «se fuera a desperdiciar como misionero».

En respuesta, Bill escribió dos palabras en la parte de atrás de su Biblia: «Sin reservas».

Aún cuando Bill era rico, llegó al campus de la Universidad de Yale en 1905 bajo la sencilla apariencia de un estudiante de primer año. Sin embargo, rápidamente los compañeros de Borden notaron algo inusual en él, y no era su dinero. Uno de ellos escribió, «Llegó a la universidad más adelantado espiritualmente que cualquiera de nosotros. Ya le había entregado plenamente el corazón a Cristo y era real. Los que fuimos sus compañeros de clase encontramos en él un apoyo y una fuerza sólida como la roca, precisamente debido a su resuelto propósito y consagración».[2]

Durante sus años universitarios Bill Borden escribió en su diario personal aquello que definía lo que sus compañeros de clase veían en él: «Di "no" a ti mismo y "sí" a Jesús siempre».[3]

Durante el primer semestre en Yale, Borden comenzó algo que transformaría la vida del campus. Uno de sus amigos describió cómo sucedió:

> En el primer trimestre Bill y yo comenzamos a orar juntos por la mañana antes del desayuno. No puedo decir positivamente de quién fue la sugerencia, pero estoy seguro de que partió de Bill. Recién nos veníamos reuniendo, cuando un tercer estudiante se nos unió y poco después otro más. Pasábamos el tiempo orando después de una breve lectura de la Escritura. La manera en que Bill manejaba la Escritura fue útil [...] Nos leía la Biblia, mostrándo-

nos algo que Dios había prometido y luego procedía a pedir la promesa con seguridad.[4]

El pequeño grupo matutino de oración de Borden dio a luz un movimiento que se extendió en todo el campus. Al final del primer año, 150 estudiantes de primer año se reunían para un estudio bíblico semanal y oración. ¡Cuando Bill Borden estaba en el último año, 1000 de los 1300 estudiantes de Yale se reunían en estos grupos!

Borden tenía el hábito de buscar a los estudiantes más incorregibles y trataba de llevarlos a la salvación.

> Al llegar al segundo año organizamos grupos de estudio bíblico y dividimos la clase de 300 o más, cada uno interesado en tomar a un cierto número, de manera que todos pudieran, si fuera posible, ser alcanzados. Los nombres eran examinados uno por uno y se hacía la pregunta: «¿Quién se hará cargo de esta persona?» Cuando sucedía que alguien pensaba que era una propuesta difícil, había una pausa inquietante. Nadie quería la responsabilidad. Entonces Bill decía: «Anótenmelo a mí».[5]

El alcance del ministerio de Borden no se limitó al campus de Yale. Se ocupaba también de las viudas, los huérfanos y los que padecían incapacidades. Rescataba borrachos de las calles de New Haven. Para rehabilitarlos fundó la Yale Hope Mission [Misión de la Esperanza de Yale]. Uno de sus amigos escribió que a Bill «se lo podía encontrar en las partes más bajas de la ciudad por la noche, en la calle, en una pensión barata o algún restaurante al que habría llevado a un pobre hambriento para darle de comer, tratando de conducir hombres a Cristo».[6]

El llamado misionero de Borden se redujo a los musulmanes Kansu de China. Una vez que la meta estaba a la vista, Borden nunca vacilaba. También inspiró a sus compañeros de clase a considerar el servicio misionero. Uno de ellos afirmó: «Sin duda fue uno de los personajes más tenaces que he conocido y quién nos fortaleció en la universidad. Había acero verdadero en él y siempre sentí que tenía la cualidad de los mártires y los misioneros heroicos de los tiempos modernos».[7]

A pesar de que era millonario, Bill parecía «darse cuenta siempre de que debía ocuparse de los negocios de su Padre, y no perder el tiempo en la búsqueda de diversiones».[8]

Después de graduarse en Yale, Borden rechazó algunas ofertas de trabajo bien remuneradas. En su Biblia escribió dos palabras más: «Sin retroceder».

William Borden hizo estudios de postgrado en el Seminario Princeton de New Jersey. Cuando terminó sus estudios, se embarcó para China. Como tenía la esperanza de trabajar con musulmanes, se detuvo primero en Egipto para estudiar árabe. Mientras estaba allí contrajo meningitis, la cual cobró la vida de este joven de 25 años.

Cuando la noticia de la muerte de William Whiting Borden llegó por cable a los EE.UU., la historia se publicó en casi todos los periódicos estadounidenses. Su biógrafo escribió: «Una ola de dolor recorrió el mundo [...] Borden no solo dio lo que tenía, sino también a sí mismo, de una manera tan alegre y natural que (parecía) un privilegio y no un sacrificio».[9]

¿Fue un desperdicio la muerte prematura de Borden? No en el plan de Dios. Antes de morir, Borden escribió dos palabras más en su Biblia, debajo de las palabras «Sin reservas» y «sin retroceder»: «Sin pesar».

Evangelismo es...

1. Obediencia incondicional a la gran comisión.
2. Compartir el evangelio hasta los confines de la tierra, sin importar el costo.

Versículo clave

«Pero recibiréis poder, cuando haya venido sobre vosotros el Espíritu Santo, y me seréis testigos en Jerusalén, en toda Judea, en Samaria, y hasta lo último de la tierra» (Hech. 1:8).

Citas interesantes

Las iglesias primitivas obedecieron la gran comisión al plantar nuevas congregaciones para llevar a cabo las tareas de discipular, bautizar y enseñar que iniciaría el proceso de multiplicación de plantar más y más iglesias. Observa que el proceso comienza y termina con obediencia.

—ED STETZER[10]

Ser extrovertido no es esencial para el evangelismo [...]. La obediencia y el amor sí lo son.

—REBECCA MANLEY PIPPERT[11]

Notas

1. W. C. Kaiser Jr., «*The Great Comission in the Old Testament*», [La gran comisión del Antiguo Testamento] International Journal of Frontier Missions, 13, no. 1 (Enero-Marzo 1996):3.

2. Mrs. H. Taylor, Borden of Yale '09 (Philadelphia: China Inland Mission, 1926), [Filadelfia: Misión en el interior de China] 98.

3. Ibid., 122.

4. Ibid., 97.

5. Ibid., 150.

6. Ibid., 148.

7. Ibid., 149.

8. Ibid.

9. Ibid., ix.

10. E. Stetzer, *Planting Missional Churches* [Plantar iglesias misioneras] (Nashville, TN: B&H, 2006), 38.

11. R. M. Pippert, *Out of the Saltshaker into the World* [Fuera del salero en el mundo] (Downers Grove, IL: IVP, 1979), 113.

4

Evangelismo es...

El supremo desafío de esta generación

Dave Earley y David Wheeler

La mala noticia

En su aleccionador libro *The Last Christian Generation* [La última generación cristiana], Josh McDowell llama nuestra atención cuando escribe: «¡Durante la última generación, el número de estudiantes que dicen que la iglesia jugará un papel importante en su vida cuando dejen el hogar ha descendido del 66% al 55% y luego al 33%!» Señala, además, que «¡entre el 69% y el 94% de los jóvenes abandonan la iglesia tradicional después de terminar la secundaria y pocos regresan!»[1]

La buena noticia

Del lado positivo, McDowell observa que: «¡El 65% de esta generación desea tener una relación cercana con Dios; y el 49% quiere marcar una diferencia en el mundo!»[2] En realidad, la mayoría dirá que «Dios sigue siendo importante para ellos», pero «solo que creen algunas cosas diferentes de ti y de mí [*sic*]».[3]

La noticia no tan buena

Cuando McDowell mencionó que esta generación proclama que Dios sigue siendo importante para ellos, pero tienen creencias diferentes de las nuestras, eso sonaba mejor. Pero ¿lo es? ¿Cómo funciona el concepto de «cosas diferentes» en el sistema de creencias de esta generación?

- El 63% no cree que Jesús es el Hijo del único Dios verdadero.
- El 51% no cree que Jesús resucitó.
- El 58% cree que todas las religiones enseñan verdades igualmente válidas.
- El 68% no cree que el Espíritu Santo es un ser real.
- El 65% no cree que Satanás es un ser real.[4]

El problema

Además de esto, estudios del Instituto Nehemías muestran que no hay una verdadera diferencia en las creencias de los estudiantes cristianos y los de las escuelas públicas. El 85% de los estudiantes de las escuelas públicas que vienen de hogares cristianos no aceptan la cosmovisión bíblica. A la vez, mientras que los estudiantes de las escuelas cristianas representan un porcentaje un poco más alto, solamente el 6% han adoptado una cosmovisión bíblica teísta.[5]

Visto del lado positivo, McDowell percibe que «la juventud de hoy parece estar tan interesada en Dios y tan apasionada sobre las cosas espirituales como la de cualquier otra generación. [...] Por más de una década, los jóvenes han sido los individuos espiritualmente más interesados de los Estados Unidos. [...] Su interés no está en duda en absoluto».[6]

Entonces: ¿Cuál es el problema? McDowell responde:

> La pregunta fundamental es: «¿Cómo forman los jóvenes su punto de vista de Dios?» y ¿qué clase de religión están adoptando? En otras palabras, nuestros muchachos se están apartando de la fe de sus padres [...] y madres. Creen «algunas cosas diferentes de ti y de mí». Gran parte de lo que creen sobre el cristianismo, la verdad, la realidad y la iglesia provienen de una visión distorsionada que han tomado del mundo que los rodea. No es que no han adoptado una versión del cristianismo; es simplemente que la versión en la que creen no se basa en el verdadero fundamento de lo que es el cristianismo bíblico.[7]

Las creencias afectan la conducta futura

Las creencias siempre afectan el comportamiento de las personas. Nuestra manera de ver la vida viene de nuestra visión del mundo que nos rodea. Si tenemos creencias equivocadas, desarrollaremos actitudes negativas. La investigación revela que cuando un joven no adopta un sistema de creencias cristianas, repercute de manera negativa en su *actitud* general hacia la vida. Los jóvenes encuestados tienen...

- 225% más probabilidad de estar enojados con la vida.
- 216% más probabilidad de estar resentidos.
- 210% más probabilidad de carecer de propósito en la vida.
- 200% más probabilidad de estar decepcionados de la vida.[8]

Además, la imposibilidad de abrazar una cosmovisión y un sistema de creencias auténticamente cristianos como base para la vida tendrá un impacto negativo en el *comportamiento futuro.* Por ejemplo, los jóvenes tienen...

- 48% más probabilidad de hacer trampa en un examen.
- 200% más probabilidad de robar.
- 200% más probabilidad de perjudicar físicamente a alguien.
- 300% más probabilidad de usar drogas ilegales.
- 600% más probabilidades de suicidarse.[9]

La parte triste es que, según el Instituto de Ética Josephson, «no hay más de 4% de diferencia entre la conducta y las acciones de los jóvenes cristianos profesantes y los jóvenes no cristianos».[10]

George Barna dirigió un revelador estudio que dividía a los llamados cristianos «nacidos de nuevo» en dos categorías: (1) los que creían en Cristo pero su vida no reflejaba ningún parecido a Cristo, y (2) los que creían en Cristo y vivían una vida auténticamente cristiana. Barna descubrió que «el 98% de los jóvenes profesantes nacidos de nuevo "creían en Cristo" *¡pero no reflejaban actitudes o acciones cristianas!*»[11]

Las falsas creencias tienen un impacto negativo en la eficacia de la iglesia

La decadencia de la sociedad estadounidense y de nuestro sistema de creencias fundamentales no se debe a que la iglesia no tenga ideas creativas, recursos para la educación ni los ministerios básicos.[12] Es que estas ideas y recursos no son eficaces. El encuestador George Barna concluye:

> «No hay nada que más entumezca a la iglesia que estar sumida en un bache de profundidad aparentemente insondable. Los diversos planteamientos creativos intentados durante esta década han llamado mucho la atención pero producen poco o ningún impacto de transformación. [...] Aunque muchas personas asisten a la iglesia, pocos norteamericanos están comprometidos a *ser* la iglesia».[13]

La idea de *ser* la iglesia no es nada nuevo. En realidad es el llamamiento orgánico de todos los cristianos a medida que se multiplican mediante el evangelismo y participan en la gran comisión. Por desgracia, demasiado a menudo el evangelismo ha sido la menor de nuestras preocupaciones.

Por ejemplo, así como el sistema de creencias básicas del cristianismo estadounidense ha ido en declive, también han crecido los resultados negativos de la iglesia norteamericana. Por increíble que parezca, investigaciones recientes señalan que en la actualidad hay más de 200 millones de personas que no van a la iglesia en los Estados Unidos, esto hace de nuestra nación uno de los mayores países del mundo cuyos habitantes no pertenecen a ninguna iglesia. Justice Anderson ha declarado: «La iglesia estadounidense se encuentra en medio de uno de los mayores campos de misión del mundo de hoy. Solo tres países (China, India e Indonesia) tienen más inconversos».[14]

¿Sabías que en 1987 el número de evangélicos en Asia no solo sobrepasaba al de Norteamérica, sino que en 1991 también superaba al de todo el mundo occidental?[15]

A pesar del auge de las megaiglesias, ningún condado de nuestro país tiene una población mayor de asistentes que la que tenía hace diez años.[16] Durante los últimos diez años, los miembros comulgantes combinados de todas las denominaciones protestantes se redujo un 9,5% (4.498.242), mientras que la población nacional aumentó el 11,4% (24.153.000).[17]

En 1990, el 20,4% de los estadounidenses asistía a la iglesia los domingos. En el año 2000, se redujo al 18,7%. Este porcentaje continúa disminuyendo, y si esta tendencia no se revierte, no pasará mucho tiempo antes de que solo el 6% de los estadounidenses vaya a la iglesia cada semana. Según la investigación de Dave Olson, el reciente aumento en el número de iglesias representa tan solo una octava parte de lo que se necesita para mantenerse al día con el crecimiento de la población.[18]

Como resultado, aun cuando Estados Unidos tiene más habitantes, es menor el número de iglesias por persona que en cualquier otro momento de su historia. Y si bien el número de iglesias en los Estados Unidos se ha incrementado en un 50% en el último siglo, la población ha aumentado un asombroso 300%.[19] ¡En la actualidad hay un 60% menos de iglesias por cada 10.000 estadounidenses de las que había en 1920!

Tabla 1: Número de iglesias por estadounidense

En 1920	había 27 iglesias por cada 10.000 estadounidenses.
En 1950	había 17 iglesias por cada 10.000 estadounidenses.
En 1996	había 11 iglesias por cada 10.000 estadounidenses.[20]

¿Cómo impacta esto en el evangelismo?

Es fácil entender por qué la iglesia está en decadencia. Después de todo, si Jesús es solo uno de muchos caminos que conducen a Dios, entonces la evangelización no es esencial. Si el Espíritu Santo, Satanás y la resurrección son caracterizaciones míticas de delirantes fanáticos cristianos, ilusos y equivocados, entonces el cristianismo no es más que una expresión cultural sin validez inherente y no hay urgencia por proclamar su mensaje.

En un tiempo de tolerancia y pluralismo religioso, el concepto de evangelismo choca contra una conducta aceptable. La suposición de que el cristianismo es el único y verdadero sistema de creencias se estima como un discurso intolerante en algunos círculos culturales.

El problema es que en muchos casos no son los inconversos los que se oponen al evangelismo. Mientras que la cultura de la sociedad moderna puede desalentar a los cristianos para que anuncien el evangelio, a menudo es la cultura eclesiástica la que inflige el mayor daño. La preocupación de la iglesia por mantener el status quo y hacer que los miembros estén contentos es contraria a la gran comisión de Cristo de «ir» y «ser mis testigos».

¡El fruto de mantener el status quo y hacer que los miembros de la iglesia estén contentos es que haya pocos discípulos (verdaderos) y casi ningún fruto espiritual! Por consiguiente, sin un cambio descomunal en la cultura de la iglesia contemporánea que dé prioridad a la evangelización ferviente, al discipulado cristocéntrico y a la verdad bíblica por encima del confort y las preferencias personales, la iglesia seguirá deteriorándose y el cristianismo perderá su influencia e identidad.

Una nueva generación

Si continúan las tendencias actuales, la generación más joven podría ser la última generación cristiana de los Estados Unidos. Sin embargo, creemos que Dios quiere levantar una nueva generación de guerreros cristianos. Creemos, además, a pesar de las estadísticas, que Dios todavía está activo, actuando y llamando a hombres y mujeres jóvenes que irán contra la corriente y cambiarán el rumbo. Con la ayuda de Dios tomarán partido y cambiarán el destino espiritual de este país.

«Los pocos, los orgullosos»

La Infantería de Marina es un brazo de las fuerzas armadas de los Estados Unidos. Su lema es «Primero luchar: Listos para ganar en tierra como en mar». Su misión declarada es ser los primeros en la escena, en ayudar y combatir. Por esto se han ganado la reputación de ser la «Fuerza 911 de los Estados Unidos», la primera línea de defensa de la nación. Estos soldados especiales están preparados para responder en tierra, cielo y mar. Este enfoque integrado los distingue como la fuerza expedicionaria de primera en EE.UU.

Los infantes de marina se enorgullecen de defender los valores fundamentales del honor, la valentía y el compromiso. Su lema es *Semper Fidelis*, una expresión del latín que significa «siempre fiel». Ellos deben ser fieles a la misión que los ocupa, unos a otros, a la milicia y al país. En el campamento militar se les enseña que llegar a ser un infante de marina es una transformación que no se puede deshacer. Una vez hecha, un infante de marina debe ser siempre fiel a vivir según la ética y los valores de la milicia. Los ex infantes de marina no existen.

Estos infantes de marina juran defender la Constitución de los Estados Unidos contra todo enemigo y obedecer las órdenes del presidente de los Estados Unidos. Su símbolo incluye un globo terráqueo que significa presencia mundial. En los uniformes azules llevan una «banda de sangre» de color escarlata a lo largo de la pierna de cada pantalón en honor a los compañeros caídos.

Infantes de marina espirituales

El propósito de entrenar adultos jóvenes se debe a que creemos que Dios está llamando a una nueva generación de infantes de marina cristianos, seguidores disponibles de Jesús que son la primera línea de defensa de la iglesia, dispuestos a ser los primeros en la escena, en ayudar y combatir. Están listos para responder a la necesidad del momento para difundir el evangelio por cielo, tierra y mar o cualquier otro medio disponible. Son jóvenes de honor, valor y compromiso.

Este ejército de adultos jóvenes debe ser dedicado y siempre fiel a la Palabra de Dios, consagrado con pasión a las órdenes de Jesucristo para cumplir la gran comisión. Están comprometidos con la misión que los ocupa, entre unos y otros y con la iglesia. Jesús les ha transformado la vida con una metamorfosis que no se puede deshacer. Se niegan a rendirse, doblegarse o retroceder.

Llevan en el corazón y el modo de vivir las «bandas de sangre» de Jesucristo. Están dispuestos a poner la vida al instante por causa de Cristo. Son soldados espirituales.

Buenos soldados del Señor Jesucristo

Pablo también tuvo el privilegio de comisionar a campeones como Tito, Silas, Lucas y Timoteo. Este último sirvió como pastor principal de la estratégica iglesia de Éfeso, centro emisor de donde se difundió el evangelio en Asia Menor. En su correspondencia con Timoteo, Pablo lo animaba al recordarle que era un guerrero espiritual:

> «Vestíos de toda la armadura de Dios, para que podáis estar firmes contra las asechanzas del diablo. Porque no tenemos lucha contra sangre y carne, sino contra principados, contra potestades, contra los gobernadores de las tinieblas de este siglo, contra huestes espirituales de maldad en las regiones celestes» (Ef. 6:11-12).

«Tú, pues, sufre penalidades como buen soldado de Jesucristo. Ninguno que milita se enreda en los negocios de la vida, a fin de agradar a aquel que lo tomó por soldado» (2 Tim. 2:3-4).

Con el fin de marcar una diferencia en las turbias aguas espirituales del siglo I, Pablo le mostró a Timoteo que tenía que verse a sí mismo como agente de cambio espiritual. Si tú y yo vamos a marcar una diferencia espiritual en una cultura donde el cristianismo está en franco declive, también debemos adoptar la mentalidad de los guerreros espirituales. Debemos convertirnos en infantes de marina espirituales.

«Sirvió a su generación»

Hace más de 3000 años, un joven cuidaba ovejas en el desierto de Judea. Durante los días solitarios de David en aquel árido lugar, Dios le puso una pasión en el corazón para marcar una diferencia. Adoptó la personalidad y los valores de un infante de marina espiritual.

Unos años más tarde, cuando nadie más podía hacer frente a los paganos filisteos y a Goliat, el gigante campeón, David, fue contra él. Solo él se alzó contra la corriente y el desprecio de su hermano, y enfrentó a Goliat. Clamando: «¿No hay una causa?», entró en la batalla. Dios lo fortaleció y juntos derribaron al gigante y ganaron la batalla.

Después de muchas campañas exitosas contra el enemigo, inadvertidamente David ganó el favor del pueblo. Cuando los celos y la envidia consumían al rey Saúl, este se volvió contra David, e hizo que huyera al desierto. David se convirtió en un fugitivo que huía por su vida. Sin embargo, permaneció fiel a Dios y a su pueblo.

Después de la muerte de Saúl, David fue coronado rey de Israel y Judea. Como monarca, llevó a la nación de vuelta a adorar a Dios. Sentó las bases para que Israel construyera el templo y fuera un pueblo dedicado a Él. Al resumir la vida de David, Pablo declaró que David sirvió a su propia generación según la voluntad de Dios (Hech. 13:36).

Nuestro deseo es que Dios levante un ejército de esta generación que adoptará la mentalidad y los valores de los infantes de marina espirituales. Que estén listos para servir y no tengan miedo de derribar gigantes. Ellos servirán a Dios en su generación.

Unos cuantos hombres y mujeres de bien

En Boston, durante 1779, el capitán William Jones, de la Infantería de Marina, puso un anuncio en busca de «unos cuantos hombres de bien» para que se alistaran en el servicio naval contra los ingleses. En una cultura que se mueve rápidamente hacia el vacío moral del secularismo postcristiano, unos cuantos hombres y mujeres de bien pueden marcar la diferencia. Nuestro deseo profundo es que Dios nos utilice para reclutar y entrenar a un ejército de hombres y mujeres que se pongan de pie y expresen: «Yo seré un infante de marina espiritual. Serviré a mi generación».

Evangelismo es...

1. Levantarse en defensa de la fe aun cuando los demás permanezcan sentados.
2. Ir contra la corriente de la cultura.
3. Convertirse en un infante de marina espiritual.
4. El supremo desafío de esta generación.

Versículo clave

«Tú, pues, sufre penalidades como buen soldado de Jesucristo» (2 Tim. 2:3).

Citas interesantes

Estamos convencidos de que una vez que alguien realmente conoce a Dios (es decir, que en verdad lo conoce por ser quien es y lo que significa para nosotros) será inevitable la clase de respuesta que queremos que nuestros muchachos tengan hacia Él. Si somos capaces de reintroducir en nuestros jóvenes lo que Cristo ha hecho por nosotros, lo mucho que nos ama y cómo anhela restaurar todas las cosas a su diseño original, no tendremos que convencerlos de que le respondan. ¡No podremos detenerlos!

—Josh McDowell[21]

Los cristianos no tenemos nada que temer. Las puertas del infierno no prevalecerán contra nosotros. No tenemos nada que temer porque en el nombre de Cristo, tenemos mucho que ofrecer.

—Thom Rainer[22]

Notas

1. J. McDowell, *The Last Christian Generation* [La última generación cristiana] (Holiday, FL: Green Key Books, 2006), 13.
2. Ibid., 14.
3. Ibid., 15.
4. Ibid.
5. Ibid., 14.
6. Ibid., 15.
7. Ibid.
8. Ibid., 16.
9. Ibid.
10. Ibid., 17.
11. Ibid., 18.
12. Ibid., 18-19.
13. Ibid., 19.
14. J. Anderson, *Missiology: An Introduction to the Foundations, History and Strategies of World Missions*, [Misionología: Introducción a los fundamentos, historia y estrategias en el mundo de las misiones] ed. J. M. Terry, E. Smith y J. Anderson (Nashville: B&H, 1998), 243.
15. W. Craig, *Reasonable Faith, "Subject: Molinism, the Unevangelized, and Cultural Chauvinism"* [Fe razonable. Tema: Molinismo, el machismo cultural y los inconversos] http://www.reasonablefaith.org/site/News2?page=News Article&id=5681, ingresado en enero 21, 2008.
16. R. Sylvia, *High Definition Church Planting* [Plantación de iglesias de alta definición] (Ocala, FL: *High Definition Resources*, 2004), 26.
17. T. Clegg, *"How to Plant a Church for the 21st Century"* [Cómo plantar una iglesia para el siglo XXI] materiales del seminario, 1997, colección del autor, Gahanna, Ohio.
18. D. Olson, http://www.theamericanchurch.org.
19. B. Easum, "*The Easum Report*" [El informe Easum]. Marzo 2003, http://www.easum.com/ church.htm.
20. T. Clegg y T. Bird, *Lost in America* [Perdido en América] (Loveland, CO: Group Publishing, 2001), 30.
21. McDowell, The Last Christian Generation, [La última generación cristiana] 83.
22. T. Rainer, *The Unexpected Journey* [El viaje inesperado] (Grand Rapids, MI: Zondervan, 2005), 202.

5

Evangelismo es. . .

Buscar a los perdidos

Dave Earley

En su libro *The Coming Revival* [El avivamiento que viene], Bill Bright informó que «solo el *dos* por ciento de los creyentes en los Estados Unidos anuncian regularmente el evangelio a los demás». Según una investigación realizada por el Dr. James Kennedy, un popular autor y escritor cristiano, solo el 5% de todos los cristianos han llevado a alguien a Cristo.

El grupo de investigación de George Barna hizo una encuesta en 2007 en la que preguntaba a creyentes católicos y protestantes si sentían la responsabilidad de predicar el mensaje de Cristo a los demás. El 81% de los católicos y el 53% de los protestantes dijeron que no. Barna también encontró que el 75% de los adultos estadounidenses que afirmaban que «habían nacido de nuevo» ni siquiera podían definir qué era la gran comisión.

Cada minuto mueren en todo el mundo 102 personas, 6098 cada hora y 146.357 cada día. Si pusiéramos en fila a todos los que no tienen a Cristo en el mundo de hoy y diéramos una distancia de dos pies (61 cm) entre uno y otro, esta mediría casi 2.791.967 km. (aprox. 1.734.848 millas) de largo. ¡Daría la vuelta a la tierra 70 veces por el Ecuador![1]

No sé a ustedes, pero una información como esta me hace sentir incómodo.

¿Por qué vino Jesús?

Cuando era niño y asistía a la escuela dominical, mi historia favorita era la de un hombre llamado Zaqueo. Me gustaba por la canción pegadiza que entonaba.

También me gustaba porque yo no era alto (ni aún lo soy), tal como Zaqueo. Pero lo que más me gustaba de esa historia era el final feliz.

Zaqueo tenía reputación de pecador. Tenía curiosidad por conocer a Jesús y hambre de encontrar a Dios. Jesús fue a cenar a su casa y Zaqueo fue salvo. El evangelio de Lucas registra la historia y en ella está el secreto para comprender el corazón y la misión de Jesús.

> «Y sucedió que un varón llamado Zaqueo, que era jefe de los publicanos, y rico, procuraba ver quién era Jesús; pero no podía a causa de la multitud, pues era pequeño de estatura. Y corriendo delante, subió a un árbol sicómoro para verle; porque había de pasar por allí. Cuando Jesús llegó a aquel lugar, mirando hacia arriba, le vio, y le dijo: Zaqueo, date prisa, desciende, porque hoy es necesario que pose yo en tu casa. Entonces él descendió aprisa, y le recibió gozoso. Al ver esto, todos murmuraban, diciendo que había entrado a posar con un hombre pecador.
>
> »Entonces Zaqueo, puesto en pie, dijo al Señor: He aquí, Señor, la mitad de mis bienes doy a los pobres; y si en algo he defraudado a alguno, se lo devuelvo cuadruplicado.
>
> »Jesús le dijo: Hoy ha venido la salvación a esta casa; por cuanto él también es hijo de Abraham. *Porque el Hijo del Hombre vino a buscar y a salvar lo que se había perdido*» (Lucas 19:2-10, cursivas añadidas).

¿Por qué Jesús vino a la tierra? ¿Cuál era su misión en la vida?

¿Fue para poner un buen ejemplo o enseñar grandes lecciones? ¿Vino a sanar a los enfermos, alimentar a los hambrientos y resucitar a los muertos?

Jesús dijo que su principal objetivo al venir a la tierra era más que todos estos. Vino a «buscar y a salvar lo que se había *perdido*». Vino a recuperar a los *perdidos*.

Esto plantea una buena pregunta: ¿Qué significa estar perdido?

Perdido

¿Qué significa estar «perdido»? Un estudio de la palabra «perdido» (*apólumi* en el original) da que pensar. La raíz del vocablo significa «destruir».

En el pasaje que leemos sobre Zaqueo, se describe a un hombre que claramente estaba «perdido». Los que están fuera del reino de Dios como Zaqueo, el publicano rico pero corrupto, *pierden la vida verdadera*.

En Lucas 5:37 «perdido» se emplea para describir algo que está «*arruinado*». El versículo se refiere a un odre viejo quebradizo que se ha echado a perder por la afluencia y expansión del vino nuevo. En Lucas 15:4-6 «perdido» alude a una oveja que está «*desorientada*» y en grave peligro por haberse apartado del pastor.

En Lucas 15:17 el término griego se traduce «perecer» para señalar al hijo que «*desperdicia su vida y potencial*» porque no estaba en comunión con su padre. En Lucas 4:34 la palabra indica «*destrucción eterna*», de modo que «perdido» describe el estado de destrucción que un demonio quisiera evitar a toda costa.

Al reunir estos usos del término tenemos un cuadro escalofriante de los que están perdidos espiritualmente. «Pierden» la vida que Dios tiene para ellos, «arruinan» lo que podría ser una vida hermosa. «Desperdician» su potencial, están «desorientados y confundidos» en la oscuridad, y enfrentan la «destrucción» final. Con razón Jesús dijo que había venido a salvar al «perdido».

Jesús ama a los perdidos

Dios es invencible, omnipotente, omnisciente y omnipresente. Cuando Satanás quiere llegar a Dios, sabe que atacarlo es inútil, porque es extraordinariamente poderoso. Entonces, ¿qué hace? lo ataca en el único punto de «debilidad» que tiene: su amor por la gente. Así que, Satanás ataca a Dios cuando combate a sus amados, acusándolos, tentándolos y engañándolos.

En Lucas 15:1-2 vemos una discusión entre Jesús y los fariseos. Estaban molestos porque Jesús se asoció con los «pecadores». Lo acusaron de recibir a los «pecadores» y comer con ellos. En este pasaje vemos claramente el corazón de Jesús hacia los perdidos. «Se acercaban a Jesús todos los publicanos y pecadores para oírle, y los fariseos y los escribas murmuraban, diciendo: Este a los pecadores recibe, y con ellos come» (Lucas 15:1-2).

¿Cuál es el problema aquí? El meollo de la controversia era este: La gente, toda la gente, incluso los pecadores, eran importantes para Jesús. Pero a los fariseos no les importaba la gente. Les importaban las reglas, las apariencias y las tradiciones, pero los perdidos no.

Para los fariseos las personas no eran importantes, especialmente los publicanos y los pecadores. Es fácil ser como los fariseos cuando evaluamos a la gente. Podemos hacer listas de los que pensamos que no son importantes. Los criterios de tal lista pueden ser: personalidad, apariencia, ingresos, raza, género, estatus social, educación, estado civil, edad, estatura, preferencia política o religión. Dios no ha compuesto listas como estas.

Para Jesús los perdidos son importantes. Jesús ama a todos, especialmente a los perdidos. Su respuesta a los fariseos fue la historia de la moneda perdida para enseñarnos que los perdidos merecen una búsqueda exhaustiva. Dios ama activamente a todos los que viven en el mundo (Juan 3:16). El relato de Jesús en Lucas 15 nos muestra que nunca debemos cerrar los ojos ante otro ser humano que es valioso para Dios.

Dios nunca deja de amar a la gente de su equipo. Más bien, tiene un lugar especial en el corazón para los que no son de este grupo especial. Los ama inmensamente.

Bill Hybels y Mark Mittelberg describen el enorme amor de Dios hacia los perdidos cuando expresan:

> El amor [de Dios] es tan grande que pudo ver más allá de los pecados y valorar al pueblo rebelde a pesar de ellos; un amor tan poderoso que pudo soportar pacientemente años de resistencia, búsqueda egoísta de los placeres, el dinero y el poder. A la vista de todo esto, el amor de Dios dice: «¡Aunque estén muy lejos del camino, todavía me importan! ¡En verdad que sí!»[2]

Necesitamos darnos cuenta de que los perdidos no son el enemigo. Son víctimas del enemigo. Hemos sido llamados para liberarlos.

A veces pensamos que hay quienes realmente no necesitan a Jesús. Cuando era estudiante universitario, otro estudiante y yo quisimos ir a evangelizar. Se nos envió a un barrio de ricos a repartir algo de literatura sobre Jesucristo. Mi compañero estaba completamente impresionado por las grandes casas y los jardines bien cuidados. Se quejaba de nuestra misión y exclamó de repente: «No creo que estas personas necesiten a Jesús». Erróneamente supuso que debido a que estas personas vivían en casas bonitas y tenían mucho dinero, parecían tenerlo todo y no necesitaban a Jesús. Estaba equivocado.

Todo el mundo necesita a Jesús. Nunca ha habido una sola persona nacida en este planeta que no tenga un vacío con forma de Dios en el corazón. Todos nosotros estamos separados de Dios por el pecado, necesitamos el evangelio y que Jesucristo nos cambie la vida.

Alguna vez hemos pensado que hay personas en un estado tan deplorable que no podrían ser candidatas para el cristianismo. Tendemos a olvidar que los que buscan amor, significado y realización en lugares equivocados son personas que en realidad buscan a Jesús, pero que aún no lo saben. Rebecca Manley Pippert escribe:

> A dondequiera que voy veo que la gente busca desesperadamente las cosas correctas en los lugares equivocados. La tragedia es que muchas veces mi respuesta inicial es retirarme y dar por sentado que nunca serán cristianas. Debemos preguntarnos: «¿Cómo interpreto las necesidades y los estilos de vida de mis amigos? ¿Veo cómo se aficionan al alcohol y la promiscuidad y digo: "Eso está mal" y me alejo? ¿O primero penetro en sus máscaras para descubrir por qué lo hacen y luego trato de amarlos como son?»[3]

Nadie está tan perdido que no pueda ser candidato al amor de Jesús. En la iglesia que comencé en Ohio, varios de los miembros eran alcohólicos, drogadictos y ex delincuentes. Una de nuestros mejores miembros había sido lesbiana por casi 20 años. El día que se unió a la iglesia, me dijo que nunca había estado tan emocionada. Quería contarles a sus amigos cómo Jesús podía liberarlos y darles amor verdadero.

Para el seguidor de Jesús, los perdidos son de suma importancia. Jesús tenía un corazón para ellos. Si queremos ser sus discípulos, también necesitamos un corazón para los perdidos. Charles Spurgeon, el predicador del siglo XVIII declaró una vez: «¿No tienes deseos de que los demás sean salvos? Entonces tú tampoco eres salvo. Asegúrate de eso».[4] Jesús tenía un corazón para los perdidos y también para sus seguidores.

Jesús creía que los perdidos merecían ser buscados exhaustivamente

> «¿Qué hombre de vosotros, teniendo cien ovejas, si pierde una de ellas, no deja las noventa y nueve en el desierto, y va tras la que se perdió, hasta encontrarla?» (Lucas 15:4).

Importancia: Rescatar a los perdidos es de máxima prioridad

Dios considera que los perdidos valen tanto que merecen todo nuestro esfuerzo. En el versículo citado anteriormente, Jesús afirma: «Si vale la pena buscar una oveja, *cuánto más* lo será buscar un alma humana?». Jesús siempre enseñó que seguir a Dios es un asunto de hacer lo que Dios quiere y de valorar lo que Él valora.

Observe la gran importancia de la oveja perdida. Es tan importante que el pastor estuvo dispuesto a dejar las 99 «ya encontradas» para rescatar a la que le faltaba. Esto nos dice mucho. Muy a menudo gastamos todo nuestro tiempo, energía y esfuerzo en las 99 ya rescatadas y no en la que se perdió. Note la proporción aquí; una sola persona tiene prioridad sobre las 99 que ya se han encontrado. En los Estados Unidos la proporción es aprox. 30 encontradas y 70 perdidas. Por consiguiente, si una oveja perdida dio inicio a una búsqueda que dejó atrás a las 99, cuánto más las 70 extraviadas deben ocupar nuestro esfuerzo y energía más que en las 30 ya rescatadas.

Tendremos toda la eternidad para descansar y pasar el tiempo con las que ya se encontraron. Necesitamos buscar con todo el corazón a la descarriada. ¿Podrás levantarte un sábado por la mañana para ir a tratar de rescatar a los que están perdidos?

Iniciativa: Rescatar a los perdidos requiere una costosa iniciativa

Hay que ser muy perspicaz para reconocer que el capítulo de Lucas 15 va después del 14. Mira cuidadosamente lo que Jesús expresó en Lucas 14 antes de que iniciara la discusión sobre alcanzar a los perdidos que se registra en Lucas 15.

> «Si alguno viene a mí, y no aborrece a su padre, y madre, y mujer, e hijos, y hermanos, y hermanas, y aun también su propia vida, no puede ser mi discí-

> pulo. Y el que no lleva su cruz y viene en pos de mí, no puede ser mi discípulo. Porque ¿quién de vosotros, queriendo edificar una torre, no se sienta primero y calcula los gastos, a ver si tiene lo que necesita para acabarla? No sea que después que haya puesto el cimiento, y no pueda acabarla, todos los que lo vean comiencen a hacer burla de él, diciendo: Este hombre comenzó a edificar, y no pudo acabar. ¿O qué rey, al marchar a la guerra contra otro rey, no se sienta primero y considera si puede hacer frente con diez mil al que viene contra él con veinte mil? Y si no puede, cuando el otro está todavía lejos, le envía una embajada y le pide condiciones de paz. Así, pues, cualquiera de vosotros que no renuncia a todo lo que posee, no puede ser mi discípulo» (Lucas 14:26-33).

En Lucas 14:26-33 Jesús explicó el costo del discipulado. El punto que Jesús quería remarcar es que para alcanzar a los perdidos nuestra relación con Dios tiene que estar por encima de nuestras relaciones humanas y sobre nosotros mismos. Ciertamente, alcanzar a los perdidos puede no ser tan fácil o divertido como convivir con tus amigos «ya encontrados». Pero debemos calcular el gasto y poner las prioridades de Jesús por encima de nuestros intereses egoístas.

Identificación: Rescatar a los perdidos no sucederá si no nos identificamos activamente con ellos

Los fariseos estaban molestos con Jesús porque se identificaba con los pecadores. Esto significa que amaba a la gente como era y por lo que era. No debemos despreciar a los demás. Jesús era el único ser humano que tenía este derecho, pero nunca lo utilizó. Se identificó con la gente tanto como le fue posible. Fue totalmente uno de nosotros, excepto en el pecado. «Tenemos que vivir con la tensión de ser llamados a identificarnos con los demás, sin ser idénticos a ellos».[5]

A menudo es más fácil construir muros que puentes, pero Dios nos llama a ser constructores de puentes. Mis hijos son cristianos. Como creyentes, especialmente a medida que crecían no les permitíamos participar en algunas actividades que los jóvenes de su edad hacían. No queríamos que fueran *idénticos* a los muchachos incrédulos, sino que pudieran identificarse con ellos. Una de las razones por las que los animábamos a practicar deportes era porque estos suelen ser un puente neutral de identificación. Por eso, a menudo, participaba como entrenador de los equipos de mis hijos, ya que esta es una área en la que me podía identificar fácilmente con los perdidos.

Cristianos y no cristianos por igual tienen en común muchos puntos de identificación. Luchamos con nuestras relaciones, trabajos, hijos, matrimonios, sueños y deseos. No somos tan diferentes. Rebecca Manley Pippert observa: «Nuestro mensaje no es que lo tenemos todo, sino que conocemos a Aquel que nos provee».[6]

Cuando comencé como entrenador deportivo, estaba nerviosísimo pensando que arruinaría mi testimonio. Soy muy competitivo y no quería sentirme incómodo como entrenador ni ser un mal evangelista. Pero Dios me enseñó una lección con respecto al evangelismo: No nos llamó para ser pasivamente perfectos, sino transparentes y auténticos. Quiere que vivamos con los perdidos y los amemos, y nos usa para tocarlos y llevarlos a Él.

Dos de los mejores evangelistas que conozco, son Sandy y Scott. Sandy tiene muchos problemas de salud y Scott ha batallado toda la vida contra la obesidad. Ambos serían los primeros en decirte que no lo tienen todo. Sin embargo, aman y valoran a la gente. Dios es tan bueno que usa sus debilidades como las fortalezas de su testimonio.

En nuestro interior todos sabemos que no lo tenemos todo. Así que cuando alguien ve a Scott, cuya batalla no puede ocultar, esa persona entiende que Dios no ama a los perfectos, pero sí a la gente real. Scott será el primero en confesar que está tratando de cooperar con Dios para perder peso, y creo que también será un gran testimonio. Pero entonces Scott seguirá siendo tan útil como lo es hoy porque está dispuesto a dejar aquello que lo hace sentirse a gusto y amar a los perdidos.

Seguir a Jesús significa amar activamente a los perdidos

No te sientes cómodamente y digas que eres seguidor de Jesús si no sales a encontrar y rescatar activamente a los perdidos. Puedes hacerlo. Dios te ayudará.

Evangelismo es...

1. Amar a los que Dios ama: a los perdidos.
2. Ir tras los perdidos y rescatarlos para Dios.
3. Identificarse con los perdidos.

Versículo clave

«Porque el Hijo del Hombre vino a buscar y a salvar lo que se había perdido». (Lucas 19:10, NVI)

Citas interesantes

Invalidamos el mensaje del amor de Dios para los hombres cuando no amamos a los hombres para Dios.

—Howard Hendricks[7]

La esencia de la misión de Dios es un amor extravagante [...].
La esencia del amor de Dios es marcar la diferencia, por su poder, en las vidas de otros, ahora y para la eternidad.

—TOM CLEGG Y WARREN BIRD[8]

Muéstrame la profundidad de la compasión de un cristiano y te mostraré la medida de su utilidad.

—ALEXANDER MACLAREN[9]

Un hombre trabajará más duro para obtener diamantes que grava. ¿Por qué? Porque valen inmensamente más. Así pasa con las almas de los hombres. Cristo dio al alma humana un valor tan alto y trascendente que gustosamente cambió los fulgurantes atrios de la gloria por una vida de pobreza, sufrimiento, vergüenza y muerte para que no perecieran. Puso en un plato de la balanza al mundo y todo lo que podía ofrecer y en el otro un alma humana, y declaró que la balanza se inclinó hacia el alma.

—J OSWALD SANDERS[10]

Si tuviéramos que predicar a multitudes año tras año, y solo rescatáramos una sola alma, esta sería la recompensa completa de todo nuestro trabajo, porque un alma es de incalculable precio.

—C. H. SPURGEON

Notas

1. Información recabada por C. Campbell, "*Evangelism Help,*" [Ayuda evangelística] The Always Be Ready Apologetics Ministries, http://www.alwaysbeready.com/index.php?option=com_ content&task=view&id=110&Itemid=97, ingresado en abril 15, 2009.

2. B. Hybels y M. Mittelberg, *Becoming a Contagious Christian* [Transformarse en un cristiano contagioso] (Grand Rapids, MI: Zondervan, 1994), 19.

3. R. M. Pippert, *Out of the Saltshaker into the World* [Fuera del salero en el mundo] (Downers Grove, IL: IVP, 1979), 119–20.

4. C. H. Spurgeon, *The Soul Winner* [El ganador dc almas] (New Kensington, PA: Whitaker House, 2001), 245.

5. Pippert, *Out of the Saltshaker into the World*, 120. 6. Ibid., 121. 7. H. G. Hendricks, Say It with Love [Dilo con amor] Wheaton, IL: Victor Books, 1979).

6. Ibid., 121.

7. H. G. Hendricks, *Say It with Love* (Wheaton, IL: Victor Books, 1979), Preface.

8. T. Clegg y T. Bird, *Lost in America* [Perdido en América] (Loveland, CO: Group Publishing, 2001), 20.

9. A. Maclaren citado en G. Laurie, *New Believer's Guide to How to Share Your Faith* [Guía para que el creyente nuevo comparta su fe] (Wheaton, IL: Tyndale House Publishers, 1999).

10. J. O. Sanders, *The Divine Art of Soul-Winning* [El arte divino de ganar almas] (Chicago: IL: Moody Press, 1980), 19.

6

Evangelismo es. . .

Esparcir y brillar

Dave Earley

Un domingo en mi iglesia, estábamos enseñando sobre un pasaje de la Biblia que se refería al privilegio y la responsabilidad del evangelismo. Una señora cristiana se acercó a mí después y me preguntó: «¿Me haría el favor de orar para que Dios envíe algunos cristianos a trabajar en mi oficina y les den testimonio a mis compañeros de trabajo? Yo soy la única cristiana que trabaja allí y los demás no son creyentes».

Sonreí y le dije: «De ninguna manera».

Ella me miró como si yo hubiera perdido el juicio.

«Pero acabo de oír que usted dijo que Dios ama a los perdidos». Se quedó boquiabierta, tragó saliva y parpadeó varias veces. Luego balbuceó: «Pensé que le gustaría orar para que Dios enviara a un cristiano a mi oficina».

«Definitivamente *no* oraré para que Dios haga tal cosa». Repetí.

«Pero ¿por qué no?» dijo jadeando.

«Porque Dios ya envió a un cristiano para que realice esa labor».

Casi se le salen los ojos. «¿A quién?», preguntó.

«¡A usted!», le respondí.

Jesús

Un día Jesús estaba enseñando a una gran multitud de seguidores. En sus mentes el ministerio espiritual estaba reservado para los profesionales: sacerdotes, escribas y rabíes. Sin embargo, Jesús hizo una declaración que lo cambiaría todo.

> «*Vosotros sois la sal* de la tierra; pero si la sal se desvaneciere, ¿con qué será salada? No sirve más para nada, sino para ser echada fuera y hollada por los hombres.
>
> »*Vosotros sois la luz* del mundo; una ciudad asentada sobre un monte no se puede esconder. Ni se enciende una luz y se pone debajo de un almud, sino sobre el candelero, y alumbra a todos los que están en casa. Así alumbre vuestra luz delante de los hombres, para que vean vuestras buenas obras, y glorifiquen a vuestro Padre que está en los cielos» (Mat. 5:13-16, cursiva añadida).

¡Vosotros!

A menudo nos fijamos en las necesidades de los perdidos y preguntamos: «Señor, ¿a quién vas a enviar? ¿Qué vas a hacer?»

En Mateo 5:13-16 Dios ya ha respondido a esa pregunta: «*Vosotros* sois la sal de la tierra [...]. *Vosotros* sois la luz del mundo». La respuesta de Dios a este mundo dolorido y perdido ¡eres tú!

Dios hará lo que no podemos hacer, pero no hará lo que podemos hacer. El método de Dios es la humanidad. Su plan es la gente. Su estrategia somos tú y yo. Nosotros somos el único Jesús que el mundo podrá ver. Ser diferentes es algo que nos concierne. Si no lo hacemos, jamás será hecho. Si no se llega a hacer, es porque no lo estamos haciendo.

Sal y luz

Jesús decidió usar las ilustraciones de la sal y la luz en parte porque estas eran absolutamente necesarias en todos los hogares de aquellos días. Ninguna familia podía vivir sin ellas.

En aquel entonces como ahora la sal conserva los alimentos y da sabor. En un mundo sin refrigeración, la sal era una necesidad absoluta. La carne de cualquier tipo (pescado, pollo o res) rápidamente se echaba a perder en el calor mediterráneo. Lo único que podía conservarla era la sal.

La sal, además, tenía otra ventaja ya que no solo conservaba la carne sino que también sazonaba todo tipo de alimentos. He estado en Israel, y en 2000 años la comida no ha cambiado mucho. Sus platillos están hechos de carne muy blanda y verduras. Gracias a Dios por la sal que los sazona.

La luz posee una sola y extraordinaria capacidad. Por sí misma tiene el poder de disipar la oscuridad, la cual, por definición, es la ausencia de luz. Como la luz desvanece las tinieblas, tiene el beneficio resultante de dar dirección y levantar el espíritu. Desparece el temor y crea un clima de compañerismo. Si no hubiera luz la vida sería triste y miserable.

Supongo que sería posible vivir sin sal y sin luz, pero ¿quién querría? Así como la sal y la luz eran necesarias para mejorar la calidad física de la vida del siglo I, en nuestros días ambas son asimismo necesarias para mejorar la calidad espiritual de la vida. Este mundo se corrompe sin el condimento del cristianismo. Sin la luz de la verdad de Dios es un lugar oscuro y deprimente. Tiene sed de todo lo que no es Dios, si no hacemos que tenga sed de Dios.

Diferentes del mundo

En estos versículos se hace una distinción entre *nosotros* (la sal de la tierra y la luz del mundo) y el *mundo*, el lugar que necesita la sal y la luz. Esto se debe no solo a que el mundo *nos necesita*, sino a que también *somos diferentes* del mundo.

«El mundo», como se emplea en este pasaje, se refiere al sistema humano al margen de Dios. Como tal, está corrompido y es insípido. No tiene sed de Dios. Está en las tinieblas y en gran necesidad. Los no cristianos están espiritualmente muertos y perdidos. Necesitan vida y dirección.

Como cristianos tenemos la capacidad de ser exactamente lo que necesita el mundo. Podemos ser como la sal que conserva a una sociedad en descomposición y dar sabor a una cultura insulsa. Podemos ser como luz que da esperanza y dirección a los que tropiezan en las tinieblas. Como luz podemos atraer a la gente a *la* Luz del mundo. Como sal podemos hacer que tengan sed del Agua viva.

Nuestra utilidad depende de nuestra diferenciación. Si la perdemos, dejaremos de ser útiles. Observemos lo que Jesús manifestó: «Vosotros sois la sal de la tierra; pero si la sal se desvaneciere, ¿con qué será salada? No sirve más para nada, sino para ser echada fuera y hollada por los hombres» (Mat. 5:13).

Me parece que estas palabras deben llevarnos a pensar seriamente. Cuando dice «no sirve más para nada», no quiere decir que Dios ya no nos ama, sino que ya no seremos útiles para impactar al mundo.

La pregunta es: ¿cómo pierde su sabor la sal? La respuesta es: cuando se le incorporan otros elementos. Cualquier otro químico que se agregue a la sal debilita su sabor. La sal sola es más poderosa que la sal *y* algo más. Lo mismo puede decirse de la luz. Cualquier añadidura aparte de la luz debilita su poder.

¿Qué hace que espiritualmente seamos sal y luz? ¿Qué hace que seamos útiles para el mundo y diferentes de él?

No somos diferentes porque tenemos un libro sagrado llamado Biblia; otras religiones también tienen un libro sagrado. No somos diferentes porque asistimos regularmente a reuniones religiosas; los miembros de otras religiones también lo hacen. No somos diferentes porque no fumamos ni bebemos; otras religiones tienen reglas más estrictas que las nuestras. La única diferencia verdadera es Jesús. Cuanto más tenemos de Él en nuestra vida, nuestra capacidad de sazonar con sal aumenta. Cuanto más gobierna Jesús nuestra vida, su luz brilla más por medio nuestro.

Cuando nuestra existencia se llena de cosas que no son Jesús, nuestro sabor se desvanece. Perdemos nuestra luz y no impactamos más a nadie.

Publícalo

Veamos una traducción libre de Mateo 5:14-16:

> «Esta es otra manera de decirlo: Ustedes están aquí para ser luz, para mostrar al mundo los colores de Dios. Dios no es un secreto. Tenemos que hacerlo público, para que quede tan a la vista como una ciudad sobre un monte. Si los hago portadores de luz, no pensarán que los voy a esconder bajo una cesta, ¿verdad? Los estoy poniendo como lámparas en un lugar visible. Ahora que están en lo alto de un monte, y para dar luz, ¡brillen! Mantengan abiertas las puertas de sus casas; sean generosos. Si ustedes abren su corazón a los demás, harán que la gente se abra a Dios, a este Padre celestial que es tan generoso». (Mat. 5:14-16 *The Message*, traducción libre, cursivas añadidas).

La luz que daba el fuego era un bien muy preciado en tiempos de Jesús. La gente solía mantener una pequeña llama ardiendo las 24 horas para que estuviera lista al llegar la noche. Para mantener ardiendo la llama lentamente y utilizar poco aceite, la ponían bajo un recipiente o canasta durante el día. Esto también la protegía hasta que se necesitara al caer la noche.

Jesús señaló que si guardas la llama bajo el recipiente o la canasta cuando llega la oscuridad, entonces la luz no hará ningún bien: Es inútil. La casa permanecería oscura hasta que la oscuridad entrara en contacto con la luz. El argumento es que para causar un impacto se requiere participación, no aislamiento.

Inútil hasta que...

La luz es inútil hasta que entra en contacto con la oscuridad. Al hablar de nuestra luz, Jesús expresó: «No la escondas bajo un recipiente. ¡Déjala brillar!» Súbela a un candelabro, sácala del aislamiento y ponla en contacto con la oscuridad. Recién allí la luz es útil.

De la misma manera, la sal recién es útil cuando se la vierte en el salero y entra en contacto. Mientras la sal permanece en el salero, con la demás sal, no le hace bien a nadie. Sin embargo, cuando entra en contacto directo con los alimentos, su impacto es inmediato y duradero.

Su valor surge cuando se hace público

Podemos ser cristianos espiritualmente salados y llenos de luz, pero aún así hacer poco o ningún impacto en el mundo si nos escondemos debajo de un recipiente o nos quedamos en nuestro salero cristiano. No debemos ser creyentes encubiertos o cristianos de madriguera. Estos últimos asoman la cabeza solo cuando deben. Sus únicos contactos con el mundo son saltos locos de una actividad cristiana a otra. Viven con el lema tácito: mientras menor sea el contacto con el mundo no cristiano, mucho mejor. Salen apresuradamente en su vehículo para llevar a sus hijos cristianos a la escuela cristiana. Escuchan la estación de radio cristiana, van a toda prisa al estudio bíblico cristiano, para luego almorzar con sus amigos cristianos. Después de la cena salen a visitar a sus amigos cristianos para tener comunión cristiana.

Si esta es una descripción de nuestra vida, no impresionamos a Jesús. Hay quien puede tener sal en sí mismo y ser muy atrayente, pero si nunca entra en contacto con los perdidos, ¿qué clase de bien realiza con su vida?

¿Qué hizo Jesús?

Tuve una discusión con una pareja cristiana que creía tan firmemente que era necesario vivir separados del mundo que trataban a toda costa de evitar que ellos o cualquier miembro de su familia tuvieran contacto con los incrédulos. Me miraban y decían: «Pero pastor Dave, ¿no debemos estar separados de este mundo oscuro y repugnante? ¿No es lo que haría un buen cristiano? ¿Qué pensaría Jesús de nosotros si no nos separamos del mundo?».

Bueno, ¿qué haría un buen cristiano? Una pregunta mejor es la siguiente, ¿Qué haría Jesús? Demos un paseo por los evangelios y preguntémonos: ¿Cómo trató Jesús con los incrédulos? ¿Se escondió en el salero o bajo la canasta? ¿Qué dice la Biblia?

¿Qué haría Jesús?

1. Jesús era amigo de los pecadores (Luc. 7:34).
2. Jesús iba a la casa de los pecadores (Luc. 19:10).
3. Jesús invitaba a comer a los pecadores (Mat. 9:9-11).
4. Jesús vino a buscar y salvar a los perdidos (Luc. 19:10).
5. Jesús nos envió a hacer lo mismo (Juan 20:21).

Me pregunto cuántos de nosotros realmente seríamos llamados «amigos de los pecadores». ¿Tenemos amigos no cristianos? ¿Alguna vez comemos con pecadores o los hemos invitado a nuestra casa? ¿Es nuestra misión impactar a los perdidos, o agradarnos y preservarnos a nosotros mismos?

¿Qué hizo Jesús? Convivió con el mundo.

Tú dirás: «Sí, pero se trataba de Jesús. ¿Qué tendríamos qué hacer *nosotros*?»

La respuesta es que Él quiere que hagamos lo mismo.

¿Qué quiere Jesús que hagamos?

Observa con cuidado qué fue lo que Jesús pidió en oración para sus seguidores.

> «Yo les he dado tu palabra; y el mundo los aborreció, porque no son del mundo, como tampoco yo soy del mundo. No ruego que los quites del mundo, sino que los guardes del mal. No son del mundo, como tampoco yo soy del mundo. Santifícalos en tu verdad; tu palabra es verdad. Como tú me enviaste al mundo, así yo *los he enviado al mundo*» (Juan 17:14-18, cursivas añadidas).

Nota atentamente lo que Jesús expresó: «No ruego que los quites del mundo, sino que los guardes del mal. [...] Como tú me enviaste al mundo, así yo los he enviado al mundo». Jesús le está pidiendo a su Padre que no los quite del mundo, sino que los envíe al mundo.

Si eres salvo, eres sal y luz ¡Ahora mismo! Sal del salero. Haz que brille tu luz. Los perdidos de este mundo de tinieblas la verán. Esto es lo que glorifica a nuestro Padre. «Así alumbre vuestra luz delante de los hombres, para que vean vuestras buenas obras, y glorifiquen a vuestro Padre que está en los cielos» (Mat. 5:16).

Evangelismo es...

1. Esparcir la sal y hacer brillar la luz.
2. Hacer lo que Jesús hizo: ser amigo de los pecadores.
3. Participar y no aislarse.

Versículo clave

«Así alumbre vuestra luz delante de los hombres, para que vean vuestras buenas obras, y glorifiquen a vuestro Padre que está en los cielos» (Mat. 5:16).

Citas interesantes

¿Cuál es el plan de Dios para tratar con este decadente mundo de tinieblas? ¡Su plan somos nosotros y nadie más! No se lo dará a nadie más, ni pertenece a los evangelistas famosos. Nunca tocarán a los que tú tocas. Tampoco es de los grandes predicadores, de la gente de la radio o la televisión ni de los que escriben libros. Es de todos nosotros. Este es el plan de Dios.

—John MacArthur[1]

En lugar de ser sal y luz, muchos cristianos han optado por actuar como saleros y focos.

—UN PREDICADOR PROVINCIANO CUYO NOMBRE NO RECUERDO

Notas

1. Sermón de J. MacArthur, "*You Are the Light of the World: Matthew 5:14–16*" [Eres la luz del mundo], http://www.gty.org/Resources/Sermons/2208, ingresado el 11 de junio de 2009.

Segunda parte

Significado

7

Evangelismo es...

Anunciar las buenas noticias

Dave Earley

Hace mucho tiempo, 900 años antes de Cristo, la guerra estaba en su apogeo. Los samaritanos estaban sitiados por sus enemigos y experimentaban una hambruna severa (2 Rey. 6:24). La comida era tan escasa dentro de las puertas de la asediada ciudad que la gente literalmente se volvía loca de hambre. Hubieran pagado lo que fuera por algo de alimento. Estaban tan hambrientos que se habrían comido cualquier cosa que les cayera en las manos, incluso a sus propios hijos (2 Rey. 6:25,28-29). La muerte era inevitable e inminente.

Cuatro leprosos estaban fuera de las puertas de la ciudad. La lepra es una enfermedad que crea escamas en la piel, afecta el sistema nervioso, daña gravemente los tejidos, produce pérdida de sensación y desfigura a sus víctimas. Debido a que la lepra se transmite por contacto personal cercano, los que la padecían eran rechazados por la comunidad. Vivían como parias y pordioseros en grupos pequeños, rebuscando como perros salvajes tratando de encontrar comida.

La ciudad agonizaba de hambre. No había posibilidad de que alguien les diera algo de comer a los leprosos. Pensaron que su única esperanza era rendirse al enemigo en vez de morir por inanición, así que se encaminaron al campamento del enemigo (2 Rey. 7:3-4).

Cuando llegaron, se asombraron por lo que encontraron.

No encontraron a nadie a quien rendirse porque el campamento del enemigo estaba completamente abandonado. Dios había enviado un trueno que sonó como el estrépito de carros y el tumulto de caballos de un gran ejército. Los invasores fueron presa de tal miedo que huyeron solo con la ropa que llevaban puesta (2 Rey. 7:5-7).

Los cuatro leprosos se sacaron la lotería, ganaron el premio gordo y encontraron la olla de oro al final del arco iris, todo a la vez. Encontraron abundancia de comida, ropa fina y riquezas que quedaron tras la huida. Comieron hasta saciarse y escondieron algunos tesoros.

Sin embargo, algo no estaba bien.

Una pequeña voz dentro de ellos les llamó la atención. Vieron su inesperada fortuna y decidieron que no podían quedarse con la buena noticia para ellos mismos. Entonces se dijeron unos a otros: «Esto no está bien. Hoy es un día de buenas noticias y no las estamos dando a conocer [...]. Vayamos ahora mismo al palacio, y demos aviso» (2 Rey. 7:9, NVI).

Se dieron cuenta de que tenían la obligación moral de anunciar la buena noticia. Así que fueron.

Por supuesto, los de Samaria al principio se mostraron escépticos. Pensaban que se trataba de algún truco. Esta noticia de comida gratis y riquezas esperando ahí para ser tomadas era demasiado buena para ser verdad. Sin embargo, después de comprobar la historia, entendieron que los leprosos les decían la verdad y salvaron sus vidas. Liberación y abundancia esperaban a cada persona de la ciudad. Decenas de miles de personas habrían muerto si los leprosos no hubieran dado la buena noticia.

Somos como los leprosos

Cuando leo esta historia, me siento identificado con los leprosos en varios niveles. Antes de aceptar a Jesús como nuestro Salvador, nos parecíamos a los leprosos en muchos aspectos.

1. Teníamos lepra espiritual. El pecado se aferraba a nosotros, nos devoraba, nos hacía peligrosamente contagiosos y completamente impuros.

2. Vivíamos en un mundo de gente que moría de hambre por la verdad y el amor que solo Dios podría proporcionar. Todos estos hambrientos espirituales pagarían lo que fuera por conseguir cualquier sustituto barato del genuino amor de Dios que les nutriera el alma.

3. Vivíamos sentenciados a una muerte inminente.

4. Pensábamos que cualquier cosa era mejor que estarse consumiendo.

5. Un día dejamos la comodidad de lo conocido para rendirnos a lo desconocido.

6. Cuando levantamos las manos en señal de rendición, descubrimos que Dios iba delante de nosotros y había hecho huir al enemigo.

7. No solo escapamos de la muerte, sino que también Dios nos había preparado un banquete. Llenamos nuestros estómagos hambrientos con el pan de la vida y bebimos hasta saciarnos del río de la salvación. En la mesa de Dios encontramos los manjares más delicados que jamás habíamos comido, tomamos un nuevo vestido de

justicia y nos apropiamos de grandes riquezas. Era muy bueno y pleno. Era emocionante ser rico. Ya no seríamos mendigos hambrientos, sino acaudalados y libres.

8. Nuestro primer impulso podría haber sido esconder algunos objetos valiosos para nosotros. Sin embargo, había/hay más de lo que podríamos disfrutar. Había/hay en abundancia para todos los que «estaban en la ciudad». Todos los que morían de hambre podían alimentarse. El pobre podía ser rico. Habían salvado sus vidas.

9. Al igual que los leprosos, debemos percatarnos de que está mal esconder y acaparar los bienes que dan vida. Como ellos, debemos decir, «Esto no está bien. Hoy es un día de buenas noticias y no las estamos dando a conocer [...]. Vayamos ahora mismo y demos aviso». El mensaje de Jesús es buenas noticias. Debemos darlo a conocer. Tenemos que ir y contarle a alguien. Al menos podremos decirles dónde está la comida. Si se niegan a comer, es su responsabilidad, pero al menos les informamos. Aunque al principio sean escépticos, debemos manifestárselos.

Éramos leprosos espirituales, hambrientos e impuros hasta que nos entregamos a Dios. Hay buenas noticias en Jesús y debemos ir a contárselo a alguien.

Evangelismo es anunciar la buena noticia

En la historia de los leprosos samaritanos todo tiene que ver con el evangelismo. Es una historia sobre la obligación moral de anunciar la buena noticia. Como dijeron los leprosos cuando encontraron las riquezas: «Esto no está bien. Hoy es un día de *buenas noticias* y no las estamos dando a conocer». Una traducción literal de la palabra «evangelio» *(euanguélion)* es «buen mensaje» o «buena noticia».

En algunas esferas la palabra *evangelismo* ha obtenido una connotación negativa, pero nada podría estar más lejos de la verdad. El término significa literalmente «comunicar una buena noticia».

La muerte de Jesús en la cruz para pagar por nuestros pecados y abrir el camino para que llegáramos a Dios es una buena noticia. La mejor que pueda existir. Pero tener tal información no beneficia a nadie a menos que o hasta que la divulguemos. Debemos proclamar la buena noticia.

«Evangelizar es como un pordiosero que le dice a otro dónde encontrar pan»[1]

Esta cita de D. T. Niles es mi descripción favorita del evangelismo. La evangelización es una oportunidad positiva de ayudar a alguna persona. No es abrumar a alguien como si fueras mejor; no eres mejor. No es mirar con desprecio y arrogancia y decir: «Arrepiéntete pecador». Es darse cuenta de que espiritualmente todos somos pordioseros necesitados de pan. Hemos encontrado que Jesús es el pan de vida. Evangelizar es mostrarle a alguien cómo encontrar a Jesucristo, el pan de vida. «Este es el pan que desciende del cielo, para que el que de él come, no muera. Yo soy el pan vivo que descendió del cielo; si alguno comiere de este pan, vivirá para siempre; y el pan que yo daré es mi carne, la cual yo daré por la vida del mundo» (Juan 6:50-51).

La Biblia y el anuncio de la buena noticia

La Biblia está llena de referencias sobre anunciar la buena noticia. La palabra *evangelio* o *buena noticia* se emplea 130 veces en la Biblia y 109 veces en el NT. Tantas referencias dejan en claro que publicar la buena nueva es algo que todo seguidor de Jesús debe tomar en serio.

1. El AT profetizó que el ministerio del Mesías consistiría en proclamar la buena noticia. Jesús cumplió esa profecía.

> Fue a Nazaret, donde se había criado, y un sábado entró en la sinagoga, como era su costumbre. Se levantó para hacer la lectura, y le entregaron el libro del profeta Isaías. Al desenrollarlo, encontró el lugar donde está escrito: «El Espíritu del Señor está sobre mí, por cuanto me ha ungido para anunciar *buenas nuevas* a los pobres. Me ha enviado a proclamar libertad a los cautivos y dar vista a los ciegos, a poner en libertad a los oprimidos, a pregonar el año del favor del Señor». (Luc. 4:16-19, NVI, cursivas añadidas; ver Isa. 61:1-3)

2. Según Jesús, comprometernos con el evangelio y con Él es una misma cosa.

> Porque el que quiera salvar su vida, la perderá; pero el que pierda su vida por mi causa y por el *evangelio*, la salvará (Mar. 8:35, NVI, cursivas añadidas).

> Les aseguro, respondió Jesús, que todo el que por mi causa y la del *evangelio* haya dejado casa, hermanos, hermanas, madre, padre, hijos o terrenos, recibirá cien veces más ahora en este tiempo (casas, hermanos, hermanas, madres, hijos y terrenos, aunque con persecuciones); y en la edad venidera, la vida eterna (Mar. 10:29-30, NVI, cursivas añadidas).

3. La gran comisión es el mandato para que proclamemos la buena noticia. Les dijo: «Vayan por todo el mundo y anuncien las *buenas nuevas* a toda criatura» (Mar. 16:15, NVI, cursivas añadidas).

4. El evangelio es el poder de Dios para salvación. «De allí mi gran anhelo de predicarles el *evangelio* también a ustedes que están en Roma. A la verdad, no me avergüenzo del *evangelio*, pues es poder de Dios para la salvación de todos los que creen: de los judíos primeramente, pero también de los gentiles». (Rom. 1:15-16, NVI cursivas añadidas).

5. Es necesario proclamar la buena noticia para que todos puedan oírla, creer e invocar el nombre del Señor para salvación.

> Porque «todo el que invoque el nombre del Señor será salvo». Ahora bien, ¿cómo invocarán a aquel en quien no han creído? ¿Y cómo creerán en aquel de quien no han oído? ¿Y cómo oirán si no hay quien les predique? ¿Y quién predicará sin ser enviado? Así está escrito: «¡Qué hermoso es recibir al mensajero que trae *buenas nuevas*!» (Rom. 10:13-15, NVI, cursivas añadidas).

6. Para Pablo la proclamación de la buena noticia era una obligación sacerdotal, su gran ambición y el impulso de un deseo incontenible.

> Sin embargo, les he escrito con mucha franqueza sobre algunos asuntos, como para refrescarles la memoria. Me he atrevido a hacerlo por causa de la gracia que Dios me dio para ser ministro de Cristo Jesús a los gentiles. Yo tengo el deber sacerdotal de proclamar el *evangelio* de Dios, a fin de que los gentiles lleguen a ser una ofrenda aceptable a Dios, santificada por el Espíritu Santo (Rom. 15:15-16, NVI, cursivas añadidas).

> En efecto, mi propósito ha sido predicar el *evangelio* donde Cristo no sea conocido, para no edificar sobre fundamento ajeno (Rom. 15:20, NVI, cursivas añadidas).

> Sin embargo, cuando predico el *evangelio*, no tengo de qué enorgullecerme, ya que estoy bajo la obligación de hacerlo. ¡Ay de mí si no predico el *evangelio*! (1 Cor. 9:16, NVI, cursivas añadidas)

7. Pablo era flexible con sus métodos, pero nunca cambió el mensaje del evangelio.

> «Aunque soy libre respecto a todos, de todos me he hecho esclavo para ganar a tantos como sea posible. Entre los judíos me volví judío, a fin de ganarlos a ellos. Entre los que viven bajo la ley me volví como los que están sometidos a ella (aunque yo mismo no vivo bajo la ley), a fin de ganar a éstos. Entre los que no tienen la ley me volví como los que están sin ley (aunque no estoy libre de la ley de Dios sino comprometido con la ley de Cristo), a fin de ganar a los que están sin ley. Entre los débiles me hice débil, a fin de ganar a los débiles. Me hice todo para todos, a fin de salvar a algunos por todos los medios posibles. Todo esto lo hago por causa del *evangelio*, para participar de sus frutos» (1 Cor. 9:19-23, NVI, cursivas añadidas).

8. Pablo definió «el evangelio» como la buena noticia de la muerte, sepultura y resurrección de Jesús por nuestros pecados.

> Ahora, hermanos, quiero recordarles el evangelio que les prediqué, el mismo que recibieron y en el cual se mantienen firmes. Mediante este *evangelio* son salvos, si se aferran a la palabra que les prediqué. De otro modo, habrán creído en vano.
>
> «Porque ante todo les transmití a ustedes lo que yo mismo recibí: que Cristo murió por nuestros pecados según las Escrituras, que fue sepultado, que resucitó al tercer día según las Escrituras» (1 Cor. 15:1-4, NVI, cursivas añadidas).

9. Satanás intenta cegar las mentes de los incrédulos para que no vean la gloria del evangelio. «Pero si nuestro *evangelio* está encubierto, lo está para los que se pierden. El dios de este mundo ha cegado la mente de estos incrédulos, para que no vean la luz del glorioso *evangelio* de Cristo, el cual es la imagen de Dios» (2 Cor. 4:3-4, NVI, cursivas añadidas).

10. Nuestra conducta necesita concordar con el evangelio que proclamamos. «Pase lo que pase, compórtense de una manera digna del evangelio de Cristo. De este modo, ya sea que vaya a verlos o que, estando ausente, sólo tenga noticias de ustedes, sabré que siguen firmes en un mismo propósito, luchando unánimes por la fe del *evangelio*» (Fil. 1:27, NVI, cursivas añadidas).

Debemos anunciar la buena noticia

La Biblia es clara. Debemos ser conscientes del hambre espiritual de los incrédulos. Debe importarnos que morirán de hambre espiritual sin Jesús, el pan de vida. Necesitamos anunciar la buena noticia de la muerte, sepultura y resurrección de Jesucristo por nuestros pecados. Debemos darlo a conocer. Estamos obligados a proclamar las buenas nuevas para que los indigentes espirituales puedan encontrar el pan de vida.

Evangelismo es...

1. Un pordiosero que le dice a otro cómo conseguir pan.
2. Creer activamente que el evangelio es el poder de Dios para salvación.
3. Anunciar el evangelio o buena noticia.
4. Contar la buena noticia de la muerte, sepultura y resurrección de Jesús por nuestros pecados.

— Citas interesantes —

Evangelizar es relatar un buen mensaje. En el NT el término sugiere una buena noticia, como en una victoria. Mientras que algunos podrían hacernos sentir como si el evangelismo se impone con autoridad sobre la privacidad de los demás, no olvidemos que estamos contando las buenas nuevas: ¡Jesús ha conquistado el pecado, la muerte y el sepulcro!

-Alvin Reid[2]

Una sencilla definición de evangelismo: Los que saben, contándole a los que no saben.

-Leith Anderson[3]

Notas

1. D. T. Niles, *That They May Have Life* [Para que tengan vida eterna] (New York: Harper y Brothers, 1951), 96.
2. A. Reid, *Introduction to Evangelism* [Introducción al evangelismo] (Nashville, TN: B&H, 1998), 9.
3. L. Anderson, del sermón *"Making More Disciples,"* [Hacer más discípulos] http://www.Sermon- Central.com, ingresado en Julio 21, 2009.

8

Evangelismo es...

Ayudar a la gente para que sea lo suficientemente buena

Dave Earley

No hace mucho tiempo estaba hablando con un joven llamado Rob. Cuando comenzamos a conversar de las cosas espirituales, le pregunté, «¿Qué pasaría si murieras hoy? Digamos que un meteorito cayera del cielo y te aplastara. ¿Crees que irías al cielo?»

«Probablemente sí», expresó.

«Y si Dios te preguntara: "¿Por qué debo dejarte entrar al cielo?"» le pregunté. «¿Qué le dirías a Dios».

«Supongo que le diría que soy una persona muy buena y he vivido una buena vida"», respondió.

«Pero», volví a preguntarle, «¿cómo sabes si eres suficientemente bueno?»

La meta del evangelismo

El apóstol Pablo era un experto evangelista. Esa era la pasión que lo dominaba. Estaba especialmente atribulado por su pueblo, los hebreos. De ellos escribió: «Hermanos, el deseo de mi corazón, y mi oración a Dios por los israelitas, es que lleguen a ser salvos» (Rom. 10:1, NVI).

«Que lleguen a ser salvos» ¿Cuál es la meta de un misionero? Ayudar a que las personas se salven. ¿Cuál es la meta del evangelismo? Que la gente sea salva.

La palabra *salvo* significa «liberarse de la pena y el castigo de la muerte que resulta del pecado, y entregarse a una vida abundante en la tierra y la vida eterna en el cielo». Esto ocurre porque se pagaron tus pecados. De modo que la meta del evangelismo es ayudar a que la persona experimente la salvación del pecado y la muerte, y disfrutar de una vida de libertad con Dios.

Los perdidos necesitan una relación con Dios

> «Porque yo testifico a su favor de que tienen celo de Dios, pero no conforme a un pleno conocimiento» (Rom. 10:2, LBLA).

Nótese la palabra «pleno conocimiento». La palabra que Pablo escogió es *(epiginósko)* la cual se refiere al «conocimiento que se obtiene solo mediante la experiencia personal y las relaciones interpersonales». La manera en que el apóstol la emplea aquí sugiere que los judíos sabían de Dios, pero no lo conocían personalmente. Conocían intelectualmente a Dios, pero les faltaba experimentarlo en sus corazones. Tenían una religión que trataba con Dios, pero no una relación personal con Él. El cristianismo verdadero no es religión, ritos ni normas. Es una relación personal con Dios.

Los perdidos carecen de justicia ante Dios

Ser salvos o no depende de tener la clase correcta de justicia, la que te hace suficientemente bueno ante Dios. Dios es santo, sin pecado, justo y perfecto. Para relacionarnos con Él, necesitamos un nivel perfecto de santidad, pureza y perfección moral. En otras palabras, necesitamos una justicia pura.

La respuesta que Dios busca cuando se trata de entrar al cielo incluye la justicia. La cuestión es: ¿Tienes la justicia necesaria para entrar al cielo? La clase de justicia que posees, ¿es suficiente?

El asunto es la justicia

En Rom. 10:3-4, Pablo distingue dos tipos de justicia y la menciona cuatro veces. Una es necesaria para entrar al cielo y la otra es inadecuada. «Porque ignorando la justicia de Dios, y procurando establecer la suya propia, no se han sujetado a la justicia de Dios; porque el fin de la ley es Cristo, para justicia a todo aquel que cree» (Rom. 10:3-4).

Alguien puede preguntar: «Pues bien, ¿cómo puedo saber qué tipo de justicia es la que tengo?»

Volvamos a la pregunta que le hice a Rob: «¿Qué dirías si Dios te preguntara: "¿Por qué debo dejarte entrar al cielo?"» La respuesta revela el tipo de justicia que se tiene.

A menudo, la respuesta incluye algunos de los siguientes criterios de justicia:

- Asisto a la iglesia con regularidad.
- Pago mis impuestos.
- No miento, ni engaño, ni robo.
- Soy sexualmente puro.
- Nunca he matado a nadie.
- Ofrendo dinero a mi iglesia.
- Me bautizaron por inmersión o aspersión y me confirmaron.

Si la respuesta de la persona se basa en cualquiera de estas acciones, está indicando que ella, como los judíos, está buscando establecer su propia justicia. Cuando expreso esto, me responden: «¿Qué tiene de malo mi justicia? Es bastante grande ¿no? ¡Es mejor que la de la mayoría!»

Entonces contesto: «Eso puede ser cierto, pero la cuestión no es si tu justicia es mayor que la de la mayoría, sino si tu justicia es suficiente para agradar a Dios. El asunto tampoco es si *tú*, *yo* o *tu mamá* creemos que es suficiente. El punto es si *Dios* estima que es suficiente».

La Biblia tiene mucho que decir sobre la justicia. Según los versículos anteriores de Romanos, todo se reduce a cuál de los dos tipos de justicia tenemos (Rom. 10:3-4).

La justicia propia

El gran problema con la justicia propia es que no es suficiente. El AT nos dice que si la comparamos con la justicia perfecta que Dios espera, nuestra justicia es como trapo de inmundicia (Isa. 64:6). Eso no es demasiado impresionante. Cuando Isaías escribió estas palabras, se dirigía a un grupo de judíos religiosos, pero la evaluación se aplica a todos nosotros. Comparada con lo que Dios espera, nuestra justicia es fea, sucia y llena de manchas.

Pablo afirma en el libro de Romanos lo que Isaías manifestó. Al evaluar la justicia de la humanidad, Pablo concluyó: «No hay justo, ni aun uno» (Rom. 3:10).

Cierto día estaba evangelizando a un hombre, y le hice las mismas dos preguntas: «Si muriera esta noche, ¿está seguro que estará con Dios en el cielo?» Y «Si me dice que sí, ¿en qué se basa su seguridad?»

Se le hinchó el pecho y dijo: «Sí, porque he guardado los diez mandamientos». Sonreí y le dije: «Eso está muy bien. ¿Me los podría mencionar, por favor?» Se ruborizó, tartamudeó y solo pudo mencionar dos de los diez. Le dije: «Seamos sinceros. Si usted ni siquiera los recuerda, ¿cómo sabe que los ha guardado?»[1]

Nadie es perfecto cuando se trata de la norma de justicia de Dios. El apóstol Juan escribió, «Si decimos que no tenemos pecado, nos engañamos a nosotros mismos» (1 Juan 1:8).

Errar el blanco

El estándar de justicia necesario para obtener la vida eterna es la perfección. Cuando Pablo escribió: «Todos pecaron, y no alcanzan la gloria de Dios» (Rom. 3:23, LBLA), la palabra que empleó para *pecado* significa «errar el blanco». Proviene de los torneos de tiro con arco, donde los arqueros trataban de dar en el centro del blanco. Al primer círculo junto al centro se lo llamaba «Pecado 1»; al segundo círculo, «Pecado 2», etc. Pablo dice que cuando se trata de la justicia moral, espiritual y perfecta de Dios, todos hemos errado el blanco. Puede ser que tú hayas llegado cerca, y estás en Pecado 1, o quizás estés arruinado por completo y estés en Pecado 101. El punto es que todos hemos errado el blanco. Todos, excepto Jesús.

Nuestra justicia no es suficiente. No alcanza la perfección necesaria. Todos hemos errado el blanco. Todos hemos pecado.

¿Qué tanto es suficiente?

A menudo, cuando le explico a alguien que su propia justicia no es suficiente, me pregunta: «¿Qué tanto es suficiente?» Le contesto que Jesús respondió a esa pregunta con una declaración sorprendente que revela lo inadecuado de nuestra propia justicia: «Porque os digo que si vuestra justicia no fuere mayor que la de los escribas y fariseos, no entraréis al reino de los cielos» (Mat. 5:20).

A los escribas y los fariseos les gustaban las reglas. Pensaban que las 600 normas del AT no eran suficientes, ¡por lo que añadieron cientos más! Los fariseos eran justos externamente. Daban al templo por lo menos el diez por ciento de cada cosa que tenían. Ayunaban dos días completos a la semana. Asistían a la sinagoga varias veces por semana más los días santos, incluso cuando estaban de vacaciones.

Guardaban todas las reglas con el propósito de ser suficientemente buenos a los ojos de Dios. Querían acumular tanta justicia propia como les fuera humanamente posible. Sin embargo, ¡Jesús declaró que la justicia de los fariseos no era suficiente!

Nuestra justicia no es suficiente para llegar al cielo, ni para superar la mancha del pecado y salvarnos. No nos puede llevar a Dios.

La justicia de Dios

> «Hijitos míos, estas cosas os escribo para que no pequéis; y si alguno hubiere pecado, abogado tenemos para con el Padre, a Jesucristo el justo» (1 Juan 2:1).

Observa las últimas tres palabras: «Jesucristo el justo» La mala noticia es que no tenemos la justicia suficiente. La buena noticia es que Jesús sí. No solo es el Hijo de Dios, sino también Dios el Hijo. Su madre era una virgen. ¿Por qué? Porque así pudo traer la humanidad del hombre, sin la mancha del pecado. «Porque no tenemos un sumo sacerdote que no pueda compadecerse de nuestras debilidades, sino uno que fue tentado en todo según nuestra semejanza, pero sin pecado» (Heb. 4:15).

Nota las dos últimas palabras: «sin pecado». Jesús no era un hombre ordinario. Él era el Hijo de Dios sin pecado. ¿Por qué soy cristiano y no mormón, budista o musulmán? La repuesta es porque Jesús era diferente de José Smith, Sidarta el Buda o Mahoma. Jesús nunca pecó y alcanzó la justicia requerida. Dio en el blanco.

El libro de contabilidad de Dios

Mientras conversaba con Rob sobre la justicia, dibujé algo que he utilizado docenas de veces para ayudar a la gente a que entienda la sencillez del evangelio. Tomé una servilleta limpia de la mesa donde estábamos almorzando y, mientras charlábamos, dibujé la tabla que muestro a continuación, leí varias Escrituras y comenté sobre la realidad de que todos hemos pecado y que nuestra justicia propia era inadecuada.

> «Todos nosotros somos como suciedad, y todas nuestras justicias como trapo de inmundicia» (Isa. 64:6).
>
> «Como está escrito: No hay justo, ni aun uno» (Rom. 3:10).
>
> «Todos pecaron, y no alcanzan la gloria de Dios» (Rom. 3:23, LBLA).

Mi justicia	La justicia de Cristo
NOSOTROS	
<u>+ PECADO</u> Isa. 64:4; Rom. 3:10; 3:23	

Luego leímos Rom. 6:23: «Porque la paga del pecado es muerte, mas la dádiva de Dios es vida eterna en Cristo Jesús Señor nuestro». Le expliqué que el pecado tiene una etiqueta de precio: la muerte. La muerte física es la separación del alma y el cuerpo. La muerte espiritual es la separación del alma y Dios. Porque todos hemos pecado, todos merecemos la muerte y la separación de Dios Así que añadí a la tabla el resultado del pecado, que es la muerte, como se puede ver a continuación.

Mi justicia	La justicia de Cristo
NOSOTROS	
+ PECADO Isa. 64:4; Rom. 3:10; 3:23	
MUERTE Rom. 6:23a	

Después de eso, escribí en la sección «La justicia de Cristo» y llegué a la buena noticia. Leímos varios versículos que afirmaban que Jesús no pecó.

> «Hijitos míos, estas cosas os escribo para que no pequéis; y si alguno hubiere pecado, abogado tenemos para con el Padre, a Jesucristo el justo» (1 Juan 2:1).

> «Porque no tenemos un sumo sacerdote que no pueda compadecerse de nuestras debilidades, sino uno que fue tentado en todo según nuestra semejanza, pero sin pecado» (Heb. 4:15).

Mi justicia	La justicia de Cristo
NOSOTROS	JESÚS
+ PECADO Isa. 64:4; Rom. 3:10; 3:23	- PECADO 1 Juan 2:1; Heb. 4:15
MUERTE Rom. 6:23a	

El siguiente punto de nuestra conversación fue este: como Jesús no pecó, no merecía la muerte. Más bien, merecía la vida y la unión con Dios para siempre en el cielo. Leímos una vez más Rom. 6:23, centrándonos en la última parte: «Porque la paga del pecado es muerte, *mas la dádiva de Dios es vida eterna en Cristo Jesús Señor nuestro*».

Mi justicia	La justicia de Cristo
NOSOTROS	JESÚS
+ PECADO Isa. 64:4; Rom. 3:10; 3:23	- PECADO 1 Juan 2:1; Heb. 4:15
MUERTE Rom. 6:23a	VIDA Rom. 6:23b

Pero no nos detuvimos allí. Le dije a Rob: «Tú y yo hemos pecado, y merecemos la muerte. ¿Es correcto?»

«Correcto», afirmó.

Continué: «Jesús nunca pecó, por lo que merecía la vida y la unión con Dios. ¿Estamos de acuerdo?»

«Así es», me contestó.

«Entonces, ¿qué fue lo más grande que Jesús hizo por nosotros?» pregunté. «Con el fin de recordarlo, mucha gente lo lleva colgado al cuello».

«Murió por nosotros en una cruz», respondió Rob.

«Correcto», expresé, mientras trazaba una flecha de la palabra *Jesús* a la palabra *muerte*.

Mi justicia	La justicia de Cristo 2 Cor 5:21; 1 Ped 3:18
NOSOTROS	JESÚS
+ PECADO Isa. 64:4; Rom. 3:10; 3:23	- PECADO 1 Juan 2:1; Heb. 4:15
MUERTE Rom. 6:23a	VIDA Rom. 6:23b

«Sí, Jesús murió por nosotros», precisé. «Pero, *¿por qué* murió por nosotros?»

Rob guardó silencio y luego dijo: «Porque todos hemos pecado y merecemos la muerte».

Entonces tracé una línea de la palabra *nosotros* a la palabra *vida*.

Leímos de nuevo Rom. 6:23, remarcando algunas palabras clave: «Porque la paga del pecado es muerte, mas la dádiva de Dios es *vida eterna en Cristo Jesús* Señor nuestro».

«Oh, ahora entiendo», aseveró Rob. «Jesús murió por nosotros para darnos vida».

«Exactamente» afirmé. «Aquel que no merecía morir, Jesús, murió para que los que merecían morir, nosotros, pudiéramos tener vida eterna».

Luego leímos este versículo: «Porque también Cristo padeció una sola vez por los pecados, el justo [Jesús, el justo]por los injustos [nosotros, que no somos justos], para llevarnos a Dios» (1 Ped. 3:18).

«Según este versículo, ¿por qué murió Jesús?», pregunté.

«Para llevarnos a Dios» contestó Rob.

«Correcto» le dije.

Después leímos este otro pasaje: «Al que no conoció pecado, por nosotros lo hizo pecado, para que nosotros fuésemos hechos justicia de Dios en él» (2 Cor. 5:21).

«De acuerdo con este pasaje, ¿por qué murió Jesús?» continué.

«Para darnos el tipo de justicia que nos permitiría relacionarnos con Dios», respondió Rob.

«Absolutamente correcto», declaré.

«Nos queda por ver una cosa más», le dije. «Veamos cómo podemos recibir este don de la vida eterna». Leímos Ef. 2:8-9: «Porque por gracia sois salvos por medio de la fe; y esto no de vosotros, pues es don de Dios; no por obras, para que nadie se gloríe».

«Así que se necesita la fe» dijo Rob. «Esta es la única manera en que podemos ser suficientemente buenos para Dios».

«Así es», afirmé. «Para recibir el don de Dios es necesario tener fe, convicción comprometida, confianza y dependencia incondicional y absoluta en Cristo. Solo así podemos obtener la justicia necesaria para ser salvos».

Evangelismo es...

1. Ayudar a que los demás comprendan que sin Jesús no son suficientemente buenos para Dios.
2. Ayudar a la gente para que sea lo suficientemente buena para Dios mediante la fe en Jesús.

Versículo clave

«Al que no conoció pecado, por nosotros lo hizo pecado, para que nosotros fuésemos hechos justicia de Dios en él» (2 Cor. 5:21).

~ Citas interesante ~

Si solamente tuviera una hora con un hombre, emplearía los primeros 55 minutos para explicarle que está perdido. Y en los últimos 5 minutos le diría cómo ser salvo.

—ANÓNIMO

Notas

1. En este punto, es posible que quieras referirte a los diez mandamientos, comenzando con los de mentir y robar.

9

Evangelismo es…

Guiar a la verdadera conversión

Dave Earley

Si yo no estuviera comprometido completamente con Cristo, Doug podría haber sido mi héroe. Era un par de años más grande que yo, tenía su propio departamento y conducía un coche nuevo y veloz. Era extremadamente bien parecido, muy brillante y tenía una gran personalidad. También tenía una sonrisa atrayente, era fuerte y atlético. Además, era una persona realmente agradable. Trabajaba arduamente y escalaba rápidamente los puestos de la empresa. Las chicas lo adoraban.

Doug trabajaba como asistente del gerente en la empresa para la que trabajé un verano. Él y yo éramos de los pocos solteros jóvenes, y naturalmente nos frecuentábamos. En nuestros días libres levantábamos pesas y corríamos. Pronto me di cuenta de que si bien Doug exteriormente lo tenía todo, en su interior estaba vacío. Había sido seducido exitosamente por el mundo para amar y vivir para el dinero, el sexo y el poder. La Biblia afirma claramente que estos no satisfacen ni permanecerán.

> «No amen al mundo ni nada de lo que hay en él. Si alguien ama al mundo, no tiene el amor del Padre. Porque nada de lo que hay en el mundo —los malos deseos del cuerpo, la codicia de los ojos y la arrogancia de la vida— proviene del Padre sino del mundo. El mundo se acaba con sus malos deseos, pero el que hace la voluntad de Dios permanece para siempre» (1 Jn. 2:15-17, NVI).

A medida que pasaba tiempo con Doug, me contaba muchos detalles de su pasado, sus luchas y sueños para el futuro. Cuando llegó a confiar en mí, le conté cómo Jesús estaba cambiando mi vida. Doug quería saber de Él, pero no estaba convencido.

Hacia el final del verano, finalmente conseguí que fuéramos a la iglesia el último domingo antes de salir para la universidad. Doug casi no asistía a la iglesia. Era extraño verlo en un lugar en el que se sentía incómodo e incluso fuera de lugar. Pero la gente era amable y él puso mucha atención. Ese día el pastor presentó el evangelio de manera muy convincente.

Después del culto, Doug y yo fuimos a almorzar. Conversamos animadamente sobre la iglesia y lo más importante, acerca de Jesús. Me pareció que había dado algunos pasos hacia Dios como resultado de asistir a la iglesia. De la simple curiosidad pasó a ver que necesitaba a Jesús, pero aún no estaba convencido.

Aquí es donde cometí un error bien intencionado. Doug me preocupaba y quería desesperadamente que conociera a Cristo. Sabía que en unos cuantos días nuestros caminos se separarían; yo iría a la universidad, y él iba a ser transferido a la oficina principal antes de que manejara su propia tienda, así que le presenté el evangelio una vez más. Podría decir que Doug entendía los puntos principales. Estaba separado de Dios por sus pecados, pero Jesús había pagado por ellos. Necesita invocar su nombre para recibir el perdón. Entonces podría experimentar la vida eterna.

Doug dijo que creía todo esto. Pude ver en su rostro un nivel de convicción. Así que en vez de estar agradecido por el progreso alcanzado, me adelanté a Dios. No hice caso de los hechos en mi espíritu y avancé en mi propia fuerza y sabiduría. Verbalmente lo obligué a que orara conmigo y le pidiera a Jesús que entrara en su vida. Doug se mostró reacio.

«Todo esto es nuevo para mí, Dave», me dijo.

«Sí, pero así ha sido toda tu vida», repliqué.

«Supongo que tienes razón», afirmó. «Pero me gusta mi vida tal como es. No quiero cambiar».

«Jesús puede hacer que sea aún mejor», sostuve. «¿En qué te perjudica que seas salvo ahora mismo?»

«En nada, supongo», se encogió de hombros.

Me di cuenta de que estaba incómodo. Pero ahora ya no era la incomodidad que provoca la convicción del Espíritu Santo, sino que se sentía presionado a hacer algo que no quería hacer. Sin embargo, seguí adelante. Lo quise obligar a que fuera salvo.

«Doug, repite esta oración después de mí», le dije. «Querido Dios, reconozco que he pecado».

Por cortesía Doug repitió las palabras después de mí. Oramos juntos. Al final repitió «amén» después de mí y sonó aliviado.

Lo miré con una sonrisa de orgullo y le pregunté: «Entonces, ¿qué va a cambiar en tu vida de ahora en adelante?»

Esperaba que me dijera que iba a dejar de emborracharse, de correr tras las mujeres y de vivir para el dinero. Pensé que iba a decir que comenzaría a leer la Biblia, que iría a los estudios bíblicos y a la iglesia. Pero no refirió ninguna de estas cosas.

«Nada», aseveró. «Nada va a cambiar. Te lo dije, me gusta mi vida tal como es y no estoy preparado para que Jesús la trastorne. Quiero ir al cielo, pero no estoy dispuesto a vivir para Jesús».

Me sentí como un idiota. A pesar de que hice bien varias cosas, traté de ir adelante de Dios. Impaciente, apresuré el proceso de arar, sembrar y regar; y presioné a mi amigo a que hiciera un compromiso para el que no estaba listo. Interpreté mal la situación. Doug había pasado de sentir cierta curiosidad por Jesús a ser convencido por el Espíritu Santo, pero no estaba persuadido de lo terrible del pecado ni de la supremacía de vivir para Dios. No estaba dispuesto a dejar su antigua vida ni volverse a Dios. Aunque Doug repitió una oración, ciertamente no se había convertido.

Cuatro pasos para la salvación verdadera

1. INTERÉS: Es la disposición a saber quién es Jesús, qué hizo y qué puede hacer por ti.
2. CONVICCIÓN: Tiene lugar cuando el Espíritu Santo nos convence de pecado y del juicio inminente.
3. PERSUACIÓN: Está presente cuando estamos persuadidos de que Jesús es el Hijo de Dios sin pecado y que la salvación viene solo por medio de Él.
4. CONVERSIÓN: Ocurre cuando nos apartamos del pecado mediante una fe activa y buscamos la salvación de Dios.

Mi amigo Doug estaba a medio camino entre convicción y persuasión, cuando traté de llevarlo prematuramente a Cristo. Como apresuré el proceso, realmente no se convirtió en ese momento ni dio evidencia de un cambio de vida.

Jesús tipificó a los que solo tienen interés

En el sexto capítulo del Evangelio de Juan, vemos a Jesús ocupado sanando a los enfermos. Para cerrar con broche de oro, realizó el asombroso milagro de alimentar a 5000 hombres con cinco panecillos de cebada y dos pescados, que eran el almuerzo de un niño (Juan 6:1-14). Las multitudes tenían curiosidad por saber quién era este hacedor de milagros, de modo que lo siguieron en tropel preguntándose qué iba a hacer a continuación y esperando que satisficiera sus necesidades (Juan 6:26-28).

A medida que el capítulo se desarrolla, Jesús discernió que su devoción era superficial. Los llevó a decidir sobre su identidad, y los llamó a un nivel de compromiso con Él que los convertiría en verdaderos discípulos (Juan 6:29-65). Lamentablemente, fue ahí que algunos volvieron atrás, pero no todos.

Desde entonces, muchos de sus discípulos se apartaron y no lo siguieron más.

«Desde entonces muchos de sus discípulos le volvieron la espalda y ya no andaban con él. Así que Jesús les preguntó a los doce:

—¿También ustedes quieren marcharse?

—Señor —contestó Simón Pedro— ¿a quién iremos? Tú tienes palabras de vida eterna. Y nosotros hemos creído, y sabemos que tú eres el Santo de Dios» (Juan 6:66-69, NVI).

Si bien la salvación a menudo comienza con *interés* en Jesús, se necesita algo más que eso para experimentar la verdadera *conversión*. Solo el Espíritu Santo puede convencernos verdaderamente de nuestro pecado, nuestra falta de justicia verdadera y del juicio resultante (Juan 16:8). Se requiere la *persuasión* de que Jesús es en verdad el Cristo, el Hijo de Dios sin pecado, la cual surge cuando creemos en la palabra de Dios (Juan 16:30-31). Se requiere una fe que declare que Él tiene palabras de vida y el consiguiente *compromiso* de seguirlo (Juan 6:68-69). Si en verdad seguimos a Jesús, viviremos de una manera diferente para Dios, confiaremos plenamente en Jesús y obedeceremos con determinación su palabra. Esta *conversión* produce un cambio verdadero en la vida.

Los dos lados de la verdadera conversión

Las palabras hebrea y griega para conversión significan «volver». La verdadera conversión es un volver *de* algo (el pecado) y *hacia* Alguien (Dios). Tiene dos lados: uno positivo y otro negativo.

El lado positivo de la conversión es volver *a* Dios (Hech. 9:35; 11:21; 15:19; 2 Ped. 2:25). Algunos lo refieren como fe. El lado negativo de la conversión es volver *del* pecado, a menudo identificado como arrepentimiento. Al combinarse dan lugar a la verdadera conversión.

Pablo proclamó ambos lados de la conversión. Expresó: «A judíos y a griegos les he instado a convertirse a Dios y a creer en nuestro Señor Jesús» (Hech. 20:21, NVI). Más adelante, describió ambos lados cuando resumió su ministerio, «anuncié primeramente a los que están en Damasco, y Jerusalén, y por toda la tierra de Judea, y a los gentiles, que se arrepintiesen y se convirtiesen a Dios, haciendo obras dignas de arrepentimiento» (Hech. 26:20).

Tres aspectos de la verdadera conversión

La verdadera conversión no solo tiene dos lados, sino que también afecta a la persona en tres niveles: intelecto, emoción y voluntad. Para experimentar la verdadera conversión, una persona debe *conocer*, *sentir* y *hacer*.

1. Conocer. Para que alguien se convierta, debe conocer su condición perdida (Rom. 3:20; Sal. 51:3-4; Ezeq. 36:31) y saber que Jesús es el remedio divino para el pecado (Rom. 10:13,17; Sal. 109:10; Fil. 3:8). La verdadera conversión es el resultado de conocer y creer los hechos básicos del evangelio: muerte, sepultura y resurrección de Jesús por nuestros pecados.

2. Sentir. Para que alguien se convierta, debe tener un corazón contrito y humillado por su pecado (Jer. 31:19; Sal. 51:17; 2 Cor. 7:10s.) y sentirse atraído a Jesús (Juan 6:44,65; 1 Tes. 2:13). La verdadera conversión es el resultado de sentir culpa y vergüenza por el propio pecado.

3. Hacer. Para que alguien se convierta, debe volverse *de* sus pecados (Hech. 26:18; Ezeq. 14:6; 2 Cor. 7:11) *a* Cristo y confiar solamente en Él para salvación (Hech. 15:11; 16:31; Fil. 3:9). Esta fe se expresa al invocar al Señor para que lo salve (Rom. 10:9,13). El arrepentimiento es el cambio en la manera de vivir.

Muchas de las personas que responden a una invitación, hacen una oración y llenan una tarjeta, pero nunca han experimentado una verdadera conversión. El evangelio ha penetrado el intelecto e incluso las emociones, pero no la voluntad. La fe no llega a ser fe *salvadora* hasta que impacta los tres.

Santiago escribió que incluso los demonios tienen una fe que afecta su intelecto (saben que hay un Dios) y sus emociones (tiemblan), pero no los salva porque no dan lugar a un cambio en la conducta.

> «Hermanos míos, ¿de qué aprovechará si alguno dice que tiene fe, y no tiene obras? ¿Podrá la fe salvarle? Y si un hermano o una hermana están desnudos, y tienen necesidad del mantenimiento de cada día, y alguno de vosotros les dice: Id en paz, calentaos y saciaos, pero no les dais las cosas que son necesarias para el cuerpo, ¿de qué aprovecha? Así también la fe, si no tiene obras, es muerta en sí misma.
>
> Pero alguno dirá: Tú tienes fe, y yo tengo obras. Muéstrame tu fe sin tus obras, y yo te mostraré mi fe por mis obras. Tú crees que Dios es uno; bien haces. También los demonios creen, y tiemblan» (Sant. 2:14-19).

Sencillo, pero no fácil

Convertirse es sencillo, pero no necesariamente fácil. No es fácil admitir que somos pecadores. No nos hace sentir cómodos admitir que somos totalmente incapaces de salvarnos a nosotros mismos. No siempre es fácil dejar atrás un estilo de vida centrado en el pecado. Es difícil entregar nuestra vida a un nuevo amo.

Jesús describió la sencilla dificultad de la verdadera conversión como la diferencia entre pasar por una puerta ancha y una estrecha. Convertirse verdaderamente es como franquear una puerta estrecha y andar por un camino angosto. Jesús es la puerta y la vida cristiana es el camino. «Entren por la puerta estrecha. Porque es ancha la puerta y espacioso el camino que conduce a la destrucción, y muchos entran por ella. Pero estrecha es la puerta y angosto el camino que conduce a la vida, y son pocos los que la encuentran» (Mat. 7:13-14, NVI).

No es tan complicado

Si bien no es fácil, la verdadera conversión es relativamente sencilla de entender. Hasta un niño puede convertirse. Desde el punto de vista humano, la verdadera conversión es un acto milagroso de Dios. Desde el punto de vista humano, puede llegar a ser sencillísima. Tiene tres aspectos importantes:

Admitir. Para ser salvos o verdaderamente convertidos, tenemos que *reconocer* nuestra condición perdida y *admitir* que Jesús es el remedio divino para el pecado. Hay algunas verdades que debemos conocer. Debemos usar nuestro intelecto.

Creer. Para que podamos ser salvos o verdaderamente convertidos, tenemos que *creer* que Jesús murió por nuestros pecados y que resucitó de entre los muertos.

Confesar. Para que seamos salvos, debemos *confesar* que Jesús es el Señor e invocar su nombre (Rom. 10:9,13). Esto muestra que estamos dispuestos a *hacer* lo que Dios desea.

No se convertía a causa del bote

Steve y Debbie estaban en un grupo de estudio bíblico que Cathy y yo teníamos en nuestra casa. El grupo estaba compuesto por jóvenes adultos interesados en el cristianismo. Uno por uno, los miembros del grupo iban siendo salvos. Debbie ya había aceptado a Jesús, pero Steve aún no estaba listo. Él era ingeniero y no tenía ningún trasfondo religioso. Todo le resultaba nuevo.

Semana tras semana Dios trabajaba en su corazón. Observamos cómo pasaba del interés en Jesús a la convicción despertada por el Espíritu Santo de que necesitaba a Cristo. Lo vimos convencido de que Jesús es el Señor y que necesitaba la salvación. Pero algo le impedía avanzar.

Una noche, Cathy y yo visitamos a Steve y a Debbie en su casa. Esperábamos tener la oportunidad de llevar a Steve a Cristo. Mientras Cathy y Debbie conversaban en la cocina, Steve me llevó a un enorme garaje. Me mostró sus «juguetes», como él los llamaba: un coche deportivo, una moto clásica y un bote nuevo.

¡Sus juguetes me sorprendieron y agradaron muchísimo! Pero después llevé la conversación a las cosas espirituales y le pregunté sin rodeos que le impedía entregarle su vida a Cristo.

«Ese bote», me dijo, señalando el bote nuevo y brillante. «Me lo compré este verano. Temo que si soy salvo, Jesús me pida que renuncie a él».

«Gracias por tu sinceridad», le respondí. Tenía un vivo deseo de persuadirlo para que oráramos por su salvación. Pero el Señor me advirtió que guardara silencio.

«Supongo que esta no es una buena razón», añadió Steve. «Pero ahorré durante tres años para comprarlo».

Se veía en verdad culpable. Me mordí los labios y decidí no ser yo el que lo convenciera de hacer una oración que él no quería.

«Pero es solo un bote», exclamó, moviendo la cabeza, al tiempo que salíamos del garaje.

El resto de la historia

En nuestra casa, cinco noches más tarde, ya para concluir el estudio bíblico, le tocó en turno a Steve comentar lo que Dios le había dicho en su palabra aquella noche. «Bueno», comenzó, con una mirada de culpa en el rostro, «las últimas cinco semanas ustedes han aceptado a Jesús y comentado lo bien que ahora se sienten en su interior. Llegué a pensar que esto estaba bien y era bueno para ustedes, pero que yo la estaba pasando bien sin ser salvo». Y añadió: «Pero en los últimos días me he sentido desdichado por dentro. Creo que he estado huyendo de Dios. Por lo tanto», hizo una pausa, «...sé que necesito ser salvo».

«¿Crees que Jesús murió por tus pecados y resucitó de entre los muertos?» Le pregunté.

«Sí», contestó.

«¿Estás dispuesto a alejarte del pecado?»

«Sí», afirmó.

«¿Invocarás a Jesús como Señor y harás *todo* lo que dice?» Puse el acento en *todo*. Steve y yo sabíamos por qué.

«Sí», respondió.

«Entonces, vamos a ponernos de rodillas y le dirás a Jesús todo esto».

¡Y así lo hizo!

Por cierto, me parece que más adelante vendió el bote porque no lo usaba mucho.

— Evangelismo es... —

1. Ayudar a que los demás experimenten una conversión verdadera.
2. Llevar a la persona a que se vuelva a Dios por la fe y arrepentida deje el pecado.
3. Saber cuándo callar para que el Espíritu Santo haga su obra.

— Versículo clave —

«De cierto os digo, que si no os volvéis y os hacéis como niños, no entraréis en el reino de los cielos» (Mat. 18:3).

— Citas interesantes —

Antes de que tú o yo podamos tener una esperanza bíblica bien fundamentada de que seremos felices en un estado futuro, debe haber un cambio grande, notable y sorprendente actuando en nuestra alma.

—GEORGE WHITEFIELD[1]

La conversión es un cambio de corazón que da lugar a una vida transformada. La conversión a Jesucristo incluye toda la persona, es decir, no solo la manera de pensar, sino también la manera en que nos conducimos, participamos y forjamos nuestra personalidad, la comunidad y la sociedad.

—KIM THODAY[2]

Notas

1. G. Whitefield, de su sermón "*Mark of True Conversion*" [Marco de la verdadera conversión] citado en Peace- makers.net, ingresado el 17 de marzo de 2009.

2. K. Thoday, "*Conversion*" (Lucas 19:1–10), [Conversión] publicado por John Mark Ministries, http://jmm.aaa.net.au/articles/4544.htm.

10

Evangelismo es...

Un proceso que lleva a un desenlace

Dave Earley

El Dr. David Wheeler y yo enseñamos en clases numerosas compuestas por cientos de estudiantes universitarios de primer año. Cada semestre solicito voluntarios y pongo a cuatro señoritas solteras al frente de la clase. Les pido que respondan con sinceridad a una serie de casos hipotéticos.

Caso 1. ¿Qué pasa si un joven bastante atractivo llega a clase cuando yo empiezo a dar mi conferencia? Supongamos que él se sienta a tu lado pero no te habla. Inmediatamente después de la clase apoya una rodilla en el suelo, saca un anillo de diamantes y te dice: «¿Quieres casarte conmigo?»

Entonces le pregunto a cada una de las chicas: «¿Te casarías con él?»

Después de reírse un poco, ellas siempre dan la misma repuesta: «¡No!»

Luego pregunto: «¿Por qué?»

Puedes adivinar sus respuestas. «Ni siquiera lo conozco»

En seguida hago la pregunta: «¿Qué pensarías de él?»

«Pensaría que está medio loco», es la respuesta más común.

Caso 2. ¿Qué pasa si un joven bastante atractivo viene a clase cuando yo empiezo a dar mi conferencia? Supongamos que él se sienta a tu lado pero no te habla. Inmediatamente después de la clase te invita a tomar un café en *Starbucks* y tú aceptas, hablan media hora y pasan un rato agradable. Acto seguido él se arrodilla, saca un anillo de diamantes y te pregunta: «¿Quieres casarte conmigo?»

Entonces, le pregunto a cada una de las chicas: «¿Te casarías con él?»

Después de algunas risas, todavía dan más o menos la misma repuesta: «¡No!»

En seguida les pregunto: «¿Por qué no?»

De seguro ya sabes las respuestas: «Porque realmente aún no lo conozco».

Luego hago la pregunta: «¿Qué pensarías de él?»

«Pensaría que está chiflado», es la respuesta que casi siempre dan.

Caso 3. ¿Qué pasa si un joven bastante atractivo viene a clase cuando yo empiezo a dar mi conferencia? Supongamos que él se sienta a tu lado pero no te habla. Inmediatamente después de la clase te invita a tomar un café en *Starbucks* y tú aceptas, hablan media hora y pasan un rato agradable. Al día siguiente se sienta cerca de ti en clase e inmediatamente después de la clase, pone una rodilla en el suelo, saca un anillo de diamantes y te dice: «¿Quieres casarte conmigo?»

Entonces, le pregunto a cada una de las chicas: «¿Te casarías con él?»

Después de mirarme como si me faltara un tornillo, el 95% de las chicas aún dicen: «¡No!»

El 4% de las chicas suelen preguntar qué tan guapo era y el 1% quiere saber qué tan grande era el diamante.

Luego les pregunto: «¿Por qué no te casarías con él?»

No es difícil saber qué responden: «Porque a pesar de eso seguiría sin conocerlo». El matrimonio es un gran compromiso. Necesito conocer bastante bien a un chico antes de aceptar casarme con él».

En este punto le pido a toda la clase que responda al siguiente caso.

Caso 4. Supongamos que nunca has estado en una iglesia en toda tu vida y jamás has leído la Biblia. Has oído el nombre *Jesús* pero por lo general es como una maldición o parte de una broma. Habrás oído de «cristianos nacidos de nuevo», pero personalmente no conoces a ninguno. Un día, un cristiano nacido de nuevo te detiene en la calle y te pregunta si te gustaría confiar en Jesús como tu Salvador personal. ¿Qué le dirías?

Un gran compromiso

El matrimonio es un compromiso demasiado serio. Se supone que es para toda la vida. Ninguna chica razonablemente sana y segura decidiría casarse con alguien que no conoce bastante bien. Por ello, la gente pasa meses e incluso años tratando de saber todo lo que puede sobre una persona y averiguando si se puede confiar en ella.

De manera similar, confiar en Jesús como tu Señor y Salvador es un compromiso sumamente significativo, el cual la Biblia lo vincula con el matrimonio. Jesús es llamado el Esposo (Ef. 5:25-27; Apoc. 19:7-9). Durará por toda la eternidad.

Ninguna persona sana y segura aceptaría dedicar su vida a Jesús como Señor y Salvador si no lo llegara a conocer bastante bien. Sin duda dispondrá tiempo para saber más de Jesús antes de comprometerse con él.

De manera ideal, el matrimonio es un proceso (llegar a conocer y confiar uno en el otro) que lleva a un desenlace (la boda) que da lugar a una relación de por vida. El evangelismo es similar. La persona que no es creyente, por lo general, pasa por un proceso antes de conocer a Jesús y el evangelio, lo cual lleva a un desenlace, el acto de fe y el arrepentimiento, que dan lugar a una eternidad en la que crece la relación con Jesús.

El evangelismo eficaz lleva a los no creyentes a relacionarse con Jesús. Respeta el proceso y no lo apresura. Lleva a la gente paso por paso hasta el matrimonio eterno con Jesús, el Esposo celestial.

Ascender paso a paso hacia la salvación

Uno de mis mentores es el Dr. Elmer Towns. En su libro *Winning the Winnable* [Ganar lo ganable] plantea el proceso por el cual la mayoría de la gente es salva. En el capítulo dos relata el proceso que lo llevó a la salvación.

> No me convertí en cristiano la primera vez que escuché el evangelio. A pesar de que crecí en la iglesia y conocía la terminología religiosa, no buscaba a Dios ni me preocupaba mi destino eterno. Fui a una reunión de jóvenes cuando noté que tenían algo que me faltaba y quise ser como ellos.
>
> Después, Jack Wyrtzen, un evangelista de jóvenes, predicó el evangelio y lo fui a oír. Por primera vez sentí que estaba perdido y que iba al infierno. No pasé adelante para ser salvo, pero no estaba satisfecho con mis pecados.
>
> Más adelante fui a una reunión de avivamiento donde escuché el evangelio. Me dijeron que invitara a Jesús a entrar en mi corazón para ser salvo. Lo hice el 25 de julio de 1950. Fue necesario ascender paso a paso para que me percatara de mi necesidad de ser salvo. Cuando testificamos a nuestros amigos inconversos debemos reconocer los pasos que tienen que dar para ser salvos.[1]

Más adelante, Towns menciona en su libro que según una investigación que realizó en la década de 1980, la gente necesitaba escuchar 3 o 4 veces el evangelio antes de aceptar a Cristo.[2] Mi estimación es que en el mundo actual el número de veces debe ser mucho mayor. Obviamente, es posible ser salvo la primera vez que se escucha el evangelio. Pero la mayoría de la gente tiene que ser llevada paso a paso de manera ascendente hasta alcanzar un compromiso duradero con Cristo. La salvación es un proceso que conduce a un desenlace. El evangelismo eficaz guía a la gente paso a paso hasta que confían en Cristo como su Salvador.

La salvación es como un nacimiento

Una metáfora que se usa a menudo en el NT para describir la experiencia de la salvación es la del nuevo nacimiento. Jesús se refirió a la salvación como un nacer de nuevo (Juan 3:3,5). Pedro también empleó la analogía del nacimiento en relación a la salvación (1 Ped. 1:23). En su primera carta, el apóstol Juan declaró que la salvación es un nacimiento que se produce como resultado de la fe en Cristo (1 Jn. 5:1).

El nacimiento es un proceso que culmina en un desenlace. El suceso se registra en un acta de nacimiento con fecha y hora específicas y precisas. Sin embargo, el nacimiento es el resultado de un proceso de nueve meses al que llamamos *gestación* en el caso del bebé y *embarazo* respecto a la madre. La salvación se parece a un nacimiento porque es un proceso que a menudo abarca meses o incluso años, y lleva al momento en que la persona le entrega su vida a Cristo.

Un bebé sano por lo general es aquel que ha llegado al término de la gestación. El proceso no se interrumpió. Visto espiritualmente, cuando se da el tiempo necesario para que una persona digiera el significado del evangelio y responda a él, las probabilidades de que siga vivo para Cristo después de su decisión son mucho más altas.

El evangelismo es como levantar una cosecha

Aunque la mayoría de nosotros no somos agricultores, entendemos que antes de levantar una cosecha debe seguirse un proceso. Por ejemplo, si un agricultor quiere levantar una cosecha de maíz, no se limita a saltar al tractor, recorrer el campo y empezar a recoger el maíz. Un largo proceso debe seguir. En primer lugar, tiene que arar la tierra. Después, plantar la semilla. La planta joven debe ser fertilizada, regada y desmalezada. También hay que darle tiempo para que crezca. Hay que seguir todo este proceso antes de que el desenlace de la cosecha pueda ocurrir.

El apóstol Pablo comparó el proceso de la evangelización de los corintios con la agricultura. Explicó que su conversión fue el resultado de plantar y regar espiritualmente antes de la cosecha.

> «Yo sembré, Apolos regó, pero Dios ha dado el crecimiento. Así que no cuenta ni el que siembra ni el que riega, sino sólo Dios, quien es el que hace crecer. El que siembra y el que riega están al mismo nivel, aunque cada uno será recompensado según su propio trabajo. En efecto, nosotros somos colaboradores al servicio de Dios; y ustedes son el campo de cultivo de Dios, son el edificio de Dios» (1 Cor. 3:6-9, NVI).

En cierto sentido, cada persona que conoces es un campo espiritual. Nuestra responsabilidad es trabajar juntos para arar la tierra, plantar y regar la semilla y esperar que Dios prepare la cosecha. La salvación es un proceso que lleva a un desenlace. El evangelismo eficaz entiende que antes de que pueda haber una cosecha, el campo del corazón del inconverso debe ser arado, plantado y regado.

El evangelismo es un proceso que lleva a un desenlace

Un misionero llamado James Engel quería representar el viaje típico que lleva a una persona a la conversión, y sus pasos posteriores. Colocó en una escala cada paso que la persona o grupo de personas pueden dar hacia Cristo. El punto es que no todos están en el mismo sitio de la escala. Algunos están más cerca del arrepentimiento para salvación y de la fe que otros. Si entendemos en líneas generales donde está espiritualmente una persona (o grupo específico) en esta escala, podemos ajustar la forma en que debemos presentarle el evangelio.[3] La escala de Engel fue modificada posteriormente para que incluyera el papel de Dios, el papel del comunicador del evangelio y la respuesta del inconverso. Estudia esta tabla cuidadosamente.

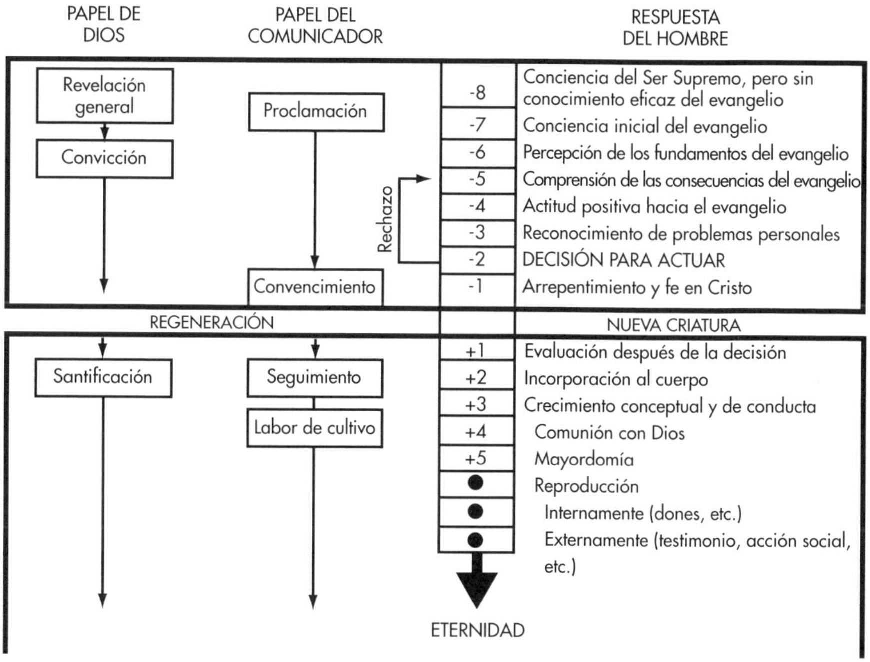

Al estudiar la escala de Engel, es útil tener en mente que no todos llegan a Cristo siguiendo exactamente estos pasos ni siempre en este orden. El proceso de salvación es un tanto misterioso (ver Juan 3:8) y no siempre es lineal, pero definitivamente hay un proceso (Juan 3:3). La escala de Engel sirve para la mayoría de la gente. Cuando la entendemos, el beneficio es inmenso.

- Explica por qué algunas personas que se deciden por Cristo no dan fruto. Esto se debe a que fueron llevadas a tomar una decisión antes de que estuvieran listas.

- Nos ayuda a entender por qué algunas personas son más receptivas que otras al evangelio.
- Mejora nuestra apreciación de la necesidad de llevar a la gente paso a paso a Cristo.
- También nos ayuda a valorar los esfuerzos repetidos para ayudar a las personas a que se acerquen a Cristo, en lugar de alejarlas porque se hace del evangelismo una especie de oferta impuesta.

Ajusta tus métodos

En los últimos años, el equipo de investigadores de Thom Rainer ha entrevistado a personas que no tenían una iglesia y a los que anteriormente no asistían a ninguna. En su libro Desconectados de la iglesia (*The Unchurched Next Door* en inglés) cita a un afroamericano de más o menos 40 años, conocido como «Franklin R., que anteriormente no iba a la iglesia».

> Durante diez años me declaré agnóstico. Sin embargo, hace apenas un año estuve dispuesto a aceptar a Cristo; esperaba que alguien me hablara de Jesús. La manera en que recientemente fui alcanzado por la persona que me invitó a ir a su iglesia, no pudo haber funcionado hace diez años. Con gusto acepté la invitación, escuché el evangelio y acepté a Cristo, todo en seis semanas.[4]

Los que están más lejos de Dios puede que necesiten un tipo diferente de enfoque evangelizador que los que están a punto de confiar en Cristo. Es probable que aquellos que están en un -7 u -8 en la escala de Rengel necesiten un evangelismo de *oración* (orar para que Dios les abra el corazón) y un evangelismo de *presencia* (llegar a conocerlos y buscar oportunidades para mostrarles el amor de Jesús) más que un evangelismo de *proclamación* (explicarles los hechos y las consecuencias del evangelio).

Redefinir el éxito

En el pasado, el evangelismo exitoso se entendía solo como la ayuda prestada para que alguien llegara a la meta de la fe y el arrepentimiento. Sin embargo, el apóstol Pablo declaró que tanto el que planta la semilla como el que la riega son por igual parte del proceso, a medida que Dios concede la cosecha. La escala de Engel nos muestra que si entendemos algo del viaje que una persona tiene que hacer para descubrir a Dios, entonces sabremos que la evangelización exitosa consiste en ayudar a la persona a que dé un paso más hacia Dios.

Crear confianza con paciencia

Cuando Cathy y yo nos mudamos a nuestra primera casa, nos sorprendió un poco descubrir que nuestros vecinos de al lado eran de Vietnam del Norte. Tony había escapado cuando los comunistas tomaron Saigón. Ahora trabajaba como ingeniero y Twat, su esposa, estaba en casa con sus hijos David y Jonathan. Su objetivo era vivir el sueño americano.

Siempre me habían enseñado a equiparar el evangelismo con el evento de levantar la cosecha. Alguien araba la tierra, plantaba la semilla y la regaba. Después, el acto de la evangelización consistía en hacer que la gente le pidiera al Señor que los salvara. Pero con nuestros vecinos, y especialmente sus hijos, nos enfrentamos a un campo abierto. Yo no podía aparecer de pronto, ofrecer el evangelio y esperar una cosecha. No había nada para cosechar porque la semilla no había sido sembrada. Ellos eran budistas. Solo Tony había tenido algún contacto con el cristianismo, y era limitado.

Nos percatamos de que era más fácil establecer una relación con David y Jonathan. Les encantaba visitarnos y jugar con nuestros hijos y decían que Cathy y yo éramos sus padres norteamericanos. Nos anotamos un punto al tratar a Tony y a Twat con gran respeto. Eran agradables y congeniábamos con ellos. Estaban agradecidos porque obviamente amábamos a sus hijos. A menudo, Tony y yo nos enfrascábamos en largas conversaciones junto a la cerca, me ayudaba a reparar mi cortadora de césped o me daba consejos sobre el mantenimiento de la casa.

Un sábado por la tarde Tony y yo teníamos una de nuestras habituales conversaciones junto a la cerca, cuando hizo una declaración que me derribó. «Hemos decidido que hagas cristianos a David y a Jonathan». Después de cuatro años de crear una amistad, ganar su confianza, arar, plantar y regar la semilla del evangelio con paciencia, esta fue la primera señal de respuesta.

Al siguiente domingo por la mañana David y Jonathan fueron con nosotros a la iglesia. Les encantó y aprendieron más sobre Jesús. Unos meses después, el último día de la Escuela Bíblica de Vacaciones, cuando presenté el evangelio e hice una invitación para que respondieran, ellos le entregaron su vida a Cristo. Crecieron en Él y participaron en la iglesia hasta que se mudaron un par de años después. Tratar de ministrar a nuestros vecinos fue una gran lección para mí en el proceso, a menudo lento, de ayudar a los que están lejos de Dios a que lleguen a Jesús.

Evangelismo es...

1. Un proceso que lleva a un desenlace.
2. Llevar a la gente paso a paso al desenlace de confiar en Cristo como su Salvador.
3. Ayudar a que alguien dé un paso más hacia Dios.

~ Cita interesante ~

Cuando llevamos a alguien a que decida confiar en Cristo en el curso de una o dos conversaciones, podemos estar seguros de una cosa: antes de que apareciéramos en escena, ya había mucha preparación y esfuerzo en esa vida.

—JIM PETERSEN[5]

Notas

1. E. Towns, *Winning the Winnable* [Ganar lo ganable] (Lynchburg, VA: Church Leadership Institute, 1986), 13.

2. Ibid., 15.

3. J. F. Engel y W. Norton, *What's Gone Wrong with the Harvest?* [Qué falló en la cosecha] (Grand Rapids, MI: Zondervan, 1975).

4. F. R. citado en T. Rainer, The Unchurched Next Door. Desconectados de la Iglesia. Grand Rapids, MI: Zondervan- Vida, 2003), 20.

5. J. Petersen, *Evangelism as a Lifestyle* [El evangelismo como un estilo de vida] (Colorado Springs, CO: NavPress, 1980), 24.

11

Evangelismo es. . .

Una labranza espiritual

David Wheeler

La iglesia nació en una sociedad agrícola. La mayor parte del pueblo vivía en el campo y cultivaba la tierra. Incluso los habitantes de las aldeas tenían un huerto y criaban algunos animales. Si no eras pescador o carpintero, probablemente habrías sido agricultor. La idea de arar, sembrar y cosechar habría sido fácil de entender. Por eso, cuando el apóstol Pablo trataba de ayudar a los cristianos corintios a que entendieran la naturaleza del evangelismo, empleó la analogía de la cosecha. «Yo planté, Apolos regó; pero el crecimiento lo ha dado Dios. Así que ni el que planta es algo, ni el que riega, sino Dios, que da el crecimiento. Y el que planta y el que riega son una misma cosa; aunque cada uno recibirá su recompensa conforme a su labor. Porque nosotros somos colaboradores de Dios, y vosotros sois labranza de Dios, edificio de Dios» (1 Cor. 3:6-9).

En la analogía paulina de la cosecha, el evangelio es la semilla. Pablo y Apolos trabajaban en la mies junto a Dios. El corazón de los corintios estaba en el campo. El «crecimiento» de la cosecha es la nueva vida que surge en el corazón del inconverso por el evangelio.

Necesitamos entender algunas verdades importantes sobre los principios de la cosecha espiritual.

1. La cosecha es un proceso, no un evento. Como se mencionó en un capítulo anterior, el evangelismo eficaz respeta el orden consecuente de la evangelización.
2. En la cosecha participan varios elementos. Con el fin de asegurar una cosecha, alguien debe plantar la semilla y luego hay que regarla. Dios hace que nazca, crezca y dé fruto.

3. Diferentes personas juegan diversos papeles en la cosecha. Algunos plantan; otros riegan.
4. Cada aspecto es igualmente importante. Si nadie planta la semilla no puede haber una cosecha. Si nadie riega la semilla, nunca va a crecer ni dará fruto.

El evangelismo eficaz no transgrede los principios de la cosecha. La mejor manera de volver a tener éxito en el evangelismo es regresar a estos principios, los cuales se enseñan en toda la Escritura.

Ara los campos mediante la oración

«Los que sembraron con lágrimas, con regocijo segarán. Irá andando y llorando el que lleva la preciosa semilla; mas volverá a venir con regocijo, trayendo sus gavillas» (Sal. 126:5-6).

Podemos ser más eficaces al evangelizar si aramos los campos de los corazones de los perdidos con nuestras oraciones. Enfocamos mucho nuestras oraciones en las necesidades físicas de los salvos en vez de las necesidades espirituales de los perdidos. Minette Drumwright, la ex directora de la Estrategia Internacional de Oración de la Junta Internacional de Misiones de la Convención Bautista del Sur, dijo una vez: «En nuestras iglesias pasamos más tiempo orando para que los santos no entren al cielo enfermos, en vez de orar más para que los perdidos entren al cielo».

¿Por qué no hacer una lista de personas que no tiene a Cristo y orar diariamente por cada persona mencionando su nombre? Tal vez su iglesia podría tener una lista de inconversos como esta y cada vez que una familia, un grupo pequeño, una clase de escuela dominical o la iglesia se reúnan para adorar, oren por la gente de la lista mencionando su nombre.

También sugiero que se realicen caminatas de oración. Es una manera poderosa de arar el campo e impactar a los vecindarios. Simplemente, animen a algunos a que participen en una caminata por la vecindad y oren por los vecinos no salvos por nombre, pidiendo a Dios que abra las puertas para servir y compartir verbalmente el evangelio. No hay una actividad más grande de preparación para la evangelización que hacer un mapa geográfico de los vecindarios y animar a los cristianos a saturar el área con oración tenaz que esté dirigida principalmente a atacar las tinieblas espirituales.

Ara el campo con un servicio humilde y amoroso que afronta las necesidades

Los corazones duros se desmoronan bajo el poder de un evangelismo que, a semejanza de Cristo, está dispuesto a servir. En los capítulos que siguen discutiremos en detalle el poder de ver y afrontar las necesidades, practicar la empatía y compartir activamente a Cristo.

Planta la semilla del evangelio

Una vez que el campo ha sido arado, hay que sembrar la semilla. Para tener una gran cosecha, necesitamos plantar muchas semillas. Mientras más semillas sembremos, mayor será la cosecha que levantaremos.

En la analogía de la labranza espiritual, la idea de plantar simplemente significa compartir el evangelio. Es comunicar verbalmente al inconverso la muerte, la sepultura y la resurrección de Jesucristo.

Para que podamos ver a muchos venir a Cristo, necesitamos que muchos escuchen de Él. Cuanto más lo anunciemos, más serán salvos. Considere la parábola del sembrador, como la registra Mat. 13:3-9:

> «Y les habló muchas cosas por parábolas, diciendo: "He aquí, el sembrador salió a sembrar. Y mientras sembraba, parte de la semilla cayó junto al camino; y vinieron las aves y la comieron. Parte cayó en pedregales, donde no había mucha tierra; y brotó pronto, porque no tenía profundidad de tierra; pero salido el sol, se quemó; y porque no tenía raíz, se secó. Y parte cayó entre espinos; y los espinos crecieron, y la ahogaron. Pero parte cayó en buena tierra, y dio fruto, cuál a ciento, cuál a sesenta, y cuál a treinta por uno. El que tiene oídos para oír, oiga"».

¡El agricultor moderno llamaría a esto una siembra descuidada! ¿Por qué alguien arrojaría semillas en un área cerca de rocas y espinas? Pero en los tiempos bíblicos los agricultores carecían de la estrategia que proporcionan los métodos científicos utilizados en la actualidad. Todos sabían que había que esparcir la semilla. En muchos casos, los agricultores saldrían al campo abierto ya cultivado y arrojarían la semilla tan a manos llenas como les fuera posible. Por consiguiente, parte de la semilla caía entre piedras y espinos. El siguiente paso era utilizar piedras o utensilios afilados para escarbar la tierra donde la semilla se había arrojado con la esperanza de enterrarla un poco más en el suelo.

Si bien esta manera de sembrar parece un desperdicio, ilustra la importancia del proceso de la siembra. Para asegurar una cosecha abundante, era necesario surcar la tierra (arar) y esparcir la semilla (plantar).

Dios da el crecimiento

> «Oíd, pues, vosotros la parábola del sembrador: "Cuando alguno oye la palabra del reino y no la entiende, viene el malo, y arrebata lo que fue sem-

brado en su corazón. Este es el que fue sembrado junto al camino. Y el que fue sembrado en pedregales, éste es el que oye la palabra, y al momento la recibe con gozo; pero no tiene raíz en sí, sino que es de corta duración, pues al venir la aflicción o la persecución por causa de la palabra, luego tropieza. El que fue sembrado entre espinos, éste es el que oye la palabra, pero el afán de este siglo y el engaño de las riquezas ahogan la palabra, y se hace infructuosa. Mas el que fue sembrado en buena tierra, éste es el que oye y entiende la palabra, y da fruto; y produce a ciento, a sesenta, y a treinta por uno"» (Mat. 13:18-23).

Observa la última oración: «Mas el que fue sembrado en buena tierra, éste es el que oye y entiende la palabra, y da fruto; y produce a ciento, a sesenta, y a treinta por uno». Nunca te desanimes a seguir arando y plantando. A pesar de que parte de la semilla será destruida por el enemigo y otros se apartarán por falta de compromiso o debido a la persecución, los principios bíblicos de la cosecha siempre son los mismos. De acuerdo con Cristo, la bendición viene cuando la semilla cae en buena tierra y cuando la persona «oye y entiende». La recompensa eterna surge cuando el nuevo cristiano «da fruto y produce a ciento, a sesenta, y a treinta por uno». Como Pablo expresó, si aramos, sembramos y regamos, Dios dará el crecimiento (1 Co. 3:6).

Los campos están listos para la cosecha

Un día Jesús tuvo un diálogo fascinante con una mujer samaritana, como veremos en detalle en el capítulo 15. Sus discípulos habían ido a conseguir comida mientras Él hablaba con una mujer junto a un pozo. Cando los discípulos regresaron, se sorprendieron al ver que Jesús, el rabí judío, estaba hablando con una mujer y además, samaritana y de mala reputación. Jesús usó la oportunidad para enseñarles sobre la cosecha.

> «¿No decís vosotros: "Aún faltan cuatro meses para que llegue la siega? He aquí os digo: Alzad vuestros ojos y mirad los campos, porque ya están blancos para la siega. Y el que siega recibe salario, y recoge fruto para vida eterna, para que el que siembra goce juntamente con el que siega. Porque en esto es verdadero el dicho: Uno es el que siembra, y otro es el que siega"» (Juan 4:35-37).

Jesús quería que se percataran de que mientras estemos dispuestos a allegarnos a todo tipo de personas, siempre encontraremos almas listas para el evangelio. Él también quería que entendieran que el proceso de la siembra es un trabajo de equipo. Algunos plantan y otros cosechan, pero ambos se regocijan.

La vida de Justin cambió

Justin no era cristiano, ¡y todos en la escuela lo sabían! Sin embargo, una joven de una pequeña congregación en la zona rural de Georgia lo invitó a asistir con ella a la iglesia. Sorprendentemente, él fue. En la iglesia, el grupo de jóvenes le dio una calurosa bienvenida. Incluso se sentaron con él durante los cultos de adoración. No pasó mucho tiempo antes de que Justin se incorporara a un pequeño grupo de estudio bíblico.

Después de varios meses de visitar la iglesia, los miembros del grupo de jóvenes invitaron a Justin a que fuera con ellos al SuperWow, una conferencia estudiantil patrocinada por la Convención Bautista de Georgia. Big Daddy Weave, un grupo contemporáneo de rock, dirigió el culto. Los Skit Guys dramatizaron la buena noticia. Tomas Young, el orador de SuperWow, predicó el evangelio. Como resultado, Justin le entregó su vida a Cristo.

Después del concierto, Justin hizo profesión de fe ante toda la iglesia. Su siguiente paso fue identificarse con Cristo mediante el bautismo público. Sin embargo, antes de bautizarse, Justin pidió permiso para dirigirse a la congregación.

En su breve testimonio compartió sobre un amigo de la escuela quien de manera regular le daba testimonio de Cristo. Un día, Justin fue a la casa de su amigo. Al encontrar abierto el diario de su amigo, comenzó a leer sus pensamientos y deseos más profundos, Justin lloró cuando le dijo a la congregación lo que leyó en una de las anotaciones: «Señor, por favor haz algo especial hoy por Justin y realiza algo magnífico en su vida».

Justin se sintió profundamente conmovido por la petición que su amigo le hizo a Dios. Como resultado de esta y muchas otras oraciones, finalmente le entregó su vida a Cristo.

La labranza espiritual en acción

La siembra espiritual de la semilla reconoce que la mayoría de los inconversos necesitan múltiples encuentros con el evangelio antes de que finalmente lleguen a la fe. Por ejemplo, en la vida de Justin varios cristianos procuraron un flujo constante de toques con el evangelio. Sin saberlo, trabajaban bajo la dirección del Espíritu Santo para llevar a Justin al Salvador.

Piensa en esto: Una amiga de Justin lo invitó a la iglesia. Ahí alguien le predicó el evangelio. Una iglesia amigable le dio la bienvenida. Un grupo de jóvenes lo acogió. Un profesor de Biblia le enseñó. Tomas Young, el orador del SuperWow le refirió las verdades de la Escritura. Big Daddy, el grupo contemporáneo de rock, lo llevó en adoración. Los Skit Guys dramatizaron la buena noticia ante él. El pastor de jóvenes estuvo atento a su interés y respondió a sus preguntas. Todo esto ocurrió mientras sus amigos (y otros) oraban por él. Sus amigos incluso mencionaron su nombre ante Dios en un diario de oración. Como sabemos, ¡el resultado final fue la salvación de Justin!

Alisha es salva

Alisha, de 18 años de edad, fue nuestra mesera un domingo por la noche en un restaurante de Atlanta. Cuando se acercó a la mesa para tomar nuestro pedido, le preguntamos si había algo por lo que pudiéramos orar con referencia a su vida. Ella comenzó a relatar la historia de cómo su abuela y otros habían plantado la semilla al compartirle a Cristo. Para nuestra alegría, ella finalmente respondió con una petición sorprendente: «Por favor, oren para que alguien me diga cómo puedo ser salva».

¡Por supuesto, estábamos más que felices por ser la respuesta a su oración. Después de unos minutos de compartir el evangelio con ella, inclinó su cabeza y le pidió a Cristo que llenara su vida! ¡Qué maravilla!

Una vez más, al igual que Justin, la cosecha vino solo después de que numerosas semillas del evangelio fueron plantadas en su vida por medio de su abuela y otros. Esto no sucedió porque expresamos palabras inteligentes y persuasivas. Por el contrario, fuimos muy afortunados al estar allí cuando la semilla del evangelio estuvo lista para ser cosechada en su vida. Con esto en mente, no pude menos que recordar las palabras de Cristo en Juan 4:38 que dicen: «Otros labraron, y vosotros habéis entrado en sus labores».

Claves para una labranza espiritual eficaz

Orar. Plantar la semilla es un viaje espiritual. La oración es necesaria cuando despliegas las velas con su sentido de aventura y abandono. Quizás podemos orar como el amigo de Justin: «Señor, por favor haz algo especial en mi vida hoy y realiza algo magnífico en la vida de los demás a través de mí».

Sé positivo. Debes compartir a Jesús de una manera positiva. Nunca uses su nombre para ganar una discusión o para humillar a nadie.

Acepta a los demás. Esto no significa que debemos tolerar su conducta pecaminosa. Jesús amó a las personas como eran, ayudándolas siempre a que llegaran a ser lo que Él sabía que podían ser.

Sé perseverante. Ora todos los días para que Dios te ayude a llegar a los demás con la buena noticia de Cristo. En otras palabras, *vive cada día con la intención de hacer algo eterno.* Busca la manera de establecer hábitos que den lugar a una vida que produzca fruto espiritual.

Sé intencional. A menudo digo que *¡lo que intencionalmente ignoramos, intencionalmente no haremos!* Si bien el evangelismo verdadero siempre depende del

Espíritu Santo, compartir tu fe no sucede por accidente. En cada cristiano debe haber un compromiso intencional y consciente.

Sé creativo. Sé creativo (sin hacer cosas raras) al buscar cómo iluminar el mundo con pinceladas espirituales que ejemplifiquen el amor y el mensaje de Cristo de manera práctica.

Sé activo. La ley de la siembra es sencilla. Cuanto más esparces la semilla del evangelio, mayor será la probabilidad de que las personas respondan a él. El Salmo 126 afirma: «Los que sembraron con lágrimas, con regocijo segarán» (v. 5).

La labranza espiritual

1. La labranza espiritual es invertir en un proyecto. Es un error definir el evangelismo en términos de simplemente compartir la información del evangelio. Mientras que es una parte esencial y vital de nuestra responsabilidad, como labradores espirituales somos llamados a entregarnos al proceso total de arar, plantar y segar.

2. La labranza espiritual demanda tiempo. La labranza no es un proceso breve. Es un compromiso de todo el año para trabajar el suelo y preparar los campos para la cosecha. Lo mismo ocurre con la labranza espiritual. Orar por los amigos inconversos (arar), invertir en sus vidas al servir y compartir (plantar), y ser pacientes mientras el Espíritu Santo atrae a la gente, por lo general demanda tiempo.

3. La labranza espiritual es un trabajo duro. Labrar requiere mucho sudor y compromiso. No hay atajos, y nunca es fácil. Es trabajar a diario con la tierra y la cosecha potencial. La labranza espiritual requiere la misma ética de trabajo. A pesar de las frustraciones, el rechazo o la guerra espiritual debemos seguir trabajando los campos.

4. La labranza espiritual es digna de la espera. En Lucas 15, Jesús relata la parábola de la oveja perdida. Después de explicar la importancia de que un pastor deje 99 ovejas para localizar a la que se perdió, concluye: «Les digo que así es también en el cielo: habrá más alegría por un solo pecador que se arrepienta, que por noventa y nueve justos que no necesitan arrepentirse» (Luc. 15:7, NVI). ¡La siembra es digna de la inversión!

Evangelismo es...

1. Una labranza espiritual.
2. Arar en oración, plantar al compartir el evangelio y ser paciente mientras el Espíritu Santo atrae a la gente hacia él.
3. Estar dispuesto cuando la cosecha está lista.

Versículo clave

«¿No decís vosotros: Aún faltan cuatro meses para que llegue la siega? He aquí os digo: Alzad vuestros ojos y mirad los campos, porque ya están blancos para la siega» (Juan. 4:35).

Citas interesantes

La ley de la cosecha es simple. Cuanto más esparces la semilla del evangelio, mayor será la probabilidad de que las personas respondan a él.

—TOBY FROST[1]

No podemos cosechar donde no se ha plantado la semilla.

—WILL MCRANEY[2]

Nuestro trabajo es lanzar las semillas, no ser protectores de ellas, y así velar por los negocios de Dios como si su provisión fuera limitada.

—STEVE SJOGREN[3]

Notas

1. Ideas compartidas en el curso de una conversación telefónica con el Dr. T. Frost, quien fue jefe del equipo para el *Event Evangelism Unit of the North American Mission Board of the Southern Baptist Convention*, en marzo de 2007.
2. W. McRaney Jr., *The Art of Personal Evangelism* [El arte del evangelismo personal] (Nashville, TN: B&H, 2003), 3.
3. S. Sjogren, *Conspiracy of Kindness* [Conspiración de amabilidad] (Ventura, CA: Regal Books, 2003), 97.

12

Evangelismo es...

Ayudar a que la gente deje atrás su religión

Dave Earley

Si todo lo que tienes es religión, nunca verás el cielo.

—Jesucristo[1]

La religión es estiércol.

—El apóstol Pablo[2]

«¡Pierde tu religión!»

Hace unos años mi iglesia envió por correo 10.000 tarjetas postales adornadas con las palabras, «¡Pierde tu religión!» En la parte posterior de la tarjeta, parafraseé las palabras de Jesús, «Si todo lo que tienes es religión, nunca verás el reino de los cielos» (Juan 3:3). Hice lo mismo con las palabras del apóstol Pablo, quien dijo que «la religión es estiércol» (Fil. 3:3-10).

Como esperaba, recibimos algunos correos electrónicos interesantes esa semana. La gente quería saber cómo yo, el pastor de una iglesia, podía estar tan en contra de la religión.

Mi argumento era sencillo: La religión por sí misma no es suficiente; no llevará a nadie al cielo. El cristianismo verdadero es una *relación* en la que debes nacer espiritualmente. Debes nacer de nuevo.

Nicodemo por la noche

Nicodemo esperaba que su reunión clandestina pasara inadvertida en la bulla de la celebración de la Pascua. Potencialmente tenía mucho para perder: poder, posición y prestigio. El encuentro con Jesús, el desaprobado maestro, podía costarle demasiado caro a Nicodemo.

Nicodemo era más que un fariseo. Era miembro del Sanedrín, el grupo élite de 70 hombres que gobernaba a Israel en todo asunto que competía a la religión. Y fue precisamente la religión lo que despertó su curiosidad sobre Jesús. Los milagros que Jesús realizaba hicieron que se preguntara si este hombre realmente sería lo que algunos decían que era, el Mesías.

Así que Nicodemo vino de noche y se sentó frente a Jesús. Es probable que Pedro, Jacobo y Juan estuvieran sentados en el fondo, junto con algunos de los asistentes de Nicodemo. Puede que se hayan sorprendido por la confianza con que Nicodemo se acercó a Jesús. Era un alma sedienta. Jesús sabiamente estimuló su apetito y después, brotó una pegunta de sus labios.

> «Había un hombre de los fariseos que se llamaba Nicodemo, un principal entre los judíos. Este vino a Jesús de noche, y le dijo: Rabí, sabemos que has venido de Dios como maestro; porque nadie puede hacer estas señales que tú haces, si no está Dios con él.
>
> »Respondió Jesús y le dijo: De cierto, de cierto te digo, que el que no naciere de nuevo, no puede ver el reino de Dios.
>
> »Nicodemo le dijo: ¿Cómo puede un hombre nacer siendo viejo? ¿Puede acaso entrar por segunda vez en el vientre de su madre, y nacer?» (Juan 3:1-4).

«¿Cómo puede un hombre nacer siendo viejo?»

Jesús dijo que nadie podía *ver* el reino de Dios a menos que naciera de nuevo. Pero Nicodemo no estaba seguro de qué significaba «nacer de nuevo». Sabía que un segundo nacimiento físico no tenía sentido. Así que Jesús le explicó:

> «Respondió Jesús: De cierto, de cierto te digo, que el que no naciere de agua y del Espíritu, no puede entrar en el reino de Dios. Lo que es nacido de la carne, carne es; y lo que es nacido del Espíritu, espíritu es. No te maravilles de que te dije: Os es necesario nacer de nuevo. El viento sopla de donde quiere, y oyes su sonido; mas ni sabes de dónde viene, ni a dónde va; así es todo aquel que es nacido del Espíritu» (Juan 3:5-8).

La religión no es suficiente

A veces es más fácil entender lo que una persona dice si determinamos primero lo que *no* está diciendo. Sin duda, cuando Jesús le dijo a Nicodemo que necesitaba nacer de nuevo, *no* manifestó que era necesario ser religioso para entrar al reino de los cielos. Nicodemo no necesitaba ser religioso, porque ya lo era. Como leemos en Juan 3:1, era miembro del consejo de gobierno judío.

Para formar parte de ese selecto consejo de 70 personas, era necesario ser fariseo. Los fariseos eran los judíos más religiosos. Toda su vida era religión. La palabra *fariseo* viene de un término que significa «separado». Estas personas eran famosas porque se alejaban de cualquiera o cualquier cosa que consideraban que era religiosamente impura. Ayunaban dos días a la semana y nunca dejaban de asistir a los cultos de la sinagoga. Creían que el AT contenía *poquísimas* normas religiosas, por lo que añadieron por su cuenta cientos más.

Pero Nicodemo era más que fariseo; ¡era un líder de los fariseos! Formaba parte del concilio gobernante conocido como Sanedrín. Estos 70 hombres eran los más religiosos de los fariseos.

Si alguien era religioso, lo era Nicodemo. Sin embargo, su religión no era suficiente. Jesús lo miró a los ojos y le dijo que le era necesario nacer de nuevo. Eso debió inquietar un poco a Nicodemo. Si su religión no era suficiente, ¿la de quién sí lo sería? ¿Acaso sería la suya?

Recientemente, le hice a un hombre esta pregunta: «Si murieras hoy, ¿estás seguro de que serías bien recibido en el cielo?»

Me respondió: «Supongo que sí».

Le volví a preguntar: «¿Por qué Dios te dejaría entrar?»

Él replicó: «Bueno, voy a la iglesia».

Le pregunté una vez más: «¿Si me sentara en un garaje unas pocas horas cada semana, esto me convertiría en coche?»

Se sonrió y me dijo: «Claro que no».

Le contesté: «Sentarte en un garaje no hará de ti un coche, como tampoco asistir a una iglesia hará de ti un cristiano. Jesús dijo que necesitas nacer de nuevo».

Ser bueno no es suficiente

Cuando Jesús enseñó que para entrar al cielo es necesario nacer de nuevo, tampoco se refería a que nacer de nuevo es igual a hacer buenas obras y lograr una justicia propia. Como ya comentamos en el capítulo 8, la Biblia enseña que, en toda la historia, solo hubo uno «bueno» que dio al blanco en la justicia que Dios requería, y él es Jesucristo. Únicamente Él obtuvo una relación con el Dios perfecto al vivir una vida sin pecado. Sin embargo, murió en la cruz en lugar nuestro y resucitó. Nuestra relación con Dios no es el resultado de la religión que profesamos ni las buenas obras que hacemos, sino por creer en lo que Jesús ha hecho. No es algo que ganamos, es un don que recibimos.

Como puedes ver, si pudiéramos llegar al cielo por ser realmente religiosos o buenos, ¿por qué Jesús tuvo que morir en nuestro lugar? No importa cuán buenos somos, no somos perfectos. No importa cuánto bien podamos hacer, no podemos borrar la mancha de nuestros pecados pasados.

El primer nacimiento no es suficiente

Recientemente vi una calcomanía que decía: «Con nacer una vez es suficiente». Pensé, *no según Jesús*. Él enseñó que el primer nacimiento es insuficiente, ya que está corrompido por nuestra naturaleza pecaminosa, llamada «la carne». «El Espíritu da vida; la carne no vale para nada. Las palabras que les he hablado son espíritu y son vida» (Juan 6:63, NVI). « Yo sé que en mí, es decir, en mi naturaleza pecaminosa, nada bueno habita. Aunque deseo hacer lo bueno, no soy capaz de hacerlo» (Rom. 7:18, NVI).

«¿Qué anda mal con estos chicos?»

Tengo tres hijos vivaces. Una semana, cuando tenían menos de seis años, Dios los usó para enseñarme la verdad de la pecaminosidad de la naturaleza carnal. Era la típica noche en que papá se queda en casa para cuidar a los chicos. Cathy estaba en la reunión de mujeres en la iglesia. Llevé a casa lo que consideré que sería una película educativa sobre *Huckleberry Finn*. En toda esta película de dos horas, sólo hay un momento cuestionable. En una escena que dura menos de un minuto, el padre de Huckleberry llegó a su casa borracho haciendo el ridículo.

Después de la película los metí en la bañera cuando sonó el teléfono. Sé que dejé a los dos niños mayores solos en la tina durante unos cinco minutos. Entonces Cathy llegó a casa. Con orgullo le conté el gran trabajo que había hecho con los chicos esa noche.

Lo siguiente que oí fueron unos salvajes gritos de alegría. Corrí al baño, el cual estaba cubierto de agua. Tenían tazas llenas de agua de la bañera y la derramaban por todas partes riéndose salvajemente.

Puse las manos en la cadera e hice mi mejor papel de padre duro y les dije en voz alta: «¿Qué está pasando aquí?»

«Estamos borrachos», me respondieron. «Más borrachos que zorrillos». Y luego se echaron a reír encantados.

«¿De dónde rayos sacaron la idea de estar borrachos?» pregunté.

«De *Huckleberry Finn*, papá, replicaron inocentemente.

«Estaba borracho», añadió Daniel, el más grande.

«Más borracho que un zorrillo», añadió Andrew, su hermano más joven.

No lo podía creer. Habíamos visto una película educacional de 120 minutos y ¿qué aprendieron? ¡Cómo emborracharse!

Más tarde, esa semana, estábamos sentados a la mesa para saborear una comida maravillosa que Cathy mi esposa había preparado. Inclinamos nuestra cabeza para orar e inmediatamente escuché un sonido parecido a un silbido, seguido por una risa ahogada y más «silbidos». Abrí los ojos y vi que nuestro tiempo de oración antes de los alimentos se había convertido en una verdadera guerra de comida.

Exasperada, Cathy me miró y me dijo: «David, ¿qué les pasa a estos chicos?»

De repente, comprendí algo profundo sobre nuestra naturaleza pecaminosa y expresé, «Bueno, en términos teológicos, son pecadores».

«¿Cuántos homicidios?»

Un domingo, después de la iglesia, una señora se enojó conmigo porque mencioné que apartados de Jesús, todos somos pecadores.

«¿Pecador?», ella expresó. «Esa es una palabra muy fuerte. Me molesta que me llamen pecadora».

Le pregunté: «¿Cuántos homicidios se necesitan para ser un homicida?»

«Uno», replicó. «Solo se necesita uno».

«Por lo tanto», continué, «¿cuántos pecados se necesitan para ser un pecador?»

«Oh», afirmó, haciendo una pausa.

«Ahora veo lo que usted quiere decir». Después me preguntó: «¿Qué debo hacer para nacer de nuevo?»

Hemos visto que el nuevo nacimiento no es un asunto de religión o de buenas obras. Veamos ahora lo que significa nacer de nuevo.

Un segundo nacimiento

Jesús le dijo a Nicodemo que tenía que nacer *de nuevo*. En otras palabras, le manifestó que necesitaba un *segundo* nacimiento. Su primer nacimiento era insuficiente. Nacer de nuevo no es algo que se *hace*, sino que se *experimenta*. Jesús fue muy claro: No experimentarás el reino de Dios a menos que experimentes un segundo nacimiento.

Le pregunté a un señor si había nacido de nuevo. Me respondió: «Claro, he sido cristiano toda mi vida». Eso no es lo que Jesús enseñó. Se refería a un *segundo* nacimiento. Necesitamos nacer *de nuevo*.

Un nacimiento espiritual

Nicodemo pensaba en términos físicos cuando preguntó: «¿Cómo puede un hombre nacer siendo viejo? [...] ¿Puede acaso entrar por segunda vez en el vientre de su madre y nacer?» (Juan 3:4)

Jesús contestó que «nacer de nuevo» no es solo experimentar un segundo nacimiento, sino también experimentar un nacimiento *espiritual:* «De cierto, de cierto te digo, que el que no naciere de agua y del Espíritu, no puede entrar en el reino de Dios. Lo que es nacido de la carne, carne es; y lo que es nacido del Espíritu, espíritu es» (Juan 3:5-6).

Al describir los nacimientos de agua *y* de Espíritu, Jesús contrastó el nacimiento físico con el nacimiento espiritual. Afirmó que ambos eran necesarios.

Jesús describió el nacimiento físico en el versículo 5 cuando expresó, «naciere de agua». Cuando una mujer está embarazada, una bolsa de agua protege al bebé dentro de ella. La madre sabe cuando su hijo está listo para venir al mundo porque el agua se derrama. Cuando el bebé ha nacido, está mojado. El nacimiento físico requiere «nacer de agua».

Cuando Jesús declaró, «Lo que es nacido de la carne, carne es», se refería asimismo al nacimiento físico. Cuando nacemos físicamente, señalamos el evento con un certificado que marca la fecha, la hora y el lugar de nuestra llegada. Observa con cuidado que Jesús afirmó que el nacimiento físico por sí mismo no nos da entrada al reino de Dios. Necesitamos un nacimiento espiritual. Es preciso que nazcamos «de agua *y* del Espíritu» (Juan 3:5). Jesús añadió:, «El viento sopla de donde quiere, y oyes su sonido; mas ni sabes de dónde viene, ni a dónde va; así es todo aquel que es nacido del Espíritu» (Juan 3:8).

Cómo nacer de nuevo

Más adelante en este capítulo Jesús responde esta pregunta con una declaración contenida en el versículo más citado de toda la Biblia. Observa que nacer de nuevo es el resultado de creer en Jesús. «Porque tanto amó Dios al mundo, que dio a su Hijo unigénito, para que todo el que cree en él no se pierda, sino que tenga vida eterna» (Juan 3:16, NVI).

El Evangelio de Juan reafirma esta declaración y le añade claridad. Nacemos de nuevo cuando por la fe recibimos a Jesucristo como nuestro Salvador; «Mas a cuantos lo recibieron, a los que creen en su nombre, les dio el derecho de ser hijos de Dios» (Juan 1:12, NVI).

Evangelismo es...

1. Ayudar a que las personas se deshagan de su religión y descubran una relación con Jesús.
2. Ayudar a que las personas experimenten un nuevo nacimiento espiritual en una relación verdadera con Dios mediante Jesucristo.

Tres preguntas importantes

Permítanme hacer varias preguntas de vital importancia:

1. ¿Sabes cuál es la fecha, la hora y el lugar de tu nacimiento espiritual?
2. ¿Sabes con certeza si has nacido de nuevo?
3. Si no estás absolutamente seguro de que has nacido de nuevo, ¿le responderás a Dios para que nazcas de nuevo ahora, en esta fecha, en este momento y en este lugar? Esta es una oportunidad para estar seguro.

A continuación encontrarás una oración sencilla que cientos han elevado a Dios cuando entregaron su vida a Jesucristo. Incorpora el evangelio y los elementos de una verdadera conversión. Léela toda. Si lo deseas, puedes decírsela a Dios.

> Amado Dios:
>
> Reconozco que he pecado y que mi religión por sí misma no me dará una relación contigo. Reconozco que mi bondad no es suficiente. Necesito nacer de nuevo.
>
> **Creo que Jesús es el Hijo de Dios. Creo que Jesús nunca pecó. Creo que Jesús murió para pagar por mis pecados. Creo que Jesús resucitó de entre los muertos para darme vida eterna.**
>
> En este momento invoco el nombre del Señor Jesús para que me salve. Pido al Espíritu Santo que venga a mi corazón, me haga una nueva persona y me haga nacer de nuevo como un hijo de Dios. Te entrego el trono de mi corazón. Te pido que pueda experimentar tu amor y poder.
>
> Estoy dispuesto a hacer lo que me digas que haga y a dejar de hacer lo que te desagrada. Te pido que me des fuerzas para poder seguirte todos los días de mi vida.
>
> En el nombre de Jesús, amén.

Si elevaste esta oración a Dios con sinceridad, es probable que quieras llenar el certificado de nacimiento espiritual que se muestra abajo.

También, por favor, envíame un correo electrónico a dearley@liberty.edu para que podamos regocijarnos contigo y orar por ti.

Mi certificado de nacimiento espiritual

Lugar

fecha

Yo, ________________________ ________________________,

nací de nuevo al responder a la palabra de Dios e invocar el nombre del Señor para que me salvara. Ahora he nacido de nuevo al admitir mis pecados y creer que Jesucristo pagó por ellos. Desde hoy le encomiendo mi vida.

Notas

1. Ver Juan 3:1–7.
2. Ver Fil. 3:7–10.

13

Evangelismo es...

Ser un misionero, no un campo de misiones

Dave Earley

¿Eres un misionero o un campo de misiones?

En un sentido no técnico, el término *misionero* no es más que «alguien con una misión». Un misionero cristiano es una persona cuya misión es impactar positivamente a los demás con el mensaje transformador de Jesucristo. Un «campo misionero» es «alguien que necesita del ministerio de un misionero». Un campo misionero es una persona o personas que aún no han sido impactadas por el mensaje vivificante de Jesús.

De manera que preguntamos nuevamente: ¿Eres un misionero o un campo misionero?

Eres uno o el otro. No hay término medio.

Si has sido impactado maravillosamente por el mensaje de Jesucristo, estás obligado a vivir como misionero, anunciando la verdad de Jesús a los demás. Si aún no te defines como cristiano, no podrás actuar como misionero porque, en un sentido, aún eres un campo misionero.

Un misionero del siglo I

El apóstol Pablo fue uno de los primeros misioneros transculturales de la iglesia, y de los más eficaces. Su pasión era plantar iglesias. Dio comienzo a iglesias exitosas en Filipos, Éfeso, Galacia, Corinto y Tesalónica. Judío de nacimiento y educado como rabí, tenía una profunda devoción por su pueblo, los judíos. Esta devoción no disminuyó cuando se encontró con Jesucristo, sino que se intensificó y purificó. Podemos ver esto en la carta a los Romanos, cuando declara: «Verdad digo en Cristo, no miento, y mi conciencia me da testimonio en el Espíritu Santo, que tengo gran tristeza y continuo dolor en mi corazón. Porque deseara yo mismo ser anatema, separado de Cristo, por amor a mis hermanos, los que son mis parientes según la carne» (Rom. 9:1-3).

La meta de las misiones

> «Hermanos, el deseo de mi corazón y mi oración a Dios por ellos es para su salvación» (Rom. 10:1, LBLA).

Note las últimas cuatro palabras: «Es para su salvación». ¿Cuál es la meta de un misionero? Es ayudar a que los demás se salven. Sí, puede ayudarlos, alimentarlos, vestirlos, servirles como médico o instruirlos; pero todo esto es con el sumo propósito de ayudarlos a que sean salvos.

Como afirmamos anteriormente, la palabra «salvo» en el sentido más amplio significa «ser liberado *de* la pena y el castigo de la muerte que resulta del pecado y entregado *a* una vida abundante sobre la tierra y la vida eterna en el cielo que vienen del perdón de los pecados». Así pues, la meta es ser salvos del pecado y de la muerte *y* entregados a la vida y a Dios.

En Rom. 10:2-8 Pablo plantea la necesidad de los inconversos de obtener la justicia que Dios requiere para que puedan ser salvos. Planteamos este proceso en detalle en el capítulo 8, «Ayudar a la gente para que sea lo suficientemente buena».

El proceso de la salvación

En Rom. 10:9-17 Pablo bosqueja el proceso en el que los inconversos intercambian su justicia deficiente por la justicia que solo está disponible mediante la fe en Jesucristo. Este pasaje describe 6 pasos por los que sustituyen su justicia propia por la justicia que Cristo requiere. Los presentamos del último al primero.

6. El inconverso *confiesa* que Jesús es el Señor (10:9-10)... pero solo después...
5. *Invocan* el nombre del Señor para que los salve (10:12-13)... pero solo después...
4. *Creen* en Jesús (10:14)... pero solo después...
3. *Oyen* sobre Jesús (10:14)... pero solo después...
2. Alguien les *predica o proclama* la verdad sobre Jesús (10:14)... pero solo después...
1. Que alguien fue *enviado* al inconverso (10:15-17).

Confesar

> «Que si confesares con tu boca que Jesús es el Señor, y creyeres en tu corazón que Dios le levantó de los muertos, serás salvo. Porque con el corazón se cree para justicia, pero con la boca se confiesa para salvación» (Rom. 10:9-10).

La confesión es la expresión verbal pública de un compromiso personal interno. Por sí misma, no le da a nadie la justicia de Dios, pero establece que ahora la tiene por haber oído, creído e invocado el nombre de Jesús para salvación. Históricamente, cuando los creyentes se bautizaban en público, hacían esta confesión. El bautismo era la ocasión para confesar y dar testimonio. Pongo en duda la salvación de cualquiera que esté dispuesto a confesar que Jesús es el Señor pero que no obedezca el mandato de ser bautizado.

Invocar

> «Porque no hay diferencia entre judío y griego, pues el mismo que es Señor de todos, es rico para con todos los que le invocan; porque todo aquel que invocare el nombre del Señor, será salvo» (Rom. 10:12-13).

La fe verdadera siempre resulta en acción. Según Rom. 10:12-13, la acción necesaria para la salvación es «invocar el nombre del Señor». Esta es una oración que por lo general incluye varios elementos clave. (En inglés la llaman el ABC.)

> *Admitir el pecado*: es reconocer la necesidad de perdón y salvación a causa de tu pecado; aceptar tu incapacidad para salvarte.
>
> *Creer en Jesús como el Salvador:* es creer que solo Él es el Hijo de Dios sin pecado, que murió en la cruz para pagar por tus pecados y que resucitó para darte nueva vida.
>
> *Invocar a Jesús:* es pedirle verbalmente que te salve de tus pecados y que sea tu Señor.

La mayoría de los incrédulos no acostumbran a orar, y menos en voz alta. A menudo, los nuevos creyentes están en esta situación. Por lo general los ayudo guiándolos en oración. Les sugiero: «Si así lo deseas, puedes hacer una sencilla oración. Si la sientes en tu corazón, puedes repetirla después de mí y dirigirla a Dios. Él está escuchando. Si la dices con sinceridad, contestará tu oración y salvará tu alma».

> Querido Dios:
>
> Reconozco que he pecado. Sé que no puedo llegar al cielo por mi propia justicia.

Creo que Jesús nunca pecó, que murió para pagar por mis pecados y que resucitó verdaderamente para darme nueva vida.

En este momento te pido que me salves por medio de tu justicia. Deseo vivir para obedecerte el resto de mi vida.

En el nombre de Jesús, amén.

Creer

«Que si confesares con tu boca que Jesús es el Señor, y *creyeres* en tu corazón que Dios le levantó de los muertos, serás salvo. Porque con el corazón se *cree* para justicia, pero con la boca se confiesa para salvación. Pues la Escritura dice: Todo aquel que en él creyere, no será avergonzado [...] ¿Cómo, pues, invocarán a aquel en el cual no han *creído*? ¿Y cómo creerán en aquel de quien no han oído? ¿Y cómo oirán sin haber quien les predique? [...] Así que la *fe* es por el oír, y el oír, por la palabra de Dios» (Rom. 10:9-11,14,17, cursivas añadidas).

Creer es la clave. Observa las veces en que las palabras «creer» y «fe» se mencionan en los versículos anteriores. La salvación es el resultado de creer ciertas verdades. Entre estas están:

- Hay un Dios.
- Soy responsable ante Dios.
- He descuidado mi responsabilidad, he pecado.
- El pecado tiene consecuencias negativas: muerte/separación de Dios.
- Jesús nunca pecó.
- Jesús murió para pagar por mis pecados.
- Creo que su justicia es suficiente.
- Puedo tener el don de la vida eterna al recibirlo.

Es posible escuchar el evangelio y nunca ser salvo. Es necesario creerlo, confiar en él, depender de él y actuar según él. La palabra *creer,* como se utiliza en la Biblia, siempre se expresa mediante el compromiso y la acción.

Observa que Rom. 10:9 afirma: «Que si confesares con tu boca que Jesús es el Señor, y *creyeres en* tu corazón que Dios le levantó de los muertos, serás salvo». Se llega a ser salvo cuando se cree *en* Jesús.

En Rom. 10:14 se hace una pregunta: « ¿Cómo, pues, invocarán a aquel en el cual no han *creído*? ¿Y cómo creerán *en* aquel de quien no han oído?» Se llega a ser salvo cuando se cree *en* Jesús.

El Evangelio de Juan declara en 3:16: «Porque de tal manera amó Dios al mundo, que ha dado a su Hijo unigénito, para que todo aquel que *en* él cree, no se pierda, mas tenga vida eterna». La vida eterna se da a los que creen *en* Jesús.

Creer en

Un verano, durante las vacaciones, nuestra familia visitó las cataratas del Niágara, las cuales abarcan una longitud de 322 m (1060 pies), alcanzan una altura de 53 m (176 pies) y vierten 570 000 litros (150 000 galones) por segundo. Son tan grandes que puedes escuchar el golpeteo del agua a varios kilómetros de distancia.

En una de las calles hay una estatua de un hombre en la cuerda floja. Su nombre es Jean Francois Gravelet, el gran Blondin. Fuel el primer equilibrista en las cataratas del Niágara. Era un artista profesional y hombre del espectáculo entrenado en la gran tradición del circo europeo. A los 31 años, llegó a Estados Unidos y anunció que iba a cruzar el barranco del río Niágara en la cuerda floja.

El 30 de junio de 1859, Blondin fue el primer hombre que caminó sobre las cataratas del Niágara en la cuerda floja. Pero hizo más que esto. Las cruzó varias veces de diferentes formas: con los ojos vendados, montado en una bicicleta, con las manos y los pies atados e incluso llevando a su mánager en la espalda.

Sin embargo, ninguna de estas acrobacias se compara con la gran hazaña que cierto día realizó. Cuando era niño, escuché a un viejo pastor contar cómo en una ocasión Blondin puso una carretilla en la cuerda floja y le preguntó a la multitud si creían que podía pasarla al otro lado. Gritaron: «Lo creemos».

Entonces la pasó de ida y vuelta. Luego voceó: «¿Quién cree que puedo poner a un hombre en la carretilla y cruzar el río?»

La multitud entusiasmada gritó: «Lo creemos».

Entonces, miró directamente a los rostros de aquella multitud y les preguntó: «¿Quién quiere ser el primero?»

Blondin no le preguntó a la multitud qué creían *sobre* él y su cuerda floja, sino quiénes creían *en* él. De la misma manera la vida eterna no es una cuestión de estar del lado en el que se tienen bonitas creencias *sobre* Jesús. Se trata de creer *en Él.* Los inconversos nunca tendrán la vida eterna sino hasta que se suban *a* la carretilla al creer *en* Jesús.

Si hubieras estado en la multitud ese día, a menos que hubieras tenido fe para subirte a la carretilla, no habrías cruzado el Niágara, por más bueno que hubieras sido o cuánto fueras a la iglesia. De la misma manera, si no tienes fe para entrar en la carretilla de Jesús no recibirás la vida eterna, no importa lo bueno que seas o cuánto te congregues en alguna iglesia. Debes tener fe para confiar en que Él pagó por completo todos tus pecados.

Oír

> ¿Cómo, pues, invocarán a aquel en el cual no han creído? ¿Y cómo creerán en aquel de quien no han oído? ¿Y cómo oirán sin haber quien les predique? ¿Y cómo predicarán si no fueren enviados? Como está escrito: ¡Cuán hermosos

> son los pies de los que anuncian la paz, de los que anuncian buenas nuevas! [...] Así que la *fe* es por *el oír*, y el *oír*, por la palabra de Dios. (Rom. 10:14-15,17, cursivas añadidas).

Oír es una parte sumamente importante de la salvación. La palabra se refiere a algo más que apreciar los sonidos en el tímpano. El sentido que Pablo da a este término aquí sugiere escuchar activamente: asimilar, ponderar y decidirse a actuar.

He proclamado el evangelio por más de 30 años y he encontrado que hay momentos en que algunos realmente oyen. Lo puedes decir porque están escuchando con atención. Es probable que asientan con la cabeza, se sientan desconcertados o bajen la mirada. Pero la manera más fácil de saber si están *oyendo* es que respondan. Perciben que la voz que escuchan es más que mi voz; en un sentido es la voz de Dios que está llamando a la puerta de su corazón. Les está señalando su pecado, necesidad y amor sorprendente. Los está atrayendo a sí mismo.

Mis padres me llevaron a la iglesia todos los domingos de mi vida. Estoy seguro de que oí físicamente muchas veces el relato de la muerte, sepultura y resurrección de Jesús por mis pecados. Pero no lo *escuché* espiritualmente hasta que fui mayor. Cuando esto ocurrió, las consecuencias me asustaron tanto que me levanté en medio del sermón del pastor y me dirigí a toda prisa a la parte posterior de la iglesia.

Afortunadamente, Dios me dio otra oportunidad. A pesar de que seguí yendo a la iglesia, no fue sino hasta un año y medio después que volví a *escuchar* espiritualmente el evangelio. Esta vez, en lugar de escapar a la parte de atrás de la iglesia, me levanté y pasé apresuradamente al frente de la iglesia. Creí en Jesús como mi Señor y Salvador. Invoqué su nombre para que me salvara. Unas semanas después, cuando fui bautizado, lo confesé como Señor públicamente.

Predicar o proclamar

> ¿Y cómo oirán sin haber quien les *predique*? ¿Y cómo *predicarán* si no fueren enviados? Como está escrito: ¡Cuán hermosos son los pies de los que *anuncian* la paz, de los que *anuncian* buenas nuevas! (Rom. 10:14-15; cursivas añadidas).

La palabra predicar significa literalmente «decir una buena noticia». Este término suena demasiado formal, como un hombre de traje y corbata detrás del púlpito un domingo en la iglesia, que te apunta con su dedo huesudo a la cara. Esta es una manera de predicar, pero no es la única. Cada vez que anunciamos la buena noticia de la muerte, la sepultura y la resurrección de Jesús por nuestros pecados, estamos predicando el evangelio. Podría ser tomando un café en *Starbucks*, en la cerca con un vecino, durante las oraciones antes de acostarse con tus hijos, por teléfono con un ser querido que vive en otro estado, por Internet o un domingo en la escuela dominical con un grupo de muchachos vivaces. El asunto no es *cómo* predicamos, sino *qué* predicamos.

Enviar

> «¿Y cómo predicarán si no fueren *enviados*? Como está escrito: ¡Cuán hermosos son los pies de los que anuncian la paz, de los que anuncian buenas nuevas!» (Rom. 10:15; cursivas añadidas).

El término que Pablo utiliza para «enviar» es apostélo de donde viene nuestra palabra *apóstol* o *misionero.* Ser enviado es el primer paso del proceso de la evangelización: alguien (el misionero) es enviado con el mensaje en una misión. Con frecuencia las personas se salvan porque alguien hizo el esfuerzo de anunciarles a Jesús. Para ser misionero no siempre es necesario que cruces el mar. A veces, solo tienes que cruzar la calle.

Los que se salvan son enviados a contar la buena noticia de Jesús. Así que el proceso es un ciclo continuo: Somos salvos. Luego, somos enviados a relatar a otros cómo pueden ser salvos. En otras palabras, si somos salvos, somos misioneros. Debemos ir y hablar a los demás. Si fuiste salvo, has sido enviado a contar la buena noticia.

Isaías, el ardiente joven seguidor de Dios experimentó el proceso de ser enviado e ir.

> Y oí la voz del Señor que decía:
> «¿A quién *enviaré*,
> y quién *irá* por nosotros?
> Entonces respondí: Heme aquí; *envíame* a mí.
> Y Él dijo: *Ve*, y *di* a este pueblo... » (Isa. 6:8-9, LBLA, cursivas añadidas).

Jesús recordaba continuamente a sus seguidores el proceso de enviar e ir. Quería que vivieran como misioneros, no como un campo misionero.

> «*Vete* a tu casa, a los tuyos, y *cuéntales* cuán grandes cosas el Señor ha hecho contigo, y cómo ha tenido misericordia de ti» (Mar. 5:19, LBLA cursivas añadidas).

> «Por tanto, *id*, y haced discípulos a todas las naciones, bautizándolos en el nombre del Padre, y del Hijo, y del Espíritu Santo» (Mat. 28:19, cursivas añadidas).

«Y les dijo: *Id* por todo el mundo y predicad el evangelio a toda criatura» (Mar. 16:15, cursivas añadidas).

«Tal como tú me *enviaste* al mundo, así yo los he *enviado* al mundo» (Juan 17:18, cursivas añadidas).

«Entonces Jesús les dijo otra vez: Paz a vosotros. Como me envió el Padre, *así también yo os envío*» (Juan 20:21, LBLA cursivas añadidas).

¿Misionero o un campo misionero?

Solo hay dos tipos de personas que están leyendo este capítulo en este momento: misioneros y campos de misiones. ¿Cuál eres tú?

Evangelismo es...

1. Ir y contar la buena noticia de Jesucristo.
2. Vivir como misionero, no como un campo misionero.

Versículo clave

«¿Cómo, pues, invocarán a aquel en el cual no han creído? ¿Y cómo creerán en aquel de quien no han oído? ¿Y cómo oirán sin haber quien les predique? ¿Y cómo predicarán si no fueren enviados? Como está escrito: ¡Cuán hermosos son los pies de los que anuncian la paz, de los que anuncian buenas nuevas!» (Rom. 10:14-15).

Citas interesantes

Todo cristiano es o un misionero o un impostor.

—CHARLES HADDON SPURGEON

Puesto que Dios es un Dios misionero, así la iglesia debe ser una iglesia misionera.

—CRAIG VAN GELDER[1]

EE.UU. es el quinto campo de misión más grande del mundo.

—GEORGE HUNTER[2]

Notas

1. C. Van Gelder, *The Essence of the Church* [La esencia de la iglesia] (Grand Rapids, MI: Baker, 2000), 98.
2. G. Hunter, "*The Rationale for a Culturally Relevant Worship Service*" [Fundamento para un culto racional relevante]. The Journal of the Society for Church Growth, Worship and Growth 7 (1996): 131.

14 Evangelismo es... Soltar un virus

David Wheeler

Cuándo escuchas la palabra *virus*, ¿qué tipo de pensamientos vienen a tu mente?

- ¿El virus mortal *Ébola*?
- ¿La gripe porcina?
- ¿Un resfriado molesto?
- ¿Una influencia corrupta o una persona odiosa?
- ¿Un segmento de código autogenerativo plantado ilegalmente en el programa de una computadora, diseñado para dañar o bloquear un sistema o una red informática?

Los virus suscitan impresiones negativas por muchas razones: Golpean rápida e implacablemente. Pueden reproducirse de manera eficiente y cambian constantemente. Como objetos bajo ataque en rápido movimiento se disfrazan con astucia de maneras infinitas y hacen fracasar a la medicina y la tecnología modernas.

Pero, ¿pueden los virus ser positivos? ¿Qué pasaría si pudiéramos aplicar la naturaleza contagiosa del virus para difundir el evangelio de Jesucristo? Imagina que anunciar la buena noticia fuera tan fácil como darle la mano a alguien o estornudar en una sala llene de gente.

Imagina además a las personas recién infectadas dispersándose y transfiriendo el mensaje a alguien más y así sucesivamente a medida que el virus del evangelio se esparce como reguero de pólvora. ¿Es esto inimaginable?

Greg Stier, en su libro *Outbreak* [El estallido], nos invita a considerar una aplicación favorable de los virus. Sostiene que el nacimiento y el crecimiento de la iglesia primitiva eran de naturaleza viral. El cristianismo se extendió por toda la provincia de Asia en menos de dos años y en todo el imperio romano en 30 años, y llegó a ser la religión dominante de Europa en un lapso de 300 años.[1]

Cuando un virus habita en un organismo, su trabajo no consiste simplemente en poner en peligro o trastornar a su huésped, sino también controlarlo por completo. Una vez que esto sucede, el virus se reproduce y repite el proceso en otras células.

Como cristianos, podemos aprender mucho de un virus. Cuando Jesús invade nuestra vida «Él quiere que todos los aspectos de la vida de cada cristiano estén enteramente bajo su control, y no se detendrá hasta que esto suceda».[2] El proceso infeccioso comienza en la salvación y continúa hasta el reino supremo de Cristo. Por desgracia para algunos cristianos esta fase final nunca se produce porque no se entregan plenamente a Jesús. Como resultado, su testimonio se ve comprometido, y nunca son capaces de extender el evangelio eficazmente a los demás.

El evangelio es un virus positivo

De diversas maneras el cristianismo es de naturaleza viral. Puede impactar radical y maravillosamente a los que infecta. No solo transforma su vida en la tierra, sino que también les da vida eterna en el cielo. Puede ser altamente contagioso y alcanzar a familias y tribus. Tiene un poder increíble. «Porque no me avergüenzo del evangelio, porque es poder de Dios para salvación a todo aquel que cree; al judío primeramente, y también al griego» (Rom. 1:16).

Pablo, el evangelista viral

El apóstol Pablo es un buen ejemplo de alguien que fue totalmente infectado por el virus del evangelio. Después del encuentro inicial con Cristo, se convirtió en una epidemia sobre dos pies, que evangelizó una amplia franja de Asia.

En su vida anterior como rígido fariseo, Pablo era un guardián de la ley de Moisés que literalmente cazaba cristianos. Así que para un observador del primer siglo la metamorfosis de Pablo de homicida a ardiente pregonero de Cristo fue un testimonio impresionante y un acto inconfundible de Dios.

Stier sugiere tres elementos esenciales para difundir el evangelio con eficacia: un portador valiente, un mensaje infeccioso que sea también sumamente contagioso en carácter. El ministerio de Pablo tenía estos tres elementos.[3]

Pablo era un portador valiente

Pablo fue un increíble misionero que plantó muchas de iglesias. Como evangelista viral, viajaba de ciudad en ciudad proclamando la buena noticia, soportando arrestos, prisiones y golpes. Incluso llegó a ser apedreado. Sin embargo, por la gracia de Dios, perseveró y el evangelio prevaleció. Por sus esfuerzos, las iglesias brotaron en varios continentes. Muchos que lo oyeron fueron transformados y llegaron a ser portadores.[4]

El evangelio era poderosamente infeccioso

Cuando Pablo fue prisionero en Roma, utilizó sus circunstancias como un medio para difundir el evangelio. Pablo declara que con el tiempo lo proclamó a todos los guardias de la prisión. ¿Cómo lo hizo? «Gracias a mis cadenas, ahora más que nunca la mayoría de los hermanos, confiados en el Señor, se han atrevido a anunciar sin temor la palabra de Dios» (Fil. 1:14, NVI).

Alguien dijo que la predicación de Pablo puso en marcha el evangelio y creó una reacción en cadena. Cada cuatro horas un nuevo guardia custodiaba a Pablo. Por consiguiente, Pablo tenía una audiencia cautiva, y sin duda, evangelizaba a cada guardia. Cuando el soldado se marchaba, llevaba consigo el mensaje. Cada nuevo guardia que vigilaba a Pablo se infectaba del evangelio y era un portador de la buena noticia.

El evangelio que Pablo proclamaba infectaba poderosamente a otros con el deseo de anunciarlo. Dondequiera que se anunciaba la buena noticia, Asia, Atenas o Roma, las personas cambiaban y se animaban a propagar el mensaje. Así como el estornudo es involuntario, contundente e infeccioso, también lo era su proclamación del evangelio.

El evangelio es poderosamente infeccioso. Cuando alguien ha sido verdaderamente salvo, no lo puede guardar solo para sí. Tiene que contárselo a alguien.

Al igual que una plaga que infecta naturalmente a los seres vivos en una área geográfica, los líderes religiosos del siglo I se dieron cuenta de que el cristianismo genuino podía arrollarlo todo, que estaba aparentemente fuera de control y que era imposible ponerle freno. Una vez que la infección de la llamada buena noticia tenía espacio para expandirse mediante la evangelización, si se la dejaba libre, crearía una epidemia de multiplicación espiritual.[5]

El evangelio era sumamente contagioso

> «Algunos, a la verdad, predican a Cristo por envidia y contienda; pero otros de buena voluntad. Los unos anuncian a Cristo por contención, no sinceramente, pensando añadir aflicción a mis prisiones; pero los otros por amor, sabiendo que estoy puesto para la defensa del evangelio. ¿Qué, pues? Que no obstante, de todas maneras, o por pretexto o por verdad, Cristo es anunciado; y en esto me gozo, y me gozaré aún» (Fil. 1:15-18).

Pablo afirma que algunos predicaban el evangelio con la csperanza de que provocara indignación y con ello se acelerara su muerte. Pero el propósito era que Cristo fuera anunciado. Por supuesto que esperaba que la gente adoptara sus enseñanzas y viviera vidas santas y auténticas. Eso era importante. Pero lo que importaba aun más era que la gente fuera expuesta al mensaje de salvación de Cristo.[6]

Imparable

Cuando un virus está en el aire, es libre y virtualmente imparable.[7] Esto es lo que sucedió cuando Pedro proclamó el evangelio en Jerusalén el día de Pentecostés (Hechos 2). La ciudad se convirtió en el epicentro virtual de una onda expansiva que recorrió Asia, el mundo mediterráneo, el Imperio romano y Europa. El evangelio tenía en sí un poder inherente que nadie podía detener.

¿Qué ha cambiado?

¿Qué ha cambiado desde que el evangelio se propagó por el mundo en el siglo I? Hemos perdido la pasión de los primeros seguidores de Jesús. Casi todos los días los adolescentes de todo el mundo se atan bombas a la espalda y recorren mercados y restaurantes con el propósito de matarse a sí mismos y dañar a los demás por amor a Alá. Al mismo tiempo, los adolescentes cristianos estadounidenses sustituyen las iglesias por el beneficio de espectáculos y alardes tecnológicos más grandes. ¿Qué hay de cargar la cruz en la espalda como Jesús mandó en Mar. 8:34: «Tome su cruz y sígame»?

¿Qué ha cambiado? Muchas cosas. Nuestra cultura inmersa en la alta tecnología sufre de superficialidad y creciente aburrimiento de modo que todo lo que no es desorbitante se considera insulso.

Los estudiantes son grandes portadores

«Para iniciar un brote de proporciones bíblicas hoy en día, necesitamos portadores valientes. Se necesitará una confianza sobrenatural que nos empuje más allá de las barreras de la vergüenza y el rechazo para que el mensaje pueda salir».[8]

Debido a que la adrenalina los impulsa, los estudiantes son portadores ideales del evangelio. El evangelismo puede causar temor, y ese es precisamente el punto; el temor y el temblor que Pablo soportaba son «prerrequisitos para el mayor de los deportes extremos: compartir el mensaje de la fe».[9]

Paul Borthwick observa cómo muchos de los jóvenes de nuestra cultura sin iglesia «buscan con fervor religioso estilos de vida de alto riesgo. [...] Mientras tanto, nuestros grupos de jóvenes están encerrados en una zona de seguridad. [...] Los jóvenes de hoy necesitan ser llamados a la vida de peligro que es inherente al seguimiento de Cristo. Muchos de ellos están solamente esperando que la iglesia les dé algo grande, algo importante, algo arriesgado que hacer».[10]

¿Cuál es la solución?

En primer lugar, comienza con Jesús. ¡Él es extremo! Por ejemplo, durante su encuentro nocturno con Nicodemo (Juan 3), Jesús desconcertó al recto fariseo cuando le manifestó que debía nacer de nuevo (3:3), una imposibilidad física. Esto no es lo que Nicodemo quería oír. En su libro *Real Life Jesus* [El Jesús de la vida real], Mike Cain comenta que Jesús nos dio una tarea increíblemente difícil al señalar que nuestra única esperanza para entrar en el reino de Dios es hacer algo que no se puede hacer. ¡Se requiere un milagro! «Él (Jesús) dijo una de las cosas que la gente de nuestra cultura no quiere oír: no pueden cambiar su propio corazón. Necesitamos que alguien intervenga. Y eso es precisamente lo que Jesús afirmó que vino a hacer».[11] Cuando aceptamos a Jesucristo, Dios hace un milagro extremo en nosotros. Si podemos transmitir esto a los demás, ciertamente les llamará la atención.

En segundo lugar, no te distraigas. Las culturas del siglo I tenían sus distracciones también. Los griegos eran politeístas preocupados por la filosofía y su clase especial de religión. En Hech. 17:21 leemos que «los atenienses y los extranjeros que vivían allí se pasaban el tiempo sin hacer otra cosa más que escuchar y comentar las últimas novedades» (NVI). Cuando Pablo proclamó el evangelio en Atenas, se percató de que los griegos eran «muy religiosos» (17:22). A pesar de que era una religión diferente al mensaje de Pablo, la utilizó como puente para alcanzarlos.

Los romanos también eran politeístas. Incluso los judíos monoteístas sufrían luchas internas entre varias facciones: «los saduceos liberales, los fariseos conservadores, los celotes radicales, los esenios comunales y otros».[12] En medio de esta confusión nació, creció y prosperó la iglesia cristiana ¿Se debió a que tenía una mejor mercadotecnia o astutos vendedores? No, se debió a que tenía un mensaje creíble y convincente, comunicado de una manera relevante a la cultura de la época. Hoy en día el mensaje es tan convincente y relevante como entonces.

En tercer lugar, confía. ¡Nunca olvides que estás facultado por el mismo Espíritu Santo y el mismo Dios para impactar al mundo para Cristo! Es fácil leer la Biblia y quedarse con la impresión de que los personajes bíblicos fueron superhéroes que vivieron en un plano espiritual por encima de los cristianos contemporáneos. ¡Nada podría estar más fuera de la verdad! Antes de que Pedro se levantara y proclamara audazmente el evangelio en Pentecostés y miles respondieran (Hechos 2), había negado a su Salvador tres veces (Mat. 26:69-74). Además, antes de que Moisés condujera a los hijos de Israel fuera de la esclavitud de Egipto hacia la tierra prometida, se enojó tanto con un guardia egipcio que lo mató (Ex. 2:11-12).

Dios está tan activo hoy en día como lo fue en los días bíblicos. Su deseo todavía es producir una explosión viral del evangelio en cada nación. Como siempre, el medio para lograrlo es la obediencia de sus hijos al llamado de la gran comisión. El Señor nunca ha requerido de atributos sobrehumanos para un ministerio eficaz. Solo necesita corazones fieles y rendidos. ¡Él hará lo demás!

El evangelismo viral es orgánico

El verdadero evangelismo no requiere de programas engorrosos. Por el contrario, la evangelización debe ser una expresión natural (orgánica) de cada creyente. Los verdaderos cristianos deben estar infectados por el virus del evangelismo. No se inicia en el edificio de la iglesia, sino que empieza orgánicamente en el corazón y el alma de creyentes dedicados que han recibido una misión de Dios para impactar al mundo no salvo con el mensaje de Cristo. No es algo que tratas de hacer como expresión de tu deber hacia Dios, sino porque estás en Él. Así como Cristo vive en nosotros los cristianos, Él también ministra libremente por medio de nosotros sus discípulos.

El evangelismo viral es multiplicación en acción

Dios nunca quiso que el evangelio fuera un asunto privado o individual, reservado solo para la soledad y el silencio del alma de un creyente. Fue hecho para que se viviera en comunidad entre cristianos e inconversos. Así como el cuerpo humano fue diseñado naturalmente para multiplicar células con el fin de mantener la salud y cumplir su propósito, lo mismo sucede con los cristianos y cómo deben vivir en este mundo. La multiplicación del evangelio mediante el evangelismo debe ser un deseo involuntario de cada cristiano. Al igual que la analogía del virus, el evangelio debe multiplicarse de manera natural.

Evangelismo es...

1. Un virus por naturaleza.
2. Orgánico, no requiere de programas.
3. Involuntario, como la respiración. No es necesario que se le recuerde continuamente que participe.

Versículo clave

«Porque no me avergüenzo del evangelio, porque es poder de Dios para salvación a todo aquel que cree; al judío primeramente, y también al griego» (Rom. 1:16).

Citas interesantes

No puedo pensar en mejores candidatos para ser valientes portadores [del evangelio] que los adolescentes. Vivimos en una cultura de estudiantes obsesionados con la adrenalina. ¿Qué mejor descarga que el evangelismo? Temor y temblor son requisitos para el mayor de los deportes extremos: compartir el mensaje de la fe.

—GREG STIER[13]

La magnitud de nuestra misión sobrepasa a la mente ordinaria. Todo el mundo es nuestra grey. No hay límite. Todos deben oír y prestar atención al llamado del Maestro. La Biblia dice que cada individuo debe aceptar o rechazar a la persona del Señor Jesucristo. […] Nuestro ministerio es proclamar la Palabra «a tiempo» o «fuera de tiempo».

—CLIFT BRANNON[14]

Él [Jesús] no perdía oportunidad para infundir en sus seguidores la profunda compulsión de su propia alma inflamada con el amor de Dios hacia un mundo perdido. Todo lo que hizo y dijo fue motivado por esta pasión arrolladora. Su vida fue simplemente la revelación en el tiempo del eterno propósito de Dios para salvar a un pueblo para Sí mismo. Por sobre todo lo demás, esto es lo que los discípulos necesitaban aprender, no en teoría, sino en la práctica.

—ROBERT COLEMAN[15]

Aplicación

Durante el próximo mes lee el Evangelio de Juan y subraya todas las veces que Jesús actúa como virus para impactar a alguien en lo que se refiere a la propagación del evangelio. A la vez, presta especial atención a las actitudes de los discípulos y cómo respondieron al mensaje viral de Jesús. Por ejemplo, en Juan 4, en la historia de la mujer en el pozo, ¿cómo reaccionaron los discípulos al interés de Jesús en la mujer y las almas de los samaritanos?

A continuación, lee el libro de los Hechos y busca las maneras en que el evangelio se difundió por todo el mundo ¿Cómo los creyentes primitivos participaron en la propagación viral del evangelio? ¿Cómo esto impacta la misión general de la iglesia? ¿Cómo esto debe impactar tu conducta como cristiano en el siglo XXI?

Notas

1. G. Stier, *Outbreak* [Contagioso] (Chicago, IL: Moody, 2002), 24.
2. Ibid., 25.
3. Ibid., 26.
4. Ibid.
5. Ibid., 28–30.
6. Ibid., 31.
7. Ibid., 37.
8. Ibid., 27.
9. Ibid.
10. Ibid.
11. M. Cain, *Real Life Jesus: Meaning, Freedom, Purpose* [Jesús en la vida real: Significado, libertad y propósito] (Nottingham, England: InterVarsity Press, 2008), 68–69.
12. Stier, Outbreak, [Contagioso] 39.
13. Ibid., 27.
14. C. Brannon, *Successful Soul Winning* [Ganar almas con éxito] (Philadelphia, PA: National Publishing Co., 1981), 133.
15. R. E. Coleman, *The Master Plan of Evangelism* [El plan maestro de evangelismo] (Grand Rapids, MI: Revell, 1996), 62.

Tercera parte:

Modalidad

15

Evangelismo es...

Seguir el ejemplo de Jesús

Dave Earley y David Wheeler

En una ocasión, Jesús tuvo que ir de Jerusalén, el centro de la vida religiosa de Judea, al norte, a Galilea, su tierra natal. La distancia más corta era atravesar una pequeña sección del territorio conocido como Samaria. Tradicionalmente los judíos despreciaban a los samaritanos por considerarlos híbridos biológicos y religiosos. El prejuicio era tan intenso que los judíos no ponían un pie en aquel territorio, aun cuando era la ruta más directa de Judea a Galilea. Sin embargo, aquella vez Jesús llevó a los discípulos directamente a Samaria.

Una vez ahí los discípulos dejaron a Jesús cerca de un pozo mientras iban a comprar víveres. Fue en aquel lugar que Jesús se encontró con una mujer inconversa. La manera en que la trató es un modelo que nos enseña cómo evangelizar a los demás. En este capítulo señalaremos los aspectos esenciales del modelo de Jesús para evangelizar.

1. Jesús dejó de lado su comodidad y decidió iniciar la conversación

Jesús habló con la samaritana. A pesar de que estaba cansado, no dejó pasar la oportunidad de comenzar la conversación. «Vino, pues, a una ciudad de Samaria llamada Sicar, junto a la heredad que Jacob dio a su hijo José. Y estaba allí el pozo de Jacob. Entonces Jesús, cansado del camino, se sentó así junto al pozo. Era como la hora sexta. Vino una mujer de Samaria a sacar agua; y Jesús le dijo: Dame de beber» (Juan 4:5-7).

Iniciar conversaciones con los incrédulos no siempre es cómodo ni conveniente, pero debemos hacerlo de todos modos. Debemos darnos cuenta de que si los inconversos van a oír el evangelio, tenemos que decírselos.

2. Jesús cruzó barreras para presentarle el evangelio

En aquellos días, los judíos no cruzaban palabra con los samaritanos, pero Jesús rompió la barrera étnica para conversar con ella. Además en aquel tiempo, los hombres religiosos no hablaban con las mujeres, pero Jesús cruzó la barrera del género para hablar con ella. En esa época, los hombres piadosos no les dirigían la palabra a las pecadoras, y, como veremos, esta mujer tenía demasiada mala reputación, pero Jesús se dirigió a ella. Al hablarle, es evidente que Jesús le produjo una profunda impresión y derrumbó el muro del prejuicio. «La mujer samaritana le dijo: ¿Cómo tú, siendo judío, me pides a mí de beber, que soy mujer samaritana? Porque judíos y samaritanos no se tratan entre sí» (Juan 4:9).

En un sentido más amplio, es preciso entender que Jesús fue el primer misionero transcultural. Dejó la cultura del cielo para venir a la tierra. Se despojó de la gloria de la Deidad para hacerse hombre. Renunció a la libertad de ser un hombre para nacer en un establo, en el seno de una pobre familia judía.

Los evangelistas eficaces pueden cruzar cualquier barrera y están preparados y dispuestos a llevar la buena noticia de Jesucristo a donde sea. Los prejuicios no cuentan cuando se los compara con la gloria de llevar el evangelio a los inconversos. Cuando es necesario debemos ser misioneros transculturales, dispuestos a cruzar cualquier barrera para llevar la buena noticia a los perdidos que necesitan oírla.

Esto puede significar llevar el evangelio al otro lado de la calle o a nuestros vecinos inmigrantes. También incluye viajar al extranjero para obedecer el mandato de hacer discípulos a todas las naciones, hasta el fin del mundo (Mat. 28:19-20; Hech. 1:8).

3. Jesús dirigió la conversación a los asuntos espirituales

Con una frase de Jesús la conversación cambió de pedirle de beber a la posibilidad de que ella tuviera agua viva; de expresar su necesidad física de agua pasó a señalar la necesidad que *ella* tenía del agua viva. «Respondió Jesús y le dijo: Si conocieras el don de Dios, y quién es el que te dice: Dame de beber; tú le pedirías, y él te daría agua viva» (Juan 4:10). Al igual que con Nicodemo, Jesús usó una realidad física entendida por todos (en el caso de Nicodemo, el nacimiento; en el caso de ella, la sed) para establecer una relación con los asuntos espirituales.

A menudo, cuando conversamos con los demás, surge algo que puede servirnos de trampolín para abordar temas espirituales. Los evangelistas sabios escuchan en oración esperando una oportunidad para convertir un diálogo ordinario en una conversación llena de significado eterno.

4. Jesús la escuchó

Cuando Jesús mencionó el «agua viva», la mujer de inmediato se aventuró a comentar que Jesús carecía de recursos materiales para satisfacer su necesidad. «La mujer le dijo: Señor, no tienes con qué sacarla, y el pozo es hondo. ¿De dónde, pues, tienes el agua viva? ¿Acaso eres tú mayor que nuestro padre Jacob, que nos dio este pozo, del cual bebieron él, sus hijos y sus ganados?» (Juan 4:11-12).

Jesús escuchó atentamente las palabras de ella y planeó la respuesta. Oír es una herramienta esencial y poderosa para cultivar una relación. Si queremos que los demás nos escuchen cuando les anunciamos el evangelio, primero tenemos que escucharlos. Nunca subestimemos el papel de la escucha cuando entablamos una relación evangelística.

Como profesor, yo (David Wheeler) siempre pasaba el último período de clases del semestre intercambiando opiniones sobre qué era lo mejor que los alumnos habían obtenido de la clase. Recuerdo a una joven que comentó cómo su hermano fue ganado para Cristo por haber escuchado. Nos contó cómo había sido salva y que era la única creyente de la familia. Al principio, trató de obligar a la fuerza a su familia con el evangelio. Todas sus largas discusiones e interminables presentaciones apologéticas solo consiguieron que su familia se desinteresara por ella y por Cristo.

Luego nos refirió cómo cambió su perspectiva cuando se discutió en clase el poder de saber escuchar. Se convenció de que necesitaba ir a su casa y amar y aceptar a su familia pese a la condición espiritual. También se comprometió a ser una mejor oyente. No pasó mucho tiempo antes de que su relación familiar comenzara a florecer.

Poco después, una noche recibió una llamada telefónica de su hermano. Estaba en problemas y en prisión. No era la primera vez que él se metía en serias dificultades, pero esta era la primera vez que la llamaba. En el pasado siempre se había sentido incómodo cuando la buscaba porque lo último que quería oír era otro sermón. Sentía que en todo momento le predicaba y lo condenaba. Pero esa noche, luego de meses tratando de reparar su relación familiar siendo una buena oyente, su hermano se le acercó en busca de ayuda. Ella pudo presentarle el evangelio. Sus oraciones fueron contestadas cuando él se rindió a Cristo.

5. Jesús no se distrajo y se concentró en la provisión de Dios para suplir la necesidad espiritual de la samaritana

Cuando la mujer mencionó a Jacob, se refería al patriarca hebreo que los samaritanos y judíos reclamaban como suyo. En vez de quedar atrapado en la antigua discusión entre estos dos grupos sobre la herencia espiritual de los descendientes de Jacob, Jesús se concentró en la cuestión principal: la necesidad que la mujer tenía de la vida eterna, representada en el agua viva.

> «Respondió Jesús y le dijo: Cualquiera que bebiere de esta agua, volverá a tener sed; mas el que bebiere del agua que yo le daré, no tendrá sed jamás; sino que el agua que yo le daré será en él una fuente de agua que salte para vida eterna. La mujer le dijo: Señor, dame esa agua, para que no tenga yo sed, ni venga aquí a sacarla» (Juan 4:13-15).

Ya que considerar temas espirituales puede provocar que los inconversos se sientan culpables o incómodos, a menudo sacan a relucir algún tema o pregunta que los libre de enfrentar su necesidad de Dios. No te distraigas.

6. Jesús no se apresuró a recoger el fruto

Cuando la mujer le pidió «dame esa agua», ¿podría decirse que estaba lista para responder a Cristo? ¿O significaba que solo estaba siendo sarcástica y aún dudaba? En cualquier caso, a diferencia de la mayoría de nosotros, Jesús tuvo cuidado de no recoger el fruto espiritual demasiado pronto. No obstante la motivación de la mujer, Jesús fue intencional en sus acciones, pero lo suficientemente paciente y concienzudo para entablar un diálogo con la mujer que finalmente la llevara a la verdad.

7. Jesús le señaló su pecado

> «La mujer le dijo: Señor, dame esa agua, para que no tenga yo sed, ni venga aquí a sacarla.
>
> »Jesús le dijo: Ve, llama a tu marido, y ven acá.
>
> »Respondió la mujer y dijo: No tengo marido.
>
> »Jesús le dijo: Bien has dicho: No tengo marido; porque cinco maridos has tenido, y el que ahora tienes no es tu marido; esto has dicho con verdad» (Juan 4:15-18).

La mujer le pidió a Jesús que le diera agua viva. En repuesta a esa petición, Jesús la confrontó en primer lugar con su pecado. Pronto descubrimos que el pecado principal de esta mujer era la inmoralidad. Había tenido varios maridos y el hombre con el que ahora vivía, no era su esposo. Cuando Jesús mencionó a este hombre, con toda intención pero cortésmente dirigió la conversación al asunto del pecado que la mujer había mencionado. Cuando ella trató de desviarla, Él le mencionó directamente su evidente necesidad.

Todos sabemos que la inmoralidad quebranta el séptimo mandamiento: «No cometerás adulterio» (Ex. 20:14). Sin embargo, Jesús no le gritó ni la golpeó con una Biblia. Simplemente se limitó a plantear la cuestión del marido y le recordó su situación real de pecado.

A menudo, en nuestro afán por ayudar a los inconversos a que entren al cielo, no somos capaces de señalarles sus pecados. La razón por la que se pierden y no entran al cielo es el pecado. El motivo por el que están vacíos, solos y frustrados es el pecado. Si queremos que la gente sea verdaderamente salva, debemos abordar la cuestión de su pecado. No sienten la necesidad de ser salvos hasta que entienden que están perdidos. El distinguido pastor y erudito bíblico inglés Martyn Lloyd-Jones comenta: «Un evangelio que se limita a decir: "Ven a Jesús", y lo ofrece como Amigo y garantiza una nueva vida maravillosa sin convencer de pecado, no es el evangelismo del Nuevo Testamento [...] La verdadera evangelización siempre debe empezar con la predicación de la Ley».[1]

Kirk Cameron y Ray Comfort plantean que la mayoría de los métodos de evangelización no abordan adecuadamente la cuestión del pecado en general y quebrantan específicamente la ley de Dios. Abogan por una presentación del evangelio en la que se repasen los Diez Mandamientos.[2]

Ten en cuenta que, a diferencia de muchos enfoques del evangelismo, Jesús ya había establecido una buena relación con la mujer antes de atacar el problema del pecado. Tratar con el pecado es siempre imprescindible y esencial; el asunto es cómo hay que realizar la tarea. En una cultura contemporánea y relacional, debe hacerse de manera respetuosa. La mayoría de la gente no recibirá la verdad hasta que la vea demostrada en los creyentes. Al igual que Jesús, sus seguidores deben ser auténticos.

8. Jesús no permitió que se saliera con la suya

> «Le dijo la mujer: Señor, me parece que tú eres profeta. Nuestros padres adoraron en este monte, y vosotros decís que en Jerusalén es el lugar donde se debe adorar.
>
> Jesús le dijo: Mujer, créeme, que la hora viene cuando ni en este monte ni en Jerusalén adoraréis al Padre. Vosotros adoráis lo que no sabéis; nosotros adoramos lo que sabemos; porque la salvación viene de los judíos. Mas la hora viene, y ahora es, cuando los verdaderos adoradores adorarán al Padre

> en espíritu y en verdad; porque también el Padre tales adoradores busca que le adoren. Dios es Espíritu; y los que le adoran, en espíritu y en verdad es necesario que adoren» (Juan 4:19-24).

Cuando Jesús le señaló su pecado a esta mujer, ella comprendió un poco más y advirtió: «Señor, me parece que eres profeta». Pero de inmediato se desvió una vez más y volvió a la antigua discusión entre judíos y samaritanos respecto a *dónde* había que adorar, si en el mote Gerizim o en Jerusalén. Con mucho cuidado Jesús la corrigió llevándola del *dónde* a la cuestión más importante de a *quién* se debía adorar.

Los inconversos suelen pasar por alto las cuestiones más importantes. Nuestra labor como evangelistas eficaces consiste en llevarlos pacientemente de vuelta a los temas centrales del evangelio.

9. Jesús llamó a la mujer a que entregara su vida y adorara «al Padre en espíritu y en verdad»

Una comprensión adecuada de la adoración siempre incluye la cuestión de una sumisión total y entrega al señorío del Padre. Observe que Jesús dijo que el «Padre tales adoradores busca que le adoren». Considera la implicancia de que: Jesús conversó con una mujer samaritana, y afirmó que Dios «busca» adoradores, ¡aún samaritanos! ¡Vaya! A pesar de las tradiciones religiosas y preferencias personales, siempre ten cuidado de no limitar la gracia y la misericordia de Dios a cierto segmento de la sociedad o la cultura.

10. Jesús se presentó a ella

«Le dijo la mujer: Sé que ha de venir el Mesías, llamado el Cristo; cuando él venga nos declarará todas las cosas. Jesús le dijo: Yo soy, el que habla contigo» (Juan 4:25-26). En respuesta a la declaración de la mujer: «Sé que ha de venir el Mesías», Jesús afirmó su deidad con las palabras: «Yo soy, el que habla contigo». Llega un punto en donde debemos hablar de Jesucristo. Es el asunto más importante en el tema de la salvación.

> «Jesús le dijo: Yo soy el camino, y la verdad, y la vida; nadie viene al Padre, sino por mí» (Juan 14:6).

> «Y en ningún otro hay salvación; porque no hay otro nombre bajo el cielo, dado a los hombres, en que podamos ser salvos» (Hech. 4:12).

La mujer deja su cántaro

«Entonces la mujer dejó su cántaro, y fue a la ciudad, y dijo a los hombres: Venid, ved a un hombre que me ha dicho todo cuanto he hecho. ¿No será éste el Cristo? Entonces salieron de la ciudad, y vinieron a él» (Juan 4:28-30).

Como resultado de la conversación con Jesús, la mujer ardía espiritualmente. De inmediato «dejó su cántaro» y corrió a la ciudad. Allí convocó a toda la ciudad para que vinieran a escuchar a Jesús.

A menudo los mejores evangelistas no son los profesores con doctorados en teología, sino aquellos que recientemente han conocido a Jesús. Conocen mucho mejor a los inconversos y están llenos de entusiasmo para anunciar a Jesús. Todos debemos estar dispuestos a dejar el cántaro inmediatamente para invitar al mundo a que se encuentre con Cristo.

Evangelismo es...

1. Seguir el modelo de Jesús.
2. Cruzar las barreras culturales para presentar el evangelio.
3. Presentar la cuestión del pecado con audacia y sabiduría.
4. No desviarse con cuestiones que no tienen que ver con la eternidad.

Citas interesantes

La mayoría de los hombres y las mujeres no buscan una religión, no tienen tiempo ni inclinación para preguntarse sobre el significado de la vida. [...] Pero la mayoría busca el amor.

—Arthur Mcphee[3]

La vida cristiana no es un asunto privado para tu propio beneficio.

—John R. W. Stott[4]

Notas

1. M. Lloyd-Jones citado en Kirk Cameron y Ray Comfort, *The Way of the Master*, [La modalidad del Maestro] (Wheaton, IL: Tyndale, 2002), 4.

2. Cameron y Comfort, *The Way of the Master*, [El método del Maestro] 129.

3. A. G. McPhee, *Friendship Evangelism* [Evangelismo amigable] (Grand Rapids, MI: Choice Books, Zondervan, 1978), 56.

4. J. R. W. Stott, *Basic Christianity* [Cristianismo básico] (Grand Rapids, MI: Eerdman's, 1999), 139.

16

Evangelismo es...

No seguir el ejemplo de los discípulos

Dave Earley y David Wheeler

Yo (David Wheeler) fui entrevistado hace varios años por una iglesia bautista en Texas sobre la posibilidad de llegar a ser el pastor principal. En el breve tiempo que pasamos juntos, se hizo evidente que íbamos en dos direcciones ministeriales diferentes. Cuando me informaron que habían decidido buscar a otros candidatos, si bien no me sorprendió, por curiosidad les pedí que me explicaran sus razones.

Me asombró su honestidad contundente: «Queremos que nuestro pastor se preocupe más por los asuntos de la iglesia y la membresía actual, [...] que esté en la oficina diariamente desde las 9:00 a.m. hasta las 5:00 p.m. para que atienda cualquier llamada o reciba a los que pasan por ahí. [...] Francamente, para nosotros usted está demasiado orientado a la evangelización... Nosotros (el comité de púlpito) estamos de acuerdo en que ¡el concepto de la evangelización nos hace sentir incómodos!»

Este comité de púlpito no es el primer grupo de cristianos que le dan poco valor al evangelismo. Lamentablemente, muchos cristianos hoy en día tienen la misma perspectiva. Hace dos mil años otro grupo de seguidores de Cristo tenía sus prioridades equivocadas.

Los discípulos no priorizaron el evangelismo

En el capítulo anterior vimos cómo Jesús le anunció la buena noticia a una mujer samaritana. Pero ellos no eran los únicos personajes de esta historia. Aquel día, junto al pozo, también estaban los discípulos de Jesús.

En Juan 4 leemos que después de que Jesús la llevó a comprender que Él era el Mesías, ella dejó su cántaro e invitó a toda la ciudad para que lo conocieran. En cierto sentido ella fue el catalizador de una cruzada en la ciudad. En ese momento, los discípulos de Jesús regresaban a la escena. De ellos aprendemos varias lecciones negativas sobre cómo no hacer un evangelismo eficaz.

1. Los discípulos pasaron por alto a la mujer, no la afirmaron ni reconocieron su necesidad espiritual

Cuando regresaron con comida, los discípulos vieron que Jesús concluía su diálogo con la mujer samaritana. «En esto vinieron sus discípulos, y se maravillaron de que hablaba con una mujer; sin embargo, ninguno dijo: ¿Qué preguntas? o ¿qué hablas con ella?» (Juan 4:27). Sin duda, los discípulos estaban incómodos de estar en Samaria y mucho más al descubrir que Jesús había hablado públicamente con una mujer samaritana de cuestionable moral. Sin embargo, guardaron silencio. Nada le expresaron a Jesús, ni a la mujer.

Esto puede no parecer mucho, pero su silencio es elocuente. Es casi como si no quisieran comentar algo que pudiera prolongar la estancia. Seguramente ignoraron a la mujer como si ella no importara. Pudo ser que no le prestaran atención o, peor aún, eran demasiado orgullosos para dirigirle la palabra.

A diferencia de Jesús, los discípulos no afirmaron la humanidad de la mujer ni el valor eterno de su alma. Sus corazones estaban endurecidos por años de tradiciones religiosas y percepciones culturales. Como resultado, la reacción de ellos dejaba ver ¡que ella no les importaba!

La mayoría de nosotros perdemos incontables oportunidades de influir positivamente porque o bien no nos damos cuenta de los demás o no nos importan lo suficiente como para participar en su vida. Nunca veremos a nadie venir a Cristo si activamente no los reconocemos, los afirmamos y nos preocupamos por ellos.

2. Los discípulos ignoraron lo que Jesús estaba haciendo

El prejuicio cultural y religioso no solo cegó a los discípulos a la necesidad y potencial de la mujer, sino también a Jesús mismo. «Entre tanto, los discípulos le rogaban diciendo: Rabí, come» (Juan 4:31). Por la obsesión de hacer que Jesús comiera lo más rápido posible, resultan groseros y lo ignoran. Después de todo, mientras más rápido comiera, más pronto acabaría la pesadilla y podrían dejar Samaria.

Cuando nos rehusamos a abrir los ojos a las necesidades del mundo que nos rodea, causamos un perjuicio y sufrimos una pérdida en dos niveles. No solo perdemos el gozo de ser útiles para Dios e influir positivamente, sino que también dejamos de percibir lo que Dios está llevando a cabo.

Dios siempre obra a nuestro alrededor. Los que son sensibles a sus caminos se regocijan y trabajan con Él. De este modo, nos abre los ojos a las necesidades que nos rodean y nos da el poder para satisfacerlas.

3. Los discípulos desperdiciaron la oportunidad espiritual que estaba ante ellos

Aquí había una mujer perdida que estaba ya madura para la salvación, y ellos la despreciaron. Aquí estaba Jesús mostrándoles una oportunidad eterna en medio de la rutina cotidiana, y ellos no lo notaron. Lo único en que pensaban era en la comida. No se dieron cuenta de que la verdadera «comida» que nutre el alma es hacer la obra de Dios, no la que te mantiene en línea.

«El les dijo: Yo tengo una comida que comer, que vosotros no sabéis. Entonces los discípulos decían unos a otros: ¿Le habrá traído alguien de comer? Jesús les dijo: Mi comida es que haga la voluntad del que me envió, y que acabe su obra» (Juan 4:32-34).

Tristemente, a diferencia de la mujer y Jesús, los discípulos estaban tan distraídos con la comida que perdieron por completo el punto espiritual. La mujer estuvo dispuesta a dejar el cántaro para seguir a un Salvador. Sin embargo, los discípulos no quisieron abandonar su prejuicio religioso y aversión cultural a los samaritanos para ver la cosecha espiritual.

4. Los discípulos no vieron que la cosecha espiritual ya madura estaba ante sus ojos

> «¿No decís vosotros: Aún faltan cuatro meses para que llegue la siega? He aquí os digo: Alzad vuestros ojos y mirad los campos, porque ya están blancos para la siega» (Juan 4:35).

Jesús les dijo a los discípulos que despertaran y vieran a su alrededor. No era solo una mujer predispuesta a la salvación, sino una ciudad entera que también estaba lista para la siega. Para ellos la evangelización de los samaritanos no era una opción. A pesar de que el pueblo venía a Jesús, los discípulos estaban demasiado cegados por su status y odio hacia los samaritanos como para regocijarse en lo que Dios estaba haciendo. ¡Aunque la cosecha estaba directamente frente a ellos, se negaron a verla!

A menudo la oportunidad está ante el ojo del observador. Por ejemplo, hace 100 años, dos nuevos vendedores fueron enviados a vender zapatos a una tribu de Sudamérica recientemente civilizada. Uno de ellos envió un cable informando: «Mal campo de ventas. Nadie lleva zapatos aquí. Envíenme a otro lugar». El otro vendedor, viendo la oportunidad, mandó decir: «¡Gran campo de ventas! Aquí nadie lleva zapatos. Envíenme más zapatos».

Cuando los discípulos vieron a los samaritanos solo percibieron a una muchedumbre indigna de su tiempo porque no eran judíos. Cuando Jesús vio a los samaritanos distinguió a un grupo de personas que estaban maduras para la salvación. Así que, mientras ellos rezongaban por la comida, Jesús evangelizó a una mujer y comenzó un avivamiento espiritual.

La emoción de Jesús contrasta evidentemente con la falta de interés de los discípulos por la condición perdida de los samaritanos. Para Él, la cosecha estaba lista. Si tan solo pudiéramos ver a la gente a través de los ojos de Jesús, podríamos percibir la sed profunda de sus almas.

5. Los discípulos no entendieron el papel que podían desempeñar en la cosecha

«Y el que siega recibe salario, y recoge fruto para vida eterna, para que el que siembra goce juntamente con el que siega. Porque en esto es verdadero el dicho: Uno es el que siembra, y otro es el que siega. Yo os he enviado a segar lo que vosotros no labrasteis; otros labraron, y vosotros habéis entrado en sus labores» (Juan 4:36-38).

Jesús, el Maestro y Mentor, utilizó este incidente como una oportunidad para enseñar a sus seguidores algunas verdades fundamentales sobre la labranza espiritual. (Hablamos de la «labranza espiritual» en el cap. 11). Jesús pudo comenzar a cosechar entre los samaritanos porque eran campos preparados. Ya tenían una comprensión de Dios y apreciaban su Palabra. Solo necesitaban que alguien los conectara con el Salvador.

Para que podamos levantar una cosecha espiritual, en primer lugar alguien debe arar (principalmente mediante la oración) y plantar (la semilla del evangelio). Una paráfrasis de Juan 4:36-38 podría ser: «Algunos de ustedes cosecharán donde no araron o plantaron; otros ararán y plantarán sin la evidencia directa de la cosecha. En cualquier caso, alguien tiene que arar y plantar para la cosecha venidera».

En resumen, la labranza espiritual es la responsabilidad de todos nosotros. Cada creyente está llamado a ser un buen agricultor que fielmente ara mediante la oración y planta la semilla del evangelio. Después Dios honrará los esfuerzos y concederá una gran cosecha. ¡La única manera de matar la cosecha es abandonar el arado y la siembra!

6. Los discípulos no vieron lo grande que la cosecha podría ser

> «Y muchos de los samaritanos de aquella ciudad creyeron en él por la palabra de la mujer, que daba testimonio diciendo: Me dijo todo lo que he hecho. Entonces vinieron los samaritanos a él y le rogaron que se quedase con ellos; y se quedó allí dos días. Y creyeron muchos más por la palabra de él, y decían a la mujer: Ya no creemos solamente por tu dicho, porque nosotros mismos hemos oído, y sabemos que verdaderamente éste es el Salvador del mundo, el Cristo» (Juan 4:39-42).

Hay dos palabras en este pasaje que nos gustan de manera especial: «muchos» y «más». Jesús conversó con una mujer, sin embargo, «muchos de los samaritanos [...] creyeron». Después de quedarse con ellos dos días más, «creyeron muchos más». Se aferraron de la salvación y finalmente la reclamaron como propia. Este es el principio natural de la multiplicación. Una convertida llevó al avivamiento de toda una ciudad.

Esta debe ser siempre la progresión natural de la salvación. Comienza por medio del Espíritu Santo en los corazones de los hombres y las mujeres redimidos. Sin embargo, nunca debe dejar de multiplicarse. Consideremos que muchos eruditos bíblicos creen que el avivamiento samaritano iniciado por Felipe en Hechos 8 fue simplemente una progresión natural que comenzó con la presencia de Jesús en Juan 4.

Nunca subestimes el poder de uno solo

Una mujer samaritana testificó en su ciudad y muchos creyeron en Jesucristo.

Un hombre, Noé, construyó un arca y salvó a la raza humana.

Un hombre, Moisés, se paró frente a faraón y libertó a los hebreos de Egipto.

Una mujer, Débora, libró a Israel de la opresión cananea.

Un hombre, David, derrotó a los filisteos cuando mató a Goliat, su paladín.

Una mujer, Ester, tuvo el valor de acercarse al rey y salvó a la nación del exterminio.

Un hombre, Pedro, predicó un sermón que llevó a que 3000 fueran salvos.

Un vendedor y maestro de escuela dominical, Edward Kimball, llevó al Señor a un joven llamado Dwight. Dwight Moody se convirtió en un ardiente evangelizador de quien se dice que llevó a un millón de almas a Cristo en su breve vida.[1]

Wilbur Chapman recibió la seguridad de la salvación después de conversar con Moody y se convirtió en un espléndido evangelista. El beisbolista alcohólico Billy Sunday fue asistente de Chapman antes de que llegara a ser el más famoso evangelista de aquellos días. Uno de los frutos del ministerio de Sunday fue la formación de un grupo de hombres de negocios cristianos en Charlotte, North Carolina en 1934. Un joven alto y raro llamado Billy Graham se convirtió en aquellas reuniones.[2] Según sus allegados, para 1993, más de 2,5 millones de personas habían «pasado al frente en las cruzadas para aceptar a Cristo como su Salvador personal».[3] Millones de almas le deben su linaje espiritual a la influencia de un hombre, Edward Kimball, un sencillo maestro de escuela dominical.

Alguien dijo: «Para el mundo, puedes ser solo una persona, pero para una persona puedes ser el mundo». A esto podríamos añadir que, para ellos puedes parecer simplemente un alma perdida, pero para Dios esa puede ser el alma que sacuda al mundo entero.

Nunca subestimes el poder de la multiplicación

Lo discípulos no entendieron el poder exponencial de la multiplicación que Jesús realizó. Jesús entendía que a menudo la manera más rápida de alcanzar a muchos es mediante el lento proceso de la multiplicación. Walter Henrichsen escribió:

> Hace algún tiempo hubo una exhibición en el Museo de Ciencia e Industria en Chicago. Se presentó un tablero de ajedrez con 1 grano de trigo en el primer cuadro, 2 en el segundo, 4 en el tercero, luego 8, 16, 32, 64, 128 etc. En algún lugar del tablero, había tantos granos de trigo en un cuadrado que se extendían a los demás cuadrados. Aquí la demostración se detuvo. Sobre la pantalla del tablero de ajedrez había una pregunta: «¿Cuántos granos de trigo habrá sobre el tablero en el cuadro 64 si se multiplican en esta secuencia?»
>
> Para encontrar la respuesta a este acertijo, pulsabas un botón de la consola frente a ti, y la respuesta aparecía en una pequeña pantalla encima del tablero: «Suficiente para cubrir la India 15 metros por encima del suelo».
>
> La multiplicación puede ser costosa, y en las etapas iniciales mucho más lenta que una suma, pero a largo plazo, es la manera más eficaz de llevar a cabo la gran comisión de Cristo... y la única manera.[4]

Cuando conducimos a las personas a Cristo, debemos estar cerca de ellas para ayudarlas a que se afirmen en la fe. Entonces, podrán ser portadoras de la buena noticia, y el mensaje del evangelio se multiplicará mediante su testimonio consecuente.

Con el tiempo los discípulos cambiaron

Después que vieron al Cristo resucitado, los discípulos cambiaron radicalmente. Era como si los ojos espirituales se les abrieran de repente y ahora entendieran. Todo lo que Jesús había dicho y hecho cobraba vida para ellos. En lugar de tratar a los demás y la cosecha como habían hecho con la mujer samaritana, comenzaron a seguir el ejemplo de Jesús. Se dieron cuenta de la gente y sus necesidades y actuaron para satisfacerlas. Como resultado, un gran número de almas vinieron a Cristo.

Por ejemplo, cuando Pedro y Juan fueron al templo a orar, se fijaron en un cojo que mendigaba al lado del camino. En vez de pasar frente a él en silencio, se detuvieron y lo ministraron en el poder del nombre de Jesús (Hech. 3:1-10). Más tarde, ministraron a decenas de enfermos y endemoniados (Hech. 5:12-16).

Además de eso, cuando Samaria comenzó a convertirse a Cristo en grandes cantidades mediante el ministerio de Felipe, los apóstoles respondieron activamente. Lejos de ignorar a los samaritanos, como habían hecho antes, les enviaron a Pedro y a Juan para que los ministrara (Hech. 8:17-25).

Tú puedes marcar la diferencia

Al igual que los discípulos, todos necesitamos ser iluminados con el poder de la multiplicación bíblica para emplear en ella nuestra vida cada día. Debemos leer este capítulo varias veces y ser honestos respecto a nuestras actitudes espirituales y genuinas. ¿Somos como Jesús que se acercó a una mujer sin esperanza y desvalida sin temer a las represalias políticas o religiosas? ¿O somos como los discípulos, quienes en un momento se negaron a abrir los ojos y aceptar que Dios podría estar trabajando fuera de su limitada comprensión?

La verdad es que, así como los discípulos cambiaron cuando fueron confrontados con la venida del Espíritu Santo, también necesitamos permanecer en su presencia. Ya que el Espíritu Santo discierne toda la verdad, si estamos dispuestos nos moldeará a la imagen de Cristo. Dios puede eliminar nuestros miedos más profundos y actitudes prejuiciosas y reemplazarlos con valentía (Hech. 4:18-20) y audacia (Hech. 4:31) ¡para proclamar el evangelio a cualquier costo!

¡Nunca sabremos si nuestra obediencia en un *momento* podrá iniciar un *movimiento* de Dios que impacte a nuestras comunidades, escuelas, lugares de trabajo o quizás al mundo! Sí, así como ocurrió con la mujer de Juan 4, ¡tú puedes marcar la diferencia!

Evangelismo es...

1. Ver a la gente y reconocer sus necesidades.
2. Aprovechar las oportunidades para anunciar a Jesús.

Versículo clave

«¿No decís vosotros: Aún faltan cuatro meses para que llegue la siega? He aquí os digo: Alzad vuestros ojos y mirad los campos, porque ya están blancos para la siega» (Juan 4:35).

Citas interesantes

Creo que Dios te hace responsable de todo aquel que pone en tu esfera de influencia. [...] Cuando rompemos la relación horizontal con los demás, también se rompe la relación vertical con Dios. No es que no conozcamos al Señor sino que no es Señor de nuestra vida. No estamos dispuestos a dejar que sea Señor de todo y aceptar, amar y perdonar a los demás como lo estipula.

—Oscar Thompson[5]

Aquí, finalmente es donde todos debemos evaluar la contribución que nuestra vida y testimonio están haciendo al propósito supremo de Aquel que es el Salvador del mundo. ¿Los que nos han seguido en Cristo a su vez están guiando a otros a Él y enseñándoles a hacer discípulos como nosotros? [...] Lo que realmente cuenta en definitiva a largo plazo en la obra es la fidelidad con la que nuestros convertidos van y hacen líderes de sus convertidos, no solo seguidores.

—Robert Coleman[6]

Notas

1. W. R. Moody, *The Life of Dwight L. Moody, by His Son* [La vida de Dwight L. Moody, por su hijo] (New York: Fleming H. Revell, 1900), tomado de la contraportada.
2. http://www.wheaton.edu/bgc/archives/faq/13.htm.

3. "*God's Billy Pulpit,*" [artículo de la revista Time "El púlpito de Billy dado por Dios"] Time, 15 de noviembre, 1993, http://205.188.238.109/time/ magazine/article/0,9171,979573,00.html.

4. W. Henrichsen, *Disciples Are Made Not Born* [Los discípulos no nacen se hacen] (Carol Stream, IL: Victor Books, 1979) 143.

5. W. O. Thompson, *Concentric Circles of Concern* [Círculos concéntricos de atención] (Nashville, TN: B&H, 1999), 20. 1993), 102–3.

6. R. E. Coleman, *The Master Plan of Evangelism* [El plan maestro de evangelismo] (Grand Rapids, MI: Revell, 1993), 102-3.

17

Evangelismo es. . .

Cooperar con el Espíritu Santo

Dave Earley

Estoy convencido más que nunca que el valor
más alto y absoluto del evangelismo personal
es estar en sintonía y cooperación
con el Espíritu Santo.

—Bill Hybells y Mark Mittelberg[1]

Cada vez que alguien le da su vida a Jesucristo, nunca lo hace a solas. Siempre están presentes por lo menos tres personas: (1) el inconverso que oye el evangelio y recibe a Jesús por la fe al arrepentirse, (2) la persona que comparte el evangelio con el inconverso y (3) el Espíritu Santo que facilita la comprensión del inconverso.

La clave para ser eficaz en el evangelismo es simplemente aprender a cooperar con lo que el Espíritu Santo ya está haciendo y le está diciendo a la persona que estamos tratando de alcanzar. Estoy persuadido de que las veces que he sido menos eficaz en el evangelismo son aquellas en que he actuado por mi cuenta, sin ser sensible al Espíritu Santo, o peor aún, cuando he tratado de ser el Espíritu Santo en la vida del inconverso.

Conoce a la persona más importante de tu vida espiritual: el Espíritu Santo

Algunas iglesias hablan mucho del Espíritu Santo. Otras rara vez lo hacen. La Biblia habla más a menudo de Dios el Hijo y Dios el Padre, pero también tiene mucho que decir de Dios el Espíritu Santo. Permítanme darles un breve resumen:

El Espíritu Santo es Dios

La Biblia enseña que Dios es trino. Históricamente, los cristianos han creído en un Dios que se expresa en tres personas: Dios el Padre, Dios el Hijo y Dios el Espíritu Santo. Los tres son igualmente Dios.

La Biblia presenta al Espíritu Santo con atributos que solo Dios podría tener: Está presente en todas partes (Sal. 139:7), todo lo sabe (1 Cor. 2:10-11), es todopoderoso (Gén. 1:2; Luc. 1:35), eterno (Heb. 9:14) y santo (Luc. 11:13). Además, se lo refiere a menudo como Dios (Hech. 5:3-4; 2 Cor. 3:18; Gén. 1:1-2; Luc. 4:18), igual al Padre y al Hijo (Mat. 28:19-20).

El Espíritu Santo es una persona

Algunos se han referido equívocamente al Espíritu Santo como «ello». Esto no podría ser más erróneo. El Espíritu Santo es en todo respecto una persona como lo es Dios el Padre o Dios el Hijo. Posee intelecto (1 Cor. 2:10-11; Ef. 1:17; Ro. 8:27), emociones (Ef. 4:30) y voluntad (1 Cor. 12:11). Es creativo (Gén. 1:2) y ama (Rom. 15:30). Además, se lo describe con un pronombre personal (Juan 15:26; 16:13-14).

El Espíritu Santo *no* es un fantasma que asuste al inconverso, *ni* una fuerza impersonal que lo ataque. *Es* una persona que amorosamente lo buscará y le hablará al corazón.

El Espíritu Santo es fundamental en la obra que Dios realiza hoy en el mundo

Todo el evangelio trata de Jesús: Su muerte, sepultura y resurrección por nuestros pecados. Sin embargo, la aplicación del evangelio al corazón del inconverso es la obra del Espíritu Santo, la persona de la Deidad primordial en la obra que Dios realiza hoy en el mundo.

Época del AT	Época del NT	Época actual
1400 a.C. – 4 a.C.	4 a.C. – 30 d.C.	30 d.C. – Tribulación
Dios el Padre	Dios el Hijo	Dios el Espíritu Santo

Billy Graham ha señalado, «El hombre tiene dos grandes necesidades espirituales. Una es el perdón. La otra es la capacidad de hacer el bien [...]. Necesitamos este doble don que Dios nos ha ofrecido: el primer lugar, la obra de Dios el Hijo por nosotros; en segundo lugar, la obra de Dios el Espíritu Santo en nosotros».[2]

Desde el día de Pentecostés por el año 30 d.C., el Espíritu Santo ha sido fundamental en la obra de Dios en el planeta Tierra. La Biblia nos dice que Jesús se ha sentado porque su obra esencial fue terminada: «el cual, siendo el resplandor de su gloria, y la imagen misma de su sustancia, y quien sustenta todas las cosas con la palabra de su poder, habiendo efectuado la purificación de nuestros pecados por medio de sí mismo, se sentó a la diestra de la Majestad en las alturas» (Heb. 1:3).

Afirmar que la obra de Jesús en la tierra ha terminado, no significa que la obra de Dios se ha completado. Al describir su partida, Jesús explicó que pondría en manos del Espíritu Santo esa responsabilidad:

> Voy, pues, a preparar lugar para vosotros...
>
> Y yo rogaré al Padre, y os dará otro Consolador, para que esté con vosotros para siempre: el Espíritu de verdad, al cual el mundo no puede recibir, porque no le ve, ni le conoce; pero vosotros le conocéis, porque mora con vosotros, y estará en vosotros. No os dejaré huérfanos; vendré a vosotros (Juan 14:2,16-18).

El Espíritu Santo es el primer actor que lleva al incrédulo a la salvación

Tengo casi 40 libros que tratan directamente con el tema del evangelismo. Estoy sorprendido de que solo un puñado de ellos menciona el papel del Espíritu Santo en la evangelización eficaz. Un examen rápido a la Biblia revela el papel esencial que juega el Espíritu Santo para llevar a Cristo a los inconversos.

Convencer de la necesidad. « Y cuando él venga, convencerá al mundo de pecado, de justicia y de juicio. De pecado, por cuanto no creen en mí; de justicia, por cuanto voy al Padre, y no me veréis más; y de juicio, por cuanto el príncipe de este mundo ha sido ya juzgado» (Juan 16:8-11).

Todos los cristianos deben su salvación a la obra convincente del Espíritu Santo. Cuando compartimos el evangelio, el Espíritu Santo habla al corazón del inconverso, lo convence y redarguye, lo busca y persuade. Jesús dijo que el Espíritu Santo los convence de pecado, justicia y juicio.

Mientras los inconversos no sean convencidos de su condición perdida, no tendrán motivación ni deseo de ser salvos. Cuando compartimos el evangelio, el Espíritu Santo utiliza la palabra de Dios para convencerlos de su pecado. Gracias a su acción, son persuadidos de la realidad, el peso y la culpa de su pecado. Pero Su obra no termina aquí.

También convence de justicia al inconverso. Solo el Espíritu Santo puede abrirle los ojos para que vea su falta de justicia verdadera y la justicia perfecta y sin pecado del Salvador Jesucristo.

Además, el Espíritu Santo convence de juicio al inconverso. Cuando trabaja en su corazón, puede ver la gravedad de sus pecados y reconocer lo mucho que merecen ser castigados.

Nunca podremos agotar el tema de la suprema importancia del Espíritu Santo para convencer y redargüir de pecado, justicia y juicio al inconverso. A menos que esta obra ocurra, no podrá experimentar la salvación. Sin embargo, la obra del Espíritu Santo para llevar a un alma perdida a la salvación no se detiene aquí.

Dar nueva vida. Anteriormente abordamos la conocida historia de Jesús y un buscador llamado Nicodemo a quien le compartió el evangelio. En ese diálogo (Juan 3:1-8) se describe la salvación como un nuevo nacimiento. Cuando alguien se salva, nace de nuevo espiritualmente; le es dada una nueva vida. Además, Jesús declara que si bien un nacimiento físico es inmediatamente visible, el nacimiento espiritual es menos evidente, pero aún así no es menos real. La obra del Espíritu Santo se la compara con la acción del viento. Aunque no podemos verlo, podemos ver sus resultados. Así es con el Espíritu Santo: no podemos ver cómo nace un bebé espiritual, no obstante, veremos los resultados en la vida del nuevo creyente. «El viento sopla de donde quiere, y oyes su sonido; mas ni sabes de dónde viene, ni a dónde va; así es todo aquel que es nacido del Espíritu» (Juan 3:8).

Entrar a una vida. A menudo, los que comparten el evangelio animan a los no creyentes a pedir a Jesús que entre en sus corazones. Si bien esto no es propiamente incorrecto, tampoco es exacto. Cuando invocan el nombre del Señor para que los salve, Jesús no entra en sus corazones. El Espíritu del Señor es quien *entra* en sus vidas.

«Y yo rogaré al Padre, y os dará otro Consolador, para que esté con vosotros para siempre: el Espíritu de verdad [...] mora con vosotros, y estará *en vosotros*» (Juan 14:16-17; cursivas añadidas). «Mas vosotros no vivís según la carne, sino según el Espíritu, si es que el Espíritu de Dios mora *en vosotros*. Y si alguno no tiene el Espíritu de Cristo, no es de él» (Rom. 8:9; cursivas añadidas).

El Espíritu Santo hace Su residencia en su vida. De este modo, hace del nuevo cristiano Su templo, un lugar donde Dios debe ser adorado: «¿O ignoráis que *vuestro cuerpo es templo del Espíritu Santo*, el cual está *en vosotros*, el cual tenéis de Dios, y que no sois vuestros?» (1 Cor. 6:19; cursivas añadidas).

El Espíritu Santo es esencial para que los salvos crezcan y sirvan

La obra del Espíritu Santo no termina cuando uno se salva. Se convierte en nuestro Consolador principal (Juan 4:16-17) y Maestro (Juan 14:26; 1 Cor. 2:12; 2 Ped. 1:21). Como su vida fluye sin obstáculo en nosotros, transforma nuestra vida (Gál. 5:22-23) y nos concede dones espirituales (1 Cor. 12:4-11). El Espíritu Santo es la persona más importante de tu vida espiritual.

Además, se lo describe como nuestro Guía (Rom. 8:14; 1 Tes. 5:19), y el que nos otorga poder (Ef. 3:16; Luc. 24:49; Hech. 1:8). Para llevar a Cristo a los demás, necesitamos la dirección y el poder espirituales que el Espíritu Santo da. Él es la persona más importante de tu vida ministerial.

El Espíritu Santo se asocia con el creyente para compartir eficazmente el evangelio

A menudo les pregunto a los cristianos que testifican: «¿Cuántos de ustedes alguna vez compartieron el evangelio a algún inconverso y se encontraron expresando cosas que eran más claras e inteligentes de lo que podrían imaginar?» Siempre asienten con la cabeza y contestan: «Sí». ¿Por qué? Porque el Espíritu Santo se asocia activamente con nosotros cuando compartimos el evangelio. El evangelismo eficaz consiste simplemente en cooperar con Él.

Lee cuidadosamente la promesa de la gran comisión: « Por tanto, id, y haced discípulos a todas las naciones, bautizándolos en el nombre del Padre, y del Hijo, y del Espíritu Santo; enseñándoles que guarden todas las cosas que os he mandado; y he aquí *yo estoy con vosotros todos los días*, hasta el fin del mundo. Amén» (Mat. 28:19-20, cursivas añadidas).

Piensa en lo que Jesús promete. Declara que cuando ponemos nuestra vida para hacer discípulos de todo tipo de personas, Él está *con* nosotros en el proceso. La Biblia afirma que Jesús está sentado a la diestra del Padre en los cielos (Ef. 1:20; Heb. 8:1). De manera que, ¿cómo puede estar con nosotros cuando cumplimos la gran comisión? Él está con nosotros en la persona del Espíritu Santo. Si quieres experimentar la presencia del Espíritu, haz discípulos.

Coopera con el Espíritu Santo

El Espíritu Santo desea más que nosotros que la gente se salve. Él tiene un poder sobrenatural que nosotros no poseemos para convencer a los perdidos de pecado, justicia y juicio. El Espíritu Santo es omnisciente y sabe exactamente lo que sucede en la vida y los pensamientos de los inconversos cuando hablamos con ellos. Solo Él tiene el poder de regenerar y hacer de ellos una nueva creación en Jesucristo. Por lo tanto, si esperamos evangelizar con eficacia, debemos confiar en Él.

El evangelismo eficaz consiste en cooperar activamente con el Espíritu Santo cuando abre los ojos de los inconversos para llevarlos a Dios. Cuando compartes el evangelio, el Espíritu Santo te da una sabiduría que antes no tenías y una sensibilidad que no podrías tener por tu cuenta.

«Me encaminaba a un problema de alcoholismo»

Antes de darle mi vida completamente a Jesús, tenía un problema con el consumo de alcohol. Cuando estaba en la escuela secundaria, mi familia pasaba por momentos difíciles. Para escapar, comencé a hacer vino. También pensé que tener acceso al alcohol como estudiante de secundaria aumentaría mi popularidad. Lo usaba para emborracharme con mis amigos los fines de semana. Al poco tiempo tuve un pequeño negocio próspero. Ir aceleradamente por el camino y la dirección equivocados me hacía sentir infeliz.

Gracias a un amigo cristiano sin prejuicios y un pastor de jóvenes espiritualmente apasionado, fui apremiado a no dejar de lado al Señor. Pude ver que ellos tenían lo que yo necesitaba. Cuando le entregué mi vida entera al Señor unos pocos años después, me llené de verdadero gozo e inmediatamente dejé de beber alcohol, y no lo he probado desde entonces.

Rara vez comparto esta historia cuando evangelizo a otra persona, pero un día que estaba compartiendo el evangelio a un hombre de negocios, me sentí especialmente impulsado por el Espíritu Santo a mencionar cómo Jesús me había liberado del alcohol. No tenía manera de saber en ese momento que la esposa de aquel hombre recién lo había amenazado con dejarlo a causa de la bebida. Cuando le dije: «Me encaminaba a un problema de alcoholismo» capté su atención y me dio la llave de su corazón. El Espíritu Santo usó la historia de mi liberación del alcohol para tocar profundamente a este hombre y llevarlo a Jesús.

Permítenos animarte a que compartas tu fe: no confíes solo en ti mismo. No puedes convencer o redargüir a nadie, pero el Espíritu Santo sí puede. No puedes saber lo que está pasando en la vida o la mente de la otra persona, pero el Espíritu Santo sí lo sabe. No puedes salvar a nadie, pero el Espíritu Santo sí puede. Ya que Él juega un papel tan vital para llevar a la salvación a una persona, debemos confiar que nos ayudará.

Jesús prometió capacitarnos con el poder del Espíritu Santo

A menudo se considera que las últimas palabras que una persona pronuncia son importantes. Las palabras postreras de Jesús, la persona más grande que jamás haya existido, ciertamente son las más importantes que alguna vez pronunciara.

Es interesante que estas incluyen la promesa del Espíritu Santo y la evangelización.

«Pero recibiréis poder, cuando haya venido sobre vosotros el Espíritu Santo, y me seréis testigos en Jerusalén, en toda Judea, en Samaria, y hasta lo último de la tierra» (Hech. 1:8).

Los primeros evangelistas dependieron del poder del Espíritu Santo

Cuando Jesús les prometió a sus seguidores el poder del Espíritu Santo cada vez anunciaran el evangelio, hizo más que decir algunas palabras hermosas. Les dio una promesa de la que dependieron y emplearon de manera eficaz.

Por ejemplo, el primer mensaje pronunciado en la historia de la iglesia fue la proclamación detallada del evangelio del apóstol Pedro. Cuando él y los demás estaban bajo el control del Espíritu Santo, proclamaron con audacia la muerte, la sepultura y la resurrección de Jesús por nuestros pecados. El Espíritu Santo dio tal poder a las palabras de Pedro que 3000 fueron salvos y bautizados ese día (Hech. 2:1-41).

Más adelante, Pedro y Juan fueron arrestados por proclamar a Jesús. En lugar de sentirse intimidados, confiaron en el poder del Espíritu Santo quien los fortaleció para anunciar a Cristo sin temor (Hech. 4:1-12). Su osadía sorprendió a las autoridades (Hech. 4:13). Sin saber qué hacer con ellos, después de amenazarlos los dejaron ir. La respuesta de los apóstoles no fue desistir de compartir su fe. De ninguna manera. Hicieron exactamente lo opuesto. Clamaron a Dios para que les concediera mayor libertad para proclamar la palabra de Dios. La respuesta de Dios vino en la forma del Espíritu Santo.

> Y ahora, Señor, mira sus amenazas, y concede a tus siervos que con todo denuedo hablen tu palabra, mientras extiendes tu mano para que se hagan sanidades y señales y prodigios mediante el nombre de tu santo Hijo Jesús.
>
> Cuando hubieron orado, el lugar en que estaban congregados tembló; y todos fueron llenos del Espíritu Santo, y hablaban con denuedo la palabra de Dios (Hech. 4:29-31).

— Evangelismo es... —

1. Reconocer que cada vez que una persona le entrega su vida a Jesucristo nunca lo hace a solas. Siempre están presentes por lo menos tres personas: (1) el inconverso que oye el evangelio y recibe a Jesús, (2) la persona que comparte el evangelio con el inconverso y (3) el Espíritu Santo que aplica el evangelio a la comprensión del inconverso.

2. Valorar al Espíritu Santo, la persona de la Deidad primordial en la obra que Dios realiza hoy en el mundo.
3. Cooperar con lo que el Espíritu Santo ya está haciendo y diciendo a la persona que estamos tratando de alcanzar.
4. Confiar en que el Espíritu Santo te da la sabiduría y la dirección que nunca podrías tener por tu cuenta.

— Versículos clave —

Pero recibiréis poder, cuando haya venido sobre vosotros el Espíritu Santo, y me seréis testigos en Jerusalén, en toda Judea, en Samaria, y hasta lo último de la tierra. (Hech. 1:8).
Cuando hubieron orado, el lugar en que estaban congregados tembló; y todos fueron llenos del Espíritu Santo, y hablaban con denuedo la palabra de Dios. (Hech. 4:31)

— Cita interesante —

El Espíritu Santo acompaña al evangelio. Es un privilegio encender su poder de atracción cada vez que lo proclamamos. […] Su atracción sigue cuando lo damos sin reserva.

—DANNY LOVETT[3]

Notas

1. B. Hybels y M. Mittelberg, *Becoming a Contagious Christian* [Convertirse en un cristiano contagioso] (Grand Rapids, MI: Zondervan, 1994), 59.
2. B. Graham, *The Holy Spirit: Activating God's Power in Your Life* [El Espíritu Santo: Activa el poder de Dios en tu vida] (Nashville, TN: Thomas Nelson, 2000), xi.
3. D. Lovett, *Jesus Is Awesome* [Jesús es magnífico] (Springfield, MO: 21st Century Press, 2003), 240.

18

Evangelismo es...

Lavar los pies

David Wheeler

En su libro *Safely Home* [A salvo en casa], Randy Alcorn cuenta la historia novelesca de un ferviente cristiano llamado Quan que fue encarcelado en forma injusta por proclamar públicamente el evangelio en China. Alcorn pinta un cuadro de la naturaleza de la evangelización mediante Quan, el humilde evangelista con corazón de siervo. Alcorn escribe:

> El guardia se asomó a la celda de Quan, a través de la pequeña ventana de barras, que tenía dos palmos de ancho [...]. Quan podía ver el desprecio en sus ojos.
>
> «Deja de sonreír», gritó.
>
> «No estoy sonriendo», repuso Quan.
>
> «Sí, ¡te estás riendo!», vociferó el guardia.
>
> [...] Repentinamente, Quan se puso en pie y apretó el rostro contra los barrotes.
>
> «Guardia», exclamó Quan. Al notar que no se acercaba, lo llamó más fuerte. «¡Su Gan!»
>
> El guardia regresó y sacudió la puerta con violencia. «¿Quién te dijo mi nombre? ¡Cállate o vendré a callarte!»
>
> «Su Gan, señor, por favor, quiero pedirte algo».
>
> «A menos que me pagues, poco me interesan tus peticiones».
>
> «¿Puedo hacer algún trabajo para ti?»
>
> Quan notó en los ojos del carcelero cierta sorpresa con desprecio.

«Esta prisión está tan sucia». Dijo Quan. «Hay desperdicios en todas partes. Las ratas y las cucarachas se alimentan de ellos [...] Quan puede ayudarte. Déjame entrar a cada una de las celdas y limpiar este lugar tan sucio. Dame agua, cepillo y jabón y te mostraré lo que puedo hacer».[1]

A partir de aquí, Alcorn retoma la historia después de varias semanas en las que Quan decide servir al carcelero y a los demás prisioneros eliminando los desechos humanos de las inmundas celdas. Una vez más, notarás cómo Dios usa la actitud cristiana. La historia continúa con Quan dirigiéndole la palabra a un visitante cristiano llamado Ben. Alcorn prosigue:

> Ben estaba en el aire frío del invierno. Como de costumbre, esperó con nerviosismo, tratando de mantenerse caliente y ver a Quan fuera del agujero negro. Alguien era conducido fuera del edificio en ese momento, un anciano frágil con una cojera pronunciada y piel amarilla, como si padeciera de ictericia o hepatitis.
>
> [...] Sintió que el corazón se le congelaba. «¿Quan?» Trató de disimular su horror. Se tocaron sus dedos índices a través de la valla. «Hueles a... jabón».
>
> «Sí». Quan resplandeció, su rostro y voz sorprendentemente se animaron. «Esto es mejor que como olía la última vez, ¿no? ¡Tengo una noticia maravillosa! Dile a mi familia y a la iglesia en casa que Dios ha escuchado sus oraciones. ¡Me ha dado un ministerio!
>
> «¿Qué?»
>
> «Voy de celda en celda, llevando el mensaje de Yesu».
>
> «Pero, pensé que estabas en una celda aislada».
>
> «Dios abrió la puerta. Voy a las celdas de otros hombres. La mayoría nunca han tenido a nadie que entre a sus celdas excepto para golpearlos. Los ayudo y limpio sus celdas. Les llevo el amor de *Yesu*. He visitado a doce hombres. Cuando salgo de sus celdas, a seis no los dejo solos».
>
> «¿Qué quieres decir?»
>
> «Cuando me voy, *Yesu* está con ellos. Tres ya eran creyentes, uno de ellos un pastor. [...] Tres más doblaron las rodillas a *Yesu*, quien ha prometido nunca dejarlos ni olvidarlos [...]. Les enseño mientras lavo».
>
> «¿Los guardias te dejan hacer esto?»
>
> «El olor que se pegaba a los guardias ya casi ha desaparecido. Sus zapatos no se arruinan. Los prisioneros están animados [...] al darse cuenta de que si murieran aquí, tendrán vida eterna».
>
> «Luce más como una reunión de avivamiento que una prisión».[2]

La toalla y la vasija

Aun cuando la historia de Quan es ficción, constituye una representación sorprendente de un evangelismo que se hace con corazón de siervo. Junto al Espíritu Santo, la Biblia y el mensaje del evangelio, no hay nada más poderoso o útil en el llamado del evangelismo que «la toalla y la vasija».

Jesús, el Siervo

En la época de Cristo, las calles estaban sin pavimentar, y los hombres usaban sandalias o bien iban descalzos. Se comía recostado en torno a mesas bajas. A veces, era posible que el hombre que comía a tu lado o al otro lado pusiera los pies sucios cerca de tu cara, quitándote el apetito. Para que esto no sucediera, un siervo recibía a los invitados en la puerta y les lavaba los pies.

La noche de la última cena, Jesús reunió a sus discípulos en una habitación rentada para celebrar la Pascua. No había anfitrión ni siervo que lavara los pies. Jesús, percatándose de la situación, vio allí una oportunidad para mostrar el amor en acción. ¿Cómo lo hizo? Tomando una toalla y un vasija.

> «Antes de la fiesta de la Pascua, sabiendo Jesús que su hora había llegado para pasar de este mundo al Padre, habiendo amado a los suyos que estaban en el mundo, los amó hasta el fin. Y durante la cena, como ya el diablo había puesto en el corazón de Judas Iscariote, hijo de Simón, el que lo entregara, Jesús, sabiendo que el Padre había puesto todas las cosas en sus manos, y que de Dios había salido y a Dios volvía, se levantó de la cena y se quitó su manto, y tomando una toalla, se la ciñó. Luego echó agua en una vasija, y comenzó a lavar los pies de los discípulos y a secárselos con la toalla que tenía ceñida» (Juan 13:1-5 LBLA).

Sus acciones fueron motivadas por el amor: «habiendo amado a los suyos que estaban en el mundo, los amó hasta el fin» (13:1). El evangelismo que se practica con un corazón de siervo no es un programa. Es un servicio motivado por el amor. Ten en cuenta que esta imagen de servicio humilde incluye la acción. Mira todos los verbos: «se *levantó* de la cena, y se *quitó* su manto, y *tomando* una toalla, se la *ciñó*. Luego *echó* agua en un vasija, y *comenzó a lavar* los pies de los discípulos». Esta clase de evangelismo es más que buenas intenciones y cálidos sentimientos. Es amor en acción.

Jesús no hizo esto solo para mostrar su amor por los discípulos. Tenía otro objetivo. Quería dejarnos un retrato vívido de la manera en que desea que vivamos. También debemos estar dispuestos a «lavarnos los pies».

> «Entonces, cuando acabó de lavarles los pies, tomó su manto, y sentándose a la mesa otra vez, les dijo: ¿Sabéis lo que os he hecho? Vosotros me llamáis Maestro y Señor; y tenéis razón, porque lo soy. Pues si yo, el Señor y el Maestro, os lavé los pies, vosotros también debéis lavaros los pies unos a otros. Porque os he dado ejemplo, para que como yo os he hecho, vosotros también hagáis» (Juan 13:12-15 LBLA).

Nuestra inclinación natural es ser servidos y no servir. Incluso los discípulos de Jesús tuvieron que luchar contra la idea de defender sus derechos. El deseo de Jacobo y Juan de tener autoridad, impulsó el claro llamado de Jesús para que también nosotros seamos servidores.

> «Mas Jesús, llamándolos, les dijo: Sabéis que los que son tenidos por gobernantes de las naciones se enseñorean de ellas, y sus grandes ejercen sobre ellas potestad. Pero no será así entre vosotros, sino que el que quiera hacerse grande entre vosotros será vuestro servidor, y el que de vosotros quiera ser el primero, será siervo de todos. Porque el Hijo del Hombre no vino para ser servido, sino para servir, y para dar su vida en rescate por muchos» (Mar. 10:42-45).

Cada seguidor de Cristo debería prestar atención a la instrucción de Jesús de convertirse en «siervo» y «esclavo de muchos». ¡Así como Él lavó los pies de los discípulos, los cristianos deben hacer lo mismo por un mundo doliente que agoniza por ver auténticos ejemplos de un Salvador amoroso! A fin de cuentas, los creyentes deben entender que los inconversos no aceptarán lo que decimos sobre Cristo hasta que vean primero la verdad manifestada en nuestra vida. El ejemplo bíblico nos apremia a que nuestra fe se exprese en la realidad de la vida diaria.

Un humilde pastor

He tenido muchos líderes y mentores influyentes en mi vida, pero pocos dejaron en mí la perdurable impresión de un humilde pastor llamado Milton Worthimgton. Es imposible sobreestimar su impacto en la vida de un joven que consideraba el llamado al ministerio.

Tal fue el caso en un retiro de jóvenes de fin de semana cuando tenía trece años. Después del estudio bíblico y de tomar la cena del Señor, me aterró ver que los líderes sacaron varias toallas y vasijas con agua. Nunca había participado en un lavamiento de pies, por lo que recuerdo que miré a mi alrededor con la esperanza de escaparme al baño. El pastor Worthtington se acercó y me preguntó amablemente: «David, ¿has participado alguna vez en el lavamiento de los pies?» Estoy seguro de que podría decir que estaba asustado cuando le respondí, «No, señor». Entonces me preguntó si me podía enseñar.

Suavemente me quitó los zapatos y los calcetines. Luego, afectuosamente derramó agua en mis pies y los lavó. Después, los enjuagó y los secó con una toalla.

Cuando este pastor me lavaba los pies, era como si Cristo estuviera sentado ante mí, mostrándome en lo que debía convertirme para seguirlo. En este pastor no había orgullo ni egocentrismo, sino compasión y entrega. ¡El impacto de esta experiencia nunca desapareció!

Un agnóstico

Mientras estaba en la universidad, un joven llamado Steve comenzó a asistir a un grupo de oración semanal en nuestro dormitorio. Cuando le pregunte sobre su fe, rápidamente me respondió que era un agnóstico en busca de la verdad.

Después de varias semanas dedicadas a establecer una relación, Steve fue invitado a quedarse después de una de las reuniones para discutir sus preguntas respecto al cristianismo. Parecía intrigado e incluso declaró que quería «creer», pero que «simplemente no podía *ver*». En ese momento, uno de los colaboradores del grupo de oración se levantó y salió rápidamente de la habitación, solo para regresar unos minutos después con toallas y una vasija con agua. Después de ponerla a mis pies, se volvió a Steve y le dijo, «Si no puedes ver en qué consiste la fe en Cristo, te lo mostraremos». Procedió a lavarme los pies, permitiéndome devolver el privilegio. Después, oramos y cantamos algunas canciones de adoración. Era evidente que el Espíritu Santo estaba presente.

Más tarde, Steve explicó que cuando regresó a su habitación aquella tarde, estaba confundido sobre lo que creía y prometió no regresar al grupo de oración. Sin embargo, esto cambió radicalmente a la mañana siguiente. Después de permanecer en la cama desde la media noche hasta las 3:30 de la mañana, trató desesperadamente de olvidar lo que había «visto y oído» (ver Hech. 4:18-20), todo lo que podía hacer era pensar en Cristo y especialmente en la humilde demostración del lavamiento de pies. Pasadas varias horas de sentir la convicción de Dios por sus pecados y no poder descansar, se arrodilló y le dijo a Cristo: «Si tú estás allí y eres tan real como vi y experimenté esta noche, te necesito, Señor Jesús, sálvame. Me entrego todo a ti. [...] ¡Por favor, ven a mi vida!»

Steve fue salvo. Su vida cambió radicalmente mediante el poder de una fe genuina como quedó demostrado por el lavamiento de los pies. Esto es ser un evangelista siervo.

El poder de evangelizar como un evangelista siervo

Evangelizar con un corazón de siervo es una combinación de sencillos actos de bondad *y* anunciar intencionalmente el evangelio y a Cristo. Es poner el amor en acción.

1. Actuar como evangelista siervo abre la puerta para anunciar el evangelio

Realizar sencillos actos de bondad con el objetivo *intencional* de proclamar a Cristo abre la puerta maravillosamente al acto más grande de bondad que un cristiano puede ofrecer: predicar el evangelio. Actuar como evangelista siervo es intencionalmente evangelizador. Sin embargo, nunca coacciona en un sentido manipulador o negativo.

Cuando realizamos un acto de bondad a un inconverso, el testigo cristiano puede decir: «Hago esto para mostrar el amor de Jesús de una manera práctica». A menudo nos preguntan: «¿Por qué haces esto?» Entonces, a medida que el Espíritu abre la puerta, el cristiano puede compartir brevemente un testimonio y quizás los hechos del evangelio. Si la persona no está dispuesta a dialogar, el cristiano no va más allá, con la posible excepción de ofrecer literatura cristiana u oración.

He descubierto que el evangelista siervo puede presentar plenamente a Cristo mucho más a menudo que si se ignora el concepto de servicio. Cuando sencillos actos de bondad acompañan al esfuerzo deliberado de presentar el evangelio, ayudamos poderosamente a la convicción y atracción que el Espíritu Santo ejerce en la persona.

2. La labor que realiza el evangelista siervo es un evangelismo de bajo riesgo

Proporciona una puerta de entrada que hace participar a todos en el ministerio de alcance. Para participar como evangelista siervo no se necesitan habilidades inusuales de comunicación, una personalidad extrovertida, un argumento de venta ni muchas horas de entrenamiento. Esta estrategia redirige nuestra atención apartándonos de la inhibición egoísta o el temor a los que servimos.

Como a algunos los aterroriza testificar verbalmente, pueden lavar coches, repartir bombillas de luz, regalar globos o helados de agua, cortar el césped o recoger hojas secas. Al realizar estas cosas, los tímidos pueden aprender a ser más audaces e intencionales con su fe.

3. El evangelista siervo es eficiente para alcanzar a los demás en la cultura de hoy

Esta clase de evangelismo es fácilmente adaptable. En una cultura postcristiana, ofrece una demostración del evangelio junto con una explicación de la salvación.

Hay demasiadas personas que han rechazado a Jesús pero no porque no saben *de* Él. Han rechazado una caricatura de Jesús. Algunos necesitan cambiar su concepto del cristianismo. Calvin Miller, profesor retirado de homilética de la Beeson Divinity School de Birmingham, Alabama, ha abogado por la necesidad de una «apologética sensorial»,[3] un argumento vivo a favor de la verdad sobre Dios. Evangelizar con un corazón de siervo responde a esta necesidad ante un mundo escéptico.

4. La labor del evangelista siervo ofrece la oportunidad para un evangelismo personal en un modo natural de fraternidad y comunidad

¡No estás solo! En muchos casos, la iglesia ha llegado a ser demasiado individualista. Si bien evangelizar de manera individual es bíblico y apropiado, como creyentes, la fuerza de la iglesia sirve como ejemplo de auténtica comunidad y fraternidad. Estas oportunidades son adecuadas para la consejería y la enseñanza.

Una de las cualidades más singulares de estos proyectos de servicio es la vasta gama de oportunidades que puede realizar un amplio grupo de miembros de la iglesia, tales como lavar coches, ofrecer refrescos en un parque, recoger hojas secas, quitar la nieve y otras actividades por el estilo. Cuando el cuerpo de Cristo está en una misión, «aprenden» juntos cómo servir a la comunidad.

Los que son tímidos o no tienen experiencia pueden aprender a presentar el evangelio al ver a los más experimentados. Como decía el antiguo refrán: «El evangelismo más que enseñarlo hay que pescarlo».

5. ¡Ministrar como evangelista siervo es divertido!

No hay nada más gratificante y divertido que servir a los demás. Esto es especialmente cierto cuando los cristianos deciden fraternizar y servir, buscando oportunidades para mostrar a Cristo. No tenemos porqué sentirnos culpables, ¡es magnífico divertirse y servir a Cristo al mismo tiempo!

6. Ser un evangelista siervo crea un estilo de vida que impregna todos los aspecto de la vida cristiana

Una vez que hayas aprendido la mentalidad del servicio, encontrarás que puedes anunciar a Cristo donde sea y cuando sea. Puedes hacerlo en tu trabajo, escuela, vecindario o en un evento deportivo. La clave es hacerlo deliberadamente.

7. El evangelista siervo ejemplifica el modelo de ministerio y el celo de Cristo

Los evangelistas siervos eficaces son los que adoptan lo que se llama la «actitud de

Filipenses 2».[4] En Filipenses 2 se nos dice que hagamos nuestra la actitud de Jesús como siervo humilde.

«Haya, pues, en vosotros este sentir que hubo también en Cristo Jesús, el cual, siendo en forma de Dios, no estimó el ser igual a Dios como cosa a que aferrarse, sino que se despojó a sí mismo, tomando forma de siervo, hecho semejante a los hombres; y estando en la condición de hombre, se humilló a sí mismo, haciéndose obediente hasta la muerte, y muerte de cruz» (Fil. 2:5-8).

Evangelismo es...

1. Lavarles los pies a los demás.
2. Amor en acción.
3. Servir humildemente y anunciar intencionalmente.
4. Comunicar la naturaleza y el mensaje de Cristo.
5. Tanto ser como hacer.

Versículo clave

«Porque el Hijo del Hombre no vino para ser servido, sino para servir, y para dar su vida en rescate por muchos» (Mar. 10:45).

Citas interesantes

Las palabras amables pueden ser breves y fáciles de decir, pero sus ecos son realmente infinitos.

—MADRE TERESA[5]

La idea básica detrás de los proyectos de los evangelistas siervos es muy simple. No es difícil comenzar a amar a la gente de una manera práctica. Tenemos que evitar la tendencia humana de hacer las cosas demasiado complicadas.

—STEVE SJOGREN[6]

¿Qué sigue a partir de ahora?

Para obtener más información útil que incluye cientos de ideas para los evangelistas siervos, numerosos ejemplos de alcance eficaz y muchísimos buenos enlaces, consulta www.ServantEvangelism.com (sitio en inglés). Steve Sjogren actualiza y supervisa con frecuencia este sitio. Como esforzado plantador de iglesias en la década de 1980, Steve acuñó la frase «servant evangelism» [evangelismo con corazón de siervo].

Notas

1. Tomado de *Safely Home* [A salvo en casa] por Randy Alcorn. Copyright © 2001 by Tyndale House. Usado con permiso de Tyndale House Publishers, Inc. Todos los derechos reservados, 273–74.
2. Ibid., 276–77.
3. A. Reid y D. Wheeler, *Servanthood Evangelism* [Evangelismo de servicio] (Alpharetta, GA: North American Mission Board, 1999), 14.
4. S. Sjogren, *Evangelism Conference*, Conferencia evangelística del 16 de mayo de 1995, Vineyard Community Church, Cincinnati, OH.
5. S. Sjogren, *Conspiracy of Kindness* [Conspiración de amabilidad] (Ventura, CA: Regal Books, 2003), 15. 6. Ibid., 129.
6. Ibid., 129.

19

Evangelismo es. . .

Guerra espiritual

Dave Earley

Entendí que el evangelismo incluía la guerra espiritual, pero no estoy seguro cuán profundamente lo creía. Un día todo eso cambió.

Cuando Cathy, un grupo de jóvenes adultos y yo nos mudamos a Columbus, Ohio, para plantar una nueva iglesia, comenzamos con doce personas y la vimos crecer en pocos años hasta alcanzar varios cientos que nos reuníamos cada domingo para adorar. Lo mejor de todo era que estábamos alcanzando a los inconversos con el evangelio de Jesucristo. Todo iba muy bien. Entonces algo sucedió.

Un martes por la mañana desperté con un fuerte dolor, agudo y punzante. Me levanté de la cama me miré el brazo. Cada área de dolor estaba marcada con unas ronchas enrojecidas. Mis piernas y espalda estaban peor con las mismas ronchas ardientes por todas partes.

Fui a ver a mi médico, que se quedó atónito.

«¡Veintidós!» exclamó el médico moviendo la cabeza. «Veintidós forúnculos».

«Solo he tenido uno en toda mi vida», le expliqué. «¿Cómo puedo tener 22 al mismo tiempo?»

Procedió a interrogarme sobre los lugares que había visitado recientemente, todo lo que había hecho y comido. Suspiró, movió la cabeza. No me gusta cuando los médicos mueven la cabeza.

«Nunca había visto algo como esto... tantos forúnculos brotando tan aprisa», murmuró. «Nunca he leído de nada como esto... excepto en el libro de Job». Brilló una luz de comprensión en sus ojos. «Esta es una conjetura arriesgada, pero vale la pena plantearla. ¿Qué estás predicando los domingos?» (mi médico es creyente).

«Sobre la guerra espiritual», le contesté. «Estoy predicando sobre el diablo y los demonios».

«¡Eso es!», exclamó. «Esto solo puede ser guerra espiritual».

Entonces dijo algo que yo no quería escuchar. «Si los forúnculos no han desaparecido para el viernes, tendré que usar el bisturí y extirparlos».

La aparición de los forúnculos y la visita al médico ocurrieron un martes. Me fui a casa y le conté a Cathy lo que el médico me había dicho. Ella llamó a varios de nuestros guerreros de oración y les pidió que oraran por un milagro.

El viernes por la mañana estaba de vuelta en el consultorio. «Se fueron», murmuró moviendo la cabeza. «Todos desaparecieron. Nunca había visto nada igual. Los forúnculos no vienen y se van tan rápido. Los creyentes de tu iglesia deben haber orado poderosamente a tu favor».

En los primeros años de haber iniciado nuestra iglesia, ignoraba las artimañas del enemigo, y él se aprovechó de eso. Cada sábado por la tarde me sentía desdichado en mi casa, especialmente si esperábamos a una multitud de inconversos el domingo por la mañana. Los niños estaban sanos toda la semana, pero se despertaban vomitando el sábado en la noche. O se portaban bien toda la semana, pero el sábado por la noche se rebelaban. O Cathy y yo nos llevábamos muy bien toda la semana pero discutíamos por alguna cosa insignificante el sábado en la noche. Además, casi cada sábado sonaba el teléfono alrededor de las 12:30 de la noche, justo después de haber conciliado el sueño y se trataba de un número equivocado o algún borracho.

Años más tarde, comencé a ver un patrón. Soy un poco lento. Después del incidente de los forúnculos tragué mi orgullo, y ese domingo por la noche le expliqué a la iglesia lo que estaba pasando. Luego les pedí que oraran por mí, especialmente los sábados a la noche.

El siguiente sábado por la noche el cielo estaba en mi casa. Los niños estaban felices y sanos. Cathy y yo nos llevamos de maravilla. El teléfono no sonó. Dormí como un bebé. Ese domingo prediqué mejor que nunca. Los inconversos le dieron su vida a Cristo.

El evangelismo eficaz es una batalla espiritual.

Fuimos el campo de batalla

Puesto que Dios es un ser eterno infinito, omnipotente y omnisciente, es el enemigo más formidable que se pueda imaginar. Es un guerrero invencible. Sin embargo, ha decidido «limitarse» en esta batalla. Como Él ama a las personas y son su debilidad, la única manera de agredir a Dios es atacarlas. Satanás lo sabe y por esto las ataca. Entonces, cuando se trata de guerra espiritual, nosotros somos el campo de batalla.

La guerra espiritual comienza cuando llegamos a este mundo. Todos tenemos un enemigo cuyo objetivo es apartarnos de Dios. Respecto al plan de Satanás, Pablo escribió: «El dios de este mundo ha cegado la mente de estos incrédulos, para que no vean la luz del glorioso evangelio de Cristo, el cual es la imagen de Dios» (2 Cor. 4:4, NVI).

¿Por qué no me lo dijiste antes?

Cuando estaba en la escuela secundaria le di mi vida a Dios y de manera natural se lo conté a mis amigos. Uno de ellos se crió en un hogar donde su madre era católica y su padre, judío. Ambos prefirieron no darle formación religiosa. Durante mi último par de años en la secundaria, le presenté el evangelio más de una docena de veces, pero no respondió.

Después fuimos a universidades diferentes. Nos encontramos cuando volvimos a casa durante las vacaciones de Navidad después de nuestro primer semestre.

«Quiero contarte» expresó con una gran sonrisa «que los chicos del dormitorio de enfrente son cristianos nacidos de nuevo como tú. Hace unas semanas me hablaron de Jesús, y nací de nuevo».

«¡Genial!» Exclamé. «Bienvenido a la familia».

«Pero hay algo que me molesta», continuó. «¿Puedo hacerte una pregunta?»

«Claro», le dije. «¿Cuál?»

«¿Cómo es que nunca me dijiste cómo ser salvo?»

«¿Qué?» le respondí. «Tienes que estar bromeando. Te presenté el evangelio docenas de veces».

«¿En serio?» me preguntó. «No recuerdo haberlo oído».

¿Qué había pasado? El enemigo evitó que mi amigo oyera. Cegó sus «ojos espirituales» para que no «viera» el evangelio y bloqueó sus «oídos espirituales» para que no lo oyera. El evangelismo eficaz es una batalla espiritual.

Somos el campo de batalla

Si piensas que cuando una persona le da su vida a Jesús la batalla ha terminado, te equivocas. En cierto modo, se intensifica. Una vez que la persona es salva, el enemigo trabaja contra ella para impedir que les diga a los demás cómo ser libres. La guerra continúa.

Por ejemplo, el apóstol Pablo tenía la esperanza de visitar a los tesalonicenses para ayudarlos a que continuaran madurando en el Señor en el ministerio y la misión. No obstante, el enemigo lo atacó. «Por lo cual quisimos ir a vosotros, yo Pablo ciertamente una y otra vez; pero Satanás nos estorbó» (1 Tes. 2:18).

En Efesios 6, Pablo dio la explicación más detallada de la guerra espiritual que se encuentra en la Biblia:

> «Por lo demás, hermanos míos, fortaleceos en el Señor, y en el poder de su

> fuerza. Vestíos de toda la armadura de Dios, para que podáis estar firmes contra las asechanzas del diablo. Porque no tenemos lucha contra sangre y carne, sino contra principados, contra potestades, contra los gobernadores de las tinieblas de este siglo, contra huestes espirituales de maldad en las regiones celestes. Por tanto, tomad toda la armadura de Dios, para que podáis resistir en el día malo, y habiendo acabado todo, estar firmes» (Ef. 6:10-13).

En este pasaje Pablo señala que la naturaleza de la guerra no es principalmente física, política, financiera, legal o educativa. Es espiritual.

También afirma que la guerra es aquí y ahora. No tiene que ver con alguien que vive más lejos o algo que ocurrió hace mucho tiempo. Nos incluye a nosotros hoy. Es *nuestra* lucha.

Además, en el capítulo 6, Pablo indica que el propósito de la guerra es hacer que la proclamación del evangelio avance o se detenga (vv. 19-20). Si Pablo no hubiera dado su vida para llevar el evangelio a los que estaban lejos de Dios, el enemigo no habría tenido ninguna razón para atacarlo.

Observamos, además, que se trata de una batalla de vida o muerte. En el idioma original, la palabra «lucha» del v. 12 denota «combate a muerte cuerpo a cuerpo». Pablo escribió esta carta desde la prisión donde estaba a causa de esta guerra (ver Ef. 6:20). Finalmente, ¡fue ejecutado a consecuencia de ella!

El diablo te odia

El diablo es un ángel caído que vive para exaltarse a sí mismo en oposición a Dios. Lo resiste al hacer todo lo posible para mantener a la gente fuera del reino de Dios y hace que los cristianos sean ineficaces. (Isa. 14:12-17; Ezeq. 28:11-19; Apoc. 12:4,9; Mat. 25:41; Ef. 6:12; Mar. 3:22; Juan 14:30; 16:12; Ef. 2:2; 2 Cor. 4:4; Apoc. 20:10).

Las maquinaciones del diablo

En Ef. 6:11 Pablo se refiere a «las asechanzas del diablo». Satanás utiliza varias estrategias para hacer que los cristianos sean ineficaces cuando evangelizan. En 2 Cor. 2:11 Pablo declara que podemos evitar que el enemigo gane ventaja sobre nosotros, si no ignoramos sus maquinaciones. ¿Cuáles son estas?

1. Denuncia/acusación/condenación (1 Ped. 5:8; Zac. 3:1; Apoc. 12:10; Job 1:9-11)

Satanás nos condena continuamente. Cuando nos disponemos a evangelizar, murmura en nuestros oídos acusaciones como estas:

- No puedes hacerlo.
- Nadie te escuchará.
- No sabes lo que estás diciendo.
- Dios no te usará.
- No eres suficientemente bueno para anunciar el evangelio.

2. Corrupción (1 Tes. 3:5; Mat. 4:1-11; Gén. 3:1-6)

Satanás es el tentador originario. Se esfuerza para tentarnos a pecar para que nos sintamos tan culpables que no anunciemos el evangelio a los demás.

3. Engaño (Juan 8:44)

El enemigo nos mentirá constantemente para esclavizarnos e inutilizarnos para proclamar el evangelio. Cuando se trata del evangelismo, nos dice las siguientes mentiras:

- Estas personas no necesitan a Dios.
- ¿Para qué les anuncio el evangelio? No habrá cambios.
- No es tu trabajo ganar al mundo para Cristo.
- Hay bastante tiempo para evangelizar después.
- Si les hablas de Jesús, nunca te volverán a hablar.
- La gente pensará que eres un fanático religioso.

4. Distracción (Mar. 8:31-33)

El enemigo se siente satisfecho con que hagamos cualquier cosa, menos evangelizar. De manera persistente intentará que nos enfoquemos en lo que no es eterno.

La derrota del diablo

Jesús es victorioso

La guerra es real, pero así también lo es la victoria en Cristo. Pablo escribe que los seguidores de Jesús son súper victoriosos en Cristo: «Antes, en todas estas cosas somos más que vencedores por medio de aquel que nos amó. Por lo cual estoy seguro de que ni la muerte, ni la vida, ni ángeles, ni principados, ni potestades, ni lo presente, ni lo por venir, ni lo alto, ni lo profundo, ni ninguna otra cosa creada nos podrá separar del amor de Dios, que es en Cristo Jesús Señor nuestro» (Rom. 8:37-39).

La oración es poderosa

El apóstol Pedro era un poderoso evangelista. Tres mil personas fueron salvas como resultado de su primer sermón (Hechos 2). Personalmente entendió la batalla espiritual que acompaña al evangelismo agresivo. A menudo fue arrestado (Hechos 4) y encarcelado (Hechos 5,12). Vio a la iglesia de Jerusalén esparcida por todo el mundo mediante la persecución (1 Ped. 1:1).

Habría sido fácil que el enemigo lo intimidara y lo devorara con ansiedad. Pero Pedro entendió que la batalla espiritual se pelea de rodillas (Hech. 1:12-14; 3:1; 6:4). Fue testigo de su liberación como resultado de una reunión de oración (Hech. 12:1-12). Al final de la carta que escribe al rebaño disperso, Pedro les dio una clave poderosa para triunfar contra los ataques del adversario: la oración. « Humillaos, pues, bajo la poderosa mano de Dios, para que él os exalte cuando fuere tiempo; echando toda vuestra ansiedad sobre él, porque él tiene cuidado de vosotros. Sed sobrios, y velad; porque vuestro adversario el diablo, como león rugiente, anda alrededor buscando a quien devorar» (1 Ped. 5:6-8).

La palabra de Dios nos da poder para vencer

El apóstol Juan era un guerrero de primera línea en la guerra espiritual. Vio a su hermano ser martirizado por la fe (Hech. 12:1-2). Cuando el apóstol escribió sus cartas, estaba exiliado en una isla abandonada. Comprendió profundamente el poder de la palabra de Dios para derrotar al enemigo. «Os he escrito a vosotros, padres, porque habéis conocido al que es desde el principio. Os he escrito a vosotros, jóvenes, porque sois fuertes, y la palabra de Dios permanece en vosotros, y habéis vencido al maligno» (1 Jn. 2:14).

¡Hoy podemos ganar la guerra!

Hace varios años, un miércoles por la noche, acababa de llegar a una pequeña reunión de oración cuando sonó el teléfono. Era el pastor Vik del Columbus Baptist Temple en Columbus: «Siento molestarlo, pero tenemos un problema y pensamos que podría ayudarnos».

«¿Cuál es el problema?»

«Es la madre de una señora que es miembro de nuestra iglesia. Está en el Doctor's Hospital North».

«¿Qué le pasa?»

«Bueno», hizo una pausa, «creo que está poseída por el diablo».

«¿Cómo lo sabe?»

«Escucha voces y, sí, otras cosas».

«¿Qué otras cosas?»

«¿Puede ayudarnos?»

«Lo voy a intentar».

«Bien. Estamos cerca en la misma calle, lo recogeré en un minuto».

Estuvimos cerca de una hora con la señora. Tratamos de presentarle el evangelio, pero no hubo respuesta. Finalmente señalé: «Vamos a intentar algo». La miré y dije: «Repita conmigo: Jesús es el Señor y estoy lavada en la sangre de Jesús».

Funcionó. El rostro de esa dulce abuelita cambió por completo. Entonces se le curvaron los labios y me gruñó. Insistí, «repita después de mí: la sangre de Jesús me limpia de toda injusticia».

Ella gruñó.

La siguiente media hora estuvimos hablando con un demonio con voz de hombre que hablaba a través de ella. No pude hacer que el demonio saliera ni que ella se allegara a Dios.

Finalmente estábamos exhaustos y el personal del hospital estaba inquieto.

Iba a terminar nuestro tiempo de oración. Levanté mi mano frente a mí sosteniendo la Biblia. Inmediatamente ella se tensó, y se oyó la voz del demonio, «Saca ese cuchillo de aquí».

Me detuve, vi alrededor y pregunté: «¿Cuál cuchillo?»

«El que traes en tu mano. Hay cuchillos en todo este cuarto».

«No hay cuchillos aquí. ¿Cuántos cuchillos ves?»

«Cuatro...no... cinco cuchillos. Sácalos de aquí».

Entonces me di cuenta. Miré a mi alrededor. El pastor Vik tenía una Biblia, el pastor asociado traía otra, la hija de la mujer sostenía una en sus manos, el yerno de la mujer y yo también teníamos una Biblia: cinco Biblias. De inmediato pensé en Ef. 6:17 donde se nos manda «Tomad [...] la espada del Espíritu, que es la palabra de Dios». El demonio en la mujer vio nuestras Biblias como cuchillos que lo amenazaban.

Sin lugar a dudas

Si alguna vez dudé del poder de la palabra de Dios o que la Biblia es la palabra de Dios, nunca más dudé desde ese momento. Aquella mujer sentada en la cama del hospital que gritaba con voz de hombre: «Saquen esos cuchillos de aquí» ¡era ciega! Era humanamente imposible que ella supiera que yo tenía una Biblia en la mano y que había cinco Biblias en esa habitación.

Si alguna vez dudé de la realidad de los demonios y la importancia de la guerra espiritual, jamás dudé desde entonces. ¡El evangelismo eficaz es guerra espiritual!

El resto de la historia

Más tarde, esa noche, la hija de la mujer se sintió impulsada por Dios para intentar una vez más ganar a su madre para Cristo. Mientras hablaba, el Señor hizo la obra y la mujer abandonó la mentira que el enemigo estaba usando para mantenerla cautiva, ¡y fue salva! El demonio salió. La mujer ya no deliró más y desapareció la tendencia suicida. El médico la dio de alta al día siguiente. Ese domingo asistió a la iglesia del pastor Vik con su hija y su yerno. Nunca dejó de asistir un domingo hasta que partió al cielo, hace unos años.

Evangelismo es...

1. Guerra espiritual.
2. Una batalla que a menudo se libra de rodillas.

Versículo clave

«Porque no tenemos lucha contra sangre y carne, sino contra principados, contra potestades, contra los gobernadores de las tinieblas de este siglo, contra huestes espirituales de maldad en las regiones celestes» (Ef. 6:12).

Citas interesantes

Tres verdades eternas: las cosas no son lo que parecen, el mundo está en guerra y cada uno de nosotros tiene un papel crucial que desempeñar [...]. La historia de tu vida es la historia de un ataque largo y brutal a tu corazón por el que sabe lo que podrías ser y lo teme.

—JOHN ELDREDGE[1]

Oro para que cuando yo muera, todo el infierno se regocije de que ya no estoy en la batalla.

—C. T. STUDD[2]

Somos pacifistas espirituales, no militantes, objetores de conciencia en esta batalla hasta la muerte contra principados y potestades en las regiones celestes [...]. Somos meros espectadores examinando y criticando a los verdaderos luchadores mientras nos sentamos complacidos sin atrevernos a desafiar a los enemigos de Dios. El mundo no puede aborrecernos, porque nos parecemos demasiado a él. ¡Oh, que Dios nos hiciera peligrosos!

—JIM ELLIOT[3]

Notas

1. J. Eldredge, *Waking the Dead: The Glory of a Heart Fully Alive* [Despertar al muerto: La gloria de un Dios plenamente vivo] (Nashville, TN: Thomas Nelson Publishers, 2003); y con Stasi Eldredge, *Captivating* (Nashville, TN: Thomas Nelson Publishers, 2005), 115.

2. C. T. Studd, citado en Norman P. Grubb, C. T. Studd: *Cricketeer and Pioneer* [Jugador de cricket y pionero] (Fort Washington, PA: Christian Literature Crusade, 1985), 13.

3. J. Elliot, misionero martirizado a la edad de 21 años. Tomado de su diario, noviembre 28 de 1948. Ver http://www.seel.us/christian/*Quotes-from-Jim-Eliot*.htm; publicado originalmente por Elisabeth Elliot, *Shadow of the Almighty: The Life and Testament of Jim Elliot* (Grand Rapids, MI: Hendrickson Publishers, 2008).

20

Evangelismo es. . .

Orar para que los pródigos regresen

Dave Earley

Es posible orar para que nuestros pródigos amados regresen a Dios. Déjame que te cuente nuestra historia.

Mi hermana Carol se enamoró de un joven llamado Don. Ella le preguntó a nuestro pastor si podían casarse en nuestra iglesia, pero él se negó, porque creía que unir a Carol, una bautista, con Don, un católico, crearía una unión desigual (1 Cor. 6:14). Esto amargó a Carol, y dejó la iglesia.

Años después, el mismo pastor casó a su hijo, un bautista, con una chica católica en nuestra iglesia. Esto hizo que mi mamá se amargara, y se convirtió en una persona que apenas parecía tolerar a Dios. Asistía a la iglesia solo los domingos por la mañana, se sentaba en la parte de atrás, llegaba tarde y se iba temprano. No recuerdo haberla visto leer la Biblia durante aquel tiempo. Nunca la oí orar, ni hablar de las cosas espirituales. Cuando le dije que pensaba que Dios me estaba llamando a ser pastor, su respuesta fue: «Oh, no. Eso no».

Preocupado por las dos, las puse en mi lista de oración diaria. Después de más de tres años de interceder ante Dios por mi madre, algo sucedió. Mi esposa Cathy y yo nos reunimos con mis padres en un restaurante. Mi madre entró con un nuevo rostro. Una sonrisa brillante y jovial había dejado atrás su expresión dura y nublada. Durante la comida me sorprendió escuchar a mi súper silenciosa madre hablar con la mesera de su relación con Cristo. Al caminar por el estacionamiento, me asombró verla poner folletos evangelísticos en los parabrisas de los automóviles. ¡Se había convertido en una fanática espiritual!

«Mamá», le pregunté: «¿Qué es lo que te pasó?»

Nos contó que fue invitada a un pequeño grupo de estudio bíblico de mujeres. Allí aprendió a dejar de lado el rencor y entregarle todo a Dios. También aprendió a orar por mi hermana. Cuando mi madre regresó a Dios, mi padre intensificó su relación con el Señor. Pronto todos estábamos orando regularmente por Carol.

Las cosas empeoraron

¿Has orado alguna vez por algo o alguien y las cosas se pusieron peor en vez de mejorar? Eso es lo que pasó con mi hermana. Habíamos orado por ella constantemente por casi una década cuando un día, de repente, Carol convocó a una reunión familiar. Ella y Don se sentaron en un lado de la mesa: Mamá, papá, Cathy y yo nos sentamos en el otro.

«De ahora en adelante» afirmó Carol, «no quiero que me consideren parte de esta familia».

Nos quedamos perplejos al oír a mi hermana decirnos que nos repudiaba como su familia.

En seguida, ella y Don se levantaron y se fueron. Poco después, Carol dejó a Don y se mudó a otro estado.

Puede ser que tú seas más espiritual que yo, pero tengo que admitir que dejé de orar por ella porque parecía que no funcionaba. Afortunadamente, mis padres no se dieron por vencidos. Todos los días mencionaban el nombre de Carol ante Dios en oración.

No llegamos a ver ni saber nada de ella por años. Un día, Luke, mi hijo menor, estaba mirando un viejo álbum familiar de fotos. Señaló la fotografía de una mujer y preguntó: «Papá, ¿quién es esta señora que está contigo y con mamá?

Era Carol. Nunca la había visto.

Una sorpresa de Navidad

Un día de diciembre, me levanté a dirigir uno de los varios cultos de vísperas de Navidad en nuestra iglesia, miré a la concurrencia, y me impactó lo que vi. A la mitad del pasillo central estaban sentados Carol, Don y sus dos hijas. Después del servicio hablamos con ellos y nos sorprendió saber que vivían juntos nuevamente hacía poco y se habían mudado de un pueblo situado a unos 110 km (75 millas), a otro que estaba a solo 15 minutos.

Carol comenzó a asistir a algunos de nuestros eventos familiares e incluso venía a nuestra iglesia una vez al mes. Un sábado, mientras observaba a mis hijos en un evento deportivo, ella me sorprendió una vez más.

«Creo que me uniría a tu iglesia», ella declaró, «a excepción de tres cosas». Una vez que recobré la compostura, le pregunté: «¿Cuáles tres cosas?»

«Me parece que el aborto está bien, que no hay nada malo en la homosexualidad y me repugna Jerry Falwell».

Me reí de su tercera excusa, pero pude ver que hablaba en serio. «Bien», comencé, «has estado en nuestra iglesia el tiempo suficiente como para saber que el tema central es Jesucristo. Nuestra atención está enfocada en la relación con Jesús, no en el aborto, la homosexualidad ni en Jerry Falwell. Creemos que una vez que tengas una relación verdadera con Él, podrás leer tu Biblia y ver lo que piensa sobre el aborto, la homosexualidad o Jeery Falwell».

Eso pareció satisfacerla, y empezó a venir a la iglesia cada domingo por la mañana.

Es bueno estar en casa

Unos pocos meses después, un domingo por la tarde, subí a la plataforma para dirigir una celebración de la Cena del Señor. Cuando miré a la audiencia, me sorprendió ver a mi hermana sentada a la mitad del pasillo central. Pasamos un tiempo increíble con el Señor esa noche mientras considerábamos su muerte, sepultura y resurrección por nuestros pecados. Esa noche le confesamos los nuestros y alabamos su nombre.

Después del culto, me encaminé por el pasillo para entrar al vestíbulo y saludar a los creyentes. Cuando me acerqué a Carol, me sujetó y abrazó fuertemente. Noté lágrimas en su rostro cuando se inclinó para susurrar a mi oído. Nunca olvidaré lo que dijo: «Es bueno estar en casa». Añadió: «Han pasado 30 años desde que celebré la Cena del Señor y es tan bueno estar finalmente en casa».

Como la madre, así la hija

Unos pocos años después mi madre partió al cielo. En los últimos años de su vida se había convertido en una poderosa guerrera de oración. Medía casi 1,50 m (cinco pies), pesaba un poco menos de 45 kg (100 libras) y oraba con una fe sencilla y directa que conseguía resultados sorprendentes. Ahora se ha ido. Recuerdo lamentar que mi mejor compañera de oración ya no estaba con nosotros y me preguntaba quién ocuparía su lugar.

Una semana más tarde, tuvimos una reunión familiar en la casa de mi hermana. Tal como mi mamá acostumbraba, Carol hizo que nos tomáramos de las manos y nos llevó en oración. Era extrañamente familiar. Oraba con fe simple y directa, exactamente como solía hacer mi mamá.

Además, Carol, por su cuenta, se ha convertido en una bola de fuego espiritual. Ha recorrido el mundo en viajes de misión. Pasó de estar en un pequeño grupo de estudio bíblico a dirigir a uno que adiestra ahora a 15 mujeres que dirigen estudios bíblicos. Me encanta contar su historia. Me recuerda que es posible orar para que nuestros amados pródigos regresen.

El resto de la historia

Un viernes por la noche, hablaba a la iglesia y concluí el mensaje contándoles cómo la oración había regresado a Dios a mi mamá y a Carol. Cuando di una oportunidad para que la gente viniera y orara por sus pródigos amados, muchos respondieron. Una pareja en particular me llamó la atención porque se veían desolados cuando pasaron llorando al altar de oración.

Después del servicio ellos me abordaron y me contaron de Ashley, su hija de 19 años. Había huido de la casa hacía seis semanas y no sabían dónde estaba. Hicimos una oración especial a Dios para que le tocara el corazón y regresara a casa. Miré mi reloj y oré: «Señor, no sabemos dónde está, pero tú sí. En este momento son las 8:33 p.m., te pedimos que le hables al corazón. Dale hambre por su casa. Hazla entrar en razón y vuélvela a ti».

Me dieron las gracias y me dijeron que no podrían regresar la siguiente noche porque tenían ya un compromiso, pero que estarían de vuelta el próximo domingo. Me olvidé de esto, pero Dios no.

La noche siguiente, mientras estaba hablando, me di cuenta de una joven que no había visto la noche anterior. No pensé más en ello. Después del servicio me encontraba en el vestíbulo, y esa joven corrió hacia mí y me abrazó.

Sorprendido por su atrevimiento, le pregunté «¿Quién eres?»

«Soy Ashley», contestó. «La noche anterior, a las 8:33 p.m. tuve un deseo abrumador de ir a mi casa. Regresé con mis padres y me volví a Dios».

No te rindas

La intercesión persistente basada en la fe produce resultados. Nadie simboliza esto mejor que George Muller. Estaba predicando en 1884 y testificó que 40 años antes, en 1844, tenía cinco personas en el corazón, y comenzó a interceder por ellos para que vinieran a Cristo.

Pasaron 18 meses antes de que uno de ellos se convirtiera. Oró cinco años más, y se convirtió otro de ellos. Siguió orando.

Después de más de doce años, se convirtió el tercero.

Durante el mensaje de 1884, Muller declaró que continuaba orando por los otros dos sin faltar un solo día, pero aún no se convertían. Pero se sintió alentado de que la respuesta llegaría.[1] Muller, en efecto, dijo: «Aún no se convierten, pero lo harán».[2]

A su muerte, ocurrida doce años más tarde, después de interceder por ellos diariamente por 52 años, aun no se habían convertido. ¡Pero uno de ellos vino a Cristo en el funeral y el otro un poco más adelante![3] La intercesión persistente y resistente marca la diferencia. Es posible orar para que los pródigos regresen a Dios.

Otro pródigo regresa

Una de las más grandes historias jamás contada es el relato de Jesús sobre el hijo pródigo. Conoces la historia del joven que pidió su herencia prematuramente, y una vez que la tuvo, se fue y la dilapidó en una vida desenfrenada. (la palabra *pródigo* viene del término «derrochar») Al final, entró en razón y regresó a la casa de su padre. Esta historia describe el vacío que se produce cuando se huye de Dios. Nos presenta al descarriado que vuelve a Dios.

Me gusta especialmente la declaración que hizo Jesús que revela el grandioso amor del padre cuando observaba, esperaba y estaba dispuesto a que el hijo prodigo regresara a casa. «Todavía estaba lejos cuando su padre lo vio y se compadeció de él; salió corriendo a su encuentro, lo abrazó y lo besó» (Luc. 15:20, NVI).

Los pródigos regresan a casa en respuesta a la oración. Tal vez tienes seres queridos que se han extraviado lejos de casa. Lucas 15 ofrece una buena guía para orar por ellos.

Señor, por favor:

- Llévalos a un lugar de hambre y necesidad (15:14).
- Crea en ellos hambre santa y nostalgia por el hogar perdido (15:16-17)
- Haz que vuelvan en sí (15:17).
- Tráelos a casa (15:18).
- Dales el don del arrepentimiento (15:18-21).
- Concédenos la gracia para darles la bienvenida (15:20)

Más pródigos regresan

Cuando era alumno del último año en la Liberty University, estaba a cargo del dormitorio 8. Tuve un increíble grupo de líderes de oración. Teníamos una reunión de oración nocturna para chicos de nuestra ala que no estaban caminando con Dios.

En aquellos días la regla era que todos debíamos estar en el dormitorio a las 11:15 p.m. Tenía que revisar las habitaciones. Un grupo de chicos se reunía para orar mientras yo hablaba con el resto de los estudiantes sobre caminar con Dios. Los que estaban en la habitación 22 rechazaban a Dios y, consecuentemente, a mí.

Un sábado por la noche todos estaban en sus habitaciones debido a una suma de infracciones académicas. Fui a revisar las habitaciones, y no me dejaban entrar. En aquellos días a los estudiantes solo se les permitía poner música cristiana en las habitaciones. Pero los chicos del cuarto 22 estaban tocando a todo volumen una especie *heavy-metal* vulgar. Finalmente me dejaron entrar, y conversamos. Todo el tiempo estuve hablando con dos de ellos. Pensé que el tercero estaba dormido. Mientras tanto, en la reunión de oración los líderes oraban intensamente.

No puedo recordar lo que dije, pero la presencia de Dios descendió a la habitación aquella noche. Lo que tengo presente es que el chico que pensé que dormía se deslizó fuera de la cama, se arrodilló y dijo: «Yo no sé ustedes, pero estoy cansado de vivir así. Quiero estar bien con Dios». Entonces me agarró y me acercó a él.

En seguida los otros dos chicos se sumaron, y los pecadores dejaron atrás su estilo de vida esa noche. Cuando terminamos, empezaron a entregarme drogas, cintas de música vulgar y libros obscenos. La última vez que supe de ellos, los tres se habían dedicado al pastorado.

Otra guía para orar por los perdidos y los descarriados

A veces me resulta útil contar con un bosquejo que me guíe cuando oro por los demás. A continuación hay un esquema sugerido para orar por los que necesitan a Cristo.

1. Señor, derrama Tu Espíritu sobre (el nombre de la persona) y
2. Redargúyelo de su pecado, falta de justicia y juicio merecido (Juan 16:8).
3. Ábrele el corazón (Hech. 16:14).
4. Revélale quién eres y lo que Cristo ha hecho por él/ella.
5. Abre los ojos de su entendimiento (Ef. 1:18) y quita su ceguera espiritual (2 Cor. 4:4). ¡Hágase la luz!
6. Llévalo/la hacia ti de una manera poderosa (Juan 6:44).
7. Aparta a Satanás de ella/él. No permitas que Satanás le arrebate tu palabra del corazón (Mat. 12:19).
8. Rodéalo/la con tu gracia.
9. Concédele el don del arrepentimiento (2 Tim. 2:24-26).
10. Ayúdame a estar dispuesto y deseoso para ser el medio por el que tú la/lo salves y libertes. Señor muéstrame cómo llevarlo/la a Cristo.
11. Envíale personas para que les den testimonio de Cristo.[4]

Evangelismo es...

1. Orar para que los pródigos regresen a Dios.
2. Seguir orando aún cuando las cosas se pongan peor.
3. Orar confiando en que Dios está obrando incluso cuando oramos.

Versículo clave

«Hermanos míos, si alguno de ustedes se extravía de la verdad, y otro lo hace volver a ella, recuerden que quien hace volver a un pecador de su extravío, lo salvará de la muerte y cubrirá muchísimos pecados» (Sant. 5:19-20, NVI).

Cita interesante

Es posible mover a los hombres mediante Dios, con la sola oración.

—HUDSON TAYLOR[5]

Notas

1. D. L. Moody, *Prevailing Prayer* [Oración que prevalece] (Chicago, IL: Moody Press, 1987), 100–101.
2. B. Miller, George Muller: *Man of Faith and Miracles* [Hombre de fe y milagros] (Minneapolis, MN: Beth- any House, 1943), 146.
3. Ibid., 146.
4. Adaptado de G. Frizzell, *How to Develop a Powerful Prayer* [Cómo desarrollar una oración poderosa] Life (Memphis, TN: Master Design Ministries, 1999), 83.
5. H. Taylor citado por J. O. Sanders, *Spiritual Leadership* [Liderazgo poderoso] (Chicago, IL: Moody, 1974), 82.

21

Evangelismo es. . .

Ser uno mismo

Dave Earley

David es un evangelista agresivo. Ama a la gente y está decidido a anunciar el evangelio y ver que nadie vaya al infierno. No se anda por las ramas y va al fondo de un tema o argumento.

Ingrid es amante de la diversión, comunicativa, persuasiva y energética. Pareciera que nadie es extraño para ella y no tiene problema para anunciar el evangelio a la gente desconocida. La semana pasada, en el centro comercial, llevó a Cristo a dos mujeres que nunca había visto.

Steve es un siervo. La gente dice que es capaz de darte lo que lleva puesto. Dedica todos los sábados por la mañana a cortar el pasto de los ancianos de su vecindario. Con el tiempo, les preguntará si puede orar por ellos. Un mes o dos más adelante, les presentará el evangelio. Después de meses de ocuparse con paciencia del jardín de una viuda, finalmente le anunciará el evangelio.

A Curt le gusta estudiar apologética, las sectas y las religiones del mundo. Es conocido porque entra en discusiones interesantes en la librería local y disfruta de testificar en Internet a los buscadores espirituales, agnósticos y ateos.

¿Cuál es mejor? ¿Cuál te gusta más?

Tienes personalidad

Cada persona es diferente. Dios ha dado a cada ser humano una personalidad única. De los cuatro creyentes mencionados anteriormente, siempre y cuando proclamen el evangelio como parte de su estilo de vida, todos están en lo correcto. Tienen personalidades diferentes y, como resultado, la manera en que predican el evangelio es ligeramente diferente, pero todos son evangelistas eficaces.

Los cristianos más eficaces en el evangelismo aprenden a evangelizar de acuerdo con su personalidad *y* la personalidad del oyente. La mala fama de la evangelización es creer que hay solo una manera correcta de hacerla. Eso no es verdad. La manera correcta de anunciar el evangelio es la que se adapta a tu personalidad y la de la persona que tratas de alcanzar.

Cuatro tipos comunes de personalidad

Tal vez la manera más usual de discutir y comprender las personalidades comunes es a través de la lente de los cuatro tipos de personalidad. Hasta donde sabemos, este método se remonta al siglo V a.C., a un hombre llamado Hipócrates.

Hipócrates era un médico de la antigua Grecia (aprox. 460-370 a.C.) conocido como el «padre de la medicina». Se lo reconoce como el autor del juramento hipocrático, un documento que versa sobre la ética de la práctica médica. Hipócrates creía que ciertas conductas humanas podían entenderse y relacionarse con los elementos clásicos (agua, aire, tierra y fuego). A estas conductas se las conoce como los cuatro temperamentos: sanguíneo, flemático, melancólico y colérico, respectivamente.

A medida que el tiempo pasaba, se elaboraron muchos otros paradigmas, los cuales no solo medían el temperamento, sino también diversos aspectos individuales de la personalidad y la conducta. Tal vez el más utilizado es el llamado DISC, que consiste en un modelo conductual de cuatro cuadrantes basado en el trabajo del Dr. William Moulton Marston (1893-1947), quien examinó la conducta de los individuos en su entorno o dentro de una situación específica.[1] DISC considera estilos y preferencias conductuales. D representa Dominante; I, Influyente; S, Estable y C, Concienzudo*. Las cuatro personas mencionadas al comienzo de este capítulo refieren la forma en que los cuatro tipos de personalidad evangelizarían. David es una D, Ingrid, una I, Steve una S y Court es una C.

* Nota: A la sigla DISC también se la conoce como: Colérico; Sanguíneo; Flemático; Melancólico.

¿Cuál es tu tipo de personalidad?

Examina las tablas a continuación. Pon una marca a las características que te definen mejor. Trata de elegir solo una por fila. Cuando termines, suma cada columna. ¿Eres más D, I, S o C?

D	I	S	C
Dominio	Influyente	Estable	Concienzudo
Agresivo	Comunicativo	Seguro	Cauteloso
Fuerza de voluntad	Emocional	Desapasionado	Perfeccionista
Control y poder	Personas y situaciones sociales	Paciencia y persistencia	Reglas y estructura
Firmeza	Comunicación	Consideración	Organización
Extrovertido	Extrovertido	Introvertido	Introvertido
Pablo	Pedro	Abraham	Moisés
León	Nutria	Labrador	Castor
Oso	Mono	Delfín	Búho
Intimidador	Pobre de mí	Distante	Interrogador
Salsa	Música swing	Vals	Tango
Total:	Total:	Total:	Total:

Pon una marca en cada característica que defina mejor tu personalidad.

D	I	S	C
Dominante	Expresivo	Firme	Analítico
Colérico	Sanguíneo	Flemático	Melancólico
Directo	Enérgico	Considerado	Sistemático
Poderoso	Popular	Pacífico	Perfeccionista
Emprendedor	Enérgico	Firme	Sistemático
Administrador	Activo	Afectuoso	Analítico
Líder	Elocuente	Confiable	Analista
Producción	Conexión	Status Quo	Armonía
Dominio	Influyente	Estable	Cauteloso/ Conforme

Sentido común	Dinámico	Innovador	Analítico
Total:	Total:	Total:	Total:

Por favor, pon una marca junto a la característica que a menudo te define mejor.

D	I	S	C
Impulsor	Expresivo	Afectuoso	Analítico
Tutor	Artesano	Filósofo	Científico
Motivado	Desordenado	Informal	Compulsivo
Controlador	Promotor	Defensor	Analista
Destreza	Sentido de comunidad	Generosidad	Independencia
Triunfador	Dependiente	Altruista	Autónomo
Poder	Significado	Virtud	Competencia
Aventurero	Colaborador	Pacificador	Persona de palabra
Triunfador	Romántico	Observador	Perfeccionista
Total:	Total:	Total:	Total:

Ahora suma los resultados de las tres tablas:

D	I	S	C
Tabla 1:	Tabla 1:	Tabla 1:	Tabla 1:
Tabla 2:	Tabla 2:	Tabla 2:	Tabla 2:
Tabla 3:	Tabla 3:	Tabla 3:	Tabla 3:
Total:	Total:	Total:	Total:

¿Qué columna es la más alta: D, I, S o C? ¿Cuál es mejor? ¿Cuál te gusta más? ¿Cómo te hizo Dios? ¿Cuál es tu tipo primario de personalidad? ¿Cómo tu tipo de personalidad afecta la manera en que te sientes más cómodo y eficaz cuando evangelizas?

Mi esposa Cathy está en la categoría I alta. Mi hijo menor, Luke, es sobre todo

C, mi segundo hijo, Andrew, es más bien S. Mi hijo mayor, Daniel, es primordialmente D. Yo soy DC. Todos amamos a Dios. Todos evangelizamos. Todos lo hacemos un poco diferente.

Tienes un don

Cuando naciste de nuevo, Dios, en la persona del Espíritu Santo, hizo su morada en tu vida. Uno de los muchos beneficios de tener al Espíritu Santo en tu vida es que hace posible que sirvas a Dios con mayor eficacia. No tienes por qué sentirte inadecuado, porque la Biblia promete que el Espíritu Santo te dará un poder dinámico para que seas su testigo y presentes el evangelio (Hech. 1:8). No solo te da poder para que seas un testigo en general, sino que también nos da a cada uno dones espirituales específicos mediante los cuales testificamos. La Biblia enseña claramente varias simples verdades sobre los dones espirituales.

1. Hay una variedad de dones espirituales (1 Cor. 12:4-6).
2. Cada creyente tiene por lo menos un don (1 Cor. 12:7)
3. Dios reparte los dones como quiere (1 Cor. 12:11).
4. Los dones deben evaluarse honestamente (Rom. 12:3).
5. Dios usa diferentes dones para diversificar su cuerpo (Rom. 12:4-5).
6. Los dones son para ser utilizados (Rom. 12:6-8).
7. Hay siete dones espirituales primordiales (Rom. 12:6-8).

- Profecía: proclamación verbal de la verdad
- Ministerio/servicio: habilidad para satisfacer activamente las necesidades de los demás
- Enseñanza: capacidad de clarificar y comunicar la verdad
- Exhortación: estímulo espiritual práctico y simple
- Dar: administrar las posesiones terrenales para satisfacer las necesidades
- Liderazgo: uso sabio de la autoridad o superintendencia; organización
- Misericordia: identificarse con los necesitados

Todo cristiano saludable debe participar regularmente en estas siete actividades. A veces, lo adecuado es servir o dar. En otra ocasión lo mejor es proclamar la verdad. Habrá veces en que lo apropiado es ofrecer aliento o identificarse con alguien que está sufriendo. Estos dones espirituales reflejan la manera en que Dios nos equipa para sentirnos más cómodos y ser eficaces para servir a la iglesia. Estos constituyen los puntos fuertes que Dios nos ha dado y también revelan como nos sentimos más confiados para tener el mayor impacto evangelístico. Permítanme explicar:

Mi amigo Pablo tiene el don de la profecía. Su manera preferida de evangelizar es hablarle audazmente a los extraños en las esquinas concurridas. Todos los viernes por la noche sale a la calle y trata de conversar con los inconversos para proclamar la verdad bíblica. Patti también tiene el don de la profecía y lo utiliza para debatir con los estudiantes ateos y musulmanes de la universidad estatal.

Sandy tiene el don de servir. Es extraordinaria preparando comida para los enfermos o para quienes tienen familiares en el hospital. Sam también tiene este don.

Tom es maestro. Trabaja apasionadamente para hacer que sus compañeros se sumen diariamente a un breve estudio bíblico durante el almuerzo. Tim también es maestro, pero se siente más cómodo dialogando con los buscadores espirituales en grupos de charla por Internet.

Elle es una motivadora. Tiene el don de animar a los perdidos para que vayan con ella a la iglesia. Ernie también es un motivador, pero su estilo es estimular a los inconversos para que den el siguiente paso y crucen la línea de la fe.

Grant es un exitoso hombre de negocios y un dador generoso. Él personalmente ha dado el dinero para construir dos orfanatos en África. Jacob y Ashley también tienen este don. Ahorran dinero cada semana y han creado un fondo para dar y evangelizar. Cada domingo buscan a las madres solteras que visitan la iglesia. Se ofrecen para convidarlas con un buen almuerzo, a ellas con sus hijos. Durante la comida, ellos disciernen la condición espiritual de las jóvenes señoras para presentarles el evangelio

Leah es una líder. Organizó por completo el ministerio para los niños de cinco años de su iglesia, de manera que los profesores y los ayudantes han alcanzado a todos los niños y a sus familias con el evangelio.

Marc es experto en mostrar misericordia. Sale todos los viernes por la noche a los refugios de indigentes de la ciudad. Alimenta a los hombres y les lleva mantas, abrigos y leña en el invierno. Como resultado, les ha presentado el evangelio a la mayoría de ellos y ha visto a varios venir a Cristo.

Todos estos creyentes evangelizan de diferentes maneras, según los dones espirituales que Dios les ha dado. Todos son activos evangelistas, y Dios ha bendecido sus esfuerzos.

¿Qué dones te ha dado Dios?

La manera de discernir cuáles dones te ha dado Dios es evaluar tu servicio pasado y presente para Cristo. Al leer estos ejemplos, ¿con cuáles notas una mayor afinidad? ¿Cuáles son tus fortalezas? ¿Dónde Dios ha bendecido de manera más evidente tus esfuerzos? ¿Qué tipo de servicio te atrae más?

Mira con cuidado la lista de dones primordiales dada en Romanos 12 y pon un círculo o dos en aquellos con los que más te identificas.

1. Profecía: proclamación verbal de la verdad

2. Ministerio/servicio: habilidad para satisfacer activamente las necesidades de los demás
3. Enseñanza: capacidad de clarificar y comunicar la verdad
4. Exhortación: estímulo espiritual práctico y simple
5. Dar: administrar las posesiones terrenales para satisfacer las necesidades
6. Liderazgo: uso sabio de la autoridad o superintendencia; organización
7. Misericordia: identificarse con los necesitados

Tienes un estilo particular

Hasta ahora hemos discutido sobre tipos de personalidad y dones espirituales. También está la cuestión del estilo. Al leer el NT, verás que los creyentes tenían estilos diferentes cuando llevaban a Cristo a los demás.

- Pedro era del tipo de persona directa y franca. Era audaz, impetuoso y predicó a una enorme multitud (ver Hechos 2).
- Andrés era una persona más bien reservada y tranquila que regularmente llevaba a los inconversos a Cristo (Juan 1:25-42; 6:5-9; 12:20-22).
- María, la amiga de Jesús, servía. Cocinaba y limpiaba (Luc. 10:38-40).
- Mateo conocía a mucha gente y organizaba grandes fiestas. Invitaba a comer a los pecadores con Jesús (Mat. 9:9-10).
- Pablo era un hombre instruido, extremadamente inteligente y un maestro excelente. Daba conferencias en salones de clases y sinagogas (Hech. 13:13-44; 14:1; 17:1-4,10,16-17; 18:4,19).
- El apóstol Juan tenía un gran corazón. En verdad amaba a la gente y repetidamente les hablaba del amor de Dios (1 Jn. 4:8-11,16,19).
- De Jacobo, el medio hermano de Jesús y pastor de la iglesia de Jerusalén, se decía que tenía «rodillas de camello» porque pasaba muchas horas orando de rodillas por los pecadores.[2]

¿Cuál estilo es el adecuado? El que tú usarás.

¡Hazlo!

Todo el mundo está llamado a evangelizar, pero demasiado a menudo, pensamos que tenemos que hacerlo de cierta manera o no lo haremos. Hay muchas maneras de proclamar el evangelio. La mejor es la que se ajusta a tu personalidad, dones y estilo. Si no estás seguro de cuál es la manera que se adapta más a ti, ¡pruébalas todas!

Repasa este capítulo y responde cada una de las siguientes cuatro preguntas:

1. ¿Cuál es tu tipo de personalidad primaria?

2. ¿Cuáles son tus dones principales?
3. ¿Cuál es tu estilo de ministerio favorito?
4. ¿Qué vas a hacer con él?

Evangelismo es...

1. Ser tú mismo cuando anuncias el evangelio.
2. Presentar el evangelio de la manera que se adapta mejor a tu personalidad y a la persona que tratas de alcanzar.
3. Proclamar el evangelio de acuerdo con tus dones espirituales.

Citas interesantes

¿Quieres ser un cristiano contagioso? Entonces, deja de pedir disculpas por la manera en que Dios te hizo. Deja de negar tu individualidad [...]. En alguna parte de tu comunidad es probable que haya una persona que está a un paso de llegar a la fe, pero que necesita encontrar a alguien como tú, con tu personalidad, temperamento, pasión e intereses.

—BILL HYBELLS Y MARK MITTELBERG[3]

Dios deliberadamente te moldeó y formó para que lo sirvieras de una manera que hace que tu ministerio sea único. [...] Dios jamás desperdicia nada. No te habría dado habilidades, intereses, talentos, dones, personalidad y experiencias de vida, a menos que se hubiera propuesto utilizarlos para su gloria.

—RICK WARREN[4]

Regocíjense en el temperamento que Dios les ha dado y úsenlo para sus propósitos.

—REBECCA MANLEY PIPPERT[5]

Notas

1. Ver W. M. Marston, *Emotions of Normal People* [Emociones de la gente normal] (New York: Harcourt, Brace, 1928).

2. R. Eisenman, James the Brother of Jesus: *The Key to Unlocking the Secrets of Early Christianity and the Dead Sea Scrolls* [La clave para descubrir los secretos del cristianismo primitivo y los rollos del Mar Muerto] (New York: Penguin, 1998), 4.

3. B. Hybels y M. Mittelberg, *Becoming a Contagious Christian* [Transformarse en un cristiano contagioso] (Grand Rap- ids, MI: Zondervan, 1994), 59.

4. R. Warren, The Purpose Driven Life [Vida con propósito] (Grand Rapids, MI: Zondervan, 2002), 235.

5. R. M. Pippert, *Out of the Salt Shaker and Into the World: Evangelism as a Way of Life* [Fuera del salero en el mundo] (Downers Grove, IL: IVP, 1979), 121–22.

22

Evangelismo es...

Un estilo de vida

Dave Earley

«Hola, Kim, ¿qué puedo hacer por ti?» preguntó Christie, sorprendida de recibir a altas horas de la noche una llamada telefónica de Kim, su compañera de trabajo.

«Sí», respondió Kim por el teléfono, «la respuesta es sí».

«Bien», dijo Christie, «pero ¿cuál es la pregunta?»

«Nos invitaste a Nick y a mí a participar de algo así como un estudio bíblico en tu casa los jueves por la noche» afirmó Kim. «Acabamos de tener otra discusión, y los dos queremos ir mañana por la noche. La Biblia parece tener las respuestas que hacen que tu matrimonio con James funcione, así que tal vez pueda ayudarnos».

Nick y Kim llevaban pocos años de casados y estaban batallando. Los dos tenían empleos de alta presión. Ninguno se había criado en la iglesia. Ambos estaban en su segundo matrimonio y no querían seguir peleando por las cuentas por pagar. Se amaban y necesitaban ayuda.

Afortunadamente, Kim y Christie trabajaban juntas. Christie vivía una auténtica vida cristiana y entendía que el evangelismo era un estilo de vida. Había forjado su cosmovisión sobre las enseñanzas de la Biblia y tenía un excelente testimonio. Christie también sabía cómo introducir, de manera casual, paciente y natural, temas sobre Jesús y la Biblia cuando conversaba con Kim a la hora del almuerzo. Se interesaba por ella y la oía pacientemente cuando le contaba sus luchas y alegrías. En ocasiones, como su cumpleaños y el aniversario de su segundo año de trabajo, organizaba verdaderas celebraciones. Después de seis meses de amistad y de un estilo de vida evangelizador, Kim por fin estaba preparada para comenzar a investigar seriamente el cristianismo.

Después de una discusión bastante acalorada con Nick, Kim se acercó a Christie en busca de ayuda. Kim se dio cuenta de que Christie y su esposo, James, tenían algo que ella y Nick necesitaban. Sabía que podía confiar en Christie y que en ella encontraría amor y aceptación sin ser juzgada.

Después de un par de meses de asistir al estudio bíblico semanal en la casa de Christie, Kim y Nick se sintieron parte del grupo. Sus defensas se derrumbaron. Los creyentes que asistían al estudio bíblico los trataron como amigos, no como paganos impuros. Para Kim y Nick las otras cuatro parejas eran jóvenes adultos normales, pero de alguna manera diferentes a la mayoría de la gente que conocían. A veces los esposos se juntaban los fines de semana para ver fútbol, y ellas se reunían para ir de compras. Kim y Nick observaban que los que asistían al estudio bíblico parecían ser auténticamente felices, pero definitivamente genuinos. Mostraban verdadero interés en Nick y Kim e incluso los ayudaron a mudarse cuando cambiaron de condominio. También notaron que las parejas del grupo basaban su filosofía de vida en la Biblia y se referían a Jesús, no solo como una persona real, sino también como un verdadero amigo.

Kim sabía que algo le faltaba a su vida, y desesperadamente quería y necesitaba lo que ellos tenían. Una noche, después del estudio bíblico, se quedó hasta tarde para hablar con Christie y se rindió a Cristo. El cambio de actitud fue tan notable que Nick quiso lo que ella tenía. Unas semanas más tarde, James comenzó a almorzar semanalmente con Nick. Pacientemente escuchó las preocupaciones de Nick y trató de responder sus preguntas. La quinta vez que almorzaron juntos, Nick se entregó a Cristo en un tranquilo cubículo en el rincón del restaurante.

De regreso al futuro

En las últimas décadas, Estados Unidos ha pasado de ser una nación mayoritariamente cristiana a una postcristiana. Una mayoría creciente de la población está secularizada. Según Jim Petersen, *secularizada* describe «a todos aquellos que no operan dentro de un marco religioso. La religión no es un aspecto vital de su existencia. La filosofía personal de vida no se basa en conceptos religiosos».[1] Y continúa: «Sienten que la religión ya no es una base válida para una filosofía personal. Son postreligiosos. Puede que tengan un conocimiento tradicional de la religión, pero no una vida religiosa personal».[2]

Nick y Kim eran personas secularizadas. Habían asistido pocas veces a la iglesia cuando eran niños, pero la religión no tenía lugar en su filosofía personal de vida. No les interesaba la iglesia y los habían desalentado las actitudes críticas de los pocos cristianos que habían conocido. Humanamente hablando, si Christie no se hubiera hecho amiga de Kim, tanto ella como su esposo todavía estarían lejos de Dios.

Durante décadas, los cristianos han contado con eventos tales como cruzadas, avivamientos y cultos en la iglesia para llevar a cabo su trabajo evangelizador y levantar la cosecha. Esta estrategia ya no es tan eficaz, especialmente en una cultura cada vez más postcristiana. Y no se equivoquen, Estados Unidos es una nación cada vez más postcristiana. El porcentaje de la población que asiste a la iglesia los domingos continúa en baja, pasando del 60%, después de la segunda guerra mundial, al 49% en 1991, y a poco más del 18% en nuestros días.[3] Esto significa que poco menos de 2 de cada 10 personas que ves en Walmart fueron a la iglesia el último domingo.

El profesor de seminario y consultor Aubrey Malphurs comenta cómo Estados Unidos está cambiando cuando escribe: «Lo que supuestamente era una cultura cristiana en torno a la iglesia, se ha convertido en una cultura postcristiana ya no más vinculada a la iglesia. En nuestra cultura, la gente no se opone a la iglesia; simplemente para ellos llegó a ser irrelevante».[4]

Si personas secularizadas como Kim y Nick encuentran a Cristo, es probable que se deba a los cristianos que ven la evangelización no simplemente como un evento, sino también como un proceso y un estilo de vida. Estarán dispuestos a arar, sembrar y regar con paciencia antes de intentar cosechar (1 Cor. 3:6). Estarán intencionalmente dispuestos a cultivar amistades con los que están lejos de Dios y vivir el cristianismo con el fin de dar una clara explicación del evangelio a partir de un auténtico estilo de vida y una genuina preocupación. Alcanzarán a las personas cuando permitan a los que indagan que se sientan *parte de ellos* antes de pedirles que *crean*.

Mantequilla de maní y jalea

Algunas cosas son mejores juntas que separadas. Son pocos los que comen emparedados con mantequilla de maní, ni muchos comen emparedados de jalea. Pero casi todo el mundo disfruta de los emparedados de mantequilla de maní y jalea. ¿Por qué? Porque juntas saben mejor.

La mantequilla de maní y la jalea del evangelismo eficaz son la proclamación y la afirmación. La proclamación alude al evento de dar una clara explicación del evangelio a un no cristiano (Mar. 16:15). La afirmación se refiere a vivir el carácter de Cristo (Juan 20:21). La proclamación es la presentación del evangelio con nuestros labios. La afirmación es la predicación del evangelio con nuestra vida. Proclamación es hacer. Afirmación es ser. Proclamación es decir la verdad. Afirmación es vivir la verdad. El evangelismo eficaz, especialmente dirigido a la gente secularizada, requiere proclamación y afirmación.

En Ef. 4:15 se nos manda hablar la verdad en amor. La verdad sin el amor destruye. El amor sin la verdad engaña. La verdad combinada con el amor atrae a la gente a una relación con Cristo; es lo que los inconversos anhelan ver. La verdad y el amor son la proclamación y la afirmación unidas al evangelismo eficaz.

El evangelismo como estilo de vida de Jesús

En Juan 1:14 leemos: «Y aquel verbo [Jesús, *logos*, mensaje] fue hecho carne y habitó entre nosotros (y vimos su gloria, gloria como del unigénito del Padre), lleno de gracia y de verdad». El término griego para «carne» *(sarx)* se utiliza cuando se refiere a «carne, músculos, tejidos y similares». Lo que se sugiere es que Jesús, quien nació físicamente, era humano hasta la médula. La palabra *encarnación* proviene del griego *in carne* o, literalmente, «en la carne». La palabra «habitó», empleada en Juan 1:14, es un término arameo que podría traducirse como «instalar una tienda». Al vincular las dos ideas vemos que Jesús no se limitó a gritar la buena noticia desde el cielo. No, literalmente se hizo uno de nosotros y «plantó la tienda» de su vida entre nosotros, para que nos pudiera llegar el mensaje de Dios en una manera que fuera «llena de gracia y de verdad».

El evangelismo debe ser nuestro estilo de vida

Richard Bond conduce una organización dedicada a proclamar el evangelio. Sin embargo, ve la sabiduría en la enseñanza bíblica al combinar la proclamación y la afirmación con el fin de alcanzar a los perdidos. Al comentar sobre el valor de la afirmación, escribe:

> Como Dios trajo personalmente la buena noticia a la humanidad, así nosotros debemos «encarnar» a Cristo en los perdidos, es decir, penetrar (plantar nuestra tienda) de manera significativa en la vida de los no cristianos con el propósito de verbalizar el evangelio y vivirlo ante ellos. Como Cristo vive su vida a través del creyente, ellos ven la «expresión visible del Dios invisible» a la vez que escuchan la palabra de salvación.[5]

Sean testigos

En Hech. 1:8 leemos las famosas últimas palabras que Jesús dirigió a sus seguidores, «*Serán* mis testigos» (NVI). Observa que el último mandamiento era *ser* testigos, no solo testificar. *Dar* testimonio sin *ser* testigos tiende a tratar a los inconversos como proyectos en lugar de amigos.

Si bien la proclamación del evangelio por sí sola puede alcanzar a algunos, los que llegan por lo general ya están preparados. Ya han escuchado varias veces las verdades básicas del cristianismo, y Dios ha estado trabajando en el corazón. La semilla del evangelio ya ha sido plantada y regada, y está lista para cosecharse.

A medida que Estados Unidos se seculariza cada vez más, la mayoría de la gente preparada ya ha sido alcanzada. A la gente secularizada rara vez se la alcanza por un encuentro inicial con el evangelio y rara vez mediante la proclamación del evangelio por sí mismo. Necesitan tiempo para procesar la información y observar una afirmación del mensaje como se ve en una vida auténtica. Tienen que *ver* a Jesús en nosotros antes de que crean lo que *decimos* de Él.

Detente y piensa lo que esperamos cuando proclamamos el evangelio a un inconverso. Digamos que nos acercamos a un hombre secularizado, de 20 años, con la intención de anunciarle el evangelio. Rara vez, si hubo alguna, se paró en una iglesia. En los 20 años ha hecho básicamente lo que ha querido; estableció hábitos y desarrolló su propio sistema de creencias. Casi todo lo que ha alimentado su mente es contrario a la Palabra de Dios.

Supongamos que hemos pasado una hora explicando el evangelio. Ahora bien, ¿qué queremos que suceda? A menudo esperamos que deduzca que la dirección que ha tomado en la vida es errónea. Esperamos que le dé la espalda a 20 años de vida y confiese: «Durante toda mi vida he estado equivocado. En una hora me has mostrado como cambiar todo lo que he creído. Me arrepiento de mis pecados y clamo a Jesús para que me salve».

Esperar que esto suceda es aguardar prácticamente lo imposible ¿Alguna vez sucedió así? Sí, pero en Estados Unidos cada vez ocurre menos que hace 30 años. ¿Por qué? Las personas están menos preparadas. No aprendieron los Diez Mandamientos en la escuela primaria pública. Tampoco tienen un trasfondo religioso fuerte, ni muchos amigos cristianos evangélicos. La historia de Jesús es nueva para ellos. Por lo general necesitan tiempo para procesar la decisión.

El resto de la historia

Cuando uso la expresión *evangelismo como estilo de vida*, me refiero a combinar intencionalmente la proclamación y la afirmación por un período de tiempo mediante una relación de amistad. Muchos han descubierto que los que vienen a Cristo como resultado del evangelismo como estilo de vida y que han nacido de nuevo después de un período de gestación más largo, tienen menos problemas espirituales, continúan en el Señor más frecuentemente y por lo general se reproducen espiritualmente.

Esto es lo que sucedió con Nick y Kim. Tenían varios amigos secularizados que estaban luchando con sus matrimonios y con la vida en general. Cuando Nick y Kim comenzaron a alcanzarlos mediante el evangelismo como estilo de vida intencional, varios respondieron y empezaron a asistir al grupo de estudio bíblico. El prolongado estudio de las Escrituras respaldado con la afirmación del grupo en general, y Nick y Kim en particular, derribó sus defensas. Otras dos parejas se rindieron a Cristo gracias al estilo de vida intencional, paciente, devoto y amoroso de Kim y Nick.

Evangelismo es...

1. Un estilo de vida, no solo un evento. Lleva su tiempo.
2. El resultado de cristianos que están dispuestos a *ser* testigos, no solo *dar* testimonio.
3. Combinar intencionalmente la proclamación y la afirmación por medio de la amistad duradera.
4. Algo más que cosechar. Es el resultado de arar, plantar, regar y cosechar.

Versículo clave

«Y aquel verbo fue hecho carne y habitó entre nosotros (y vimos su gloria, gloria como del unigénito del Padre), lleno de gracia y de verdad» (Juan 1:14).

Citas interesantes

El evangelismo expresa lo que tengo en Cristo y explica cómo llegué a poseerlo. En el sentido más verdadero, el evangelismo muestra aspectos universales del carácter de Dios: su amor, justicia y fidelidad, manifestados en los detalles de mi vida cotidiana.

—Joseph C. Aldrich[6]

El evangelismo es una actividad de 24 horas al día para todos. Ya sea en la casa, en la escuela, en el trabajo o cuando juegas, constantemente estás enviando un mensaje con tu boca y tus gestos a quienes te rodean.

—Joseph C. Aldrich[7]

El mejor argumento para el cristianismo son los cristianos: su alegría, seguridad e integridad. Pero el argumento más fuerte contra el cristianismo también son los cristianos: cuando son sombríos y tristes o arrogantes y presumidos en conversaciones condescendientes, entonces el cristianismo muere mil muertes.

—Sheldon Vanauken[8]

> *Se ha dicho que la gente no va a la iglesia por dos razones: (1) No conocen a ningún cristiano, o (2) Conocen a alguno.*
>
> —GREG LAURIE[9]

Notas

1. J. Petersen, *Evangelism as a Lifestyle* [El evangelismo como estilo de vida] (Colorado Springs, CO: NavPress, 1980), 18.
2. Ibid.
3. A. Malphurs, *Planting Growing Churches for the Twenty-first Century* [Plantar iglesias que crecen en el Siglo XXI] (Grand Rapids, MI: Baker, 1992), 27.
4. http://www.theamericanchurch.org, ingresado el 15 de abril 15 de 2009.
5. R. Bond, *"Understanding a Relational Model of Evangelism and How It Relates to Evangelism Explosion,"* [Comprender el modelo del evangelismo de relación y cómo se relaciona con evangelismo explosivo] http://www.youthee.org/articles/relmodelee.htm, ingresado el 15 de enero 15 de 2009.
6. J. C. Aldrich, *Life-Style Evangelism* [Un estilo de vida evangelístico] (Portland, OR: Multnomah Press, 1981), 29.
7. Ibid.
8. S. Vanauken, *A Severe Mercy* [Una misericordia severa] (New York: Harper and Row, 1977), 77.
9. G. Laurie, *New Believer's Guide to How to Share Your Faith* [Guía para que los nuevos creyentes compartan tu fe], 11.

23 Evangelismo es...

Ganar tres batallas para que Jesús gane la guerra

Dave Earley

Hacer lugar en tu vida para los vecinos que no son cristianos requiere esfuerzo, consideración y a veces riesgo. Es más difícil construir un puente que una muralla. Pero eso no altera esta realidad: Los que son ajenos a la fe primero se acercan a los cristianos y luego a Cristo.

—Haddon Robinson[1]

Cultivar las relaciones

El evangelismo eficaz consiste en cultivar relaciones con los inconversos. El Dr. Elmer Towns escribe: «Cultivar relaciones ha demostrado ser el medio de influencia más eficaz de los cristianos para que las personas se salven».[2]

Varias veces en los evangelios vemos el poder de las relaciones humanas para llevar a los perdidos a Jesús. Por ejemplo, Juan el Bautista puso en contacto a Andrés, uno de sus seguidores, con Jesús (Juan 1:35-36). En seguida, Andrés hizo que Jesús conociera a su hermano Simón Pedro (Juan 1:41-42). Al día siguiente, Jesús encontró a Felipe (Juan 1:43), un residente del mismo pueblo de Andrés y Simón Pedro (Juan 1:44). Las amistades jugaron un cierto papel en el encuentro de Felipe con el Salvador. Felipe aplicó el principio de las conexiones cuando encontró a su amigo Natanael y se lo presentó a Jesús (Juan 1:45-46). En cuanto a esta cadena poderosa de relaciones redentoras, Towns escribe:

> En retrospectiva, tres cosas son evidentes: 1) La relación con Dios es el fundamento de la fe cristiana. 2) Las relaciones humanas son la forma más eficaz de abrir la puerta para llevar a la gente a Cristo. 3) Trabajar mediante las relaciones existentes o interconectar a las personas con el propósito de que se acerquen al evangelio es un enfoque bíblico evangelístico.[3]

Puede que muchas personas no requieran de una relación profunda para crear un ambiente productivo en el que se pueda anunciar el evangelio. Sin embargo, un gran número de personas *sí* requieren tiempo y esfuerzo para establecer un nivel necesario de confianza antes de que estén dispuestos a oír algo que estiman como profundamente personal, como la forma de tener una fe íntima en un Dios personal.

Ganar amigos y ganar almas

A algunos les gusta referirse al evangelismo como «ganar almas». Tal expresión viene del libro de los Proverbios, donde el rey Salomón escribió: «El fruto del justo es árbol de vida; y el que *gana almas* es sabio» (Prov. 11:30, cursivas añadidas). «El fruto de los que son [inflexiblemente] justos es un árbol de vida, y el que es sabio gana almas [almas para Dios, como pescador de hombres—pues las reúne y las recibe para la eternidad]».

Evangelismo es capturar vidas humanas para Dios. Nuestra familia vivió en la misma ciudad por 20 años. Durante ese tiempo llevamos a muchos a una relación fructífera con Jesucristo. El proceso a menudo tomó años e incluyó muchos pequeños pasos. Con el tiempo vimos que los que llevábamos a Cristo eran alcanzados después de dos victorias que ganábamos primero. Esta batalla para capturar vidas humanas para la eternidad era generalmente el resultado de ganar tres victorias.

1. Gánalos para ti mismo.
2. Gánalos para tu iglesia.
3. Gánalos para Cristo.

1. Gana a los demás para ti mismo

Al leer y reflexionar sobre la evangelización, una estadística se ha mantenido firme durante varias décadas: la mayoría de los inconversos vienen a Cristo mediante la labor de la familia y los amigos más que por cualquier otro medio.[4]

Gastamos millones de dólares cada año en televisión, radio, cruzadas, campañas y eventos especiales. Sin embargo, lo que fue exitoso en el siglo I, aún lo es en el siglo XXI: más personas vienen a Jesús gracias a los amigos y los familiares que por cualquier otro medio. ¡Esto significa que tú eres el mejor método de Dios para evangelizar!

El equipo de investigación de Thom Rainer entrevistó a varios centenares de personas que no iban a la iglesia. Los investigadores se sorprendieron en gran medida por la receptividad que estas personas demostraban hacia el cristianismo genuino. Twyla Fagan, la líder del equipo, afirmó: «La mayoría de las personas que fueron entrevistadas, expresaron que responderían positivamente a un cristiano "genuino" que pasara tiempo con ellos en una relación amable y sin prejuicios [...]. La mayoría de los no creyentes pueden señalar la diferencia entre un evangelismo al azar y la persona a quien realmente le importas».[5]

La mayoría de la gente buscará rodearse de aquellos que realmente los acepten, los amen profundamente y crean firmemente en ellos. Gente que tienda a escucharlos y apreciarlos a ellos y a sus seres queridos.

No es difícil saber por qué. Si los inconversos no te gustan, no tendrán interés cuando les anuncies a Jesús. Si no confían en ti, no creerán lo que les digas sobre el pecado, la eternidad y la vida abundante.

Jesús nos dio el mejor consejo en cuanto al evangelismo relacional: «Amarás a tu prójimo como a ti mismo» (Mat. 22:39). Si queremos ser evangelistas realmente eficaces, debemos amar a los demás como Dios los ama y verlos como Él los ve. Esto significa que tendremos que amarlos por lo que son, no como objetivos. Necesitamos darnos tiempo para llegar a conocerlos como personas.

Jim Petersen fue un misionero eficaz para los estudiantes secularizados de las universidades de Brasil. Con gran sabiduría escribe: «Nuestra función es acompañar a nuestros conocidos por el camino que lleva a Cristo, mostrándoles la ruta. Debemos caminar con ellos, un paso a la vez».[6] Cuando comienzas a ganar a los inconversos para ti, debes despertar en ellos varias «decisiones antes de la conversión» sobre ti:

1. Él está bien.
2. Me gustaría conocerlo mejor.
3. Me siento cómodo con él. Me acepta.
4. Quiero averiguar por qué es tan diferente.
5. Parece que saca de la Biblia su punto de vista sobre las cosas.
6. Es cristiano, pero está bien.
7. Ser cristiano seguramente tiene sus ventajas.
8. Me gustan sus amigos. Envidio su confianza. Me gusta su iglesia. Parece relevante.
9. Leer la Biblia algún día podría ser interesante.[7]

2. *Gana a los demás para la iglesia*

Hay por lo menos una probabilidad de que el 82 por ciento de los que no tienen iglesia asistan a ella si se los invitara [...]. Ocho de cada diez personas que no van a la iglesia afirman que irían si alguien las invitara [...]. El proceso es demasiado elemental. Si los invitamos, irán.[8]

Después de ganar a alguien para ti mismo, por lo general la segunda victoria importante que hay que conseguir es ganar al inconverso para la iglesia. Entiende claramente lo que quiero decir: Cuando utilizo la palabra *iglesia*, no me refiero a un edificio, Jesús no derramó su vida en la cruz por algún edificio con campanario en el techo. Jesús murió por un grupo de personas que serían rescatadas del infierno y lo seguirían con pasión. Murió por su esposa.

Cuando afirmo que hay que ganar a los perdidos para la iglesia, me refiero a llevar al que aún no es creyente a una reunión del pueblo de Dios que estudia la Biblia con seriedad y activamente se esfuerza por obedecerla. Ganar a tu amigo inconverso para la iglesia puede significar invitarlo a que indague sobre Jesús al visitar a un pequeño grupo de creyentes que se juntan regularmente para estudiar la Biblia o que se reúna contigo un domingo para tener una experiencia de adoración en alguna escuela pública, o te acompañe a una reunión con una pareja de amigos tuyos que se congregan semanalmente en un café para conversar sobre la vida y la Biblia.

El objetivo es simple: presentar al no creyente a otros cristianos genuinos para que pueda ver en acción el amor y el poder de Dios en sus vidas. La meta es también introducir al inconverso en un entorno donde Dios el Espíritu Santo se comunica con ellos mediante la palabra de Dios. A menudo solamente debe sentir que *pertenece* al grupo antes de que pueda *creer*.

Una vez más, nuestro trabajo consiste en ayudar al no creyente a que dé pasos pequeños hacia un compromiso pleno con Jesucristo. En el camino pasará por un proceso de pensamiento que incorporará una creciente confianza en la Biblia y un deseo acentuado de tener el mismo tipo de relación con Jesús que ve en ti y tus amigos cristianos. Algunos de los pasos antes de la conversión pueden ser los siguientes:

1. La reunión está bien.
2. Me gusta que estas personas son solo eso pero de alguna manera son positivamente diferentes.
3. Jesús ha influido en su vida.
4. Me pregunto si Jesús podrá influir en mi vida también.
5. Me gusta el estímulo que recibo aquí para buscar una relación con Jesús.
6. Me siento aceptado e incluso querido.

7. La Biblia no es imposible de entender.
8. La Biblia dice algunas cosas importantes.
9. Lo que la Biblia dice sobre la vida se ajusta a mi experiencia.

3. Gana a los demás para Cristo

Una vez que has conseguido que tu amigo comience a asistir a tu grupo, no suele ser difícil conducirlo a una relación personal con Jesucristo. Algunas veces puedes utilizar cuidadosamente el ímpetu de la reunión para llevar la conversación a los asuntos espirituales. En estas situaciones he dicho cosas como estas:

- «¿Te das cuenta de lo mucho que Dios te ama?»
- «¿Qué te dijo Dios durante la reunión de esta noche?»
- «Cuando el orador se refirió a la eternidad, ¿qué sentiste?»
- «Si murieras de camino a tu casa esta noche, ¿estás seguro de que estarías con el Señor en el cielo?»
- «¿Te puedo mostrar lo que la Biblia afirma sobre cómo iniciar una relación eterna con Dios?»
- «¿Puedo contarte cómo le entregué mi vida a Jesucristo?»
- «¿Puedo presentarte el camino bíblico que lleva a una relación con Dios?»

Cuando el equipo de Thom Rainer invitó a más de 300 personas que no iban a la iglesia, se sorprendió al encontrar que, a algunas de ellas, alguien les había mostrado como podían llegar a ser cristianos.[9] La mayoría de los cristianos no ha llevado a nadie a Cristo, no porque los incrédulos carecen de interés, sino porque no ha dejado lo que le interesa para decirles cómo pueden llegar a ser cristianos. Si realmente te preocupan los perdidos con los que has entablado amistad, llegarás a un punto en el proceso cuando sería criminal guardar silencio.

Ayúdalos a cruzar la línea final de la fe

Después de haber cultivado la relación; después de haber ganado al inconverso para mí y para la iglesia; después de anunciar la buena noticia de la muerte, la sepultura y la resurrección de Jesús por sus pecados, trato de ganarlo para Cristo. En este momento, por lo general le pregunto: «¿Hay alguna buena razón que te impida depositar tu fe en Jesús en este momento?»

Cuando el Espíritu Santo está trabajando, la persona responderá: «No».

Entonces le pregunto: «¿Por qué no le das tu vida a Jesucristo ahora mismo? Si quieres puedo hacer una oración que resume lo que hemos estado conversando. Cerremos nuestros ojos y yo diré la oración en voz alta poco a poco». Si la persona expresa el deseo profundo de corazón, le digo: «¿Puedes repetir cada frase después de mí?»

En este momento, la mayoría de las personas tragan saliva y dicen: «Sí».

Entonces hago una oración como la que presento a continuación, con una pausa después de cada frase para que la persona la repita. Por supuesto, a menudo, si has tenido varias conversaciones sobre el evangelio con ella, sabrá lo que le quiere decir a Dios sin tu ayuda.

Amado Dios:

Admito que he pecado.
Admito que no merezco la vida eterna.
Creo que Jesús nunca pecó.
Creo que murió para pagar por mis pecados.
En este momento invoco a Jesús para que sea mi Señor y Salvador.
Decido dedicar el resto de mi vida a seguirlo como mi Rey.
Con la ayuda de Dios, a partir de este momento haré todo lo que me pida.
Gracias por darme vida eterna.
Amén.

Si lees la oración con cuidado, notarás que tiene cuatro elementos principales. He tenido el privilegio de llevar a centenares de personas a una relación con Jesús que salva el alma y transforma la vida, guiándolos mediante esta sencilla oración.

Amado Dios:

Admito que he pecado. **Admito** que no merezco la vida eterna.

Creo que Jesús nunca pecó. **Creo** que murió para pagar por mis pecados.

En este momento **invoco** a Jesús para que sea mi Señor y Salvador. Decido **dedicar** el resto de mi vida a seguirlo como mi Rey.

Con la ayuda de Dios, a partir de este momento **haré** todo lo que me pida.

Evangelismo es...

1. Capturar vidas humanas para Dios.
2. Ganar unas cuantas batallas estratégicas para que Jesús pueda ganar la guerra.
3. Cultivar relaciones con los inconversos.
4. Seguir el ejemplo de Jesús dejando la propia conveniencia para construir un puente redentor entre nosotros y el Padre.
5. Ganar almas.
6. Por lo general, el resultado de obtener tres victorias.

~ Versículo clave ~

«El fruto del justo es árbol de vida; y el que gana almas es sabio» (Prov. 11:30).

~ Cita interesante ~

En términos generales, esta generación no será ganada para Cristo y asimilada en la iglesia a causa de alguna cruzada o un brillante predicador, sino debido a una relación de calidad que se haya forjado con ellos por un auténtico seguidor de Cristo.

—Tim Elmore[10]

Notas

1. H. Robinson, citado en J. C. Aldric *Life-Style Evangelism* [Un estilo de vida evangelístico] (Portland, OR: Multnomah Press, 1981), 11.
2. E. Towns, *Winning the Winnable: Friendship Evangelism* [Ganar lo ganable: Evangelismo amistoso] (Lynchburg, VA: Church Leadership Institute, 1986), 6.
3. Ibid., 6.
4. Según W. C. Arn en su libro *How to Reach the Unchurched Families in Your Community* [Cómo alcanzar a las familias de tu comunidad que no tienen iglesia] (Monrovia, CA: Church Growth, n.d.), el 75-90% de los que visitan la iglesia, son llevados por amigos o parientes. E. Towns eleva la cifra al 86%, por las mismas razones: Towns, Winning the Winnable, 5.
5. T. Rainer, *The Unchurched Next Door* [Desconectados de la iglesia] (Grand Rapids, MI: Zondervan, 2003), 28.
6. J. Petersen, *Living Proof* [Prueba viviente] (Colorado Springs, CO: NavPress, 1989), 150.
7. Ibid., 151.
8. Rainer, *The Unchurched Next Door*, 24–25
9. Ibid., 26.
10. Citado por T. Elmore en «*Spiritual Trends and Changing Values in Colleges*» [Tendencias espirituales y cambio de valores en la universidad], una conferencia dada en Liberty University al equipo de líderes del campus en agosto de 2006.

24 Evangelismo es... Alcanzar a los demás mediante las relaciones

David Wheeler

Si cada creyente se pusiera en contacto con sus círculos concéntricos, todo el mundo podría ser atraído a Cristo.

—CLAUDE KING[1]

Círculos concéntricos de atención

Antes de que Oscar Thompson formara parte de la facultad del Southwestern Baptist Theological Seminary en Fort Worth, Texas, como profesor de evangelismo, había servido 20 años como pastor. Antes de morir de cáncer en 1980, dejó un tesoro de sabiduría, al menos en borrador, para los que estamos a cargo de proclamar el evangelio y hacer discípulos. Poco después de la muerte de Thompson, su esposa Carolyn compiló el manuscrito y publicó *Concentric Circles of Concern*[2] [Círculos concéntricos de atención]. En 1999 Claude King y Carolyn trabajaron juntos para revisar y ampliar el texto original.

La noción de Thompson del evangelismo relacional es una manera útil para comprender y explicar cómo Dios alcanza a las personas con el evangelio mediante las relaciones. En términos sencillos, «[Dios] quiere amar el mundo a través de ti para que se alleguen a Él».[3]

El diagrama que sigue muestra el radio de acción de relaciones de nuestra vida. Cada círculo a partir del centro representa una relación un poco más distante.

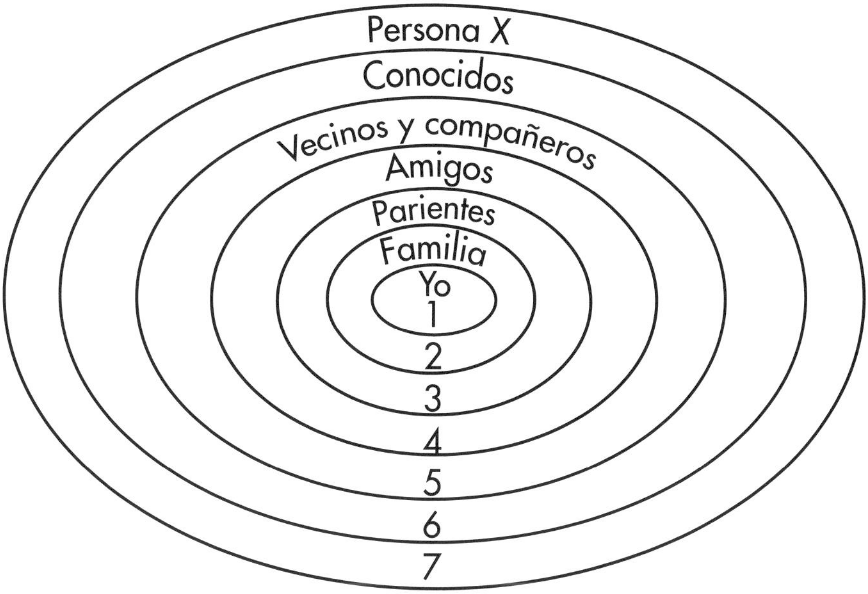

Es el que tú conoces

Como cristianos, cada uno de nosotros ocupa el círculo 1: El «yo». Estamos rodeados de personas en las que podemos influir con el mensaje de Cristo. Estas personas están localizadas en cualquiera de los seis círculos concéntricos a nuestro alrededor.

Nuestro círculo más cercano es la «familia inmediata» en el círculo dos, seguido por el de nuestros «parientes» en el tres y los «amigos» en el cuatro. «Si nuestra relación con el Señor es genuina», afirma Thompson, «vamos a querer anunciar la buena noticia de Cristo a los que están más cerca nuestro». El círculo cinco incluye a los «vecinos y compañeros», seguido por los «conocidos» del círculo seis. El último anillo, el siete, representa a los extraños, a los que el autor se refiere como persona X.

Aunque lo que Thompson se propuso al principio con su estrategia era animar a los cristianos a que buscaran intencionalmente a la «Persona X», observó otro fenómeno aún más poderoso. Muy a menudo, los que asistían a sus clases alcanzaban a quienes pertenecían a los tres primeros círculos: la familia, los amigos y los vecinos. Se percató de que esto «sucedía solo cuando el pueblo de Dios era dirigido a anunciar el mensaje del evangelio con las personas más cercanas a ellos».[4] Descubrió que alcanzamos a los demás mediante las relaciones.

Hagan discípulos

El segundo énfasis importante de Thompson apuntaba a explicar *cómo* hacer auténticos discípulos de aquellos individuos que están en los círculos de influencia. El proceso consta de siete etapas:

1ra Etapa: Busca estar bien con Dios, contigo mismo y con los demás

Thompson expresó: «Una persona no puede llevar a otra más cerca del Señor de donde ha llegado. El evangelismo debe provenir de alguien que está profundamente enamorado del Señor».[5]

La primera etapa de formación de discípulos hace hincapié en la importancia decisiva de las relaciones. Thompson creía que la palabra más importante del idioma inglés era *relación*, aún más importante que *amor*, porque éste se ahoga sin una relación. Si el amor es el tren, afirma, «la relación es la vía».[6] Para Thompson, la evangelización viaja por la vía de las relaciones. Afirmaría que el evangelismo es sumamente relacional.

Casi siempre asociamos los tiempos de crisis o de gozo con el estado de nuestras relaciones. Situaciones de crisis como el divorcio, la alienación de la familia o los amigos, las iglesias divididas o las fallidas sociedades de negocios apuntan a relaciones deterioradas. En una escala mayor, las relaciones fracturadas dan lugar a guerras y muerte. Las relaciones sanas o restauradas producen el efecto opuesto: matrimonios y familias felices, negocios y ministerios exitosos y alianzas sólidas entre naciones.

La relación más importante que debemos afirmar primero es la que tenemos con Dios. Debemos acercarnos a Él como lo manda, reconociéndolo como Señor de nuestra vida y recibir el don de la salvación. Una vez hecho esto, si lo hemos desobedecido, necesitamos arrepentirnos y pedirle perdón. En 1 Juan 1:9 leemos que Dios no guarda rencor, sino que siempre está dispuesto a restaurar la comunión con sus hijos.

Una vez que estamos bien con Dios, necesitamos examinar nuestras relaciones con los demás y restaurarlas si es necesario. Nadie puede estar en buenos términos con Dios y a la vez estar lastimado por relaciones rotas. En Mat. 5:23-24 se nos recuerda lo siguiente: «Por tanto, si traes tu ofrenda al altar, y allí te acuerdas de que tu hermano tiene algo contra ti, deja allí tu ofrenda delante del altar, y anda, reconcíliate primero con tu hermano, y entonces ven y presenta tu ofrenda».

Thompson afirma que «cuando te reconcilias con los demás, se limpia el canal de tu vida para que el amor de Dios pueda fluir a través de ti a los que te rodean. El evangelio se mueve a través de una relación restaurada».[7]

Las relaciones pueden incluir a los que son difíciles de amar o a los que no nos gustan en particular. Thompson nos recuerda que parte de seguir la voluntad de Dios es renunciar al derecho de escoger a quien amamos».[8]

2da Etapa: Examina tus relaciones

En esta etapa se anima a los cristianos a que examinen los círculos de sus relaciones para identificar a los que necesitan el amor y la salvación de Cristo. Hasta que hagamos este examen, no podremos percatarnos de cuántas personas Dios ha puesto a nuestro alcance. Una vez que hemos hecho esto, debemos reunir información básica que guiará nuestras oraciones y esfuerzos para llegar a ellas.

3ra Etapa: Trabaja con Dios mediante la oración

La oración no es una especie de ejercicio de calentamiento antes de realizar tu trabajo espiritual, sino la comunión íntima con el Dios santo que desea la oración cercana y frecuente de sus hijos. En estos momentos de intimidad obtendrás la sabiduría y el discernimiento que te permitirán descubrir las oportunidades para hacer discípulos. Según Thompson, trabajar con Dios mediante la oración te enseñará a pedir «que Dios disponga de las circunstancias en la vida de los inconversos para llevarlos a sí mismo y a su Hijo Jesucristo [...]. Orarás por las personas de tu círculo de relaciones y estarás alerta para ver cómo Dios obra en ellos cuando te percates de sus necesidades; esa será la invitación que Dios te hace para que te unas a Él y le muestres su amor a la persona necesitada».[9]

4ta Etapa: Construye puentes que te relacionen con los demás

Cuando ores por las personas de tus círculos concéntricos, aprenderás a reconocer a los que no son salvos. En respuesta debes empezar deliberadamente a construir puentes con las personas que Dios ha puesto en tu camino. Esto permitirá que el amor de Dios fluya a través de ti, para guiarlas a Cristo.

Los puentes hacia los demás pueden construirse de muchas maneras: mediante intereses o pasatiempos mutuos, cuando los ayudamos en tiempos de crisis o cuando compartimos los momentos de alegría. No nos equivoquemos; construir puentes es la manera más eficaz de relacionarnos con los demás y llevarlos a Cristo.

5ta Etapa: Muestra el amor de Dios al atender las necesidades de los demás

Cuando le muestras el amor de Dios a un mundo necesitado, sabes con certeza que Él está obrando en tu corazón y te permite amar a personas que de otro modo no procurarías conocer. Mientras tanto, Dios trabaja en aquellos con los que te has conectado y por los que oras, permitiendo así que su amor los impacte. Literalmente, te conviertes en un conducto del amor infinito de Dios que atrae a los lastimados a Él. En consecuencia, las personas que están en tus círculos concéntricos «sabrán que el Padre celestial los ama, y comenzarán a sentir que los invita para que sean parte de su familia por adopción y por la gracia salvadora del Hijo».[10]

Aquí es interesante considerar los hallazgos de Thom Rainer en su libro *The Unexpected Journey* [El Viaje Inesperado]. Descubrió que independientemente del trasfondo espiritual de la gente (musulmanes, mormones, wiccanos, testigos de Jehová, etc.), cuando vienen a Cristo mediante la fe personal, todos tenían un aspecto experimental en común: el amor cristiano auténtico, demostrado por los verdaderos creyentes, es el componente más atractivo del evangelismo eficaz.[11] Vale la pena repetirlo: el amor cristiano auténtico, demostrado por los verdaderos creyentes, es el componente más atractivo del evangelismo eficaz.

6ta Etapa 6: Haz discípulos y ayúdalos a crecer

En algún momento, después de orar por los inconversos, para conocerlos y mostrarles el amor de Dios, tendrás que confrontarlos con las peticiones de Jesucristo. Una vez que los vemos como Dios los ve, sin Cristo, perdidos sin remedio, querrás anunciarles la buena noticia y darles la oportunidad de que le entreguen el corazón.[12]

En esta etapa Thompson describe nuestra responsabilidad y la del Espíritu Santo. Debemos ser testigos de Cristo y anunciar el evangelio. El papel del Espíritu Santo es convencerlos de pecado y mostrarles la verdad del evangelio. Después, si deciden entregarse a Cristo, nosotros (y otros cristianos) necesitamos ayudarlos a que cultiven una relación personal con Jesucristo mediante la oración constante y la lectura de su Palabra.

7ma Etapa: Ayuda a que los nuevos cristianos hagan discípulos

La etapa final es el comienzo del ciclo para los nuevos cristianos. Una vez que se han convertido en seguidores de Cristo, anímalos a que hagan un reconocimiento de las personas que están en sus círculos concéntricos. De inmediato deben comenzar a orar por ellas, remendando relaciones rotas, construyendo puentes de amistad y mostrando el amor de Dios de una manera práctica. El objetivo final es multiplicarse al llevar a otros a que sean verdaderos discípulos.[13]

Un viejo refrán señala: Dale a un hombre un pescado y lo alimentarás un día; enséñale a pescar y lo alimentarás toda la vida. Con el primer método sumas; con el segundo, multiplicas de manera exponencial. Lo mismo se puede aplicar a la construcción del reino de Dios. Podemos llevar a alguien a Cristo y añadir una persona al reino. O podemos llevar a la gente a Cristo, enseñarles a transmitirlo y el resultado es exponencial.

Esta estrategia que Dios nos ha dado es bíblica y eficaz. Después de todo, ¡es la esencia de la gran comisión!

> «Y Jesús se acercó y les habló diciendo: Toda potestad me es dada en el cielo y en la tierra. Por tanto, id, y *haced discípulos* a todas las naciones, bautizándolos en el nombre del Padre, y del Hijo, y del Espíritu Santo; enseñándoles que guarden todas las cosas que os he mandado; y he aquí yo estoy con vosotros todos los días, hasta el fin del mundo. Amén» (Mat. 28:18-20, cursivas añadidas).

Cultivar relaciones

El evangelismo se vive mediante las relaciones intencionales. Recuerdo que colaboré con la asociación Billy Graham durante la cruzada de Indianápolis, Indiana, en 1999. Durante una de las sesiones de entrenamiento, los equipos nos enseñaron que después de varias décadas de conducir eventos de evangelización en todo el mundo, no obstante la preparación, el factor más importante para asegurar el éxito ¡eran las relaciones intencionales! Sin los soldados cristianos de a pie abriendo el camino al impulsar relaciones, orar, anunciar a Cristo en el campo, invitar a los amigos a la cruzada y comprometerse a dar seguimiento, las demás actividades tendrían poquísimo efecto. La conclusión es que si bien las relaciones pueden llegar a ser fugaces en la cultura contemporánea, sin embargo, ¡son esenciales!

La comunidad bíblica

Uno de los mandamientos que Jesús dio a sus discípulos era que se amaran los unos a los otros. Les enseñó que este amor atraería a los que aún no lo seguían. «En esto conocerán todos que sois mis discípulos, si tuviereis amor los unos con los otros» (Juan 13:35).

El evangelismo es un ejemplo vivo de la comunidad bíblica. El tema de la genuina comunidad se ha vuelto muy importante en la iglesia contemporánea. Todo el mundo quieres sentirse aceptado y amado, no condenado ni prejuzgado, especialmente por el pueblo que se supone debe encarnar los ideales cristianos. Quizás recuerdas la vieja canción del programa de televisión *Cheers*: «A veces quieres ir adonde todo el mundo sabe tu nombre». Si eso es cierto en un bar de ficción, ¡es absolutamente cierto con respecto a la iglesia y el proceso del evangelismo!

El eterno proceso de la multiplicación

El evangelismo es un eterno proceso de multiplicación. No se concibió para que terminara a la brevedad. Si bien la fe es personal, no significa que es privada. El cristianismo es un proceso vivo de multiplicación que se justifica porque los creyentes afirman tener una relación con el Salvador vivo, Jesucristo. Como parte del cuerpo de Cristo, se espera que los cristianos multipliquen su fe de manera natural, así como nuestro cuerpo se mantiene saludable por la multiplicación natural de las células.

Evangelismo es...

1. Extremadamente relacional.
2. Cooperar con Dios para alcanzar a los demás con el evangelio mediante las relaciones.
3. Alcanzar con el evangelio a las personas que están en tus círculos concéntricos de influencia.

Versículo clave

«En esto conocerán todos que sois mis discípulos,
si tuviereis amor los unos con los otros» (Juan 13:35).

Cita interesante

Creo que la palabra más importante del idioma inglés, aparte de los nombres propios, es relación [...]. Lo que satisface el anhelo más profundo de tu ser es una relación con alguien [...]. Dios desea revelar su carácter mediante la vida del cristiano [...]. Lo consigue al amar a través de ti en tu relación con los demás.

—OSCAR THOMPSON[14]

Aplicación

1. Comienza a hacer una lista de personas en tus círculos concéntricos que no conocen a Jesucristo como Salvador personal. Incluye por lo menos a una persona en cada uno de los siguientes círculos:

- Círculo 2: Familia
- Círculo 3: Parientes
- Círculo 4: Amigos
- Círculo 5: Vecinos y compañeros (trabajo, escuela, grupos comunitarios, etc.)
- Círculo 6: Conocidos

2. Ora por las personas de tu lista y pídele a Dios que disponga las circunstancias en su vida para atraerlos al Hijo.
3. Busca la manera de construir un puente con los de tu lista, mostrándoles el amor de Dios.
4. Pídele a Dios que te muestre cualquier relación que esté rota o que necesite atención. Ora por la reconciliación.
5. Trata de ser más sensible con el que aún no es cristiano (Persona X). Comienza cada día pidiéndole a Dios que lleve a tu vida a alguien que necesite de un testigo cristiano.

Notas

1. W. O. Thompson Jr., C. King, and C. T. Ritzmann, *Witness to the World* [Testigos para el mundo] (Nashville, TN: LifeWay, 2008), 5.
2. O. W. Thompson Jr., *Concentric Circles of Concern: Seven Stages for Making Disciples* [Círculos concéntricos de atención: Siete estrategias para hacer discípulos] (Nashville: B&H, 1999), 20.
3. Ibid., 9.
4. Ibid., 2.
5. Thompson, *et al.*, *Witness to the World*, [Testigos para el mundo] 9.
6. Ibid., 2.
7. Ibid., 8.
8. Ibid.
9. Ibid., 31.
10. Ibid., 32.
11. T. Rainer, *The Unexpected Journey* [El viaje inesperado] (Grand Rapids, MI: Zondervan, 2005).
12. Thompson, *Concentric Circles of Concern*, [Círculos concéntricos de atención] 33.
13. Ibid., 35.
14. Ibid., 8.

25 Evangelismo es...

Pasar un buen momento con propósito

David Wheeler

¿Podemos hacer eso?

Hace poco me invitaron al desayuno anual de hombres de una pequeña iglesia campestre en la zona rural de Virginia. Como era de esperar, sirvieron sémola de maíz, panecillos caseros, salsa de salchichas, huevos revueltos, una gran cantidad de carne de cerdo con grasa, papas fritas, panqueques, barquillos, café fuerte y lo mejor de todo, ¡mermelada de fresa del congelador! Ya me dio hambre sólo de pensarlo.

Después de servirme esta sabrosa comida varias veces, me preguntaron si estaba satisfecho con sus esfuerzos. Por supuesto, les dije que sí. Utilicé palabras como *increíble* y *legendaria*. ¡Creo que incluso les sugerí que deberían abrir su propio restaurante!

Sin embargo, mi siguiente respuesta hizo que aquellos hombres suspiraran. Simplemente les pregunté si desayunaban con frecuencia con un grupo de amigos. Después de todo, estábamos en el campo; debería haber algún restaurante *Hardee* en aquel lugar. Efectivamente, los hombres confirmaron mis sospechas de que sí, la mayoría de las veces desayunaban con un grupo de amigos.

Entonces les pregunté donde podrían estar desayunando sus amigos ese domingo por la mañana. No estaban seguros, de modo que los desafié a que imaginaran las posibilidades si los hubieran invitado a asistir al desayuno de hombres. Piensen en esto: Habrían pasado el rato y disfrutado de una espléndida comida seguida de un breve estudio bíblico. ¿Quién sabe qué habría pasado?

La respuesta del grupo de hombres no tiene precio. Mientras miraban un poco confundidos, preguntaron: «¿Podemos hacer eso? ¿Realmente crees que nuestros amigos asistirían a una actividad de la iglesia?»

Yo no podía dejar de reír y llorar al mismo tiempo. Al final, los hombres captaron la visión de lo que podría suceder cuando «pasar el rato» se relaciona con la compasión por las almas perdidas.

Evangelio y voleibol

El voleibol de playa es un popular pasatiempo para aquellos bendecidos que viven en climas más cálidos. Este deporte es la pasión de Chris, un joven creyente de 20 años, firme en su fe. Él estaba convencido de que podía combinar lo que más amaba, el voleibol, con una oportunidad para que los demás pasaran el rato o evangelizaran. De modo que lo hizo. Lo llamó *Midnight Volleyball Club* [Club de voleibol de medianoche].

Comenzó como un grupo pequeño con solo unos pocos amigos que mostraron interés el primer mes. Se dio a conocer de boca en boca y no pasó mucho tiempo antes de que este unido club de voleibol se convirtiera en una reunión social semanal que ya contaba con más de 40 jóvenes profesionales.

El club se reunía en el campus de una universidad local. Algunos venían para pasar el rato y hacer nuevos amigos. Otros lo vieron como una oportunidad para ministrar e invitaban a compañeros de trabajo para que participaran y la pasaran bien. La mayoría de los invitados nunca socializaría con gente estereotipada de iglesias.

Con el tiempo, Chris y otros miembros del club fueron aceptados en la subcultura de la playa. Esto les dio la oportunidad de conocer nuevas personas que compartían intereses similares. A medida que el club crecía se convirtió en una manera de integrar a estos nuevos amigos en un ambiente cristiano sin el temor ni la presión de ir a la iglesia.

Los que iban a las canchas el jueves por la noche se encontraban con una variedad de jóvenes profesionales que, además de disfrutar del voleibol y amar al Señor, los saludaban. Aquello que comenzó como una manera para que los amigos jugaran a la pelota y pasaran el rato durante la semana se convirtió en un campo de misión impulsado por el deporte. El lema del club pronto se convirtió en: «¡Actúa siempre como Jesús… porque nunca sabes quién está mirando!».

Esto continuó creciendo a medida que los estudiantes universitarios locales daban prioridad a las noches del jueves como una oportunidad para relajarse en un ambiente seguro pero competitivo. Esto fue no mucho antes de que las canchas de baloncesto llegaran a ser un lugar de compañerismo, mientras otros jugaban *four square* o llevaban sus perros a correr y jugar. A diferencia de muchas iglesias, la risa (no el juicio ni la condenación) se convirtió en el lenguaje de los jueves por la noche en torno a las canchas.

Chris y los miembros del Club de Voleibol de Medianoche asistían a un grupo local de jóvenes adultos que celebraban la noche del martes con un culto de adoración. Cuando los miembros del club invitaron a la gente que se reunía los jueves, el culto de adoración de los martes creció a más de 200 solteros que se reunían cada semana. Las canchas de voleibol y baloncesto sirvieron como una oportunidad para que los miembros del club invitaran a sus nuevos amigos a venir y ver lo que estaba ocurriendo en la iglesia.

Los miembros del Club de Voleibol de Medianoche lograron cambios significativos cuando esta actividad tuvo un propósito. Un gran número de estudiantes y jóvenes profesionales conocieron el cristianismo. Además, asistían a los cultos semanales y le rindieron su vida a Cristo.

Tú puedes hacerlo

Realmente es un concepto simple. Escoge algún deporte que tú y otros disfruten como softbol, voleibol, *dodge ball* [quemados], bolos, golf o excursionismo. Luego, adapta el concepto de pasar el rato añadiéndole intencionalidad y propósito.

Aprendí este concepto cuando estaba en el seminario. A menudo acompañaba a mi esposa a una tienda llamada K-Mart. Pero, mi intención no era comprar, sino buscar oportunidades para conversar sobre el evangelio con otras personas.

Como ávido deportista, me gustaba pasar el rato en el departamento de deportes en busca de encuentros divinos. Cuando alguien compraba equipo deportivo, escuchaba con atención e intervenía en la conversación con alguna sugerencia basada en experiencias pasadas con varios artículos. Muchas veces pude compartir el mensaje de Cristo después de recomendar un bate de béisbol o un guante.

¿Parece una locura? ¡Pues no lo es! Después de que la gente me agradecía por la ayuda, como cortesía a menudo me preguntaban algo de mi vida (trabajo, familia, etc.). Si bien el contacto inicial era el equipo deportivo, el propósito de pasar el rato era participar en alguna conversación espiritual. Bajo la dirección del Espíritu Santo, la clave era adoptar un estilo de vida intencional, creando así oportunidades para contar algo de mi vida con la esperanza de conversar sobre asuntos espirituales.

¿Qué dice la Biblia?

En Juan 2:1-10 encontramos a Jesús en uno de los lugares más comunes para expresar compañerismo: una boda. Jesús y sus discípulos fueron invitados. Mientras festejaba la unión de dos amigos, se encontró en medio de su primer milagro público. A la mitad de la celebración el vino se les había acabado. María, su madre, que sabía a dónde ir por ayuda cuando la crisis golpeaba, se acercó a Jesús y le expresó: «No tienen vino» (Juan 2:1-3).

Puede parecernos extraño que la falta de vino se haya convertido en una crisis. Después de todo, ¿era esta circunstancia la causa justificable para un milagro? Y por otra parte, ¿por qué Jesús usó este evento para mostrar públicamente su destreza como Mesías?

En los tiempos bíblicos las ceremonias de boda eran mucho más importantes que hoy en día. El evento a menudo duraba una semana o más. Si el vino se acababa durante la celebración, la novia y el novio eran humillados. Jesús conocía perfectamente esta costumbre judía, por lo que respondió con compasión, con la esperanza de aprovechar la oportunidad para el ministerio.

> «Su madre dijo a los que servían: Haced todo lo que os dijere. Y estaban allí seis tinajas de piedra para agua, conforme al rito de la purificación de los judíos, en cada una de las cuales cabían dos o tres cántaros. Jesús les dijo: Llenad estas tinajas de agua. Y las llenaron hasta arriba. Entonces les dijo: Sacad ahora, y llevadlo al maestresala. Y se lo llevaron. Cuando el maestresala probó el agua hecha vino, sin saber él de dónde era, aunque lo sabían los sirvientes que habían sacado el agua, llamó al esposo, y le dijo: Todo hombre sirve primero el buen vino, y cuando ya han bebido mucho, entonces el inferior; mas tú has reservado el buen vino hasta ahora» (Juan 2:5-10).

Hay que tener presente que nada de esto habría sido posible si Jesús no hubiera estado dispuesto a ser visto en sociedad. Valoraba pasar el rato con la gente que había venido a servir.

Lo mismo ocurrió con Chris y sus amigos. No podían hacer milagros para mostrar su fe, pero entendían el poder de aprovechar las oportunidades cotidianas y los intereses para crear ocasiones para el ministerio. Si Jesús utilizó agua y vino en una fiesta de bodas, ciertamente ellos podían usar el voleibol de medianoche en un campus universitario.

Cuando consideramos la historia de Jesús en Juan 2, vemos que no asistió a la boda solo para hacer milagros. Jesús fue como invitado, como amigo. No estaba allí para presumir o exhibirse a fin de obligar a los demás a que creyeran. Todo lo que le interesaba era glorificar a su Padre.

La conclusión es que Jesús a menudo ministraba pasando el rato. Nunca evitaba a la gente o las situaciones por temor a dañar su reputación. Si asistía a una fiesta de bodas o simplemente pasaba el rato en un pozo samaritano con una mujer de dudosa reputación, Jesús les dio a sus hijos el mejor ejemplo a seguir para la vida diaria. La cuestión no es la autosatisfacción o llamar la atención pública; sino más bien el imperativo de «ir» al mundo echando mano de los momentos divinos, ¡siempre para guiar a la gente a Él!

Pasar el rato con propósito

Hay varias ideas para que pasar el rato con propósito sea más eficaz

1. Estate plenamente presente mientras vas por la vida cotidiana

Estar plenamente presente significa que siempre buscas oportunidades para exaltar a Cristo mediante el servicio a los demás. Jesús practicó esto en la vida diaria. Percibió y sanó a una mujer que había padecido doce años una hemorragia (Mat. 9:20-22). Hizo tiempo para el hijo de un noble que necesitaba ser curado (Juan 4:46-54). Aprovechó la oportunidad para ministrar a un hombre lisiado que esperaba en el estanque de Betesda (Juan 5:1-9).

Todos estos milagros sucedieron porque Jesús estaba presente entre la gente que vino a servir. Nunca rechazó a las multitudes. Por el contrario, veía más allá de las masas y se compadecía por la necesidad de cada uno. Para decirlo de otro modo, Jesús no solo pasaba tiempo casualmente entre la gente, sino que lo hacía con un propósito; estaba siempre plenamente presente con ellos.

2. Busca intencionalmente relaciones a las que les puedas testificar

Pasar el rato puede convertirse en un acto de ministerio intencional que nos lleva a evangelizar en nuestro paso por la vida cotidiana. Un buen ejemplo de esto ocurrió cuando Jesús se encontró con Zaqueo (Luc. 19:1-10). A pesar de que este publicano, recaudador de impuestos, era despreciado por su deshonestidad, Jesús trató intencionalmente de hacer amistad con él. No se dejó disuadir por los comentarios negativos de los lugareños. Como resultado, la vida de aquel hombre cambió.

3. Disponte para aprovechar las oportunidades de Dios

Nunca sabes cuándo una oportunidad divina va a ocurrir. La clave es estar listo y dispuesto para responder. Tenemos un buen ejemplo de esto en Juan 6:1-14 cuando Jesús alimentó a 5000 hombres. Los discípulos querían enviar a la multitud a su casa porque no había comida, pero Jesús quiso enseñarles cómo aprovechar las oportunidades divinas. La Biblia dice que probó a los discípulos para ver cómo iban a responder. Lamentablemente, eran predecibles y vieron la oportunidad como insuperable. Jesús tomó unos pocos panes y peces de un muchacho, los multiplicó y alimentó a una enorme multitud y «con los pedazos de los cinco panes de cebada que les sobraron a los que habían comido, llenaron doce canastas» (v. 13, NVI). Estar dispuestos es la clave para aprovechar las oportunidades divinas.

4. Prepárate para responder a las oportunidades del ministerio

En 2 Tim. 2:15 Pablo dice: «Procura con diligencia presentarte a Dios aprobado, como obrero que no tiene de qué avergonzarse, que usa bien la palabra de verdad». En otras palabras, si comienzas intencionalmente a buscar oportunidades para evangelizar debes estar bien preparado para manejar la Palabra de Dios con destreza y presentar el evangelio. La Biblia enseña que un obrero debe calcular los gastos antes de seguir una dirección en la vida o el ministerio (Luc. 14:28-33). Por ejemplo, si quieres proclamar el evangelio en una zona densamente poblada por musulmanes o mormones, debes entender en qué creen. Más importante aún es que sepas en qué crees tú y seas capaz de comunicarlo con claridad.

5. Sé audaz con el mensaje de Cristo

Una cosa es estar dispuesto a compartir el mensaje de Cristo; otra completamente distinta es hacerlo cuando surge la oportunidad. Debes ser sensible al Espíritu Santo y audaz en tu respuesta. Esto no significa que tengas que ser demasiado agresivo, temerario o insistente, sino más bien deliberado, sensible y coherente con el mensaje del evangelio. Al igual que el ejemplo del K-Mart antes indicado, la idea no es abalanzarse sobre personas confiadas. La clave es ser obediente e intencional cuando las personas abren la puerta de su vida. Cuando esto sucede, sé audaz, cuéntales tu historia espiritual y luego muéstrales la cruz.

¡Funciona!

Dios le enseñó a nuestra familia cómo pasar el rato con propósito e impactar a los demás. A mi hija Dana le encantan los deportes, especialmente el softbol. Cuando tenía diez años de edad, era evidente que tenía un don como lanzadora zurda. Cuando los entrenadores comenzaron a preguntar si ella podía participar en los equipos que salían de viaje, inicialmente dijimos que no porque no queríamos que dejara de asistir a la iglesia por varias semanas en el verano.

Todo esto cambió cuando Dana rindió su don como ofrenda a Dios. Después de mucha oración decidimos como familia usar el softbol como puente para evangelizar. Oraba con los equipos de Dana antes de cada partido mientras Debbi, mi esposa, preparaba aperitivos para los jugadores y sus padres. Cuando el equipo jugaba los domingos por la mañana, dirigíamos un breve estudio bíblico para el que quisiera asistir.

Con el paso de los años varios entrenadores y jugadores respondieron al llamado de Cristo. Muchos otros se animaron y siguen siendo buenos amigos. Para algunos el softbol es solo un juego. Pero cuando decidimos pasar el rato con propósito, ¡hicimos de este deporte un ministerio!

¿Cómo puedes hacerlo?

Puedes hacer de cualquier actividad un ministerio de evangelización. Haz una lista de las actividades que te gustan, cualquier cosa, desde deportes hasta artesanías. Imagina cómo Dios puede usar ese pasatiempo o interés para exaltar su reino.

Comienza a pasar el rato en lugares y con personas que tienen los mismos intereses. Pídele a Dios que te dé una visión de cómo puedes usarlos. Sé intencional.

Cuando se pueda, pídele a tu iglesia que te apoye. Recluta voluntarios mientras planeas el inicio del ministerio, que puede llegar a las masas o bien a una persona por vez. Todo comienza cuando estamos dispuestos a entregarlo todo a Cristo.

Evangelismo es...

1. Pasar el tiempo con propósito.
2. Buscar oportunidades para exaltar a Cristo al ministrar a los demás.
3. Aprovechar las oportunidades divinas para anunciar el evangelio.

Versículo clave

«Porque si callas absolutamente en este tiempo, respiro y liberación vendrá de alguna otra parte para los judíos; mas tú y la casa de tu padre pereceréis. ¿Y quién sabe si para esta hora has llegado al reino?» (Est. 4:14).

Citas interesantes

Mis propias falsas percepciones sobre los que no son cristianos me convencieron en algún momento de que solo las formas inferiores de vida del planeta frecuentaban las cantinas [...]. Dios me ha mostrado un tipo diferente de amor, un amor fértil que se extiende a todos. Por años amé a los perdidos en obediencia a Dios y su palabra. En años recientes algo cambió en mi corazón. Siento que he crecido. Ahora, no solo amo a los perdidos, incluso me gustan.

—STEVE SJOGREN[1]

Esta declaración fue hecha después de pasar el rato y ayudar a la gente de una cantina local con la intención de compartir el mensaje de Cristo. Sjogren encontró una dama interesada que le preguntó: «¿Crees que personas como nosotros encajamos en una iglesia como la tuya?»

Una vez, ciertos líderes religiosos quisieron provocar a Jesús con el insulto más devastador que pudieron inventar [...]. Después de devanarse los sesos, finalmente le dijeron: «Tú... Tú... amigo de pecadores... eres culpable de asistir a bodas escandalosas, frecuentar a publicanos corruptos, charlar con mujeres de mala reputación y mezclarte con gentuza del otro lado de la ciudad». Su argumento era simple: Jesús era amigo de los pecadores, ¡porque le importaban a su Padre!

—Bill Hybels[2]

El cristianismo no puede ser más básico [...]. Valora, ama, cuida, alcanza y pasa el rato con «el más pequeño de estos».

—Chuck Swindoll[3]

Aplicación

¿Dónde puedes empezar a pasar el rato hoy con la intención de forjar relaciones donde puedas dar testimonio? ¿Qué dones o intereses te ha dado Dios que puedan forjar un ministerio si los mezclas con intención, dirección y propósito evangelizador? Comienza ahora a escribir una lista de tus intereses y pasatiempos. Entrégaselos a Dios junto con tu tiempo, y ¡prepárate para que tu vida cambie!

Notas

1. S. Sjogren, *Conspiracy of Kindness* [Conspiración de bondad] (Ventura, CA: Regal Books, 2003), 98–99.
2. L. and B. Hybels, *Rediscovering Church* [Redescubrir la iglesia] (Grand Rapids, MI: Zondervan, 1995), 169.
3. C. Swindoll, *Compassion* [Compasión] (Waco, TX: Word Books, 1984), 60.

26

Evangelismo es. . .

Encarnar a Jesús en la vida cotidiana

David Wheeler

Karen y Steve Rogers pasaban por el estacionamiento de casas remolque de Sandhills Mobile Home Park todos los domingos de camino a la iglesia. Estaba escondido detrás de una valla privada desvencijada y sin pintar. Como muchos otros cristianos, los Rogers, abrumados por las demandas de la vida diaria, eran ajenos a las necesidades de aquel lugar.

El Sandhills Mobile Home Park llamó la atención de los Rogers cuando el periódico local reportó un relato de la policía que dominó a una red de narcotraficantes que operaba desde aquel sitio. Finalmente, después de percatarse de la pequeña comunidad, comenzaron a orar por una oportunidad para llevar a cabo el ministerio. A su vez, Dios comenzó a llamar a los Rogers a invadir la comunidad con el amor y el mensaje de Cristo. Descubrieron que la zona era conocida por las drogas, el alcohol, la pornografía, la violencia doméstica y otros delitos.

Sin embargo, los Rogers se engancharon. En pocas semanas Dios les dio pasión y amor por la gente de esta comunidad cerrada. Ya no pudieron más pasar e ignorar los clamores de las familias perjudicadas. Cuanto más los visitaban, Dios les daba una visión aún mayor para quedarse y servir.

Después de algunas dudas iniciales, su iglesia comenzó a ir a la comunidad e invitar a los residentes a la escuela dominical y la adoración. Incluso les ofrecieron transporte gratuito. Sin embargo, después de tres domingos sin respuesta, la iglesia abandonó el proyecto. Aunque esto se convirtió en un momento de tremendo desaliento, una noche, durante el devocional familiar, Dios iluminó a los Rogers. Descubrieron una verdad profunda: «Por tanto, id, y haced discípulos a todas las naciones, bautizándolos en el nombre del Padre, y del Hijo, y del Espíritu Santo; enseñándoles que guarden todas las cosas que os he mandado; y he aquí yo estoy con vosotros todos los días, hasta el fin del mundo. Amén» (Mat. 28:19-20).

«Hemos hecho todo al revés», afirmaron. «Les hemos pedido que vayan a la iglesia con nosotros, ¡cuando la gran comisión no dice "*que vengan*", sino "*vayan*" y hagan discípulos!»

Esta idea revolucionaria convirtió su esfera de acción en un nuevo estilo de vida de participación en la comunidad. Si bien siguieron invitando a la iglesia, el enfoque cambió al cultivar relaciones con la gente de la comunidad de Sandhills. En la medida de lo posible, los Rogers trataron de experimentar la vida a través de los ojos de los residentes locales.

Con el tiempo, los Rogers, junto con otras dos familias de la iglesia, rentaron una casa remolque para que funcionara como base del ministerio. Después de ganar la confianza de los residentes y de forjar relaciones más profundas, las áreas de servicio comenzaron a multiplicarse. Pronto, se organizó un club de niños, comida gratuita y ropa para los desempleados, ayuda a las madres solteras, y visitas semanales a los familiares encarcelados de la comunidad. Como resultado, la Capilla de Fe de Sandhills se desarrolló en la pequeña sala de aquel remolque.[1]

Vayan

Historias como estas se multiplican en todo Norte América. Por ejemplo, una madre y ama de casa, de clase media, de una comunidad del Medio Oeste utilizaba su título universitario en ciencias para ayudar a los niños del vecindario a realizar los proyectos difíciles de la escuela. Cuidaba a los niños, les preparaba bocadillos y comidas y les compartía cositas sencillas del mensaje del evangelio. Con el tiempo, varios vecinos vinieron a Cristo.

Otra familia de una comunidad de clase alta del sur de los Estados Unidos se acercó a una madre recién divorciada. Organizaron al vecindario para proporcionarle la necesaria estabilidad para sus hijos ayudando diariamente con el cuidado de los niños cuando la madre se vio obligada a trabajar. La madre y los hijos se entregaron a Cristo.

Como Jesús, debemos estar dispuestos a ir y aprender a vivir como Jesús. Pero aún más importante, debemos ser Jesús para un mundo herido.

La vida que encarna a Jesús

La teología se refiere a la encarnación de Jesucristo cuando describe que Dios se hace carne. El Evangelio de Juan lo expresa de manera concisa: «La Palabra [Jesús] se hizo carne y sangre, y se mudó al vecindario. Vimos la gloria con nuestros ojos, como la que tiene el Padre, así el Hijo, generoso por dentro y por fuera, lleno de verdad de principio a fin» (Juan 1:14, *The Message*).

Jesús, el Hijo de Dios, se hizo carne para poder mostrarnos cómo era Dios de cerca y en persona. Sin embargo, no solo dejó la gloria y la deidad en el cielo y se humilló para ser como uno de nosotros; ¡dio un paso incluso más abajo, y se convirtió en nuestro servidor! «Pero no será así entre vosotros, sino que el que quiera hacerse grande entre vosotros será vuestro servidor, y el que de vosotros quiera ser el primero, será siervo de todos. Porque el Hijo del Hombre no vino para ser servido, sino para servir, y para dar su vida en rescate por muchos» (Mar. 10:43-45).

Decimos que un cristiano encarna a Jesucristo cuando su estilo de vida se asemeja al de Él, identificándose con los perdidos y sirviéndolos con humildad. Pablo nos dice que esta vida de servicio humilde se espera de un cristiano obediente. «Haya, pues, en vosotros este sentir que hubo también en Cristo Jesús, el cual, siendo en forma de Dios, no estimó el ser igual a Dios como cosa a que aferrarse, sino que se despojó a sí mismo, tomando forma de siervo, hecho semejante a los hombres» (Fil. 2:5-7).

Encarnar a Cristo en la vida diaria exige rendirse no sólo a sus palabras, sino también imitar sus acciones. A pesar de las circunstancias que el mundo pueda presentar como piedras de tropiezo a la fe, siempre debemos llevar nuestras acciones y actitudes bajo la autoridad de Cristo.

¡La esencia de este estilo de vida envuelve nuestra fe en la carne del diario vivir! En concreto, es vivir auténticamente nuestra fe en cada situación.

¡Que Cristo sea exaltado mediante mi dolor!

Recuerdo a un profesor del seminario a quien se le diagnosticó cáncer de próstata cuando tenía un poco más de 50 años. Cuando se hizo evidente que la enfermedad era resistente a la quimioterapia y que le quitaría la vida en cuestión de meses, no se amargó, ni se enojó con Dios. Su testimonio terrenal concluyó con múltiples historias de como vivió con alegría sus últimos días, comunicando el evangelio a todo aquel que se le acercaba. Enfermeras, doctores y camilleros testificaban de su grandioso espíritu de amor por Cristo y por ellos. En su funeral, no podías sino esbozar una sonrisa cuando su hijo citó algunas de las palabras finales de su padre. «Puede que ya esté por irme, pero quiero llevarme a todas las almas que pueda [...]. ¡Que Cristo sea exaltado mediante mi dolor!»

Está en nuestro ADN

Como mencionamos en el capítulo 12. El Evangelio de Juan registra el relato de la reunión de Jesús con un fariseo llamado Nicodemo, un gobernante bien respetado de los judíos. Vino a Jesús de noche, por curiosidad, para discutir asuntos de la fe. Jesús le dijo tres veces que tenía que nacer de nuevo.

> «Respondió Jesús y le dijo: De cierto, de cierto te digo, que el que no naciere de nuevo, no puede ver el reino de Dios» (Juan 3:3).
>
> «Respondió Jesús: De cierto, de cierto te digo, que el que no naciere de agua y del Espíritu, no puede entrar en el reino de Dios. Lo que es nacido de la carne, carne es; y lo que es nacido del Espíritu, espíritu es» (Juan 3:5-6).
>
> «No te maravilles de que te dije: Os es necesario nacer de nuevo» (Juan 3:7).

El contraste que estableció Jesús, entre el nacimiento natural a través de la carne y ser «nacido del Espíritu», tiene ramificaciones eternas en cuanto a cómo debemos interpretar el proceso de la salvación y cómo se debe vivir la nueva vida en el mundo. En otras palabras, la vida cristiana debe ser mucho más que simplemente comprometerse a un conjunto de reglas. Mediante el nuevo nacimiento se espera que representemos a Cristo como si estuviera en nuestro lugar.

Así como este pasaje compara el nacimiento físico con el nacimiento espiritual, podemos hacer lo mismo para entender la vida que encarna a Jesús y a la que somos llamados como cristianos. Todos nosotros llevamos ciertas características que se transmiten mediante el ADN físico. Lo mismo ocurre en un sentido espiritual. Cuando nacemos de nuevo en Cristo, nos convertimos en receptores de su ADN espiritual. Por consiguiente, debemos vivir como Cristo en nuestros hechos, actitudes y palabras.

Dicho de otra manera, no puedo evitar ser de baja estatura, tener canas y que poco a poco me vaya quedando calvo prematuramente. Todo esto me lo transmitió el ADN de mis padres. De la misma manera, el gran amor y compasión que Cristo mostró por la gente debe correr de manera natural por mis venas y ser evidente al mundo. Puesto que a Él le importaron los perdidos, como lo demostró en su sacrificio en la cruz, debemos hacer lo mismo diariamente, como aquellos que en la vida encarnamos a Jesús.

Principios de vida de aquellos que encarnan a Jesús en su vida

1. Encarnar a Jesús manifiesta que hemos nacido de nuevo

Cuando renacimos como cristianos a la imagen de Cristo se nos dio una nueva naturaleza y nos convertimos en miembros auténticos de su familia. Esta es la naturaleza de Cristo, nuestro ADN espiritual, y se revela mediante nuevos deseos y actitudes.

Esta expresión de nuestro ADN espiritual se observa particularmente cuando se trata de la evangelización y el deseo de alcanzar a los inconversos. El deseo de Dios es que todos los hombres vengan a Él en una relación personal (2 Ped. 3:9; 1 Tim. 2:3-6). Por lo tanto, también debemos desear que Dios nos use en este proceso. En otras palabras, ¡siempre debe haber un parecido de familia entre Cristo sus hijos!

2. Los seguidores de Cristo deben encarnar el evangelio que proclaman

Steve Sjogren, autor de *Conspiracy of Kindness* [Conspiración de amabilidad], cuando se refiere a la manera en que vemos a los perdidos, plantea la pregunta, «¿Cómo los ves?» Como respuesta presenta varias maneras ineficaces con que los cristianos pueden ver y responder a los perdidos.

Evasión. Muchos cristianos optan voluntariamente por evadir a los inconversos. Esta es una respuesta engañosa. Si los cristianos nunca se encuentran con inconversos, sienten poca responsabilidad por su condición eterna. Este parece ser el enfoque más popular.[2]

Dominación. Armados con una Biblia de gran tamaño y una oratoria ampulosa, estos individuos prefieren el mensaje de condenación al de compasión. Como resultado, el diálogo sano se sacrifica casi siempre en el altar del dogmatismo legalista.

Farsa. Muchos de los llamados creyentes se disfrazan de cristianos sin darse cuenta cómo su conducta hipócrita daña al reino de Dios. La gente jamás creerá la verdad de Cristo hasta que no la vean perfectamente demostrada en la vida de los auténticos creyentes.

Limonada. En un tiempo de tolerancia y pluralismo, un creciente número de gente que asiste a la iglesia, opta por utilizar la estrategia limonada. Es decir, no hablan del pecado personal ni de la exclusividad de Cristo en la salvación por temor a ofender a alguien. Mantienen todo dulce y refrescante, algo así como un vaso de limonada fría en un caluroso día.

Invasión. La solución de Sjogren es «invadir» a la sociedad con una forma de vivir que muestre que los cristianos encarnan a Dios. Esto combina el evangelismo personal intencional con el espíritu auténtico de un siervo de Cristo. Al encarnar el evangelio, nos convertimos en las manos y los pies de Jesús, recubrimos nuestra fe con la carne de la vida cotidiana.[3]

3. Los seguidores de Cristo deben ser agentes de la justicia social y de la transformación espiritual

El amor que Dios tiene por esta atormentada humanidad tiene una dimensión personal y social. Los cristianos deben confrontar las actitudes y las estructuras pecaminosas que oprimen a los seres humanos. La injusticia en la sociedad es una afrenta a Dios. Jesús proclamó el evangelio a los grupos oprimidos y desfavorecidos, como las minorías, los discapacitados, los trabajadores migrantes y los pobres. También trató de cambiar las estructuras sociales y las actitudes que marginan y deshumanizan su creación. Ver Isa. 58:6-12 en *The Message*:

> Esta es la clase de ayuno que busco:
> romper las cadenas de injusticia,
> acabar con la explotación en el lugar de trabajo,
> libertar a los oprimidos,
> cancelar las deudas.
> Lo que quiero que hagan es:
> que compartan su pan con el hambriento,
> que inviten a sus casas a los pobres errantes,
> que vistan a los desnudos que tiritan de frío,
> y que sus familias cuenten con ustedes siempre.
>
> Hagan esto y las luces se encenderán
> y su vida de inmediato cambiará.
>
> Su justicia les allanará el camino.
> El Dios de la gloria los recibirá.
>
> Cuando oren, Dios les responderá.
> Pedirán ayuda y les declararé, ¡Aquí estoy!

Jesús era insuperable cuando desafiaba las actitudes prejuiciosas de su época. Sin embargo, los cristianos deben reconocer que su misión fundamental fue redimir a la humanidad pecadora para el amante Salvador. Los creyentes deben interesarse siempre en la justicia social y atender las necesidades de los demás, pero nunca a expensas de dejar de presentarles verbalmente el evangelio. Si no lo hiciéramos así, no los amaríamos lo suficiente.[4]

4. Los seguidores de Cristo deben amar a todos, incluso a los marginados

En el libro *Fresh Wind, Fresh Fire* [Viento fresco, fuego fresco], Jim Cymbala, pastor del Brooklyn Tabernacle en la ciudad de Nueva York, narra un encuentro que tuvo una noche de Pascua con un marginado llamado David. Su primera impresión fue que el hombre solo quería dinero. Pronto se sorprendería. Cymbala recuerda que:

> Cuando se acercó, vi que le faltaban los dos dientes delanteros. Pero lo que me dejó sin aliento fue su impresionante olor, una mezcla de alcohol, sudor, orina

y basura. Había estado cerca de mucha gente de la calle, pero este era el hedor más fuerte que había olido. Instintivamente tuve que volver la cabeza a un lado para inhalar, y luego me volví hacia él mientras exhalaba.

Le pregunté su nombre.

«David», respondió en voz baja.

«David, ¿cuánto tiempo has estado sin hogar?»

«Seis años».

«¿Dónde dormiste anoche?»

«En una camioneta abandonada».

Había oído lo suficiente y quería acabar con eso rápidamente. Tomé la billetera que estaba en mi bolsillo trasero. En ese momento, David puso su dedo frente a mi cara y dijo:

«No, usted no entiende. No quiero su dinero. Me voy a morir por ahí. Solo deseo a ese Jesús del que hablaba la chica pelirroja.

Titubee y luego cerré los ojos. *Dios, perdóname,* supliqué. Me sentí sucio y mezquino. Yo, un ministro del evangelio [...]. Todo lo que quería era deshacerme de él, cuando pedía a gritos la ayuda de Cristo del que acababa de predicar. Tragué saliva y el amor de Dios inundó mi alma...

No sé cómo explicarlo [...] pero ese olor que casi me enfermaba, de repente se hizo para mí como la más hermosa fragancia [...]. Parecía que el Señor me decía en ese instante, *Jim, si tú y tu esposa tienen algún valor para mí, si tienes algún propósito en mi obra, tiene que ver con este olor. Este es el olor del mundo por el que morí.*[5]

Jesús, en verdad, tiene un lugar especial en su corazón por los que la sociedad esquiva y rechaza a pesar de su nivel socioeconómico. Debemos hacer lo mismo.

Versículo clave

«Dijo también al que le había convidado: Cuando hagas comida o cena, no llames a tus amigos, ni a tus hermanos, ni a tus parientes, ni a vecinos ricos; no sea que ellos a su vez te vuelvan a convidar, y seas recompensado. Mas cuando hagas banquete, llama a los pobres, los mancos, los cojos y los ciegos; y serás bienaventurado; porque ellos no te pueden recompensar, pero te será recompensado en la resurrección de los justos» (Luc. 14:12-14).

«Porque el Hijo del Hombre vino a buscar y a salvar lo que se había perdido» (Luc. 19:10).

~ Cita interesante ~

La necesidad es el gatillo que activa el llamado de Dios a ministrar, si tenemos el corazón para oír y responder.

—ALBERT L. MEIBURG, *CALLED TO MINISTER*[6]

Notas

1. *His Heart, Our Hands* [Su corazón, nuestras manos] (Alpharetta, GA: North American Mission Board, 2000), 1.
2. *"Evade," "Pervade," and "Invade"* [Eludir, difundir y evadir] proviene de la conferencia de S. Sjogren, *Servant Evangelism* [Siervo del evangelismo] del 16 de mayo de 1995, pronunciada en la Vineyard Community Church, Cincinnati, OH.
3. Ibid.
4. *His Heart, Our Hands*, 3.
5. J. Cymbala and D. Merrill, *Fresh Wind, Fresh Fire* [Viento fresco, fuego fresco] (Grand Rapids, MI: Zondervan, 1997), 142–43. Usado con permiso de Zondervan Publishing House, como aparece en *His Heart, Our Hands*, 4–5.
6. A. L. Meiburg, *Called to Minister* [Llamado a ministrar] (Nashville: Convention Press, 1968), 39.

27 Evangelismo es... Ser el cambio que deseas ver en el mundo

David Wheeler

Tú debes ser el cambio que deseas ver en el mundo.

—Mohandas Gandhi

Los jóvenes profesionales son ya parte del cambio

Un grupo de jóvenes profesionales y estudiantes de posgrado en Lynchburg, Virginia, se hacen llamar «Grupo Vida». Quieren ser protagonistas de un cambio.

Recientemente, más de una docena de adultos jóvenes del Grupo Vida se reunieron un día frío y lluvioso para derribar techos, muros interiores y limpiar un patio lleno de basura y escombros de años de abandono. Después de horas de trabajo, compartieron el mensaje de Cristo con la agradecida dueña de la finca. Estaba encantada de encontrar a alguien que se preocupaba por los necesitados.

Cuando ella les contó sobre su delicado estado de salud y que casi muere, se abrió la puerta para proclamar el evangelio. Finalmente, uno de ellos le preguntó: «Si hubiera muerto entonces, ¿dónde habría pasado la eternidad?» El grupo pasó de ser un grupo altruista a un equipo de compasivos evangelistas. Aunque la mujer sabía que habían venido de una iglesia local, ahora ataba cabos entre la sincera compasión que mostraron por su bienestar físico y el amoroso mensaje de Cristo y la cruz.

Este tipo de ministerio en acción derriba murallas de resistencia en comunidades de todas partes. Se alimenta a los indigentes, y muchos, comprometidos a anunciar el evangelio de palabra y obra, visitan y prodigan amor a los presos. Nuestras comunidades están llenas de personas dolidas, especialmente en tiempos de recesión económica. Podemos influir para que haya cambios favorables si conocemos a nuestros vecinos, a la gente con quien trabajamos, y a cualquiera fuera de nuestro cómodo círculo cristiano.

El ministerio «*Angel Tree*»

Cada Navidad, miles de iglesias y negocios locales recolectan regalos para los hijos de padres encarcelados mediante un ministerio de confraternidad carcelaria llamado «*Angel Tree*» (www.pfm.org). Una iglesia que participaba regularmente en este ministerio, decidió hacer algo extra para los niños. En lugar de simplemente reunir juguetes de los miembros de la iglesia y sus familias, esta comunidad local llevó a un grupo de voluntarios que crearon una atmósfera tipo carnaval para los niños afectados. Los miembros de la iglesia prepararon eventos especiales para las festividades del día.

Se llevó a los niños a un lugar donde podían jugar, pintarse la cara, tirar algunas canastas en la cancha de baloncesto y comer montones de cosas. También recibieron regalos de Navidad en base a sus peticiones. De esta manera, la iglesia personalizó su amor por los niños, los padres adoptivos y sus padres encarcelados. ¡Fue como si Jesús entrara físicamente a la prisión y abrazara a todos a su paso!

El ministerio después del huracán Katrina

El 23 de agosto de 2011, el huracán Katrina se formó en el Océano Atlántico sobre las Bahamas y cruzó hacia el sur de Florida causando daños y muerte. Después que entró al Golfo de México, aumentó su fuerza, se estrelló en el sureste de Louisiana y luego se dirigió al centro de Texas. Las 1836 personas que perdieron la vida en el huracán y las inundaciones que siguieron, convirtieron a Katrina en uno de los peores huracanes de la historia de los Estados Unidos, y dejó un saldo de 100 mil millones de dólares en daños. La pérdida de vidas más severa y la destrucción más grande se registró en la ciudad de New Orleans, Louisiana.

Un socorrista de Ohio, contó la inspiradora historia de un hombre y su familia que fue desplazado por el huracán. El hombre, residente desde hacía tiempo del área de New Orleans, fue obligado a huir de ahí como miles de otras personas. Él y su familia empacaron las pocas pertenencias que quedaron y se mudaron al norte de Louisiana.

Allí el hombre fue recibido por los equipos del ministerio de socorro para desastres de la iglesia bautista del sur que ofrecían comida caliente, ropa, duchas y otros servicios. El gobierno proporcionó refugio para su familia en una pequeña casa remolque.

Después de un par de días de haber llegado, la familia fue invitada por un socorrista para que asistieran a un estudio bíblico por la noche. No estaban acostumbrados a los cultos de adoración y admitieron que rara vez asistían a la iglesia. Sin embargo, por el amor verdadero que el ministerio de socorro les había mostrado, fueron. Durante las próximas semanas el hombre y su familia se entregaron a Cristo. Más adelante, se citaban las palabras del padre: «Sé que suena loco, pero gracias a Dios por Katrina [...] si no fuera por el huracán, nunca habría encontrado a Cristo [...]. Perdí todo lo que tenía valor material, ¡pero gané mucho más a cambio!»[1]

«Ustedes han de ser ángeles»

Tornados violentos causaron estragos en una comunidad fuera de Akron, Ohio. Varias iglesias locales enviaron unidades de motosierras y alimentos a un pequeño pueblo para ayudar a los residentes. Los equipos pasaron varias semanas proporcionando limpieza y comidas. Los socorristas recorrían las calles asegurándose de que las necesidades físicas y espirituales fueran atendidas, y animaban a los residentes. No pasó mucho tiempo antes de que los residentes comenzaran a hacer preguntas que abrieron la puerta al evangelio. En una ocasión, un hombre, sin rodeos, hizo la siguiente observación: «Mi iglesia [católica] no ha hecho nada para ayudarme en este momento de necesidad. Exactamente: ¿Quiénes son ustedes? ¡Han de ser ángeles enviados por Dios!»[2]

Ponle pies a tu fe

Cuando el ministerio se pone en acción, el evangelismo se convierte en un subproducto natural. Considera las posibilidades. Alguien con conocimientos de carpintería pude renovar la cocina de una madre soltera, construir una rampa para silla de ruedas, reparar paredes de tablarroca o pintar la casa de un anciano. Un contador o una contadora pueden donar algo de su tiempo para ayudar a los trabajadores que luchan para presentar sus declaraciones anuales de impuestos. Un maestro de matemáticas o ciencias puede ofrecer tutoría gratuita después de clases. Los atletas de secundaria podrían dirigir campos deportivos en vecindarios de bajos ingresos. Los miembros de la iglesia pueden ofrecerse para dar clases gratis de inglés como segundo idioma o transporte gratuito para personas que necesitan ir a la tienda de comestibles o acudir al médico. Si estás dispuesto a dejar el egoísmo y colaborar, las posibilidades son infinitas.

Considera a una pequeña iglesia que respondió a una necesidad cuando cayeron sobre su comunidad más de 12 pulgadas (30 cm) de nieve y hielo. Cuando se cortó la electricidad, los hombres se reunieron con motosierras y ayudaron (gratis) a las compañías eléctricas a quitar del camino los árboles caídos. Mientras otros cobraban tarifas exorbitantes para sacar los vehículos atascados en la nieve, los miembros de la iglesia llevaron sus camionetas de doble tracción y ¡sacaron los vehículos de los montículos de nieve sin cobrar un centavo!

La clave para el ministerio de la evangelización consiste en conocer a tu comunidad y encontrar maneras de utilizar tus recursos y talentos para atender las necesidades que se ven y cultivar relaciones. ¡El resultado final está en las vidas cambiadas en la iglesia y afuera en la comunidad!

«A mí lo hicisteis»

En Mat. 25:31-46 Jesús enseña sobre el juicio futuro de la humanidad, al separar a los justos de los malditos. Este pasaje se emplea a menudo en los refugios para indigentes y juntas ministeriales para recordarles a los creyentes que alcanzar al mundo mediante el ministerio es glorificar a Cristo. El Señor declara:

> «Entonces el Rey dirá a los de su derecha: Venid, benditos de mi Padre, heredad el reino preparado para vosotros desde la fundación del mundo. Porque tuve hambre, y me disteis de comer; tuve sed, y me disteis de beber; fui forastero, y me recogisteis; estuve desnudo, y me cubristeis; enfermo, y me visitasteis; en la cárcel, y vinisteis a mí.
>
> »Entonces los justos le responderán diciendo: Señor, ¿cuándo te vimos hambriento, y te sustentamos, o sediento, y te dimos de beber? ¿Y cuándo te vimos forastero, y te recogimos, o desnudo, y te cubrimos? ¿O cuándo te vimos enfermo, o en la cárcel, y vinimos a ti? Y respondiendo el Rey, les dirá: De cierto os digo que en cuanto lo hicisteis a uno de estos mis hermanos más pequeños, a mí lo hicisteis» (Mat. 25:34-40).

Observa las cuatro últimas palabras de este pasaje: «a mí lo hicisteis». Cuando alimentaban al hambriento, vestían al desnudo, cuidaban del enfermo y visitaban al prisionero, ¡estaban sirviendo a Jesús! Los justos ignoraban que le habían hecho estas cosas a Jesús. Más bien, salir y amar al prójimo como lo mandó era la manera de vivir de ellos. La humildad y la bondad de los justos era un reflejo directo de su corazón para el ministerio y el deseo de amar a los demás. Esto nunca está lejos del corazón de Dios.

Hazlo con amor

Agnes Bojaxhiu pasó su vida adulta ministrando al pobre, al enfermo, al huérfano y al moribundo entre los más pobres de entre los pobres en los horrendos barrios bajos de Calcuta, India. Cuando comenzó una escuela al aire libre para los niños de aquellas barriadas miserables, estuvo acompañada por colaboradores voluntarios. El apoyo financiero comenzó a llegar a medida que amaba y cuidaba de esas personas que nadie estaba dispuesto a atender.

Más tarde conocida como la Madre Teresa, le dieron el Premio Nóbel de la Paz en 1979 «por el trabajo emprendido en la lucha por superar la pobreza y la angustia». No es de extrañar que se negara a asistir al banquete de ceremonia convencional ofrecido a los laureados y pidió que los 192.000 dólares se dieran a los pobres de la India.

Al comentar sobre qué fue lo que la llevó a amar a los pobres, los enfermos y los huérfanos pordioseros, siempre se refería al amor que supone dar. El ejemplo hace que sus palabras sean más potentes. En una ocasión declaró: «El intenso amor no mide; solamente da». También expresó: «Lo que importa no es cuánto hacemos, sino cuánto amor ponemos en el trabajo que realizamos. No se trata de cuánto damos, sino de cuánto amor ponemos cuando damos».

Respecto a servir a la gente humilde, ella manifestó: «No podemos hacer grandes cosas, pero sí cosas pequeñas con un gran amor». Cuando se le preguntó sobre por qué podía servir sin descanso, respondió: «El amor no puede permanecer en sí mismo; no tiene sentido. El amor tiene que ponerse en acción, y esa actividad nos llevará al servicio».

Mi cita favorita es la que hizo cuando se le preguntó cómo podía amar a esas personas sucias, malolientes, miserables, desvalidas y sin esperanza. Ella simplemente respondió: «Cada uno de ellos es Jesús disfrazado».[3]

No lejos del reino de Dios

Un día, un escriba trató de engañar a Jesús al preguntarle cuál de todos los mandamientos era el más grande. Jesús le respondió con una cita del AT «Y amarás al Señor tu Dios con todo tu corazón, y con toda tu alma, y con toda tu mente y con todas tus fuerzas. Este es el principal mandamiento. Y el segundo es semejante: Amarás a tu prójimo como a ti mismo. No hay otro mandamiento mayor que éstos» (Mar. 12:30-31).

El hombre a quien Jesús se dirigía entendió sus palabras. Comprendió que el amor es más valioso que las ofrendas y los sacrificios. Jesús estuvo de acuerdo.

> «Entonces el escriba le dijo: Bien, Maestro, verdad has dicho, que uno es Dios, y no hay otro fuera de él; y el amarle con todo el corazón, con todo el entendimiento, con toda el alma, y con todas las fuerzas, y amar al prójimo como a uno mismo, es más que todos los holocaustos y sacrificios. Jesús entonces, viendo que había respondido sabiamente, le dijo: No estás lejos del reino de Dios» (Mar. 12:32-34).

No hay sacrificios ni tradiciones (la asistencia a la iglesia, el diezmo, las prácticas religiosas, etc.) que se puedan comparar con el segundo gran mandamiento de «amarás a tu prójimo como a ti mismo». Esto significa atender las necesidades del prójimo que aún no ha sido alcanzado y encontrar la manera de participar en su vida. El mandamiento de amar es un llamado a la acción. Al hacerlo: «No estás lejos del reino de Dios».

Abre tus ojos, atiende las necesidades y anuncia a Cristo

Fácilmente podemos cerrar los ojos ante las necesidades de los demás. A menudo desafío a mis alumnos a que guarden sus *iPods*, apaguen sus teléfonos celulares y se liberen del *Facebook* por 24 horas con la intención de ver al mundo sin obstáculos. Kristina, una estudiante, siguió las instrucciones y pudo llevar a Cristo a un trabajador de la construcción. Más tarde ella admitió: «Esta persona ha estado en mi vida todos los días, pero nunca me di cuenta hasta que fui capaz de ver sin distracciones».

Una vez que somos conscientes de las necesidades, debemos hacer todo lo posible por satisfacerlas. Esto puede requerir comida, medicamentos o trabajo arduo. La clave es estar dispuestos a sacrificar tiempo, energía o dinero.

Cuando hemos construido un puente del ministerio al corazón de la persona que servimos, necesitamos anunciarle a Cristo. No dudes en anunciar tu testimonio y el mensaje del evangelio con aquellos a quienes sirves. Las personas suelen estar más dispuestas a las cosas espirituales cuando sufren o las humillan.

— Evangelismo es... —

1. Ser el cambio que deseas ver en el mundo.
2. Abrir los ojos a las necesidades de los demás.
3. Servir a Jesús dando de comer al hambriento, vistiendo al necesitado, cuidando al enfermo y visitando a los presos.

— Versículo clave —

«Y respondiendo el Rey, les dirá: De cierto os digo que en cuanto lo hicisteis a uno de estos mis hermanos más pequeños, a mí lo hicisteis» (Mat. 25:40).

— Citas interesantes —

Cada uno de ellos es Jesús disfrazado.

—Agnes Bojaxhiu, La Madre Teresa[4]

A menudo estamos ciegos. Actuamos como si los que nos rodean no fueran realmente como nosotros. Si los vemos sangrar simulamos que en realidad no están sufriendo. Si los vemos solos, nos decimos: es así como quieren vivir [...]. Pero Jesús quiere sanar nuestra visión.

—Rebecca Manley Pippert[5]

Cuando la compasión que se orienta a la acción está ausente, es un signo revelador de que algo anda mal espiritualmente.

—BILL HYBELS[6]

Aplicación

1. Dedica al menos 30 minutos orando e indagando las diversas maneras en que puedes poner tu ministerio en acción ahora mismo. Recorre a pie tu comunidad y pídele a Dios que te revele cómo puedes servir y alcanzar a tus vecinos no salvos. Haz lo mismo en tu escuela, lugar de trabajo, dormitorio o donde participas en actividades de ocio. Haz una lista y síguela de cerca. ¡Puedes ser protagonista de un cambio!
2. Ve a tu escuela local o a la cámara de comercio y pregunta por las necesidades de la comunidad. Una sugerencia es patrocinar a los maestros locales para que tengan los útiles escolares necesarios. Conversé con varios maestros hace unos años; esta era su petición principal. Con los recortes presupuestales, la mayoría de los maestros gastan cientos de dólares de sus propios fondos para proveer los útiles esenciales. También podrías colaborar en un parque o ayudar a las ligas deportivas infantiles de la localidad. Puedes aportar una ayuda semanal para el puesto de comida o cortar el césped de los campos de juego, etc.

Notas

1. Tomado de varias conversaciones personales con D. Floro, estratega del ministerio evangelístico de la Convención de los Bautistas del estado de Ohio, septiembre de 2005. El ministerio de socorro está bajo su supervisión.
2. Ibid.
3. Brainyquotes, http://www.brainyquote.com/quotes/authors/m/mother_teresa_2.html.
4. Ibid.
5. R. M. Pippert, *Out of the Saltshaker and into the World* [Fuera del salero en el mundo] (Downers Grove, IL: InterVarsity, 1979), 114.
6. B. Hybels and M. Mittelberg, *Becoming a Contagious Christian* [Convertirse en un cristiano contagioso] (Grand Rapids, MI: Zondervan, 1994), 67.

28

Evangelismo es. . .

Aprender a escuchar

David Wheeler

Recientemente, Kyle se acercó a mí después de una clase y me expresó su preocupación por un buen amigo con quien compartía el dormitorio en la universidad. Era evidente que se habían conocido varios meses antes de que uno de ellos se rindiera a Cristo. No hacía mucho Kyle se había convertido y ahora deseaba desesperadamente que su amigo tomara la misma decisión.

En un primer momento, la manera apasionada en que presentaba el evangelio abrumó a su amigo. Frustrado, me expresaba que estaba a punto de darse por vencido: «Lo he intentado todo, pero aún no le responde a Cristo. Parece indiferente y apagado. Qué puedo hacer para ayudarlo?»

Mi respuesta sorprendió al estudiante. No le enseñé otra manera de anunciar a Cristo, ni un folleto evangelístico. Tampoco le pasé una refinada presentación en DVD ni lo dirigí a un práctico sitio web. Simplemente le recomendé: «Aprende ahora a escuchar a tu amigo».

Para empezar, esto no lo impresionó y me preguntó: «¿Cuál es el punto de escuchar sin anunciar el evangelio?» Para él, el evangelismo no era más que el acto de compartir información, incluso si la otra persona no lo escuchaba.

Le reiteré mi consejo inicial: «¡Aprende a escuchar a tu amigo!». Lo envié de vuelta al dormitorio con instrucciones estrictas de ser un buen amigo, aprender a relajarse, confiar en el Espíritu Santo, y sobre todo, ¡que empezara a escuchar!

No supe nada de Kyle por casi un mes y olvidé el incidente hasta que se me acercó después de clase con una gran sonrisa en el rostro. Me comentó: «No puedo creer cómo un simple acto de amor pudo producir fruto eterno. Dejé de poner a mi amigo a la defensiva, comencé a disfrutar de su compañía y él fue más receptivo. Cuando conversaba conmigo, lo escuchaba. Me confió lo que le preocupaba si se hacía cristiano». Y añadió: «Con el tiempo, se entregó a Cristo».

Sin consejos, ¡solo escuchar!

Hace algunos años, cierto día, mientras conducía a casa después del trabajo, me enteré de una nueva oportunidad de negocio que estaba ganando popularidad en la Costa Oeste. Al comprender que la gente ansiaba ser atendida y genuinamente escuchada, un pequeño grupo de empresarios puso en marcha un servicio de escucha. Se establecerían en los centros comerciales y los espacios públicos. Cobrarían 25 dólares por dar al cliente toda su atención durante 30 minutos. Sin consejos, ¡solo escuchar! No había límites en cuanto al tema que el cliente quisiera abordar, y los empresarios juraban guardar silencio total.

El negocio funcionó de maravilla mientras largas filas se acumulaban en cada localidad. Sin embargo, esto no debería sorprender a nadie. La habilidad de escuchar siempre se ha malentendido como una expresión de amor. Lo mismo es cierto hoy en día. En una cultura donde las distracciones y ser impersonal se han convertido en formas de arte, nada tiene más valor como expresión de intimidad y compasión que la capacidad de escuchar. Esto adquiere una gran relevancia cuando se trata de la evangelización en el mundo de hoy.

Jesús era un buen oyente

Cuando leemos los evangelios y estudiamos los encuentros de Jesús con diversas personas, vemos de inmediato que era un buen oyente que siempre practicaba las habilidades de la escucha activa. Eso puede no parecer mucho, pero en la cultura contemporánea, ¡escuchar equivale a amar!

Una de mis historias favoritas del ministerio de Jesús es aquella en que evangelizó a la mujer junto al pozo. Jesús estableció una excelente relación con ella, no sólo se debió a que le dirigió la palabra, sino que también se tomó el tiempo para escucharla. Si queremos lograr relaciones exitosas y ser eficaces evangelistas, necesitamos desarrollar nuestras habilidades para escuchar.

Se puede aprender a escuchar

Esto es algo que el Dr. Jerry Pipes señala en su libro *Building a Succesful Familiy* [Cómo formar una familia exitosa]. Dado que la comunicación es un factor clave de los hogares felices, el autor hace varias observaciones con respecto a la importancia de aprender a escuchar.[1]

Niveles de escucha

Según Pipes, hay cinco niveles básicos de escucha:

1. *Ignorar.*[2] Desde luego, este no es un nivel deseable para el ministerio eficaz. Sin embargo, por simple observación, este es el nivel más común de la sociedad. Considera que vivimos en un mundo de ruidos e interrupciones constantes. Por consiguiente, es fácil caminar por la vida sin relacionarnos con la gente en nuestra esfera de influencia. Podemos justificar nuestra falta de interés argumentando que estamos demasiado ocupados con asuntos urgentes o simplemente preocupados por los desafíos de la vida. La verdad es que le hemos permitido a Satanás que nos ciegue ante un mundo afligido. En lugar de invertir nuestra vida en los asuntos eternos, como son los deseos de Cristo, resulta más fácil desconectarse y racionalizar nuestra desobediencia a la gran comisión.

2. *Escuchar simuladamente.*[3] Considerando la necesidad de una auténtica comunidad y autenticidad en la cultura contemporánea, este es un nivel de escucha particularmente dañino para el evangelismo eficaz. Con las constantes distracciones de los teléfonos celulares y las computadoras de mano, la sociedad moderna ha perfeccionado el arte de simular que escucha. Justificamos nuestro comportamiento grosero con la excusa de que realizamos tareas múltiples, minimizando así las necesidades reales de los demás, estimándolas como menos que un mensaje de texto sin sentido. No te engañes, los demás saben si en verdad los estás escuchando…¡o solo finges que te interesan!

3. *Escuchar selectivamente.*[4] Mi esposa me dice que este concepto es congénito en la mente de todo hombre. No sé si eso sea cierto, pero recuerdo que mi padre nunca olvidaba el sermón del pastor ¡si este trataba de la sumisión de la esposa al esposo! Era cómico. Papá podía haberse dormido el domingo anterior, pero nunca cuando este tema se discutía. De manera que puede haber algo en la suposición de mi esposa. De todos modos, escuchar selectivamente no es una buena manera de cultivar relaciones duraderas para el evangelismo.

4. *Escuchar con atención.*[5] Por naturaleza este nivel indica que uno está conectado y sintonizado con la persona que conversa. Esto significa un buen contacto visual y concentración en lo que la persona nos comunica. Ten en cuenta que *atento* incluye lo verbal y lo no verbal. La gente se da cuenta si eres auténtico. El evangelismo eficaz siempre requiere de nuestra total atención.

5. *Escuchar con empatía.*[6] Este es el nivel más profundo de la escucha y del verdadero ministerio. En este punto, el que da testimonio no escucha como si el otro solo hiciera ruido, ni simplemente con los oídos. Por el contrario, ¡escucha con el corazón!

Errores fundamentales en el proceso de la escucha

Si el objetivo es escuchar «con atención» y finalmente «con empatía», habrá que evitar los cinco errores fundamentales en el proceso de la escucha:

1. Escuchar con fingimiento.[7] Este error es similar al de escuchar «simuladamente». Si equiparamos «escuchar» con «interés», las personas finalmente sabrán si en verdad les importas ¡en la forma en que valoran tus palabras!

2. Escuchar tratando de aventajar al otro.[8] Esto me recuerda a un grupo de personas en un hogar para ancianos que discutían sobre quién estaba en peor estado de salud. En lugar de escuchar con empatía a la persona que expresaba su dolor, los demás la minimizaban contando otra experiencia más impresionante. Esto no producirá una evangelización eficaz.

3.Escuchar al estilo de Barney Fife.[9] No te rías. Este conocido cómico estadounidense, protagonista de la serie "El show de Andy Griffith", se hizo famoso porque siempre tenía soluciones estrafalarias a las necesidades de los demás. Como me recuerda mi esposa: «Algunas veces es mejor escuchar y guardar las soluciones para nosotros». Tiene razón. El corazón de escuchar «con empatía» no es llegar a una solución, sino la compasión que nos lleva a conectarnos plenamente con la persona, incluso si eso significa mantenernos callados.

4. Escuchar como el Dr. Phil. El Dr. Phil es un psicólogo clínico que conduce un programa de entrevistas en la televisión estadounidense. Escuchar de esta manera puede convertir el proceso de la escucha en un espectáculo o peor aún, en tu trabajo. Hay poca empatía aquí, solo una cadena de sugerencias triviales desconectadas. ¡Es escuchar con la mente, pero no con el corazón!

5. Escuchar al estilo iPod. En mi opinión, esta es una de las grandes aflicciones de la cultura moderna. Es decir, nos deificamos al caminar por la vida en nuestro pequeño mundo con poco interés en las necesidades de las personas que sufren. Después de todo, ¿cómo podemos escuchar el clamor de los necesitados si nuestro corazón, mente y oídos están cerrados y consumidos por el deseo de gratificarnos? Piensa en esto: ¿Cuántas veces has caminado en una zona muy concurrida sin el menor interés por los demás porque vas distraído con algún tipo de tecnología? No puedo imaginar a Cristo caminando en aquel mismo lugar con los dedos en los oídos, la cabeza agachada y los ojos cerrados a la aflicción de la gente.[10]

Consejos para escuchar con entendimiento

La historia de la mujer en el pozo está explicada plenamente en otros dos capítulos de este libro. Sin embargo, en beneficio de esta importante lección sobre escuchar, haremos algunas referencias rápidas al relato de Juan 4. Puedes aprender a escuchar si sigues estos pasos

1. Trata de determinar la perspectiva de la otra persona.[11] Tal es el caso de Cristo cuando usó una serie de respuestas para establecer las cuestiones más profundas de la vida de la mujer. A diferencia de muchos de nosotros, Jesús no se apresuraba a decir lo que pensaba ni usurpaba la perspectiva de la mujer al tratar de imponer la suya. Jesús era impulsado por una genuina y elevada compasión, más allá de la condenación.

2. Haz buenas preguntas estratégicas y responde con declaraciones en el lugar adecuado.[12] Jesús hizo esto con la mujer samaritana cuando le pidió de beber. También ocurrió cuando llevó la conversación del agua física al agua espiritual. Sucedió una vez más cuando le pidió que mandara llamar a su marido. En la cultura contemporánea, una buena pregunta sería: «¿Quieres contarme sobre tu vida?» Créeme, funciona. Solamente disponte a escuchar.

3. Dale espacio a la otra persona.[13] Una vez más, Jesús hizo esto con la mujer en el pozo. No la atacó con un aluvión de información. Sabiamente le dio espacio a la mujer para que considerara a Cristo. A este principio se lo llama a veces «continuar con la conversación». Significa que debemos encontrarnos con la gente donde está y, si es necesario, estar dispuestos a continuar la conversación en encuentros posteriores. Hay que ser sensibles al Espíritu y nunca cerrar la puerta. No sabes si la próxima conversación puede ser la hora señalada.

La respuesta de la mujer

La mujer samaritana no tenía que ser honesta cuando respondió a las preguntas de Jesús. Después de todo, en aquel momento de la conversación no sabía que estaba hablando con el Mesías. ¿Qué hizo que la mujer confiara en Cristo? Se debió a que Él la escuchó y recompensó su sinceridad revelándole su Deidad.

Jesús aceptó a la mujer a pesar de su oscuro pasado. En consecuencia, su conversación sin prejuicios sobre el pecado, la gracia y la vida eterna le dieron a ella una nueva clase de confianza. Su respuesta fue ir al poblado y audazmente proclamar: «Vengan a ver a un hombre que me ha dicho todo lo que he hecho. ¿No será éste el Cristo?» (Juan 4:29, NVI).

Jesús es el ejemplo perfecto del evangelismo eficaz. Sus audaces acciones y habilidad para escuchar y relacionarse con la mujer en el pozo nos desafían a hacer lo mismo.

Si Jesús la hubiese ignorado porque vivía con alguien que no era su esposo o porque había vivido una vida llena de pecado antes de aquella reunión, no habría tenido la oportunidad de traer a otros para que lo conocieran. Jesús conocía el estilo de vida de la mujer y fue directo a su corazón. No se presentó como un judío digno de respeto; se sentó con ella y le habló como a una persona necesitada de un amigo y Salvador. Jesús no dominó la conversación; no la confundió con términos elevados ni la juzgó por los errores del pasado. Tampoco la avergonzó para que aceptara el agua viva. Simplemente la escuchó y respondió a su mayor necesidad… ¡la salvación!

Evangelismo es…

1. Verbal y no verbal. El verdadero evangelismo se expresa con todo el ser, de una manera verbal y no verbal. Desde una perspectiva no verbal, aprender a escuchar es esencial para mostrar el amor en la cultura contemporánea. Si bien hay que ser audaz y proclamar verbalmente el mensaje de la verdad a un mundo doliente, la receptividad al evangelio a menudo está determinada por el aprovechamiento de las expresiones no verbales relacionadas con escuchar y relacionarse.
2. Conocer la diferencia entre oír y escuchar. La diferencia entre ambos es similar a los conceptos de ruido aleatorio y genuina comunicación. Es común que vayamos por la vida oyendo, pero no escuchando de verdad. Por ejemplo, si vives en la ciudad, la bocina de los coches es algo normal. Simplemente oír el sonido de las bocinas como ruido de fondo mientras caminas por la calle es totalmente diferente a escuchar un bocinazo cuando estás en el coche y tu vida está en peligro. Lo mismo se aplica al evangelismo. Si escuchar es una expresión de amor que puede abrir la puerta para testificar, debes ir más allá de simplemente oír, ignorar el ruido de la gente que te rodea y comenzar a escuchar con atención. Esto sucede cuando reducimos la velocidad y comenzamos a comprender las necesidades de las personas que Dios ha puesto en nuestra vida.
3. Negarse a sí mismo. El acto de escuchar es siempre una expresión de autonegación y humildad. El testigo prudente es siempre un participante dispuesto cuando Dios revela su plan redentor. Como dijo Jesús: «Si alguien quiere ser mi discípulo —les dijo—, que se niegue a sí mismo, lleve su cruz y me siga» (Mar. 8:34, NVI).
4. Estar preparado para anunciar el evangelio cuando llegue el momento adecuado. Escuchar siempre debe ser algo activo e intencional. El fin esencial de todo evangelismo es contar la historia redentora de Cristo.

Versículo clave

«Porque el que quiera salvar su vida,
la perderá; pero el que pierda su vida
por mi causa y por el evangelio,
la salvará» (Mar. 8:35, NVI).

Citas interesantes

Escuchar significa que estamos dispuestos a aprender de los demás. Escuchar quiere decir que no nos sentimos amenazados en nuestras propias creencias cristianas cuando oímos lo que otra persona cree. Escuchar significa realmente preocuparnos y ocuparnos de la persona.

—THOM RAINER[14]

A veces pienso que las únicas personas que están conmigo y me escuchan realmente son las que contrato, a las que les pago.

—MARILYN MONROE[15]

Imagina qué habría pasado con la actriz Marilyn Monroe si alguien, de preferencia un cristiano, se hubiera preocupado en verdad por ella y hubiera escuchado. ¿Se habría suicidado? ¡Por desgracia, nunca lo sabremos!

Notas

1. Para una explicación completa de los temas relacionados con la importancia de escuchar, ver J. Pipes, *Building a Successful Family* [Edifique una familia exitosa] (self-published, 2002), 55–62.
2. Ibid., 56.
3. Ibid., 57.
4. Ibid.
5. Ibid., 58.
6. Ibid.
7. Ibid., 59.
8. Ibid.
9. Ibid., 60. Barney Fife fue un galardonado y famoso personaje cómico de la televisión estadounidense en blanco y negro. Su programa *The Andy Griffith Show* duró de

1960 a 1968. Don Knotts, actor de este show, ganó cinco premios Emmy por su trabajo en esta exitosa serie.

10. Los párrafos sobre escuchar como el Dr. Phil y al estilo iPod no forman parte del libro de Pipes. Ambos son observaciones personales del autor.

11. Pipes, *Building a Successful Family*, 61.

12. Ibid.

13. Ibid., 62.

14. T. S. Rainer, *The Unexpected Journey* [El viaje inesperado](Grand Rapids, MI: Zondervan, 2005), 200.

15. Cita tomada de W. J. Weatherby, Conversaciones con Marilyn. R. J. Morgan, compilador, Nelson's Complete Book of Stories, Illustrations, and Quotes [Libro de historias, ilustraciones y citas completas de Nelson] (Nashville, TN: Thomas Nelson, 2000), 516.

29

Evangelismo es...

Empatía en acción

David Wheeler

Sara Tucholsky, estudiante del último año de Western Oregon University, era una jardinera de 1,57 m (5 pies y 2 pulgadas) de estatura en el equipo de softbol universitario, a quien rara vez ponían a jugar. Llegó a ser reconocida a nivel nacional tras batear el único jonrón de su carrera durante un partido crucial de la liga universitaria contra Central Washington. Sin embargo, no fue el jonrón lo que motivó al sitio ESPN.com a exhibir el retrato de ella en su pantalla de presentación ni a perpetuar el evento en la historia con un ambicionado premio ESPY por un excelente espíritu deportivo. En lugar de ello, la motivación se debió a la singular respuesta compasiva de dos jugadoras del equipo adversario.

Cuando corría alrededor de la primera base, Sara pasó por alto inadvertidamente la bolsa. Cuando giró para regresar, se le desprendió el ligamento cruzado anterior de una rodilla, lo cual la dejó retorciéndose de dolor en el suelo. Lamentablemente, las reglas de softbol no permitían que sus instructores o entrenadores la tocaran en el trayecto entre bases, ni siquiera después de batear un jonrón. La única solución era acreditarle a Tucholsky un batazo sencillo, lo cual anularía su jonrón y habilitaría a otro jugador como corredor emergente.

Mallory Holtman, estudiante del último año universitario y corredora en primera base del equipo adversario, sabía que las reglas permitían que los jugadores de la defensa tocaran a los corredores de base. Por lo tanto, se acercó y asombró a todo el mundo cuando dijo: "Disculpe, ¿me permitirían a mí cargarla y llevarla alrededor del campo para que ella toque cada bolsa?"

Holtman y la paradora en corto Liz Wallace cargaron a Tucholsky y la llevaron alrededor de las bases, para finalizar entregándola a sus entrenadores y compañeras de equipo tras pasar por el plato de home. ¡Lo que lo hace aún más increíble es que estaba en juego el Torneo Nacional de la Segunda División!

La respuesta de Holtman y Wallace es un perfecto ejemplo de empatía en acción. Su disposición para poner la dolorosa situación de Tucholsky por encima de la necesidad de ganar muestra que se identificaron con su lamentable situación. Se solidarizaron activamente con ella.

En esto radica la diferencia entre simpatía y empatía. Simpatía sería que Holtman y Wallace simplemente hubieran sentido lástima por Tucholsky. Sin duda, muchas personas en las gradas y en el campo se compadecieron de su situación. Sin embargo, cuando las chicas empezaron a sentir el dolor de Tucholsky y respondieron ayudándola para que tocara las bases, pasaron de la simpatía a la empatía.

Definiciones de *empatía*

La empatía es un poderoso instrumento en la caja de herramientas de todo evangelista eficaz. Pero, ¿qué es?

- «La acción de entender, estar consciente, ser sensible y experimentar los sentimientos, pensamientos y experiencias de otro como si fueran propios, ya sean del pasado o del presente, sin que estos sentimientos, pensamientos y experiencias las hayamos vivido objetiva y explícitamente» *(Merriam-Webster)*.[1]
- «Identificación y comprensión de la situación, sentimientos y motivos de otro; identificación mental y afectiva de una persona con el estado de ánimo de la otra; preocupación compasiva por alguien que está en desgracia. También es sinónimo de piedad» (Answers.com).[2]
- «La capacidad de imaginarse en el lugar de otro y entender sus sentimientos, deseos, ideas y acciones. El actor o cantante empático es el que siente auténticamente el papel que interpreta. El espectador de una obra de arte o el lector de una obra de literatura pueden igualmente ser parte de lo que contemplan. El empleo de la empatía era una parte importante de la técnica psicológica de consejería desarrollada por Carl. R. Rodgers» (Enciclopedia Británica Concisa).[3]
- Se define comúnmente la empatía (del griego *empatheia*, «sufrir con») como la capacidad para reconocer, percibir y sentir directa y experimentalmente la emoción de otro. Cuando los estados de ánimo, creencias y deseos de los demás se entrelazan con sus emociones, el que tiene empatía por otro a menudo puede definir con mayor eficacia su manera de pensar y estados de ánimo. La empatía frecuentemente se caracteriza como la capacidad de

«ponerse en los zapatos del otro» o experimentar el punto de vista o las emociones de otro ser dentro de uno mismo, una especie de resonancia emocional» *(Wikipedia en inglés)*.[4]

Steve cambió

Steve era el entrenador del equipo de softbol de mi hija Dana. Durante el viaje también era el orgulloso padre de dos hermosas hijas, una de las cuales sufre de parálisis cerebral severa. Se llama Emily.

Como la mayoría de los padres que tienen hijos con alguna discapacidad, Steve luchaba con la idea de un Dios que permitía que los niños sufrieran por tales enfermedades. Debido a que vivió con el dolor de Emily y los desafíos para sobrevivir día a día, poco a poco se fue insensibilizando hacia Dios. Esto no quiere decir que Steve fuera indiferente o amargado. Era evidente que la amaba como cualquier padre que cuida de sus hijos. No obstante, al paso del tiempo se alejó de Dios.

En este punto Dios puso a nuestra familia en contacto con la vida de Steve. Coincidentemente, también tuvimos dos hermosas hijas, una que lucha con parálisis cerebral leve. Su nombre es Kara.

Por medio de Kara, pudimos relacionarnos empáticamente con las luchas de Steve. Experimentamos la ira, la frustración y la fatiga que forman parte de criar hijos con necesidades especiales. También conocimos el amor increíble y las recompensas que vienen con cada pequeña victoria que nuestra hija experimentaba.

Con el tiempo, llegamos a querer mucho a Steve, a Emily y al resto de la familia. Steve me dijo más tarde que nuestra interacción positiva con Kara y la manera en que le respondía eran parte del peregrinaje que lo inspiró a buscar a Dios una vez más. Pasaron tres años de empatía cristiana activa antes de que Steve finalmente profesara fe en Cristo.

Lecciones de la tragedia del Virginia Tech

A raíz de los tiroteos en el Virginia Tech en abril de 2007, muchas iglesias y organizaciones cristianas se reunieron en el campus de Blacksburg, Virginia, con la esperanza de proporcionar la tan necesaria asistencia espiritual y emocional. El resultado fue generalmente positivo, pero muchos todavía tenían bastante que aprender sobre el poder de la empatía.

Durante ese tiempo, la madre de un estudiante del Virginia Tech se acercó a mí después de un culto de la iglesia y me entregó una carta de su hijo. Se titulaba, «Informe al día sobre el clima del Virginia Tech».

Como creyente, sus reflexiones sobre la manera en que otros cristianos respondieron a la tragedia son a la vez desalentadoras y condenatorias. Sus palabras revelan la influencia negativa de la falta de empatía y comprensión. Siguiendo el consejo de «por favor, sé un termómetro antes de tratar de ser un termostato», explicó un acontecimiento de apenas 24 horas después de la tragedia:

> Hay muchos cristianos aquí ahora mismo que están haciendo mucho, y ha sido sumamente alentador. Al mismo tiempo, sin embargo, tenemos personas en el campus en este momento, que vinieron en el nombre de Cristo, que tratan de señalar culpas y tienen un mensaje de que nada se aprendió de Columbine. Personalmente busqué hoy algún tipo de asesoramiento y, lamentablemente, antes de que pudiera recibir algún tipo de ayuda decente, un grupo de una iglesia de North Caroline entró en el edificio del Baptist Collegiate Ministries (BCM) donde yo estaba y se acercó sin que se lo pidieran con su propia "agenda" indeseada. Grabaron la conversación sin pedir nuestro permiso, y repartieron un volante que era casi como un plan de batalla para mostrarnos por qué existen estos males. Era demasiado general en su propósito y no mostraba preocupación alguna por el sufrimiento de la gente.

En seguida, dio algunas soluciones empáticas que creía que habrían dado un fruto eterno. En un párrafo breve explicó qué se debería hacer si se deseaba ser eficaz:

> Escucha mucho, acércate con gentileza y habla cuando sea necesario. Es difícil encontrar las palabras para describir estos días en Blacksburg. Las palabras pueden ser alentadoras, pero realmente lo que deseamos es que les preocupamos y saber que nos aman [...] Un suave toque en el hombro cuando lloramos, un mensaje de «Estoy pensando en ti» o «Estamos orando por el Tech» y un gran abrazo llega más lejos que lo que un discurso jamás podría cubrir.

Este estudiante creía que la gente «necesita ver que Cristo es amor en el sentido más noble y verdadero, un amor que desea nuestra fe personal y ofrece una compañía que nos une en comunidad».

Al final, decreta enfáticamente: «¡Invierte en la gente!» Si quieres alcanzar a los demás para Cristo, no los veas solo como miembros potenciales de la iglesia. Ponte en sus zapatos, sé paciente y camina con ellos, luego preséntales a Aquel que entiende su dolor y salvará sus almas.

La empatía era necesaria

En Juan 11:1-44 descubrimos un ejemplo de empatía en acción. La historia comienza cuando Jesús escucha la noticia de que Lázaro, un queridísimo amigo, había caído enfermo. Marta y María, las hermanas de Lázaro, le habían enviado un mensaje a Jesús porque sabían que podía sanar a su hermano. Marta salió a recibirlo cuando llegó. Estaba de luto por la pérdida de Lázaro que había muerto unos días antes.

> Jesús ya sabía de la muerte de Lázaro. Pidió ver a María para presentarle sus condolencias. Cuando ella salió a su encuentro, muchos otros de la ciudad la siguieron. Era una costumbre judía ir a la casa de los que habían perdido a un ser querido y llorar con ellos. Cuando Jesús vio que María lloraba, se conmovió profundamente.
>
> «Jesús entonces, al verla llorando, y a los judíos que la acompañaban, también llorando, se estremeció en espíritu y se conmovió, y dijo: ¿Dónde le pusisteis?
>
> Le dijeron: Señor, ven y ve. Jesús lloró. Dijeron entonces los judíos: Mirad cómo le amaba» (Juan 11:33-36).

«Jesús lloró»

La expresión «Jesús lloró» se cita a menudo y se señala cómo el versículo más breve de la Biblia. Pero lo increíble es que Dios usó dos palabras sencillas para revelar el corazón de Cristo. En ellas hay más emoción, amor y compasión que la contenida en muchas novelas. Fiel a su estilo, Jesús toma algo pequeño y aparentemente insignificante para enseñar una asombrosa lección. Predica con el ejemplo, instruyéndonos que es esencial para que el ministerio sea eficaz que nos pongamos empáticamente en el lugar de los demás.

Puede que algunos digan que Jesús estaba de luto por la pérdida de su amigo. Pero eso es solo parte de la verdad. Según Juan 11:13-15, Jesús, por ser Dios, ya sabía que Lázaro estaba muerto. La noticia de su muerte no lo tomó por sorpresa. Más bien se conmovió por la emoción de las hermanas y los amigos de Lázaro y sintió tanto su dolor que lloró. Sus lágrimas no reflejaban tristeza ni pérdida, sino más bien una manera de relacionase y comunicarse con los que estaban con Él.

La Biblia no nos dice cómo respondieron Marta y María a la empatía de Jesús, pero afirma que otros fueron testigos del amor que le tenía a Lázaro. Cuando los demás vieron que estaba igual que ellas y experimentaba su mismo dolor, se impresionaron profundamente.

A lo largo de toda la historia, Marta y María nunca perdieron de vista que Jesús era el Señor y que podía hacer todas las cosas. Conocían su impresionante poder, pero por un momento fueron bendecidas al ver su auténtica expresión de emoción y amor.

Vivir empáticamente

Es fácil leer Juan 11 y perder de vista las dos penetrantes palabras: «*Jesús lloró*».

Después de todo, ¡finalmente Cristo levantó a Lázaro de los muertos! Es comprensible que tal evento milagroso acapararía la atención por el momento.

Es fácil conmemorar los hechos sobrenaturales de Cristo sin ver su humanidad. Aquí se nos anima a sentir el dolor ajeno como propio. Esto es especialmente cierto cuando se trata de evangelizar con eficacia.

Cuando estaba en el seminario, se nos advirtió que no participáramos demasiado en el dolor de los demás por temor a ser consumidos por las emociones que pudieran nublar nuestro criterio. El resultado fue una generación de robots ministeriales que perdieron contacto con la sociedad y las personas que fueron llamados a servir.

El ejemplo de Jesús debe alentarnos a vivir empáticamente. La cultura contemporánea pide a gritos un cristianismo genuino, no una religión sin vida.

Vivir empáticamente es no olvidar qué se siente estar perdido. Es difícil tener empatía por los inconversos si ya te olvidaste cómo era tu vida antes de que te entregaras a Cristo. Para tener una visión de este concepto, ve a Apoc. 5:4. Juan está en el cielo de rodillas ante el trono de Dios. Observa varios rollos que toma el que estaba sentado en el trono. En seguida se da cuenta de que si nadie abre los libros que contienen la historia de la redención de la humanidad, entonces, todo el mundo está destinado a pasar la eternidad en el infierno. ¡La respuesta de Juan fue llorar incontrolablemente por temor a perderse por una eternidad! Debemos mostrar la misma urgencia todos los días por los inconversos en nuestras esferas de influencia.

Vivir empáticamente es tomar lo que para Satanás significa destrucción y volverlo para la gloria de Dios. Todo el mundo tiene un testimonio de la gracia y el amor de Dios. Puede ser la pérdida de un amigo, la enfermedad, un trabajo perdido o el desafío de una incapacidad. Satanás, como es mentiroso, tratará de usar los tiempos difíciles para separarte de Dios. ¡En realidad, Dios es suficiente y desea usar tu testimonio para celebrar sus maravillas y empáticamente mostrarse a la gente!

Vivir empáticamente es relacionarse con el dolor emocional de los que sufren. Aprende a relacionarte con el dolor de los demás. Vívelo con ellos. Ora por ellos. ¡Comparte con ellos el mensaje de Cristo!

Vivir empáticamente es vivir en forma auténtica, sin esconder tus defectos. Parte de vivir empáticamente e aprender a vivir con tus luchas y defectos. La gente en la cultura de hoy no busca ejemplos perfectos a seguir. Por el contrario, preferirían que te identificaras con ellos como seres humanos imperfectos. De este modo, se sienten más cómodos para desarrollar relaciones, y así es más fácil conversar sobre el evangelio. Recuerda que aceptar y amar a la gente ¡no es lo mismo que excusar su conducta pecaminosa!

Vivir empáticamente es proclamar la restauración completa mediante Cristo. El resultado final de poner en práctica la empatía es ver que los que sufren y no tienen salvación son restaurados por el poder del evangelio. Al hacerte suficientemente vulnerable como para sentir el dolor de los demás, estás viviendo el mensaje de Cristo para los que necesitan un Salvador.

Evangelismo es...

1. Vivir empáticamente.
2. Amar como Jesús amó.
3. Llorar con los que lloran.
4. Reconocer, percibir y sentir la emoción de otra persona con el propósito de compartir con ella el amor de Dios y el evangelio de Cristo.

Versículo clave

«Jesús lloró» (Juan 11:35).

Atiende la advertencia

Cuando estaba en el seminario, se nos advirtió que no participáramos demasiado en del dolor de los demás por temor a ser consumidos por las emociones que pudieran nublar nuestro criterio. El resultado fue una generación de robots ministeriales que perdieron contacto con la sociedad y las personas que fueron llamados a servir.

—David Wheeler

Citas interesantes

No sirve de nada tratar de hacer la obra de la iglesia sin amor [empático]. Un doctor, un abogado pueden hacer una buena obra sin amor, pero la obra de Dios no puede hacerse sin amor.

—D. L. Moody[5]

Nosotros que somos cristianos podemos ganar a muchos para Cristo si solo manifestamos el amor que Cristo nos mandó expresar. El mundo doliente espera gente como esta.

—Thom Rainer[6]

Notas

1. http://hubpages.com/hub/Sympathy_vs_Empathy.
2. Ibid.
3. Ibid.
4. Ibid.
5. Cita hallada en *A. Strauch, Leading with Love* [Guiar con amor] (Littleton, CO: Lewis y Roth Publishers, 2006), 9.
6. T. Rainer, *The Unexpected Journey* [El viaje inesperado] (Grand Rapids, MI: Zondervan, 2005), 204.

Cuarta parte:

Métodos

30

Evangelismo es...

Contar tu historia

Dave Earley

Un día, durante las vacaciones de Navidad, después de mi primer semestre en la universidad, había pasado la mañana haciendo ejercicios con el equipo de lucha libre de la secundaria. Al entrenador siempre le gustaba tener a sus ex atletas de regreso de la universidad y que les mostraran a los alumnos de preparatoria lo que habían aprendido al luchar con los muchachos grandes de la universidad.

Ese día dejé la práctica más temprano porque tenía que ir a trabajar. El único que estaba en el vestidor conmigo era el actual capitán del equipo de la escuela secundaria que también tuvo que salir más temprano esa mañana. Tenía que ir al médico. Me hizo algunas preguntas sobre la lucha libre y la universidad. Me dijo que no estaba seguro de lo que iba a hacer después de graduarse.

Entonces susurré una oración rápida, respiré hondo y me lancé. «Así que, Eddie, ¿alguna vez piensas en Dios?», le pregunté.

«Mi abuela me llevaba a la iglesia cuando era pequeño. Entonces pensaba mucho en Dios», me respondió.

«Yo no solía pensar mucho en Dios», le comenté, «pero eso cambió hace un par de años. Dios ha cambiado mi vida».

«¿Cómo cambió Dios tu vida?», me preguntó.

«Déjame que te cuente mi historia», le contesté. Entonces le di la versión de un minuto de mi testimonio.

«La versión corta es que hasta el penúltimo año de la secundaria, mi vida estaba vacía, y me sentía frustrado. Bebía mucho e iba en la dirección equivocada. Me preocupaba el futuro y no tenía idea de lo que iba a hacer después de que terminara la secundaria».

«¡Caramba!», dijo, «se parece a la mía».

«Un par de mis amigos eran verdaderos cristianos, y quería lo que tenían. Me dijeron que necesitaba darle mi vida a Jesús». Le expuse. No perdía palabra de lo que le decía.

«Y así lo hice», continué. «Todo ha cambiado desde entonces. Tengo paz en el corazón. No necesito beber para sentirme feliz o seguro, y Dios me está dirigiendo paso a paso».

«Eso es lo que necesito», expresó mientras me miraba fijamente a los ojos. «Cuéntame más». Así que le hablé de la muerte, sepultura y resurrección de Jesús por sus pecados. Le comenté sobre la fe y el arrepentimiento. Dios estaba con nosotros en ese vestidor. Unos minutos más tarde estaba de rodillas en el suelo, entregándole su vida a Jesucristo.

Cuenta tu historia

Para muchos de nosotros, la parte más difícil del evangelismo es construir un puente que nos permita introducir el evangelio de una manera inofensiva. Una de las formas más fáciles de hacerlo es relatar tu testimonio. Dar testimonio no es nada nuevo. Los creyentes lo han hecho desde que Jesús comenzó a cambiar la vida de la gente.

Un endemoniado cuenta su historia

Me encanta la historia de la salvación del hombre que vivía en el cementerio. Este pobre hombre estaba lleno de tantos demonios que aún sujetándolo con cadenas y grilletes no lo podían controlar. Estaba en tal miseria que daba alaridos, vociferaba y se hería con piedras afiladas.

¡Qué día tan maravilloso fue en su vida cuando Jesús apareció en escena y echó fuera a los demonios! Estos espíritus inmundos se instalaron en una manada de cerdos que pacía por allí cerca del mar. Debió ser impresionante cuando la piara enloquecida corrió, se precipitó por un acantilado y se ahogó en el agua.

El hombre recién libertado estaba tan emocionado que quería acompañar a Jesús en sus viajes. Pero Él sabía que el ministerio más grande de este hombre era ir y contar su historia con los amigos. «Mas Jesús no se lo permitió, sino que le dijo: Vete a tu casa, a los tuyos, y cuéntales cuán grandes cosas el Señor ha hecho contigo, y cómo ha tenido misericordia de ti. Y se fue, y comenzó a publicar en Decápolis cuán grandes cosas había hecho Jesús con él; y todos se maravillaban» (Mar. 5:19-20)

El Señor ha hecho grandes cosas para los que somos salvos. Al igual que este hombre, debemos contárselo a nuestros amigos.

Una mujer cuenta su historia

Ocurrió una vez que Jesús se encontró con una mujer samaritana mientras hizo una pausa para beber junto a un pozo. Al hablar con ella, la llevó a que reconociera que Él era el Mesías prometido. Ella estaba tan emocionada que le contó a toda la gente del pueblo su historia. «Y muchos de los samaritanos de aquella ciudad creyeron en él por la palabra de la mujer, que daba testimonio diciendo: Me dijo todo lo que he hecho» (Juan 4:39).

Muchos creyeron en Jesús por su testimonio. Otras personas también creerán en Jesús por nuestro testimonio.

Un ciego cuenta su historia

Todas las historias son diferentes. Jesús sanó a docenas de enfermos, a muchos ciegos, en formas ligeramente distintas. A otros simplemente los tocó y fueron curados. En una ocasión Jesús preparó barro, lo frotó en los ojos de un ciego y le mandó que se fuera a lavar a un estanque cercano. Cuando el hombre hizo como se le ordenó, fue curado de su ceguera y pudo ver.

El feliz hombre le contó a sus vecinos lo que Jesús había hecho por él. La noticia llegó a oídos de los fariseos quienes trajeron al hombre para interrogarlo porque la curación se había realizado en sábado lo cual estaba prohibido.

El hombre les dijo que en lo que a él se refería, Jesús era por lo menos un profeta, porque lo había sanado. A ellos no les gustó eso y llamaron a Jesús «pecador». A lo que el hombre dio una respuesta simple, pero sabia: «Entonces él respondió y dijo: Si es pecador, no lo sé; una cosa sé, que habiendo yo sido ciego, ahora veo» (Juan 9:25).

¡Me encanta! El hombre no pretendía ser experto en teología, ni era erudito bíblico. Tampoco era filósofo famoso o apologista para tener todas las respuestas y toda la evidencia para los fariseos escépticos. Pero tenía una cosa que no podían refutar: Jesús le había cambiado la vida.

Un intelectual cuenta su historia

El apóstol Pablo era un intelectual con un alto nivel de educación, bien instruido en hebreo, griego, arameo y latín. Era experto en la ley del AT y estaba al día con los grandes filósofos y poetas de la época. Sin embargo, cuando se presenta ante audiencias con personas de gran poder, como los líderes políticos romanos, Pablo no debate cuestiones teológicas y filosóficas. Simplemente les testifica. Les explica cómo llegó a conocer a Jesús como Señor. Les cuenta cómo era su vida antes de conocer a Cristo, de encontrarse con Él y cómo todo había cambiado desde entonces (ver Hech. 22:3-21; 26:4-23).

Los beneficios de contar tu testimonio

1. Contar tu testimonio tiende un puente de entendimiento por el que Jesús puede pasar y entrar al corazón de un inconverso.
2. Dar tu testimonio es una manera conveniente y eficaz de eludir las defensas intelectuales. Es difícil discutir ante la evidencia de una vida cambiada.
3. Relatar tu historia a menudo mantiene el interés del oyente por más tiempo que si citaras las palabras de los grandes teólogos. Las personas te escucharán, porque en vez de ser un vendedor profesional, eres un cliente satisfecho.
4. Puedes contar tu historia en cualquier lapso de tiempo que te den, desde un minuto hasta una hora.
5. Narrar tu testimonio no es algo reservado para personas demasiado instruidas o maduras espiritualmente. Lo puede hacer cualquier nuevo creyente.
6. Contar tu testimonio hace que el evangelismo sea personal y relacional.

Si eres salvo, tienes una historia

Cuando hablamos de contar tu historia o dar tu testimonio, nos referimos a proclamar a los demás cómo llegaste a Cristo. Eres un testigo. «En un tribunal, no se espera que un testigo litigue, pruebe la verdad ni ejerza presión para lograr un veredicto; ese es el trabajo de los abogados. Los testigos se limitan a reportar lo que les sucedió o lo que vieron».[1]

Cada creyente tiene un testimonio. Si eres salvo, tienes una historia de salvación. Por supuesto, algunas pueden ser más dramáticas que otras, sin embargo, hay quien necesita oír *tu* historia. No hay dos historias iguales, de modo que necesitas relatarla, o se perderá para siempre.

Uno, dos, tres

En nuestros cursos de capacitación de evangelismo, David Wheeler y yo les pedimos a los estudiantes que escriban su testimonio en tres secciones principales.

1. Cómo era mi vida antes de Cristo.
2. Cómo conocí a Jesús como mi Salvador.
3. Cómo el Señor cambió mi vida.

Tengo alumnos que practican para contar su testimonio en un minuto (20 segundos por sección). También les pedimos que lo escriban. Pueden hacerlo en menos de mil palabras. A muchos les gusta este proyecto porque al ponerlo por escrito se dan cuenta de lo que Dios hizo por ellos y de que tienen una historia. Además, se sienten mucho más confiados para contarlo.

Cuenta tu historia

Antes de encontrarme con Jesús

Cuenta tu vida antes de que llegaras a Cristo. Da a conocer tu punto de vista de cómo veías tu vida espiritual antes de venir a Cristo. Por ejemplo: ¿Sentías que irías al cielo y por qué? O ¿creías que eras una buena persona y no necesitabas a Dios? O ¿buscabas algo más?

Utiliza adjetivos para describir tu vida antes de Jesús. Pueden ser palabras como *solo, vacío, orgulloso, confundido, religioso* o *quebrado*. Tal vez digas: «Sabía que algo faltaba en mi vida». Relata qué actividades realizabas antes, tales como: «Me esforzaba por ascender en la empresa» o «asistía fielmente a la iglesia» o «estaba a punto de convertirme en alcohólico».

En la historia que conté al principio de este capítulo sobre presentarle el evangelio a mi amigo Edie, describí mi vida antes de llegar a Cristo con estas palabras: «La versión corta es que hasta el penúltimo año de la secundaria, mi vida estaba vacía, y me sentía frustrado. Bebía mucho e iba en la dirección equivocada. Me preocupaba el futuro y no tenía idea de lo que iba a hacer después de que terminara la secundaria».

Cómo conocí a Jesús

Aquí comentarás sobre las particularidades circundantes a tu conversión. Por ejemplo, ¿dónde estabas cuando recibiste a Cristo? ¿Estabas con tus amigos, en un campamento de la iglesia, en un culto de adoración o en tu habitación? Refiere exactamente qué verdad se apoderó de tu corazón cuando te diste cuenta de que necesitabas a Cristo. Señala qué pensaste o sentiste cuando aceptaste a Cristo como tu Salvador.

Con mi amigo Eddie, expresé: «Un par de mis amigos eran verdaderos cristianos, y quería lo que tenían. Me dijeron que necesitaba darle mi vida a Jesús. Y así lo hice».

Más adelante, como Eddie me había pedido que le contara más, le aclaré cómo conocí a Jesús al puntualizar sobre la muerte, la sepultura y la resurrección de Jesús por mis pecados. Cite algunos versículos de la carta a los Romanos. Comenté sobre la fe y el arrepentimiento. Pero en la versión breve, simplemente dije: «Necesitaba darle mi vida a Jesús».

Desde que conocí a Jesús

Aquí es donde enumeras los cambios que Jesús ha hecho en tu vida. ¿Cómo describirías tu crecimiento espiritual desde el momento en que aceptaste a Cristo a la fecha? Debes valorar honestamente tu desarrollo espiritual, desafíos y victorias.

Cuando le di mi testimonio a Eddie, especifiqué en tres breves oraciones los cambios que Cristo había hecho en mi vida: «Todo ha cambiado desde entonces. Tengo paz en el corazón. No necesito beber para sentirme feliz o seguro, y Dios me está dirigiendo un paso a la vez».

Un consejo

No exageres ni glorifiques tu pasado. La deshonestidad solo conseguirá sofocar la obra del Espíritu Santo. Tú no eres la estrella de la historia, sino Jesús. No te explayes en lo que hiciste y recalca lo que Él ha hecho por ti.

Si pudiste venir a Jesús en una edad temprana, no le restes importancia, pues así evitaste una vida de pecado y maldad. Si estás viviendo lleno del Espíritu y pleno de amor, gozo y paz, tienes algo que cualquier persona perdida desearía ardientemente.

— Evangelismo es... —

1. Contarle a tus amigos las grandes cosas que el Señor ha hecho contigo y cómo tuvo misericordia de ti.
2. Dar tu testimonio.
3. Relatar la historia de tu salvación y con ello tender un puente de entendimiento por el que Jesús puede pasar y entrar al corazón de un inconverso.
4. Ser un testigo, no litigar, probar la verdad ni ejercer presión para lograr un veredicto, sino limitarse a reportar lo que pasó.

— Citas interesantes —

Una de las mejores maneras de «construir un puente» con una persona que no tiene una relación con Cristo es mediante tu testimonio personal.

—GREG LAURIE[2]

Dios te ha dado un mensaje de vida para compartir. Cuando te conviertes en creyente, también llegas a ser mensajero de Dios. Él desea hablar al mundo a través de ti [...]. Puedes sentir que no tienes nada que contar, pero eso es el diablo que trata de mantenerte en silencio. Tienes un sinnúmero de experiencias que Dios quiere utilizar para traer a otros a su familia.

—RICK WARREN[3]

Aplicación

Escribe tu testimonio.

1. Cómo era mi vida antes de Cristo.
2. Cómo conocí a Jesús como mi Salvador.
3. Cómo el Señor cambió mi vida.

Notas

1. R. Warren, *The Purpose Driven Life* [Vida con propósito] (Grand Rapids, MI: Zondervan, 2002), 290.

2. G. Laurie, *New Believer's Guide to How to Share Your Faith* [Guía para que el creyente nuevo comparta su fe] (Wheaton, IL: Tyndale House, 1999), 45.

3. Warren, *The Purpose Driven Life*, 289.

31 Evangelismo es. . . Testificar de Cristo sin temor

David Wheeler

William (Bill) Fay no es el típico evangelista. Fue simultáneamente presidente y gerente general de una corporación multimillonaria internacional, pero también era dueño de una de las casas de prostitución más grandes de los Estados Unidos. No es de sorprender que tuviera vínculos con la mafia y estuviera involucrado con el crimen organizado, las apuestas y los juegos de azar. Tanto para él como para el mundo, lo tenía todo. Creó un negocio exitoso, poseía hermosas casas, lujosos automóviles y disfrutaba de vacaciones extravagantes. Bill pensaba que no necesitaba a Dios. Cualquiera que tuviera fe y se atreviera a presentarle el evangelio se convertía en una víctima de su cinismo, sarcasmo y desprecio.

El día en que hubo una redada en su segundo negocio, una casa de prostitución, comenzó a sentir que perdía el control. Estaba en una mesa de bacará en Las Vegas, cuando recibió una llamada telefónica que cambiaría su vida. *Fantasy Island,* la casa de prostitución que construyó en Lakewood, Colorado, acababa de experimentar una redada. Su abogado le informó que se había emitido una orden para su arresto. Cuando estaba en libertad condicional, Bill consideró aquello como una advertencia. Es decir, si lo atrapaban de nuevo, enfrentaría una pena de seis a ocho años de prisión.

Casi de inmediato, su rostro apareció en los canales de noticias locales en Denver. Fue despedido de su posición de gerente general, rápidamente se convirtió en empleado de una empresa encargada de buscar personal. En su cuarto matrimonio, Bill reconoció que algo le faltaba en la vida. Durante un retiro en Lost Valley Ranch en Colorado, escuchó un sermón de Pascua sobre la diferencia entre la felicidad y la paz interior. Disgustado, regresó a su casa.

Poco tiempo después, conoció al Dr. Paul Grant. Rápidamente se hicieron amigos y compañeros de ráquetbol. Fay recuerda haber oído el evangelio el primer día que se reunieron afuera de la cancha. Al saber que el Dr. Grant era judío, Fay se le acercó y le preguntó con saña: «¿Qué está haciendo usted en Yom Kipur [un día reservado por los judíos para orar por el perdón de los pecados]?» Sin temor ni vacilación, el Dr. Grant le hizo saber que era judío cristiano, por lo que no necesitaba buscar perdón porque ya había sido redimido por la sangre de Jesucristo. Esta sencilla y rápida conversación fue la base de una amistad que cambiaría la vida de Fay.[1] Los eventos que siguieron le ofrecieron un nuevo comienzo, y los describe como «Dios decidió tomar mi vida y darla vuelta».[2]

Bill se convirtió en un ferviente evangelista. Pocos días después de su conversión, por una serie de circunstancias divinas, se encontró por primera vez con su hija de un matrimonio anterior. Después de que Bill le anunció a Jesús, ella creyó en Él.

Desde entonces, Bill ha proclamado el evangelio personalmente a más de 25.000 personas a través del evangelismo personal. Se graduó en el seminario de Denver en 1987 y ha escrito la serie «Testifica de Jesús sin temor» para Lifeway Christian Resources y las notas para el Nuevo Testamento: «Testifique de Cristo sin temor» [*Share Jesus Without Fear*, en inglés]. Su folleto *How to Share Jesus Without an Argument* [Cómo anunciar a Jesús sin argumentar] alcanza ya las tres millones y medio de copias, y su programa de radio *Let's Go with Bill Fay* [Vamos con Bill Fay] se escucha en más de 100 emisoras de radio.

Su mensaje es simple: «Si Dios puede cambiar mi vida, puede cambiar la tuya».[3]

Siempre se debe a la obediencia

Bill Fay será el primero en decir que rara vez le respondió a los cristianos de una manera positiva. A menudo era despectivo y ponía los ojos en blanco ante los que trataban de anunciarle el evangelio. A menudo era ofensivo y prepotente cuando expresaba su disgusto por el cristianismo. Sin embargo, hoy en día Bill está convencido de que estas personas no fracasaron en sus intentos. Bill declara:

> A través de los años, muchas personas llegaron a mi vida para compartir el mensaje del evangelio, pero no los recibía. Los despaché desanimados, porque los insultaba, los confrontaba o los perseguía. Y si se apartaron de mí creyendo que habían fracasado, quiero decirles que no fue así, porque nunca olvidé el nombre, el rostro, la persona o las palabras de los que alguna vez me anunciaron a Jesús.[4]

La moraleja de esta historia es que nunca debes abandonar la lucha, sino seguir proclamando a pesar de los resultados inmediatos o los temores percibidos. Los verdaderos cristianos anuncian a Jesús. Bill cree que la clave de una vida cristiana exitosa consiste en compartir el mensaje del evangelio *sin preocuparte por los resultados*. Afirma: «El éxito es predicar la fe y vivir para Jesucristo. No tiene nada que ver con llevar a alguien al Señor. Tiene todo que ver con la obediencia».[5]

Anunciar a Jesús sin temor

El libro de Bill Fay, *Testifica de Jesús sin temor*, presenta un método de evangelismo que se centra en una serie de peguntas que el cristiano hace a un no cristiano, confiando en que el Espíritu Santo producirá los resultados. Una vez que aprendes las preguntas, también puedes anunciar a Jesús sin temor.

Preguntas introductorias

El método de Fay es sencillo y fácil de aprender. Comienza con cinco preguntas:

1. ¿Tienes algún tipo de creencia espiritual?
2. Para ti, ¿quién es Jesucristo?
3. ¿Crees que existe el cielo o el infierno?
4. Si murieras hoy, ¿a dónde irás? Si al cielo, ¿por qué?
5. Si lo que crees no es cierto, ¿te gustaría conocer la verdad?[6]

Las respuestas de una persona no salva a las preguntas anteriores son algo irrelevantes para el objetivo más amplio de anunciar a Jesús sin temor. Desde luego, las creencias de uno sobre Jesús, así como las que se refieren al cielo o al infierno, son importantes, pero rara vez las personas se convencen por medio de acaloradas discusiones acerca de estos temas. La meta de anunciar a Jesús sin temor es evitar una discusión y ayudar a que las personas vayan a las Escrituras.[7] «Porque la palabra de Dios es viva y eficaz, y más cortante que toda espada de dos filos; y penetra hasta partir el alma y el espíritu, las coyunturas y los tuétanos, y discierne los pensamientos y las intenciones del corazón» (Heb. 4:12).

Ir a las Escrituras

Una vez que has hecho las cinco preguntas introductorias a una persona y ha respondido «sí» a la pregunta 5 (Si lo que crees no es cierto, ¿te gustaría conocer la verdad?), ahora tienes la oportunidad de abrir la Biblia y compartir su mensaje. Fay sostiene que la clave es hacer que la persona, no tú, lea la escritura en voz alta.[8]

Después de que la persona lee cada versículo en voz alta, el testigo cristiano hace una simple pregunta «¿Qué te dice esto?» No hay necesidad de discutir; la clave está en el Espíritu Santo que obra mediante su palabra. Los siete versículos que deben leerse en voz alta son los siguientes:

1. «Por cuanto todos pecaron, y están destituidos de la gloria de Dios» (Rom. 3:23).
2. «Porque la paga del pecado es muerte, mas la dádiva de Dios es vida eterna en Cristo Jesús Señor nuestro» (Rom. 6:23).
3. «Respondió Jesús y le dijo: De cierto, de cierto te digo, que el que no naciere de nuevo, no puede ver el reino de Dios» (Juan 3:3).
4. «Jesús le dijo: Yo soy el camino, y la verdad, y la vida. Nadie viene al Padre, sino por mí» (Juan 14:6).
5. «Que si confesares con tu boca que Jesús es el Señor, y creyeres en tu corazón que Dios le levantó de los muertos, serás salvo. Porque con el corazón se cree para justicia, pero con la boca se confiesa para salvación. Pues la Escritura dice: Todo aquel que en él creyere, no será avergonzado» (Rom. 10:9-11).
6. «Y por todos murió, para que los que viven, ya no vivan para sí, sino para aquel que murió y resucitó por ellos» (2 Cor. 5:15).
7. «He aquí, yo estoy a la puerta y llamo; si alguno oye mi voz y abre la puerta, entraré a él, y cenaré con él, y él conmigo» (Apoc. 3:20).[9]

Escribe en tu Biblia las referencias bíblicas para tenerlas a mano. Después de que la persona lee cada pasaje en voz alta, tú simplemente pregunta: «¿Qué te dice esto?». No argumentes; el Espíritu Santo hará su obra mediante la Escritura.

Lleva el encuentro a una decisión

Después de que has llevado a la persona a que lea las Escrituras en voz alta y el Espíritu Santo se está moviendo en la persona convenciéndola de pecado y de la necesidad de perdón, puedes pasar a la última fase de anunciar a Jesús sin temor. El proceso bíblico concluye con cinco preguntas finales que intentan llevar a la persona a que tome una decisión.

1. ¿Eres pecador?
2. ¿Quieres que tus pecados sean perdonados?
3. ¿Crees que Jesús murió por ti en la cruz y que resucitó de nuevo?
4. ¿Deseas entregar tu vida a Cristo?
5. ¿Estás preparado para invitar a Cristo a que entre en tu vida y en tu corazón?[10]

Permanece en completo silencio en este punto y deja que la persona responda para que comprenda plenamente el tipo de decisión que está tomando.[11] Nuestro trabajo no es condenar ni convencer a la persona que necesita salvación. Esa es la obra del Espíritu Santo. Sé paciente y espera en oración una repuesta.

Por otra parte, si la persona da una excusa, es justo preguntar por qué. Puede que haya malentendido algo o tenga miedo a lo desconocido.[12] Sin embargo, si la persona dice «no» y sabe lo que dice, déjalo ir y de inmediato comienza a orar a Dios para que le dé otra oportunidad.

Si la persona dice «sí» y el Espíritu Santo está obrando para conducirla a Cristo, no dudes en pedir una respuesta al sugerirle que te acompañe en una simple oración parecida a esta:

> Padre celestial, he pecado contra ti. Te pido perdón por todos mis pecados. Creo que Jesús murió por mí y resucitó. Estoy dispuesto a apartarme de mi vida pecaminosa y seguirte. Padre, te doy todo lo que soy para hacer como tú quieras. Quiero que Jesús venga a mi vida y a mi corazón. Te pido esto en el nombre de Jesús. Amén.

Realmente funciona

Hace unos años, tuve dos estudiantes de primer año que eran hermanas. Las llamaremos Brenda y Julie. Luego de oír la presentación en clase de «Testifica de Cristo sin temor», comenzaron a orar por sus familias. Después de unos días, Dios dirigió a Brenda a llamar por teléfono a una tía y presentarle las cinco primeras preguntas. Al mismo tiempo, Julie sintió que debía llamar a un primo con la misma intención. Es cierto que estaban petrificadas y temían que las rechazaran. No obstante, le pidieron a Dios que las fortaleciera para obedecer. Tanto la tía como el primo le entregaron su vida a Cristo.

En otro caso, un joven de 17 años llamado Shawn le mandaba mensajes a una amiga. El padre le pregunto si su amiga era cristiana. Shawn le respondió que no estaba seguro y de inmediato le hizo la misma pregunta a ella. Su amiga admitió que no era salva.

Shawn entonces comenzó a mandarle por texto las cinco preguntas introductorias. Cuando ella le confirmó que quería saber más, Shawn le pidió que consiguiera una Biblia y leyera en voz alta los versículos. Él le preguntó: «¿Qué te dice esto?» Ella respondió a cada versículo regresándole por escrito una respuesta. El Espíritu Santo hizo su obra y ella comenzó a tener conciencia de pecado.

Shawn aprovechó la oportunidad de testificar y le escribió las cinco preguntas finales. Elle le respondió pidiendo un poco de tiempo para discutir la situación con sus abuelos cristianos. Esa noche llamó a Shawn, y él pudo conducirla mediante una oración a que le diera su vida a Cristo.

Los apóstoles valientes

El libro de los Hechos es la historia de los valientes seguidores de Cristo que proclamaron audazmente su fe en medio de una intensa persecución. Por ejemplo, Pedro y Juan le pidieron a la iglesia que se unieran a ellos en oración, después de que los arrestaron, golpearon y les advirtieron que no hablaran más de Jesús. ¿Oraron para pedir que disminuyera la persecución? No, por el contario, oraron para que se les diera mayor libertad para anunciar a Jesús. «Y ahora, Señor, mira sus amenazas, y concede a tus siervos para que con todo denuedo hablen tu palabra» (Hech. 4:29).

En el capítulo que sigue Lucas nos cuenta que los apóstoles enfrentaron una vez más la persecución por predicar el evangelio. Estos hombres intrépidos obedecieron el mandato de presentar a Jesús a pesar de las circunstancias.

Nuevamente los encarcelaron, pero esta vez el Señor envió un ángel para que les abriera las puertas y los libertara. El ángel les dijo que continuaran anunciándole al pueblo las palabras de vida sin importar la persecución. De modo que al día siguiente eso es exactamente lo que hicieron. «Mas un ángel del Señor, abriendo de noche las puertas de la cárcel y sacándolos, dijo: Id, y puestos en pie en el templo, anunciad al pueblo todas las palabras de esta vida. Habiendo oído esto, entraron de mañana en el templo, y enseñaban» (Hech. 5:19-21).

Cuando llegaron a la mañana siguiente, fueron a los atrios del templo buscando oportunidades para hablar de Cristo. Como siempre, los atrios estaban atestados. Estos hombres no se escondieron de los que los detuvieron el día anterior, sino que se mantuvieron fieles a su llamado como evangelistas. Tal como los apóstoles, nosotros también podemos enfrentar persecución. Al igual que los apóstoles, nada debe impedirnos proclamar el evangelio a quienes nos rodean.

Más tarde, el sanedrín llevó a los apóstoles para volverlos a interrogar. Dios usó a un aliado inesperado dentro del Sanedrín para evitar que les quitaran la vida. En lugar de acobardarse, los apóstoles se regocijaron al ser considerados dignos de sufrir por la causa de Cristo. Para ellos, la persecución y la guerra espiritual eran prueba de que el mensaje de Cristo se comunicaba exitosamente. A pesar de sus dificultades y persecuciones, nunca cesaron de manifestar el amor de Jesús. «Y todos los días en el templo y por las casas, no cesaban de enseñar y predicar a Jesucristo» (Hech. 5:42).

¿Podemos decir que tenemos la misma audacia y pasión para alcanzar a los perdidos y guiarlos a Cristo? ¿Tienes en tu vida a algún William Fay inconverso que necesita oír el evangelio hoy? Si es así, no seas tímido. Sé fiel y confía en Dios. Al hacerlo, ¡*puedes* testificar de Cristo sin temor!

— Evangelismo es... —

1. Anunciar a Jesús sin temor.

2. Hacer preguntas y escuchar.
3. Llevar a los inconversos a que lean la Palabra de Dios para que el Espíritu Santo use esa palabra y los alcance.
4. Ser sensible al Espíritu Santo y ver cómo Dios da el crecimiento.

Versículo clave

«Y ahora, Señor, mira sus amenazas, y concede a tus siervos para que con todo denuedo hablen tu palabra» (Hech. 4:29).

Citas interesantes

Si quieres experimentar el nivel de gozo que tantos otros han encontrado, tendrás que dejar las excusas por no proclamar tu fe.

—BILL FAY[13]

Darse cuenta de que Dios le ha dado poder a cada cristiano para que sea su testigo nos ayuda a enfocarnos en anunciar a Jesús a toda persona.

—DARRELL ROBINSON[14]

He notado que casi todos con los que alguna vez platiqué estuvieron dispuestos y a menudo ansiosos por conversar sobre las cosas espirituales si la situación hubiera sido reposada y segura.

—LEIGHTON FORD[15]

Aplicación

Busca oportunidades para compartir las cinco primeras preguntas con, al menos, dos personas no salvas durante la semana próxima. A medida que el Espíritu Santo te guíe, si responden positivamente a la pregunta cinco, avanza con espíritu de oración hasta completar la presentación «Testifica de Cristo sin temor».

Notas

1. W. Fay y Ralph Hodge, Testifica de Cristo sin temor (Nashville, TN: LifeWay Press, 1998), 1–2.

2. http://bhpublishinggroup.com/truthquest/static/fay.asp.

3. Ibid.

4. Fay, Testifica de Cristo sin temor, 2.

5. Ibid., 3.

6. Ibid., 33.

7. Ibid., 34–36.

8. Ibid., 45.

9. Ibid., 44.

10. Ibid., 61.

11. Ibid., 63.

12. Ibid., 65.

13. Ibid., 27.

14. D. W. Robinson, *People Sharing Jesus* [Gente que comparte de Jesús] (Nashville, TN: Thomas Nelson, 1995), 19.

15. 15. L. Ford, *Good News Is for Sharing* [Las buenas noticias se comparten] (Elgin, IL: David C. Cook, 1977), 12.

32

Evangelismo es...

Hablar de tu recuperación

David Wheeler

Un milagro cambió mi vida

El testimonio de mi recuperación comenzó la semana anterior al día de Acción de Gracias de 1989. Entré al departamento después de hablar en una iglesia local. Me asombré al encontrar a Debbi mi esposa, inclinada sobre un canasto de basura tosiendo con sangre. Estaba en el sexto mes de embarazo de nuestra segunda hija.

A la mañana siguiente la llevé al hospital. Al principio creían que se trataba de un coágulo de sangre, entre otras afecciones. Como Debbi se debilitaba, los médicos se preguntaban cómo a una mujer saludable de 28 años, de repente y sin control, le sangraban los pulmones. No tenía señales de advertencia ni dolencias anteriores que explicaran su estado grave.

Al cabo de pocos días el equipo médico se vio obligado a inducirle a Debbi un coma químico. Me horroricé cuando el médico me explicó que su condición era crítica y que si no dejaba de sangrar pronto, «en primer lugar se debilitaría, perdería al bebé y finalmente moriría». Estaba petrificado.

Los días que siguieron fueron largos y agotadores, todo lo opuesto al bullicio de los días de fiesta. Sinceramente, me fue difícil orar e incluso leer la Biblia. Después de todo, ¿cómo podía Dios permitir que algo así ocurriera? Habíamos dedicado nuestra vida a servirlo. La pregunta indiscutible era: ¿Por qué? En ese momento, Dios permaneció extrañamente silente.

Pasaron casi dos semanas antes de que los médicos presentaran un diagnóstico oficial. Debbi tenía un raro padecimiento autoinmune llamado enfermedad de Wegener que suele atacar a hombres mayores de 45 años. Hasta la década de los 70, los que padecían de este mal, tenían una esperanza de vida inferior a dos años. El único tratamiento comprobado consistía en grandes dosis de esteroides combinados con quimioterapia inmediata y continua para reducir la cantidad de anticuerpos en su sistema.

Si bien los médicos se sintieron aliviados al tener por fin un diagnóstico, persistía la pregunta de si ya era demasiado tarde. En ese momento le daban a Debbi menos de 25% de posibilidades de vida en las próximas horas. Además, estábamos angustiados por el bebé. A los médicos les preocupaba que los químicos que le dieron a Debbi para tratar la enfermedad pudieran ser demasiado fuertes para el bebé. ¡Había una alta posibilidad de que la madre y el bebé pronto murieran!

Recuerdo la noche que Debbi recibió su primera dosis de quimioterapia. Todo lo que podía hacer era estar junto a la cama y poner las manos sobre su estómago. Finalmente, pude orar en voz alta con la esperanza de sentir el movimiento del bebé. Después de todo, en ese momento no sabía si volvería a hablar con Debbi ni si tendría la alegría de sostener a nuestra bebé con vida.

El drama continuó con pocos cambios, excepto que Debbi comenzó a perder el cabello. Todo esto llegó a su punto culminante después de tres días cuando su cuerpo se debilitó tanto que espontáneamente dio a luz. La enfermera asistente llegó de inmediato y llamó a la unidad de cuidados neonatales.

Después de oír un anuncio de emergencia en el intercomunicador del hospital, me precipité a la unidad de terapia intensiva y permanecí afuera de la habitación de Debbi. Sin saber qué había ocurrido, me temí lo peor.

¡Unos minutos más tarde quede impresionado ante la visión de una niñita de 880 gr (una libra y quince onzas)! Me sentí como María y Marta en la tumba de Lázaro, pero para sorpresa de todos, ¡estaba viva! La llamamos Kara, que significa «don bondadoso de Dios».

Después del nacimiento de Kara, Debbi poco a poco se recuperó y se le permitió regresar a casa a las tres semanas. Debido a la atrofia en los músculos, tuvo que aprender una vez más habilidades básicas como caminar y comer por sí misma.

Kara llegó a casa el 15 de febrero de 1990 con 2,3 kg (cinco libras) de peso. Tenía un severo trastorno respiratorio que requería atención las 24 horas del día. ¡Vaya comienzo difícil para un recién nacido!

Aprender a confiar en Dios

Varios meses después de regresar con Debbi del hospital, se nos pidió que visitáramos a un viejo amigo, profesor y pastor, el Dr. Jimmie Nelson. Después de intercambiar atenciones, aún puedo recordar cómo extendió las manos para tomar las nuestras con gentileza. Dios comenzó a usar al Dr. Nelson para dar respuesta al «porqué» que había en mi corazón.

En primer lugar, nos animó a que permaneciéramos firmes en la Palabra de Dios y nos dedicáramos a la oración todos los días. Sonrió mientras conversaba con él y le confiaba lo que había en mi corazón durante los primeros días de nuestra experiencia. Reconocí que estaba desconcertado por el silencio de Dios.

Como hombre de gran sabiduría, el Dr. Nelson nos miraba fijamente a los ojos, nos apretaba las manos y nos suplicaba que dejáramos que Dios usara esta experiencia de «recuperación» para su gloria. Nos recordó que Satanás trataría de contaminar nuestros corazones al hacer que nos airáramos contra Dios y entre nosotros.

Luego nos advirtió que cuidáramos nuestra relación matrimonial. Después de varias décadas en el ministerio, el Dr. Nelson sabía que las presiones de pagar cuentas médicas exorbitantes y tratar con enfermedades crónicas podrían fácilmente amargarnos e incluso llevarnos a deshacer el matrimonio.

Como un padre que exhorta a sus hijos, nos dijo: «No se dejen engañar, no pueden entender esto ahora, pero Dios tiene un plan para ustedes. Si lo permiten, Él les dará poder y los usará para que cuenten su historia mediante el quebrantamiento de lo que han experimentado». Además declaró: «Créanme, Dios nunca se echa atrás cuando se trata de extender su reino. Ustedes son un testimonio vivo de su gracia y poder. Ahora que han experimentado esa misericordia, ¡vayan al mundo y díganle que está vivo!»

¿Qué dice la Biblia?

Cuando luchaba con Dios y trataba de asimilar lo que estábamos enfrentando, me dirigí a la Biblia. Encontré numerosos ejemplos y maestros que también tuvieron que aprender a confiar en Dios.

El apóstol Pablo

Como nos señalaba el Dr. Nelson, me acordé inmediatamente de las palabras que Jesús le dio al apóstol Pablo en 2 Cor. 12:9: «te basta con mi gracia, pues mi poder se perfecciona en la debilidad» (NVI). En ese momento entendí por qué Dios guardó silencio durante los primeros días de la hospitalización de Debbi. No fue por estar despreocupado ni desconectado de nosotros sus hijos. Fue porque simplemente estaba esperando a que llegara a ser débil.

Juan el Bautista

Dios estaba esperando que reconociera mi posición como discípulo entregado y necesitado de Él. Finalmente me podía identificar con Juan el Bautista, quien con audacia declaró: «Es necesario que él crezca, pero que yo mengüe» (Juan 3:30). A pesar de que se enfrentaba a la muerte, no estaba amargado por sus circunstancias y nunca dejó de proclamar el mensaje de Cristo.

José

También me pude identificar con José. Aún cuando fue dado por muerto y sus hermanos lo vendieron como esclavo, no se dejó amargar. Muchos años más tarde les proclamó a los mismos hermanos que lo habían entregado: «Vosotros pensasteis mal contra mí, mas Dios lo encaminó a bien» (Gén. 50:20). A su favor, José perdonó a sus hermanos, al darse cuenta de que Dios permitió todo lo que padeció con el fin de cumplir el espléndido plan que tenía para las naciones.

Moisés

También consideré la difícil situación de Moisés en Éxodo 3. Después de 40 años de huir de las heridas de su pasado, Moisés se encontró ante una zarza ardiente y oyó la voz de Dios. Cuando el Señor le reveló su plan para rescatar a los judíos, Moisés debió estar jubiloso al saber que Dios finalmente intervendría y libertaría al pueblo de la esclavitud de los egipcios. Por otra parte, quizás se quedó petrificado al enterarse de que Dios lo había escogido para ser el libertador.

Después de todo, ¿cómo podría Moisés regresar a Egipto? Había huido en desgracia después de perder los estribos y matar a un guardia egipcio ¿Y si lo detenían en las puertas de la ciudad y le hacían pagar por su antiguo crimen? Al final, Dios usó a un Moisés más humilde y obediente (más débil). Poco sabía Moisés de lo que Dios estaba preparando mediante las luchas de la vida para desarrollar el carácter que necesitaba como líder.

Me preguntaba: ¿Podría ser que Dios estuviera haciendo lo mismo conmigo?

Jesús

Creo que todas las cosas con el tiempo regresan a Cristo. ¿Fue justo que Él padeciera la humillación de dejar el cielo para convertirse en un simple hombre e incluso ser tentado por Satanás? ¿Fue justo que fuera golpeado, escupido y maldecido para convertirse en el sacrificio eterno por nuestros pecados?

Sin embargo, nunca se quejó de su pasado humilde ni se amargó contra su Padre. Simplemente señaló: «No se haga mi voluntad, sino la tuya» (Luc. 22:42). Pudo haber hecho una observación semejante a la de José: «¡Lo que Satanás pensó para mal respecto al dolor y el sufrimiento en la cruz, Dios lo encaminó para su eterna gloria!» Cuando sufrimos, debemos hacer lo mismo.

Cuenta con valentía el testimonio de cómo Dios te recuperó

Desde el diagnóstico inicial y la reunión con el Dr. Nelson, Debbi y yo hemos visto cómo Dios usa nuestro testimonio para animar a miles de creyentes a que perseveren y no se den por vencidos. A la vez hemos podido anunciar el evangelio a muchos inconversos que están apesadumbrados y se sienten derrotados por la vida.

Por desgracia para Debbi, la enfermedad de Wegener es crónica y requiere de cuidado especial y continuo. Se ha mantenido con dosis periódicas de quimioterapia y los esteroides que la debilitan desde su diagnóstico original de 1989, y nunca ha experimentado una remisión.

No obstante, ella proclama con valentía la historia de su recuperación a un mundo dolido. Después de todo, entiende el desafío de perderlo todo cuando nuestros gastos médicos se elevaron a más de 500.000 dólares, agotando por completo todos nuestros recursos. Lo perdimos todo. Entiendes los efectos permanentes de la quimioterapia y la humillación de ser un conejillo de indias para los médicos insensibles que tratan de entender una extraña enfermedad. Lejos de amargarse, Debbi comprende la conexión y la usa para anunciar a Cristo.

En cuanto a Kara, en los años transcurridos desde su increíble nacimiento, ha experimentado convulsiones que amenazan su vida y un diagnóstico de parálisis cerebral leve. Aun cuando los expertos nos advertían que nunca podría funcionar adecuadamente en la escuela o experimentar una vida normal, Kara se graduó recientemente de la escuela secundaria como miembro de la *National Honor Society*. También confía en Dios y decidió contar la historia a todos aquellos que quieran escucharla sobre cómo Dios la recuperó. Incluso figuró en un anuario reciente de su secundaria pública. La historia se titulaba «Dios hizo que contara mi testimonio». Kara pronto será una estudiante universitaria.

Qué es un testimonio de recuperación

En más de 30 años de experiencia en el ministerio, he observado que Satanás no le puede robar a nadie la salvación, pero siempre tratará de hacer que el cristiano sea ineficaz. Aparte de crearle temor para que no anuncie el evangelio, engaña al creyente tratando de mantenerlo esclavo de su pasado.

Los errores y los tiempos difíciles de nuestro pasado abren la puerta a la intimidación y el temor del enemigo. Por lo tanto, vayamos a lo seguro, no finjamos que somos perfectos. Para ser francos, los que están fuera de la iglesia han visto lo suficiente de los «perfectos» de la iglesia. Los que son sinceros y reconocen sus deficiencias son un aliento de vida para los que buscan vida. Sin embargo, cuando permitimos que Satanás nos intimide o nos produzca temor, permaneceremos en silencio.

Una vez que descubrí la mentira de Satanás, comencé a exigirles a mis alumnos que escribieran su testimonio de recuperación. Me quedé estupefacto ante las respuestas emocionales de muchos estudiantes cuando expresaron a viva voz la necesidad específica de ser libertados de la esclavitud de Satanás por los pecados pasados. Además de las siguientes historias, han hablado de maltrato, abuso sexual, adicción a las drogas y actividad esotérica.

En una ocasión un joven a quien llamaremos John, con lágrimas en los ojos le contó a la clase que anteriormente era adicto a la pornografía. Estaba destrozado por su continua vacilación para compartir el mensaje del evangelio a causa de sus sentimientos de indignidad. Después de todo, recordaba: «¿Quién soy yo para anunciar a Cristo? ¡Mira lo que hacía!». Cuando finalmente pudo compartir su testimonio de recuperación, conoció el poder que rompe la esclavitud de Satanás. John ahora es un testigo valiente que puede relacionarse específicamente con otros jóvenes que luchan contra la pornografía.

Una joven, a la que llamaremos Amy, es otro ejemplo. Ella le contó a la clase en términos vívidos sobre su trastorno alimentario. Después de años de luchar con la anorexia y la bulimia, Amy apenas pesaba 34 kg (75 libras). A pesar de ser una joven de unos 20 años, había resuelto que pronto iba a morir. Cuando oyó en la radio a un artista cristiano que contó de la liberación que hay en Cristo, Amy se entregó a Dios y finalmente fue libertada del ídolo de la comida. Cuando leyó en clase su testimonio de recuperación, era evidente que sufría de la misma esclavitud de John en el relato anterior. Cada vez que comenzaba a anunciar a Cristo, Satanás se interponía con la acusación: «¿Qué te hace tan santa? ¿Quién eres tú para mencionar a Cristo?» Pero al igual que John, cuando Amy presentó su testimonio de recuperación, desenmascaró las mentiras de Satanás, y ¡la esclavitud se rompió! Amy es ahora una testigo increíble, especializada en jóvenes que luchan con desórdenes alimentarios.

Un testimonio de recuperación es experimentar las palabras que José pronunció anteriormente en este capítulo: «Vosotros pensasteis mal contra mí, mas Dios lo encaminó a bien» (Gén 50:20). En lugar de permitir a Satanás que reduzca al silencio a los seguidores de Cristo mediante mentiras y engaños, debemos admitir nuestros errores pasados y perdonarnos a nosotros mismos tal como Cristo nos perdonó. Además, debemos usar esas experiencias pasadas como puntos de entrada en la vida de aquellos luchadores que necesitan salvación.

Cómo preparar un testimonio de recuperación

El enfoque de este tipo de testimonio consiste en relatar cómo Jesús te ayudó con un problema particular o alguna necesidad en tu vida. Para escribir este testimonio se sigue un esquema sencillo. Explica brevemente:

1. Mi vida parecía normal hasta que...

Explica la(s) circunstancia(s) de tu vida en la(s) que te sentiste desalentado o fuiste desafiado con una gran carga. Puede ser algo como una pasada adicción a las drogas, el alcohol o la pornografía. También puede tratarse de un suceso como la muerte de un amigo o un miembro de la familia, una enfermedad, una depresión o quizás el divorcio de tus padres. No tiene que ser algo catastrófico o impresionante, sino solo un evento importante para ti. Sinceramente, este no es el momento de mostrarse autosuficiente, sino de ser transparente y vulnerable.

2. Encontré esperanza y ayuda en Jesús cuando...

Cuando recuerdes algún acontecimiento pasado de tu vida, explica con detalle cómo intervino Dios. Usa frases que expresen emociones y sentimientos. También anota versículos de la Escritura e historias bíblicas que fueron útiles para satisfacer tus necesidades.

3. Me alegro de tener una relación personal con Jesús hoy porque...

¡Aquí es cuando te jactas de Jesús! Explica cómo cambió tu vida para bien. Sin embargo, ten cuidado de no exagerar o salir con que alcanzaste la perfección. El propósito del testimonio de recuperación consiste en obtener la victoria sobre los errores pasados y usar estas experiencias para que te identifiques con los inconversos y construyas puentes para el evangelio.

4. ¿Puedo contarte cómo algo así te puede suceder?

El punto de esta pregunta es abrir caminos que nos permitan anunciar a Cristo. A menos que la otra persona no responda, en función de la dirección del Espíritu Santo, siempre debemos invitar a los inconversos a que sigan a Cristo.

Evangelismo es...

1. Contarle a los inconversos tu testimonio de recuperación.
2. Conectar tu testimonio de recuperación con el mensaje del evangelio.
3. Ser vulnerable y transparente con los que no son salvos.

Versículo clave

«Te basta con mi gracia, pues mi poder se perfecciona en la debilidad» (2 Cor. 12:9, NVI).

Citas interesantes

Como los demás miembros de la raza humana, tratamos con los dolores, los hábitos y los impedimentos de la vida.

—Rick Warren[1]

Entre cristianos fervorosos, generalmente, no hay verdad más admitida que la de su extrema debilidad.

—Andrew Murray[2]

Aplicación inmediata

Aplica las siguientes pautas para escribir tu testimonio de recuperación:

1. Mi vida parecía normal hasta que...
2. Encontré esperanza y ayuda en Jesús cuando...
3. Me alegro de tener una relación personal con Jesús hoy porque...

¿Por qué es importante un testimonio de recuperación?

1. Porque es un puente para llegar con el evangelio y rescatar a las personas que sufren.
2. Porque valida tu testimonio en una cultura escéptica.
3. Porque es un recordatorio diario de la gracia de Dios.
4. Porque es una herramienta para la guerra espiritual... ¡Estás perdonado!

Notas

1. R. Warren, citado en el prólogo de J. Baker, *Life's Healing Choices: Freedom from Your Hurts, Hang-ups, and Habits* [Opciones de sanidad en la vida: Liberado de tus dolores, heridas, problemas y hábitos] (West Monroe, LA: Howard Books, 2007), 14.

2. A. Murray, *Abide in Christ* [Permanece en Cristo] (Springdale, PA: Whitaker House, 1979), 179.

33 Evangelismo es...

Responder las preguntas más frecuentes de los que buscan

Dave Earley

«¡Esta noche será mi cumpleaños espiritual!»

Estas fueron las palabras de Jeff, un adulto joven inteligente, quien creció en un hogar ateo. Sus padres eran profesores de la Ohio State University. Un amigo suyo lo había desafiado a considerar el cristianismo y asistir a un grupo de estudio bíblico que yo dirigía para personas que tienen inquietudes espirituales. El curso duraba doce semanas, una noche por semana. Lo llamamos «Cristianismo Básico». Los participantes podían hacer las preguntas que quisieran. Los asistentes tenían que ser inconversos, y si eran creyentes y deseaban asistir, debían llevar consigo a un no creyente.

La noche que Jeff me llamó ya había ido tres veces al estudio de «Cristianismo Básico» y estaba por empezar la cuarta. Cada vez tenía más respuestas a sus preguntas y se acercaba más a Cristo. En cada reunión él veía cómo los demás obtenían respuestas y le entregaban su vida al Señor.

Una noche, después de que acosté a mis hijos, sonó el teléfono. Era Jeff. «¡Esta noche va a ser mi cumpleaños espiritual!» afirmó con entusiasmo. «Este es mi cumpleaños físico, y estoy cansado de huir de Dios. Quiero darle mi vida a Jesús esta noche. Será mi cumpleaños físico *y* espiritual».

«Genial», señalé. «Ya sabes qué hacer».

«Pero quiero que estés aquí», expresó Jeff.

«Jeff, es un poco tarde», bromeé.

«No te preocupes», dijo Jeff. «Ya estoy en camino. Llegaré pronto a tu casa».

En solo un par de minutos, Jeff estaba en la puerta. Lo invité a la sala, movió la silla, se arrodilló y me llevó a su lado. En seguida, comenzó a decir una asombrosa oración de arrepentimiento y fe en el Señor Jesucristo. Se levantó y los dos teníamos lágrimas en los ojos. Me dio un abrazo y luego se fue a contarles a algunos de sus amigos que acababa de nacer de nuevo. Unas semanas más tarde Jeff se bautizó y ha participado de manera vital en la vida de la iglesia. Desde entonces, Jeff ha vivido para Dios. Su gran sonrisa es una enorme bendición para todo aquel que lo conoce.

Las preguntas de Jeff no eran diferentes ni más difíciles que las preguntas básicas que muchos hacen sobre el cristianismo. Necesitó pocos años para llegar al punto donde verdaderamente podía confiar en nosotros. Entonces, cuando obtuvo respuestas inteligentes a sus preguntas en un contexto de cordial respeto y amabilidad, el Espíritu Santo hizo que la verdad del evangelio fuera real para él.

Si bien la mayoría de los escépticos no necesitan tanto tiempo como Jeff, he visto a cientos de personas pasar por el mismo proceso y llegar a la fe transformadora cuando los amaron, respetaron sus opiniones, respondieron pacientemente a sus preguntas y vivieron una auténtica vida cristiana que ellos también querían experimentar.

Evangelismo es responder pacientemente las preguntas más frecuentes que se plantean sobre el cristianismo

Cuando comencé a anunciar de Jesús a los perdidos, en ocasiones me encontraba con alguien que era mayor y más inteligente que yo. Cuando hacían algunas preguntas difíciles sobre el cristianismo, no sabía qué responder. Algunos escépticos me hacían sentir como si los cristianos fueran antiintelectuales, y tuvieran que dejar el cerebro en la puerta de la iglesia cuando entraban.

Pero cada vez que alguien me preguntaba o me golpeaba con un argumento que no podía responder, trataba de encontrar la respuesta. Pronto descubrí que había una enorme riqueza de evidencias sobre la existencia de Dios, la confiabilidad y la validez de la Biblia, la historicidad y Deidad de Jesucristo y de su resurrección de la tumba. Aprendí que el cristianismo no era solo una de muchas religiones, sino también el único sistema de fe lógico y válido, y que solo el cristianismo llevaba a un cambio positivo, duradero y eterno en la vida.

Cuando comencé a ofrecer el curso de cristianismo básico fundamentado en las preguntas de los escépticos y lleno de no creyentes, la gente pensaba que estaba loco. Pero había descubierto que todas las preguntas giraban en torno a pocas áreas básicas y un puñado de temas comunes. Cuando a los buscadores escépticos se los trataba con oración, gentileza, respeto, amor y paciencia, Dios echaba abajo sus defensas. De los cientos de personas que asistieron a la clase con el paso de los años, todos los que se quedaban hasta el final le entregaron su vida a Jesucristo.

Recordatorios antes de entrar en una discusión

Gana primero el corazón y después la discusión

La clave para evangelizar eficazmente a los escépticos y buscadores no es solo conocer lo que crees y por qué, sino también ser cuidadoso para ganar primero el corazón y después la discusión.

Aristóteles era un antiguo filósofo griego. Fue el primero en crear un sistema integral de filosofía occidental que abarcaba la moral y la estética, la lógica y la ciencia, la política y la metafísica. Cuando entrenaba a los futuros filósofos para que otros abrazaran su punto de vista, les enseñaba que *primero* debían ganarse la confianza y a continuación dar argumentos o pruebas. No comenzaban tratando de probar que el otro punto de vista era incorrecto. Por el contrario, en primer lugar debían probar que eran dignos de confianza. Solo después de ganar la confianza del escéptico, pasaban a examinar las preguntas, temas o problemas que exponían los que esperaban alcanzar. A continuación, los estudiantes de Aristóteles demostraban que su punto de vista era el correcto.[1]

Abraham Lincoln fue el decimosexto presidente de los Estados Unidos. Era famoso porque podía hacer que sus oponentes adoptaran su punto de vista y los enemigos se convirtieran en sus más leales amigos. Nos reveló el secreto:

> Si quieres ganar un hombre para tu causa, en primer lugar, convéncelo de que eres su verdadero amigo. Esta es la estrategia que ganará su corazón, la cual, digas lo que digas, es el mejor camino hacia la razón. Cuando has ganado su corazón, no tendrás problema en convencerlo de la justicia de tu causa, si es que tu causa en verdad es justa.[2]

«Nunca he discutido con alguien en el cielo»

El Dr. Gary Habermas es el profesor más distinguido de apologética y filosofía y es el presidente del Departamento de Filosofía y Teología de la Liberty University y del seminario teológico Liberty Baptist. No solo es un autor prolífico y conferencista, sino también el mayor experto en el tema de la confiabilidad de la resurrección de Cristo. Ha debatido con ateos en escenarios tan prestigiosos como las universidades de Oxford, Edimburgo y Cambridge. También es mi colega y amigo.

Recientemente, le pegunté a Gary, como dotado polemista, sobre el papel de la discusión y la apologética en el evangelismo. «Una cosa debe quedar bien clara», puntualizó. «Nunca he discutido con alguien en el cielo. Las discusiones por sí solas únicamente levantan muros. Las personas que he ayudado a venir a Cristo han sido ganadas en primer lugar por el amor, *luego* por responder a sus preguntas».

Pablo

El gran apóstol Pablo nos enseña cómo debemos responder a los que aún están fuera de la fe. Sugiere bondad, amor e integridad.

> «Usen la cabeza cuando vivan y trabajen con personas de afuera. Utilicen todo truco y aprovechen toda oportunidad. Hablen amablemente. La meta es sacar lo mejor de los demás cuando conversen, no los menosprecien ni excluyan» (Col. 4:5-6 *The Message*).

> «Por el contrario, dejen que sus vidas expresen amorosamente la verdad [hablando todas las cosas con verdad, negociando con verdad, viviendo con verdad]» (Ef. 4:15, AMP).

Respuestas a las preguntas más frecuentes que hacen los escépticos

Este no es un libro de apologética cristiana (la defensa de la fe cristiana). Es un libro sobre evangelismo. Sin embargo, a lo largo de los años he descubierto que para evangelizar eficazmente, a menudo hay que hacer al principio un poco de apologética. En otras palabras, he tenido que hacer preevangelismo al ofrecer por lo menos respuestas breves a las preguntas que plantean los buscadores sensatos y los escépticos. En el resto de este capítulo, ofreceré algunas respuestas a las preguntas más frecuentes sobre Dios y la Biblia; y daré algunas respuestas a preguntas sobre Jesús y la religión.

Por lo general, una respuesta corta es suficiente para la mayoría. Te sugiero que después de aprender estas respuestas breves, profundices más para que puedas dar respuestas más completas a estas preguntas.

¿Qué evidencia tienes de que Dios existe?

La existencia del universo prueba por sí misma que hay un Dios. Solamente hay tres opciones que explican la existencia del universo: (1) El universo siempre ha estado ahí. (2) Llegó a existir por sí mismo. (3) Fue creado.

1ª opción. «El universo es eterno». Ha sido totalmente rechazada por la comunidad científica. El movimiento de las galaxias, la radiación del fondo cósmico y otras evidencias apuntan abrumadoramente a que el universo comenzó a existir en un punto determinado en el tiempo, algo que los científicos denominan el big bang.

2ª opción. «El universo se creó a sí mismo» es filosóficamente imposible. Antes de que el universo existiera, no habría andado por ahí esperando crearse. Es evidente, un universo inexistente ¡no podría haber hecho nada! No existía. La nada no puede producir algo. La nada es nada. La nada no se puede ver, oler; tampoco puede actuar, pensar o crear. Entonces podemos descartar las opciones 1 y 2 por razones científicas y filosóficas.

3ª opción. «Algo o alguien fuera del universo creó el universo». Esta es la única opción razonable. Por ejemplo, imaginemos que estoy sosteniendo una pintura. Cuando ves la pintura, ¿qué prueba necesitas para establecer la existencia de un pintor o pintora? La única prueba necesaria es la pintura misma. La pintura es la prueba absoluta de que hubo una pintora o un pintor. No necesitas ver al pintor para creer que existe. La pintura es toda la evidencia que necesitas. No estaría allí si el pintor no existiera, y lo mismo ocurre con el universo. La existencia del universo en sí mismo prueba absolutamente que hay un creador.[3]

¿Qué evidencia tienes de que la Biblia es realmente cierta?

He hallado una docena de buenas razones para confiar en la Biblia como la palabra de Dios. Por ejemplo, siempre me ha impresionado la inmensa cantidad de profecías cumplidas, la increíble exactitud científica, la innegable unidad, la honestidad absoluta, la fantástica indestructibilidad, la influencia positiva y el poder de cambiar las vidas.

La Biblia, a diferencia de cualquier otro libro religioso, ha demostrado claramente que es la palabra de Dios por la exactitud con que ha predicho el futuro. Literalmente, cientos de profecías específicas que fueron dadas muchos siglos antes de su realización se han cumplido. Ningún otro libro religioso puede corroborarse de esta manera. Por ejemplo, los detalles de la vida y la muerte de Jesús fueron predichos minuciosamente cientos de años antes de que naciera en Belén de Judá. Más allá de eso, la Biblia también ha demostrado ser históricamente confiable por los casi 25.000 descubrimientos arqueológicos que ratifican nombres de personas, lugares, eventos y costumbres mencionadas en la Biblia.

La evidencia que más me llama la atención con respecto a la validez inusual de la Biblia es su increíble indestructibilidad. Por ejemplo, el emperador romano Diocleciano atacó duramente a la Biblia. Mató a tantos cristianos y quemó tantas Biblias que en el año 303 d.C. erigió un pilar con la inscripción: «El nombre de los cristianos se ha extinguido».

No lo creo.

Apenas 20 años después, Roma tuvo un nuevo emperador, Constantino. Aunque se discute sobre sus motivos, el cristianismo llegó a dominar de tal manera en su reino que lo declaro la religión oficial de Roma. Cuando pidió una copia de la Biblia, el libro que Diocleciano había supuestamente eliminado, se sorprendió cuando en un plazo de 24 horas, le fueron mostradas 50 copias. ¿De dónde venían? ¡Todas habían sido escondidas en el palacio de Diocleciano!

Hace 200 años, Voltaire, el ateo francés declaró: «Dentro de 50 años el mundo no sabrá más de la Biblia».

No lo creo.

En 1828, 50 años después de la muerte de Voltaire, la Sociedad Bíblica de Ginebra compró su casa e imprenta para imprimir Biblias. En 1933, un poco más de 150 años después de su fallecimiento, el mismo año que los ejemplares de la primera edición del libro de Voltaire se vendían por ocho centavos en las librerías de París, el Museo Británico le compró a Rusia una copia del NT por ¡100.000 libras! ¡Doscientos años después de la muerte de Voltaire, la Biblia excedía a 500 mil millones de copias impresas!

La Biblia es el libro más indestructible del mundo y también es el más popular. Sin ninguna duda es la obra más editada, vendida y leída del planeta. Se ha publicado en 1500 idiomas, más que la combinación de los 100 libros más conocidos e impresos. Fue el primer libro que se imprimió en una imprenta. En nuestros días nadie tiene idea de cuántos billones de copias de la Biblia se han impreso. Y por si fuera poco, sigue siendo un *best seller* año tras año.

¿Acaso la Biblia no ha sufrido corrupción por haber sido traducida cientos de veces a través de los siglos?

Sí, la Biblia ha sido traducida a cientos de idiomas a través de los siglos. Sin embargo, el texto actual de la Biblia ha sido preservado exactamente. ¿Cómo lo sabemos?

En primer lugar, existe una evidencia documental. En palabras sencillas, tenemos un sinnúmero más de copias que van mucho más atrás en el tiempo que cualquier otra pieza de literatura antigua. Hoy en día existen varios miles de antiguos manuscritos parciales y completos de la Biblia, y algunos de ellos se remontan al siglo III a.C. En comparación, la siguiente mejor obra literaria respecto a la evidencia documental es la *Ilíada* de Homero con solo 643 copias datadas 500 años después del original. Los manuscritos bíblicos han permitido a los críticos textuales verificar que la Biblia que tenemos hoy es la misma que poseía la iglesia primitiva.

Una segunda evidencia de la confiabilidad de la Biblia proviene de los escritos de los Padres de la iglesia. Estos fueron líderes de la iglesia primitiva unas pocas generaciones después de los apóstoles de Cristo. En sus comentarios sobre la Biblia, la correspondencia entre ellos y las cartas que dirigieron a otras iglesias, estos hombres citaron más de 86.000 veces el NT. Estas citas han permito a los eruditos reconstruir el 99,86% del NT. Solo hay 11 versículos del NT que los padres de la iglesia al parecer nunca citaron. La evidencia documental y los escritos de los padres de la iglesia, confirman de manera concluyente que el texto original de la Biblia ha sido escrupulosamente preservado.

¿No se han perdido ciertos libros de la Biblia?

No. Los supuestos «libros perdidos» de la Biblia (los llamados evangelios de Tomás, Felipe y María Magdalena) no eran evangelios. Eran «pseudo evangelios» y la iglesia primitiva los rechazó como escritos espurios que no calificaron para ser incluidos como Palabra de Dios. La iglesia de aquellos años conocía estos documentos pero los dejó deliberadamente fuera de la Biblia, al reconocer fácilmente que no pasaban la prueba que determinaba si un manuscrito reunía los criterios para ser incluido como parte de la Biblia:

En primer lugar, no fueron escritos por ninguno de los apóstoles (como Mateo o Juan) o sus colaboradores más cercanos (como el Evangelio de Marcos o el de Lucas). En segundo lugar, los estudiosos datan estos evangelios espurios en los siglos II y III, mucho tiempo después de la época de Cristo para ser considerados creíbles. En tercer lugar, estos escritos contradicen a la revelación auténtica. Puedes estar absolutamente seguro de que Dios, quien inspiró (2 Tim. 3:16) a los hombres para que escribieran las palabras de la Biblia (2 Ped. 1:21) se encargó de que ninguno de los escritos inspirados se perdiera. Sería una locura que pensáramos que el Dios omnisciente y todopoderoso le hubiera perdido la pista a los libros que planeó poner en la Biblia, o cualquier otra cosa similar.

Evangelismo es...

1. Responder pacientemente a las preguntas más frecuentes.
2. Ayudar cuando hacemos alguna apologética sencilla.
3. No discutir con alguien sobre el cielo.
4. Ganarse la confianza y luego presentar la evidencia.

Citas interesantes

Debo decir que después de muchos años de estudio detallado de las evidencias del cristianismo, el resultado ha sido una convicción firme y creciente en la autenticidad e inspiración plena [completa] de la Biblia. Sin duda es la Palabra de Dios.

—SIMON GREENLEAF (1783-1853),
FUNDADOR DE LA UNIVERSIDAD DE LEYES DE HARVARD

Un estudiante universitario me dijo una vez que yo le había contestado satisfactoriamente a sus preguntas.
«¿Vas a ser cristiano?» le pregunté.
«No», respondió.

Intrigado, le volví a preguntar: «¿Por qué no?» Admitió: «Francamente, sería estropear la forma en que vivo». Se dio cuenta de que la verdadera cuestión no era intelectual, sino moral.

—Paul Little[4]

Notas

1. Ver la obra clásica de Aristóteles, *Rhetoric*, [Retórica] o C. Carey, "*Rhetorical Means of Persuasion,*" *Persuasion: Greek Rhetoric in Action* [Retórica: El canal de la persuasión; Persuasión: Retórica griega en acción], ed. por I. Worthington (London: Rout- ledge, 1994), 26–45.

2. A. Lincoln, citado en K. Boa y L. Moody, *I'm Glad You Asked* [Me alegro de que hayas preguntado] (Colorado Springs, CO: Cook Communications, 2005), 19.

3. Para esta breve respuesta estoy en deuda con C. Campbell, "*Answers to Your Questions*" [Respuestas a tus preguntas] www.ARB.com, http://www.alwaysbeready.com/index.php?option=com_content&task=view&id=51&Itemid=71, ingresado en junio 1, 2009.

4. P. Little, *Know Why You Believe* [Conoce por qué tú crees] (Downers Grove, IL: InterVarsity, 1988), 19.

34

Evangelismo es. . .

Ofrecer una defensa lógica de tu fe

Dave Earley

Hace varios años estaba presentándole el evangelio a un hombre en un parque de Dover, Inglaterra. Cuando se sentó en un banco sonrió con petulancia y declaró: «Bien, hijo, creo que ir al cielo se parece mucho a ir al correo de esta ciudad. Hay varias maneras de llegar allí desde aquí, sin embargo, no importa qué ruta tomes, todas te llevarán al mismo lugar. Es lo mismo con la religión. Puedes tomar la calle Cristianismo, tu amigo el boulevard Budista y alguien más puede ir por la avenida Hindú o la avenida Islam. Mientras ellos sean buenos y sinceros, todos esos caminos te llevarán al cielo. Todas las religiones son básicamente lo mismo».

¿Tiene razón? ¿Son todas las religiones básicamente lo mismo? ¿Apuntan al mismo Dios? ¿Todos estos caminos te llevan al mismo destino?

Cada vez que abordo el tema de la religión en lugares públicos, a menudo hay tensión. Cuando el tema de conversación es Jesucristo, con frecuencia la gente salta rápidamente para expresarme su punto de vista sobre la religión. Con los años me he encontrado con un número de personas cada vez mayor que afirma cosas como estas:

- ¿Qué hace que Jesús sea tan especial? ¿Cómo puedes decir que es Dios?
- Todas las religiones son caminos diferentes por los que subes a la misma montaña.

- Cada religión posee solo parte de la verdad. Es necesario combinarlas para tener el cuadro completo.
- Mientras la gente viva bien, no importa lo que crean, irán al cielo.
- No importa en qué creas, siempre y cuando seas sincero.
- Debemos tolerar las opiniones de los demás, incluso cuando difieran de la tuya. Decir que Jesús es el único camino al cielo está mal porque muestra intolerancia hacia los que creen de manera diferente.
- El bien y el mal es una cuestión de lo que para ti es bueno y malo. Una religión u otra no importa. Lo que cuenta es encontrar el sistema de creencias adecuado para ti.
- La religión es la religión y todas son básicamente lo mismo. ¿Cuál es la gran diferencia?

No dejes tu cerebro fuera de esto

Pedro nos animó a saber por qué creemos y a estar preparados para presentar el evangelio propiamente y con esmero, mostrando gentileza y respeto. «Pero en sus corazones santificad a Cristo [y reconózcanlo] como Señor. Siempre estén preparados para presentar defensa lógica a cualquiera que les pida dar cuenta de la esperanza que está en ustedes, pero háganlo cortés y respetuosamente» (1 Ped. 3:15, AMP).

Muchos creen que para llegar a ser un auténtico seguidor de Jesucristo deben dejar su cerebro fuera de esto. Suponen que el cristianismo es un salto en la oscuridad netamente emocional, irracional, antiintelectual y sentimental.

El verdadero cristianismo no es un salto a ciegas en la oscuridad. Es fe basada en pruebas sólidas y buenas razones. El cristianismo es racional y el único sistema de creencias que es a la vez lógicamente sensible y espiritualmente poderoso. Ten la plena seguridad de que creer en Jesús no equivale a suicidarse intelectualmente. No tienes que practicarte una lobotomía para ser salvo. Jesús murió para quitar nuestro pecado, no nuestro cerebro. Los cristianos no tienen que dejar el cerebro en la puerta hasta que lleguen al cielo. Podemos dar razón de la esperanza que está en nosotros.

Razones de la esperanza que está en nosotros

¿Cómo puedes decir que Jesús es Dios?

Creo que Jesús es Dios porque Jesús, un hombre de integridad y cordura incuestionables, afirmó que era Dios. C. S. Lewis, profesor de Oxford y escéptico en otro tiempo, en su famoso libro *Mere Christianity* [Cristianismo Puro], hace la siguiente declaración:

> El hombre que sin ser más que hombre afirmara el tipo de cosas que Jesús expresó no es un gran moralista. Bien es un lunático que está al mismo nivel del que dice que es un huevo cocido o el diablo del infierno. Puedes elegir. O bien este hombre era, y es el Hijo de Dios; o era un demente o algo peor. Puedes encerrarlo como a un loco o caer a sus pies y proclamarlo Señor y Dios. Pero no asumamos la actitud condescendiente de decir que fue un gran maestro de la humanidad. Él no nos permite esa posibilidad.[1]

Después de estudiar los hechos por sí mismo, Lewis concluyó que Jesús era Dios en verdad. Pasó el resto de su vida empleando su don de escritor para contarle al mundo sobre Jesús.

Otra razón para creer que Jesús es Dios es que permitió que lo mataran a causa de esta afirmación. ¡Qué cosa tan tonta sería si realmente no fuera Dios! Observe por qué los judíos querían matarlo: «Por esto los judíos aun más procuraban matarle, porque no sólo quebrantaba el día de reposo, sino que también decía que Dios era su propio Padre, haciéndose igual a Dios» (Juan 5:18).

Más allá de eso, me encanta la manera en que Jesús cumplió de forma única las profecías sobre Dios, el Mesías. Su nacimiento, vida, muerte y resurrección se describieron en cientos de detalles sorprendentes y, en algunos casos, miles de años antes de que sucedieran.

El nombre de su gran tatarabuelo fue predicho, así como el lugar donde nació, la visita de los magos y sus dones, la aparición de la estrella, el intento de Herodes para matarlo y el viaje a Egipto para evitarlo. Estas son solo algunas de las profecías que se cumplieron en torno a su nacimiento.

En el AT hay nada menos que 332 predicciones distintas que se cumplieron literalmente en Cristo.[2] El astrónomo y matemático Peter Stoner, en su libro *Science Speaks* [La Ciencia Habla], ofrece un análisis matemático en el que muestra que es imposible que las declaraciones precisas sobre el Mesías pudieran cumplirse en una sola persona por mera coincidencia. Estima que la probabilidad de que *solo ocho* de estas profecías se cumplieran en la vida de un hombre es de uno a diez elevado a la decimoséptima potencia.[3] Es decir, un uno seguido de 17 ceros o ¡una probabilidad en 100 000 000 000 000 000! (Compare esto con ganar la lotería con una probabilidad de una en un millón», es decir un 1 seguido solamente de 6 ceros).

Para entender lo asombroso que un hombre cumpla con solo ocho de las profecías que Jesús cumplió, considera este ejemplo.

> Toma 100 000 000 000 000 000 dólares en monedas de plata y ponlos sobre Texas cuya superficie es de 378 577 km² (262 000 millas cuadradas). Cubrirás todo el estado a una altura de casi 61 cm (dos pies). Ahora marca una de las monedas y mezcla el conjunto de monedas en todo el estado. Luego venda

> los ojos a una persona y dile que puede recorrer el lugar todo lo que quiera, y hallar la que previamente marcaste.
>
> ¿Qué probabilidades tendría de encontrar la correcta? La misma que los profetas habrían tenido al escribir estas ocho profecías y hacerlas coincidir en un solo hombre.[4]

Hablamos aquí de un hombre que cumple solo *ocho* de las profecías sobre el Mesías. ¡Jesús cumplió 332!

¿No son todas las religiones básicamente lo mismo?

Mi respuesta a esta pregunta es no. Aun cuando la regla de oro «Traten a los demás tal y como quieren que ellos los traten a ustedes» (Luc. 6:31, NVI) está en la mayoría de las religiones, hay grandes contradicciones en muchos temas importantes.

Considera algunas de las diferencias principales entre las grandes religiones y el cristianismo.

Dios. Muchas otras religiones ven a Dios como uno con el universo y/o impersonal. Las religiones orientales, como el budismo, son panteístas y dicen que Dios es impersonal y lo permea todo. Dios es todo y todo es Dios. No hay diferencia real entre Dios y el universo. Como resultado, algunas religiones, como el hinduismo tienen millones de deidades (Brahma, Shiva, Krishna, etc.).

El cristianismo y el judaísmo afirman que Dios es independiente de su creación. El libo de Génesis establece: «En el principio creó Dios los cielos y la tierra». La Biblia enseña que Dios existía *antes* de la creación y es independiente de ella. Así como un pintor no es su pintura, Dios no es su creación.

El cristianismo adora a un Dios personal. El Sal. 103:13 señala que Dios tiene sentimientos: «Como el padre se compadece de los hijos, se compadece de los que le temen». Jesús nos enseñó a orar a un Dios personal: «Padre nuestro que estás en los cielos» (ver Mat. 6:9). En Juan 1:14 se revela que nuestro Dios se hizo como uno de nosotros: «Y aquel Verbo fue hecho carne, y habitó entre nosotros». ¡No se puede ser más personal que esto!

El islam plantea que hay un Dios (Aláh), pero es impersonal. En ninguna parte del Corán se instruye a los musulmanes a que llamen a Aláh, «Padre».

El mérito. Otras religiones enseñan que depende totalmente de una persona hacer algo para merecer el favor de Dios. El cristianismo enseña claramente que el hombre, en sí mismo, es totalmente incapaz de merecer el favor de Dios.

A un pastor llamado Harry Ironside se le preguntó por qué cada una de los cientos de religiones que hay en el mundo sostiene que es la correcta. Ironside respondió: «¿Cientos de religiones? Eso es extraño, yo solo he encontrado dos».

«Oh, señor», replicó el escéptico, «Usted debe saber que hay más que dos»

«De ninguna manera, señor» puntualizó Ironside. «Aunque admito que hay varias corrientes de opinión entre los que comparan las dos escuelas, no obstante, sigue habiendo dos. Una comprende a todos los que esperan salvarse *haciendo* algo. La otra afirma que has sido salvo por algo que *fue hecho*. Toda la cuestión se reduce a esto: «¿Puedes salvarte a ti mismo? o ¿alguien tiene que salvarte? Si puedes salvarte a ti mismo, no necesitas oír mi mensaje. Pero si no, es mejor que me escuches con atención».

La seguridad. Otras religiones no pueden asegurar la salvación porque se basan en las buenas obras. Uno nunca puede saber si ha hecho suficientes buenas obras. El cristianismo ofrece seguridad de salvación porque es el resultado de la obra del Dios perfecto en lugar de los esfuerzos del hombre imperfecto. Mi salvación no se basa en lo que hago, sino en lo que Jesús hizo. Lo que era e hizo es perfecto. Por consiguiente puedo estar seguro, no en mí y mis imperfecciones, sino en el perfecto Jesús.

¿No basta con vivir una buena vida? ¿Acaso la gente buena no va al cielo?

Cuando me hacen estas preguntas, señalo dos hechos simples con los que casi todo el mundo está de acuerdo: (1) El cielo es un lugar perfecto. (2) Ninguno de nosotros es perfecto. Entonces, pregunto: «Cuando mueras, ¿te gustaría ir al cielo?

Casi todos dicen: «Sí, me gustaría».

Entonces puedo afirmar: «Eso plantea un problema si el cielo es perfecto pero tú no. Si Dios te permitiera entrar al cielo tal como eres, imperfecto, ¿seguiría el cielo siendo todavía perfecto?»

En este punto, la luz se les comienza a apagar. Así que comienzo a anunciarles el evangelio a partir de Rom. 6:23 «Porque la paga del pecado es muerte, mas la dádiva de Dios es vida eterna en Cristo Jesús Señor nuestro».

Como ya comentamos en un capítulo anterior, en el cielo no hay gente «suficientemente buena», sino perfecta. El cielo es perfecto. Nosotros no somos perfectos. Por lo tanto, entrar al cielo y tener vida eterna es un don que debe aceptarse por la fe. «Porque por gracia sois salvos por medio de la fe; y esto no de vosotros, pues es don de Dios» (Ef. 2:8).

La diferencia entre el cristianismo y las otras religiones es simple. En las otras religiones el cielo es una recompensa que se gana, y en el cristianismo es un don que se recibe.

¿No deberíamos tolerar las opiniones de otros? ¿Realmente importa lo que creas mientras seas sincero?

En cuanto a la tolerancia. Yo digo: «Sí, debemos tolerar las opiniones de los demás pero solamente *hasta* donde entran en conflicto con la verdad». La tolerancia suena afable y libre de prejuicios. Pero demasiado a menudo se la emplea para cubrir las faltas («Si todo está bien, entonces nada está mal. Puedo pasar por alto las cuestiones del pecado y la salvación»).

El problema más grande con la «tolerancia por el bien de la tolerancia» es que la tolerancia es realmente cruel cuando entra en conflicto con la verdad. La verdad, por naturaleza, no tolera el error.

Digamos que un ciego está al borde de un precipicio, y te pregunta: «¿Por qué camino debo ir?»

Sería cruel decirle: «Oh, realmente eso no importa. Solo sé sincero y haz lo mejor que puedas». La verdad dice que si da un paso en la dirección equivocada, encontrará la muerte. Pero si se aparta del acantilado, vivirá. La tolerancia no es una virtud cuando se desatiende la realidad.

Supongamos que un especialista en cáncer sabe que tú tienes un tumor maligno en el cuerpo que te matará en cuestión de semanas si no te lo extirpa. Sin embargo, no quiere parecer intolerante ni que tienes ideas preconcebidas y seguramente no querrá ofenderte, así que te dice: «Si crees sinceramente que el tumor no es un problema y sigues siendo una buena persona, estoy seguro de que todo estará bien».

¿Qué pensarías de ese médico? ¿Cuánto tiempo crees que podrá conservar su licencia para practicar la medicina?

Prefiero a un médico intolerante que me diga la verdad que una mentira tolerante y agradable.

Por cierto, si algo no es verdad, ¿qué es? Es una mentira.

La sinceridad. Yo digo: «Lo que crees marca una gran diferencia. Es posible ser sincero y, no obstante, estar sinceramente equivocado.

Cada año mueren accidentalmente docenas de personas en los Estados Unidos.[5] Alguien en broma apunta con una pistola. Cree sinceramente que está descargada. Cuando aprieta el gatillo, el arma se dispara y la otra persona muere, aunque era sincero y no tenía la intención de disparar. Sinceramente creía algo que no era cierto. La sinceridad no fue suficiente. Toda la sinceridad del mundo no bastaría para anular o cambiar los hechos. El arma estaba cargada. Se tiró del gatillo y la persona murió.

La sinceridad no cambia los hechos. Creer algo no lo hace más cierto, así como no creer lo hace falso. Puedo creer sinceramente que el *Honda Accord* 1994 de mi hijo es realmente un *Jaguar* 2010. Sin embargo, cuando vaya a cambiarlo, no importará cuánta sinceridad tenga, esto no cambiará el hecho de que es solo un *Honda Accord* 1994.

Sinceramente puedo creer que la ley de la gravedad no existe porque no la puedo ver. Puedo creerlo tan sinceramente que se me ocurra saltar de la parte más alta de un rascacielos. Pero mi gran sinceridad no podrá cambiar la realidad de esta ley ni podrá impedir que me estrelle en el pavimento.

La fe, no importa cuán sincera sea, solo es tan buena como su objeto. No es la cantidad de fe, sino el objeto de la fe lo que realmente importa. Cuando la electricidad llegó a los hogares, algunas personas tenían más confianza en ella que otras. Cuando llegó el momento de accionar la tecla para encender la luz, la cantidad de fe no produjo cambio. No importaba si una persona tuviera mucha fe en la electricidad o si otra tuviera poca fe. Ambas tuvieron luz cuando activaron el interruptor.

El énfasis de las Escrituras no está tanto en el que confía, sino en aquel en quien se confía. Pablo escribió: «Cree en el Señor Jesucristo y serás salvo» (Hech. 16:31). Nuestra fe está en Jesús quien es completamente digno de confianza.

— Evangelismo es... —

1. Dar razón con valentía de la esperanza que hay en ti.
2. Ayudar a la gente a que entienda la verdad única del cristianismo.

— Versículo clave —

«Santificad a Dios el Señor en vuestros corazones, y estad siempre preparados para presentar defensa con mansedumbre y reverencia ante todo el que os demande razón de la esperanza que hay en vosotros» (1 Pedro 5:15).

Notas

1. C. S. Lewis, *Mere Christianity* [Cristianismo puro] (New York: MacMillian, 1952), 41.

2. F. Hamilton, *The Basis of Christian Faith* [Bases de la fe cristiana] (New York: Harper y Row, 1964), 160.

3. P. Stoner, *Science Speaks* [La ciencia habla] (Chicago: Moody Press, 1963), 100.

4. Ibid., 107.

5. Según el *Center for Injury Prevention y Control* [Centro de control y prevención de accidentes], el número de muertes por accidente en Estados Unidos por el uso de armas de fuego fue de 642 en 2006. http://webapp.cdc.gov/cgi-bin/broker.exe, ingresado el 5 de julio de 2009.

35

Evangelismo es...

Pedir una respuesta

David Wheeler

Los discípulos deben pescar

Un pastor amigo iba de pesca cada primavera con un pescador profesional que amaba a Cristo y no perdía oportunidad para proclamar su fe, como afirmaba: «Con todo aquel que se sentaba en su bote».

Después de dos días de oír las emocionantes historias de su evidente destreza evangelizadora, el pastor intervino e hizo una simple observación: «Me anima saber que todas estas personas que se sentaron en tu bote oyeron el mensaje de Cristo; sin embargo, no has mencionado si alguna de ellas se arrepintió y le entregó su vida a Cristo». El pastor continuó: «¿Qué clase de pescador profesional serías si te negaras a lanzar el anzuelo y la carnada al agua? Después de todo, ¿no es el propósito de este deporte *atrapar* pescados?»

El pescador profesional le respondió: «¿Qué quieres decir? A fin de cuentas soy obediente cuando anuncio el evangelio a los inconversos».

El pastor replicó: «Sí, es verdad, pero como la pesca, no puedes solamente aparecer en el lago y esperar a que los peces salten al bote. Evangelizar es más que simplemente pasar información y contar historias inspiradoras. Mediante la dirección del Espíritu Santo, también hay que ser intencional e *invitar* a las personas a que sigan a Cristo».

Las palabras del pastor tocaron las fibras más profundas de su amigo. Le aseguró que tendría un testimonio diferente cuando se volvieran a encontrar la primavera siguiente. El pescador profesional llevó un diario de todas las personas que estuvieron en su bote durante todo el año. Al pedir una genuina repuesta al evangelio, este hombre ¡llevó a más de 200 personas a Cristo en un solo año!

Jonás pidió una respuesta

Jonás es conocido como el hombre que huyó de Dios cuando le pidió que fuera a Nínive y llamara a la ciudad al arrepentimiento. «La palabra del Señor vino a Jonás hijo de Amitay: Anda, ve a la gran ciudad de Nínive y proclama contra ella que su maldad ha llegado hasta mi presencia» (Jon. 1:1-2 NVI).

Jonás odiaba a los habitantes de Nínive porque eran perversos, idólatras y sacrificaban niños. Pero después de que fue redirigido en el vientre de un gran pez, Jonás finalmente obedeció a Dios y llamó a los ninivitas al arrepentimiento. Y se arrepintieron. «Y comenzó Jonás a entrar por la ciudad, camino de un día, y predicaba diciendo: De aquí a cuarenta días Nínive será destruida. Y los hombres de Nínive creyeron a Dios, y proclamaron ayuno, y se vistieron de cilicio desde el mayor hasta el menor de ellos» (Jon. 3:4-5).

Cuando leas la historia de Jonás, ten presente que él huyó porque temía que su proclamación fuera eficaz (ver Jon. 4:1-2). Requerir una respuesta es una manera poderosa de impactar vidas.

Elías requirió una respuesta

Elías estaba molesto porque el malvado Rey Acab estaba tratando de llevar a Israel por el camino de la idolatría. En lugar de mantenerse al margen y dejar que esto sucediera, Elías le dio una oportunidad a la nación para que tomara una decisión. Con todo el pueblo reunido en el Monte Carmelo, Elías les extendió una invitación: «Elías se presentó ante el pueblo y dijo: ¿Hasta cuándo van a seguir indecisos? Si el Dios verdadero es el Señor, deben seguirlo; pero si es Baal, síganlo a él» (1 Rey. 18:21, NVI).

Al principio el pueblo estaba indeciso, pero después de que Dios envió fuego del cielo, respondieron con entusiasmo a la invitación de Elías.

> «A la hora del sacrificio vespertino, el profeta Elías dio un paso adelante y oró así: "Señor [...] ¡Respóndeme, Señor, respóndeme, para que esta gente reconozca que tú, Señor, eres Dios, y que estás convirtiendo a ti su corazón!"
>
> En ese momento cayó el fuego del Señor y quemó el holocausto, la leña, las piedras y el suelo, y hasta lamió el agua de la zanja. Cuando todo el pueblo vio esto, se postró y exclamó: "¡El Señor es Dios, el Dios verdadero!"» (1 Rey. 18:36-39, NVI).

Jesús hizo muchas invitaciones públicas

El primer sermón de Jesús fue un llamado público al arrepentimiento.

> «Cuando Jesús oyó que Juan estaba preso, volvió a Galilea; y dejando a Nazaret, vino y habitó en Capernaum, ciudad marítima, en la región de Zabulón y de Neftalí, para que se cumpliese lo dicho por el profeta Isaías, cuando dijo: Tierra de Zabulón y tierra de Neftalí, camino del mar, al otro lado del Jordán, Galilea de los gentiles; el pueblo asentado en tinieblas vio gran luz; y a los asentados en región de sombra de muerte, luz les resplandeció. Desde entonces comenzó Jesús a predicar, y a decir: Arrepentíos, porque el reino de los cielos se ha acercado» (Mat. 4:12-17).

Durante su ministerio, Jesús, llamó públicamente al pueblo para que tomara una decisión y lo siguiera. Pedro, Andrés, Jacobo y Juan fueron invitados públicamente cuando pescaban.

> «Andando Jesús junto al mar de Galilea, vio a dos hermanos, Simón, llamado Pedro, y Andrés su hermano, que echaban la red en el mar; porque eran pescadores. Y les dijo: Venid en pos de mí, y os haré pescadores de hombres. Ellos entonces, dejando al instante las redes, le siguieron. Pasando de allí, vio a otros dos hermanos, Jacobo hijo de Zebedeo, y Juan su hermano, en la barca con Zebedeo su padre, que remendaban sus redes; y los llamó. Y ellos, dejando al instante la barca y a su padre, le siguieron» (Mat. 4:18-22).

Leví (Mateo) también fue invitado públicamente para que siguiera a Cristo. «Después volvió a salir al mar; y toda la gente venía a él, y les enseñaba. Y al pasar, vio a Leví hijo de Alfeo, sentado al banco de los tributos públicos, y le dijo: Sígueme. Y levantándose, le siguió» (Mar. 2:13-14).

Jesús invitó públicamente a Zaqueo, otro publicano:

> «Habiendo entrado Jesús en Jericó, iba pasando por la ciudad. Y sucedió que un varón llamado Zaqueo, que era jefe de los publicanos, y rico, procuraba ver quién era Jesús; pero no podía a causa de la multitud, pues era pequeño de estatura. Y corriendo delante, subió a un árbol sicómoro para verle; porque había de pasar por allí. Cuando Jesús llegó a aquel lugar, mirando hacia arriba, le vio, y le dijo: Zaqueo, date prisa, desciende, porque hoy es necesario que pose yo en tu casa. Entonces él descendió aprisa, y le recibió gozoso [...] Entonces Zaqueo, puesto en pie, dijo al Señor: He aquí, Señor, la mitad de mis bienes doy a los pobres; y si en algo he defraudado a alguno, se lo devuelvo cuadruplicado. Jesús le dijo: Hoy ha venido la salvación a esta casa;

por cuanto él también es hijo de Abraham. Porque el Hijo del Hombre vino a buscar y a salvar lo que se había perdido» (Luc. 19:1-6,8-10).

Pedro hizo un llamado público para que respondieran al evangelio

Uno de los ejemplos bíblicos más claros de la amplitud de un llamado público a responder a Cristo fue el primer sermón de la historia de la iglesia. La iglesia nació el día de Pentecostés cuando Pedro proclamó el evangelio. En aquella ocasión, después de emplear las palabras del profeta Joel y del rey David para explicar las complejidades de la muerte y la resurrección de Cristo, Pedro llamó a sus oyentes al arrepentimiento.

> «Sepa, pues, ciertísimamente toda la casa de Israel, que a este Jesús a quien vosotros crucificasteis, Dios le ha hecho Señor y Cristo. Al oír esto, se compungieron de corazón, y dijeron a Pedro y a los otros apóstoles: Varones hermanos, ¿qué haremos? Pedro les dijo: Arrepentíos, y bautícese cada uno de vosotros en el nombre de Jesucristo para perdón de los pecados; y recibiréis el don del Espíritu Santo. Porque para vosotros es la promesa, y para vuestros hijos, y para todos los que están lejos; para cuantos el Señor nuestro Dios llamare» (Hech. 2:36-39).

Después de la invitación pública, la audiencia respondió públicamente: «Así que, los que recibieron su palabra fueron bautizados; y se añadieron aquel día como tres mil personas» (Hech. 2:41).

Pablo llamó públicamente para que la gente respondiera a Cristo

Cuando Pablo llegó a Tesalónica, predicó para que las personas tomaran una decisión. Como resultado, muchos fueron persuadidos.

> «Pasando por Anfípolis y Apolonia, llegaron a Tesalónica, donde había una sinagoga de los judíos. Y Pablo, como acostumbraba, fue a ellos, y por tres días de reposo discutió con ellos, declarando y exponiendo por medio de las Escrituras, que era necesario que el Cristo padeciese, y resucitase de los muertos; y que Jesús, a quien yo os anuncio, decía él, es el Cristo. Y algunos de ellos creyeron, y se juntaron con Pablo y con Silas; y de los griegos piadosos gran número, y mujeres nobles no pocas» (Hech. 17:1-4).

A menudo, el mayor desafío de proclamar a Cristo es *pedir* que se responda al evangelio. Podemos hacer amistad con los inconversos y servirles con el amor de Jesús. Podemos tener la capacidad de memorizar varias maneras de presentar el evangelio, pero llega un momento en que tenemos que invitar a la persona a que confíe en Cristo y pedirle una respuesta.

Razones por las que no pedimos una respuesta

A través de los años he oído muchas razones por las que los cristianos anuncian el evangelio, pero no hacen una invitación ni piden una respuesta.

Si la persona dice «no», ¿cómo debo responder?

El temor al rechazo es siempre la razón que hace que los cristianos titubeen y no le pidan intencionalmente a la gente que responda al mensaje del evangelio. Es comprensible que la mayoría de las personas quieran ser agradables y no encontrarse en una situación de conflicto. De alguna manera los creyentes están convencidos de que la gente está predispuesta a decir «no» y a no escuchar.

Sin embargo, este es un concepto erróneo inventado por Satanás. Si un mensajero obediente presenta el evangelio en una manera clara y amorosa, la persona que dice «no» por lo general no rechaza al creyente, sino a Cristo.

Por lo tanto, si la respuesta es un «no», pregunta por qué. Después de todo, la indecisión podría ser un simple malentendido. La clave es la dirección del Espíritu Santo. Si la persona persiste en su negativa, sencillamente detente y sigue orando por ella. Ofrécele contestar cualquier pregunta y continuar la conversación en el futuro.

Pedir una respuesta parece anormal y forzado

¡La gente discute libremente sobre los eventos deportivos, los pasatiempos o los nietos! Por desgracia, no ocurre lo mismo cuando se trata de pedir intencionalmente una respuesta cuando presentamos el evangelio. A menudo el cristiano comienza a sentirse incómodo e incluso extraño. Estas conversaciones pueden parecer anormales e insistentes. Pero, ¿por qué?

Pablo les recordó a los cristianos de Éfeso que estaban en medio de una guerra espiritual. «Porque no tenemos lucha contra sangre y carne, sino contra principados, contra potestades, contra los gobernadores de las tinieblas de este siglo, contra huestes espirituales de maldad en las regiones celestes» (Ef. 6:12).

La idea básica es que cuando un creyente anuncia el evangelio, se opone a las fuerzas satánicas de las tinieblas. Como gobernante limitado de este dominio terrenal, no está dispuesto a permitir que un alma pase a las manos de Cristo sin una desesperada batalla. La opresión que el cristiano padece a menudo es la guerra espiritual.

No temas; el Dios que está en ti es más grande que el enemigo que está en el mundo (ver 1 Jn. 4:4). Repasa el capítulo 19 para tener una explicación más detallada sobre la guerra espiritual.

¿Qué pasa si digo algo mal?

Un antiguo alumno llamado James me contó qué sucedió cuando dijo algo mal. Le había compartido el mensaje del evangelio a un amigo no cristiano y le dijo: «¿Estás dispuesto a arrepentirte de tus pecados y pedirle a Cristo que te salve?»

¡Quedó sorprendido cuando su amigo le respondió con un rotundo sí!

Para la mayoría, esto sería un tiempo de regocijo. Pero no para James. Estaba tan confundido que le preguntó: «¿Estás bromeando? En realidad no quieres hacer esto, ¿verdad?» Su amigo le respondió: «Claro que sí. He estado esperando esto toda mi vida. ¡Estoy seguro de que Cristo es la respuesta que he estado buscando!»

Jesús prometió que el Espíritu Santo te dirigiría y te daría las palabras adecuadas. «Mas cuando os entreguen, no os preocupéis por cómo o qué hablaréis; porque en aquella hora os será dado lo que habéis de hablar. Porque no sois vosotros los que habláis, sino el Espíritu de vuestro Padre que habla en vosotros» (Mat. 10:19-20).

¿Y si me hacen una pregunta que no puedo responder?

La mejor manera de proceder es con honestidad. Si alguien hace una pregunta que no puedes contestar, la mejor respuesta es esta: «Esa es una buena pregunta. Voy a investigar y tan pronto como pueda tendré una respuesta». La clave consiste en ser franco y discernir entre preguntas auténticas que impulsan la conversación espiritual y aquellas que pueden ser legítimas, pero que desvían el diálogo y crean confusión.

¿Qué pasa si se enoja?

En más de 30 años de anunciar a Jesús, recuerdo que pocas veces alguien respondió con ira al evangelio. Algunas personas responden con indiferencia, pero no con ira violenta.

Nuestro trabajo consiste en preparar el terreno con mucha oración y recordar que el único obstáculo para el inconverso debe ser la cruz, no la conducta arrogante de ciertos cristianos bien intencionados. Siempre debemos tener cuidado de presentar el evangelio con la misma compasión, valentía y comprensión que Cristo empleaba.

¿Cómo puedo saber si su respuesta es auténtica y entendieron el evangelio?

Nunca debemos tomar a la ligera anunciar el mensaje del evangelio a un inconverso.

Nuestro objetivo no es acumular decisiones presionando a la gente para que haga una oración de compromiso. Nuestra meta es «hacer discípulos» por eso ayudamos a los inconversos a que entiendan el verdadero significado de seguir a Cristo. Queremos llevar a la gente a una verdadera conversión.

Un testigo sabio siempre debe ser honesto cuando expone el costo que supone llegar a ser discípulo. Me gusta puntualizar que se trata de la entrega de la propia vida al señorío de Cristo. No abarates la gracia de Dios presionando al inconverso con una presentación superficial que excluye una plena comprensión de lo que significa ser un pecador que está separado del Dios santo.

Después de proclamar el evangelio del arrepentimiento y la fe, si la persona parece realmente guiada por el Espíritu Santo para recibir a Cristo, confía en el Señor y sé fiel para invitar a la persona a que responda siguiendo a Jesús con plena sumisión. Confía en el Espíritu Santo. Tú no eres el factor determinante que lleva a una persona a la salvación.

¿Y ahora qué?

Me encantan las viejas historietas de las travesuras del coyote y el correcaminos. El correcaminos siempre era más listo que el coyote. Es decir, hasta el último episodio cuando por pura suerte y astucia el coyote atrapó al correcaminos. En el último cuadro de la historieta final, el coyote miraba horrorizado mientras sostenía un cartel que llevaba escrita la pregunta, «¿Y ahora qué hago?»

Esto es lo que mucha gente siente cuando al evangelizar hace una invitación y pide una respuesta. La clave es ser fiel al evangelio y confiar en que el Espíritu Santo está haciendo lo suyo al llevar a las almas perdidas al Padre. No debemos pasar por alto la oportunidad de dar lugar a una respuesta al evangelio. Si bien nunca debemos ser manipuladores ni coercitivos, siempre debemos ser intencionales y estar bien preparados.

Tan temeroso como te puedas llegar a sentir cuando pides una respuesta, busca la dirección del Espíritu Santo y pídela de todos modos. Ten en cuenta las palabras que Jesús dirigió a sus discípulos en Mat. 7:7-8: «Pidan, y se les dará; busquen, y encontrarán; llamen, y se les abrirá. Porque todo el que pide, recibe; el que busca, encuentra; y al que llama, se le abre» (NVI).

Evangelismo es...

1. Invitar intencionalmente al inconverso para que le entregue su vida a Cristo y lo siga.
2. Confiar en que el Espíritu Santo convencerá de pecado y llevará al inconverso al Salvador.
3. ¡Ser valiente!

Versículo clave

«Pidan, y se les dará; busquen, y encontrarán; llamen, y se les abrirá» (Mat. 7:7, NVI).

Citas interesantes

Si un pastor [testigo] no invita a sus oyentes a aceptar a Cristo, se aparta de la práctica de la iglesia del Nuevo Testamento.

—C. E. AUTREY[1]

De principio a fin, la Escritura extiende invitaciones. La pregunta que Dios hizo a Adán en el huerto: «¿Dónde estás tú?» en Génesis 3 es algo así como una invitación. El último capítulo de la Biblia contiene una invitación. «Y el Espíritu y la Esposa dicen: Ven. Y el que oye, diga: Ven. Y el que tiene sed, venga; y el que quiera, tome del agua de la vida gratuitamente» (Apoc. 22:17). La Sagrada Escritura resuena con las invitaciones a una humanidad perdida para que se vuelva a Dios y obtenga perdón y vida nueva.

—ROY FISH[2]

Notas

1. Cita usada en R. A. Street, *The Effective Invitation* [La invitación eficaz] (Grand Rapids, MI: Kregel, 2004), 17.

2. R. J. Fish, *Giving a Good Invitation* [Hacer una buena invitación] (Nashville, TN: Broadman, 1974), 11–12.

36 Evangelismo es... Ofrecerse como voluntario

David Wheeler

Tiene que gustarte *Batman*

Cuando era niño, me encantaba *Batman*. A mis amigos les gustaba *Súperman*, el Hombre Araña, *Hulk*, el Capitán América, el Avispón Verde e incluso la Mujer Maravilla. Pero a mí no, ¡siempre fui un admirador de *Batman*!

Pudo haber sido su vestimenta genial con la máscara negra o su habilidad para escalar edificios. Tal vez fue la *baticueva* o que era el único superhéroe que conducía un coche, el *batimóvil*. Quién sabe, por qué, ¡pero me encantaba *Batman*!

Cuando crecí, mi pasión por los superhéroes disminuyó y me di cuenta de que no tienes que ponerte unas mallas ni un ridículo traje de súper humano. Me gustaba *Batman* porque, de alguna manera, era un tipo normal de la vida real. Bruce Wayne era un millonario que podría haber ignorado las dificultades de la humanidad. Sin embargo, su repuesta fue gastar su dinero, ofrecer su tiempo y arriesgar la vida para ayudar a los demás. Cuando Bruce Wayne se convertía en *Batman,* ¡era como miles de voluntarios en la iglesia que se dan a sí mismos para guiar a Cristo a una humanidad herida! Si quieres llegar a ser un superhéroe, lo primero que debes hacer es convertirte en un voluntario bien dispuesto.

Dios puede usar a un adulto mayor dispuesto

Nell Kerley había pasado por muchos sufrimientos. Con el tiempo, una de estas experiencias dolorosas le dio a su vida un giro nuevo y vibrante. Nell y esposo sufrieron un accidente automovilístico casi fatal. Fue tan grave que Nell tuvo que sacar del coche a esposo sangrante por el parabrisas roto. En medio de la ansiedad, ella clamó a Dios por ayuda. El Señor le respondió: «No te preocupes, Nell. ¡Tengo planes para ti!»

Y así fue.

Hoy Nell es una anciana extraordinaria. No es dueña de una casa rodante ni tiene deseos de jubilarse. A pesar de que tiene cáncer y le han reemplazado quirúrgicamente dos rodillas y un hombro, es una voluntaria incansable en el banco de alimentos local y el hospital. Su trabajo es demostrarles cariño a los beneficiarios mientras se evalúa su condición espiritual. Es asombroso que después de diez años de servicio heroico, ¡haya documentado más de 3000 nombres de personas que se han entregado a Cristo, cuando les anunció el evangelio!

No está mal para alguien que asistió a su primera clase de evangelismo después de 66 años de congregarse en la iglesia. A las tres semanas de entrenamiento llevó a una persona a la salvación. Como ella misma lo afirmó: «Al instante me di cuenta de que había desaprovechado 66 años haciendo cosas religiosas. ¡Ahora entiendo que el propósito de seguir a Cristo es extender su reino proclamando el evangelio a un mundo sufriente!» Añadió: «No seas tímido. ¡No podemos permitirnos estar en silencio!»[1] ¿Y tú?

Dios puede usar a un maestro dispuesto

Mi hermano, Rick Wheeler, ha sido maestro de escuela por más de 25 años. Se lo ha reconocido como el «Maestro *Walmart* del Año» y aparecía regularmente en el directorio nacional de los Estados Unidos «Quién es Quién» de educadores distinguidos.

Sin embargo, no son las aclamaciones las que lo hacen especial. También es un voluntario heroico que colabora con los Big Brothers de Nashville, Tennessee. Además, entrena estudiantes y ayuda con varios ministerios en los barrios pobres de la ciudad. Sus esfuerzos como voluntario, trabajando a favor de estudiantes de escasos recursos, han dado lugar a que numerosos jóvenes reciban becas para estudiar en la universidad. Pero lo más importante es el número de estudiantes que eventualmente se entrega a Cristo gracias al tiempo que invierte con ellos fuera del aula. Rick señala: «Soy maestro por el momento. Pero soy de Él por la eternidad. Somos suyos para que nos use como desee. ¡El llamado de cada cristiano es ser fiel en el servicio!»[2]

Dios puede usar entrenadores dispuestos

Don Baskin y Harold Rehorn compartían dos pasiones comunes, Jesucristo y el béisbol. Mientras atendían trabajos demandantes, ambos hombres se convirtieron en héroes locales para cientos de adolescentes cada año al desempeñarse como entrenadores voluntarios de ligas menores de béisbol.

Exigían trabajo duro, compromiso con el equipo, excelencia personal y respeto por la autoridad y la familia. En algunos casos, debido al divorcio y al abandono, fueron la principal influencia masculina en la vida de sus jugadores. Esta influencia no terminaba cuando la temporada llegaba a su fin.

El entrenador Baskin recordaba: «En 32 años como entrenador, sin saberlo, fui entrenador de vida y padre, y con el tiempo aparecí en numerosas bodas varios años después de que terminaron su carrera como jugadores». Y añadió: «Dios me llamó a ser entrenador voluntario para influir en las mentes jóvenes para Él».[3]

El entrenador Rehorn falleció en 2003. Su influencia cambió mi vida porque creía en mí y quería lo mejor para mí. Él y su esposa vinieron a oírme predicar en uno de mis primeros sermones cuando era un joven ministro. Al igual que el entrenador Baskin, Rehorn era mucho más que un entrenador de béisbol. Se sintió llamado a desarrollar a los jóvenes para la gloria de Dios. Nunca ocultó su amor por Dios o por sus jugadores. Ambos hombres son héroes y un día el cielo proclamará sus testimonios como «pescadores de almas jóvenes».

Dios puede usar a un joven dispuesto

Evan Roberts era un adolescente cuando comenzó a ofrecer su vida como voluntario para orar por un avivamiento que se extendiera por Gales, su país natal. Cuando creció trabajó en una mina de carbón y fue voluntario en la iglesia local. Pero el avivamiento le consumió la vida. Oraba hora tras hora y día tras día. También se dedicó a viajar y dar testimonio del poder de Dios.[4]

Sus oraciones fueron gloriosamente contestadas en 1904 cuando Dios empezó a moverse de un extremo a otro de su patria. ¡El resultado fue un movimiento nacional del Espíritu Santo que produjo más de 100 000 conversiones públicas en los primeros seis meses de su inicio! El punto culminante llegó cuando el movimiento se extendió a todo el mundo en los próximos años, de 1905 a 1907. ¿Quién habría pensado que Dios usaría a un minero de carbón sin pretensiones como Evan Roberts para impactar al mundo para Cristo?[5]

Dios puede usar a un grupo de adultos jóvenes dispuestos

Un día, en la bandeja de entrada del correo electrónico de un pastor, apareció un mensaje sobre una familia haitiana que se había mudado recientemente a su comunidad. Habían crecido en la paupérrima tierra de Haití; la familia estaba acostumbrada a difíciles desafíos. Todo esto, sin embargo, se multiplicó cuando la hija mayor adolescente dejó olvidada una vela encendida en su cuarto. Finalmente se cayó y el fuego comenzó a extenderse. Cuando se percató de la situación, el humo llenaba la dilapidada casa, y la habitación fue destruida. Para colmo, la familia no tenía dinero ni seguro para cubrir las reparaciones.

Cuando la noticia llegó al pastor de jóvenes adultos de una iglesia local, su grupo que siempre estaba buscando maneras de ministrar mediante proyectos de servicio, los ayudó. Dado que este grupo estaba formado por jóvenes profesionales, tenían los recursos necesarios. Un contratista se enteró del incidente y ofreció sus servicios mientras recaudaban dinero mediante ofrendas semanales para cubrir el costo de las reparaciones y otras necesidades de la familia.

El grupo de adultos jóvenes pasó varias semanas reemplazando las paredes de tablarroca, reparando la instalación eléctrica y poniendo una alfombra nueva. El equipo de 50 voluntarios también limpió y pintó todo el interior de la casa. Uno de ellos comentó: «La familia estaba viviendo en una casa llena de hollín. Cuando entré, de inmediato me ardieron y lloraron los ojos [...]. Ahora es un espacio de vida saludable para una familia que necesita un nuevo comienzo».[6]

Además, el grupo de jóvenes adultos levantó una ofrenda con el fin de proporcionarles una comida para el Día de Acción de Gracias. Hicieron lo mismo un mes más tarde y llenaron la casa recién reparada con adornos de Navidad, regalos y comida. Al final Dios recompensó a estos héroes bien dispuestos cuando la madre haitiana y varios de sus hijos recibieron a Cristo.

Dios puede usar a un amigo o a un estudiante dispuesto

El Dr. Ergun Caner es presidente del Liberty Baptist Theological Seminary (Seminario Teológico Bautista Libertad). Es un ex musulmán que fue llevado a la fe cristiana por un amigo bien dispuesto llamado Jerry Tackett. Jerry ofreció mucho de su tiempo y energía como voluntario en el primer año de la escuela secundaria.

Como Ergun lo cuenta, en la secundaria era un hostil musulmán; y al igual que el apóstol Pablo antes de su conversión, era conocido porque perseguía a cristianos de buena voluntad. En la mayoría de los casos su estrategia hiriente hacía vacilar a quienes lo oían. Era así como le gustaba.

Su comportamiento no disuadió a Jerry. Si bien muchos de sus amigos pensaron que estaba loco por soportar el maltrato, Jerry pensaba que valía la pena pagar el precio si Ergun finalmente venía a Cristo. Después de todo, pensó, si Ergun era tan fanático musulmán, qué podría suceder si con la ayuda del Espíritu Santo llegara a ser un cristiano nacido de nuevo.

A pesar de las constantes preguntas y la persecución vergonzosa, Jerry se mantuvo fiel. Entonces, una noche Jerry invitó a Ergun a una cruzada evangelística organizada por la iglesia bautista *Road* en Gahanna, Ohio. Ergun recuerda que asistió con la idea de ser tan detestable que Jerry y su iglesia no le dieran seguimiento y lo dejaran en paz.

Fiel a su palabra, Ergun fue irrespetuoso y rudo. Sin embargo, Jerry y su iglesia demostraron una fe amorosa de una manera que lo sorprendió. Más tarde recordó:

«Cuando me fui esa noche, supe que en Jerry y esas personas había algo que nunca pude encontrar en el Islam. Tenían una relación personal con un Salvador viviente, Jesucristo».[7] A los pocos días, Ergun se entregó a Cristo. No pasó mucho tiempo antes de que su familia hiciera lo mismo.

¿Valieron la pena el tiempo, el esfuerzo y el maltrato que sufrió Jerry? Considera que el Dr. Ergun Caner viaja por todo el mundo cada año proclamando a Cristo a miles de personas. Además, es autor de 17 libros y un apologista respetado en todo el mundo. Sí, yo diría que la inversión de Jerry fue magnífica. ¿No harías tú lo mismo?

Dios usó a un buen samaritano

En una ocasión Jesús contó una historia de dos hombres que comenzaron y terminaron como extraños, pero la vida de uno de ellos cambió para siempre gracias a ese encuentro. La historia surgió cuando un maestro de la ley cuestionó a Jesús sobre la vida eterna.

> «Y he aquí un intérprete de la ley se levantó y dijo, para probarle: Maestro, ¿haciendo qué cosa heredaré la vida eterna?
>
> »Él le dijo: ¿Qué está escrito en la ley? ¿Cómo lees?
>
> »Aquél, respondiendo, dijo: Amarás al Señor tu Dios con todo tu corazón, y con toda tu alma, y con todas tus fuerzas, y con toda tu mente; y a tu prójimo como a ti mismo» (Luc. 10:25-27).

El maestro judío entonces le hizo una pregunta importante, «¿Y quién es mi prójimo?» (Luc. 10:29). Como respuesta Jesús contó la historia del buen samaritano.

La historia tiene lugar en una carretera transitadísima entre ciudades importantes. Los personajes eran un hombre de a pie, unos ladrones, un sacerdote, un levita, un samaritano y un mesonero.

Un viajero judío caminaba por el peligroso camino que iba de Jerusalén a Jericó cuando lo atacaron y asaltaron. Los ladrones se llevaron todo, hasta su ropa, dejando al hombre medio muerto.

Mientras yacía indefenso al borde del camino, tres hombres pasaron por ahí. El primero era un sacerdote que vio al hombre tirado a un lado del sendero y pasó por el otro lado. El segundo hombre que llegó era un levita respetado. Cuando notó al herido, también pasó por el otro lado del camino.

Entonces, un tercer hombre apareció por el camino, un samaritano. En aquella época los judíos despreciaban a los samaritanos porque los consideraban como híbridos desde una óptica ética y religiosa. De todos los héroes que Jesús pudo haber elegido, tomó al más insignificante para ilustrar el amor a nuestro prójimo. Observa cómo respondió el samaritano al hombre necesitado.

> «Pero un samaritano, que iba de camino, vino cerca de él, y viéndole, fue movido a misericordia; y acercándose, vendó sus heridas, echándoles aceite y vino; y poniéndole en su cabalgadura, lo llevó al mesón, y cuidó de él. Otro día al partir, sacó dos denarios, y los dio al mesonero, y le dijo: Cuídamele; y todo lo que gastes de más, yo te lo pagaré cuando regrese» (Luc. 10:33-35).

Observa que el samaritano no revisó su calendario antes de detenerse a ayudar al hombre. Seguramente viajaba por su cuenta, o tal vez no habría ido por el mismo camino. Sin embargo, sus necesidades y deseos no eran su objetivo. Se acercó y se *ofreció como voluntario* para satisfacer la necesidad de aquel hombre, sin importar el costo en tiempo y dinero.

Jesús, como el gran maestro que era, le dio un giro a la historia y la aplicó al intérprete de la ley que lo había interrogado ¿Y quién es mi prójimo?: «¿Quién, pues, de estos tres te parece que fue el prójimo del que cayó en manos de los ladrones? Él dijo: El que usó de misericordia con él. Entonces Jesús le dijo: Ve, y haz tú lo mismo» (Luc. 10:36-37).

«Ve, y haz tú lo mismo»

Así como el samaritano se centró en satisfacer las necesidades del hombre que fue asaltado, sin consideraciones egoístas, debemos hacer lo mismo. Al igual que los jóvenes adultos ayudaron a la familia haitiana, el centro de nuestro ministerio es servir con la esperanza de que la gente pueda ver a Jesús. No es importante quién recibe el crédito. Lo que cuenta es que Jesús sea exaltado y las personas lastimadas sean atraídas a Él.

Tal como el samaritano dio su tiempo para satisfacer las necesidades del hombre herido, debemos hacer lo mismo. Fácilmente podemos ser como el sacerdote y el levita mencionados en esta historia. Estamos tan agotados por la vida y el cumplimiento de los deberes religiosos que pasamos por alto los encuentros divinos sin comprender la oportunidad que nos ofrecen para el ministerio y la evangelización.

Dios usa a los que están dispuestos a ofrecerse voluntariamente para trabajar con Él. La clave no está en tener habilidades especiales de comunicación o administración, sino en un corazón rendido. Jesús está acostumbrado a tomar la mínima pizca de nuestra disponibilidad y magnificar con ella el impacto eterno para su reino.

Evangelismo es...

1. Poner los deseos personales bajo el señorío de Cristo.
2. Renunciar a tus planes, incluso cuando no sea conveniente.

3. Transformar los intereses personales en ministerios intencionales que impacten la vida de los que sufren.
4. Estar dispuesto a probar cosas nuevas.

— Versículo clave —

«Amarás […] a tu prójimo como a ti mismo» (Luc. 10:27).

— Citas interesantes —

Si no puedes enviar un mensaje de texto, ni encender una computadora y crees que Twitter es una enfermedad nerviosa, aún tienes lo que se necesita para ser un buen padre adoptivo […]¡amor incondicional y disposición para escuchar!

—Un anuncio en la radio dirigido a reclutar padres adoptivos

Al instante me di cuenta de que había desaprovechado 66 años haciendo cosas religiosas […] Ahora entiendo que el propósito de seguir a Cristo es expandir su reino proclamando el evangelio a un mundo sufriente.

—Nell Kerley después de tomar su primera clase de evangelismo y de llevar a Cristo a una joven de 14 años[8]

La comodidad puede ser una barrera […] porque nuestro gran sueño siempre se encuentra fuera de allí. Eso significa que tendremos que dejar [voluntariamente] lo que nos hace sentir cómodos, si queremos lograr nuestro sueño [para Dios].

—Bruce Wilkinson[9]

Notas

1. Entrevista telefónica con Nell Kerley para una clase de evangelismo el 21 de mayo de 2009.
2. Entrevista telefónica con Rick Wheeler, el 22 de mayo de 2009.
3. Entrevista telefónica con Don Baskin, el 22 de mayo de 2009.
4. M. McDow y A. Reid, *FireFall* [Fuego del cielo] (Nashville, TN: B&H, 1997), 278.
5. Ibid., 280–84.

6. Entrevista con Michelle McCormick, miembro de la clase de jóvenes adultos, 9 de abril de 2009.

7. Entrevista telefónica con E. Caner, el 25 de julio de 2009.

8. Entrevista a N. Kerley.

9. B. Wilkinson, *The Dream Giver* [El dador de sueños] (Sisters, OR: Multnomah, 2003), 89.

37

Evangelismo es...

Crear oportunidades para anunciar el evangelio

David Wheeler

En estos días en que la delincuencia crece y la confianza decrece, la gente ocupada tiende a aislarse de los demás. Esto hace que anunciar el evangelio sea un desafío. Si bien no hay soluciones fáciles, el pensamiento creativo y los últimos enfoques pueden abrir las puertas. A través de los años, he reunido una colección de excelentes actividades que crean oportunidades para testificar.

Crear oportunidades mediante relaciones intencionales

Grupos comunitarios

Los grupos comunitarios son una importante herramienta de difusión de la iglesia bautista *Thomas Road* en Lynchburg, Virginia. Los grupos están diseñados para atraer a las personas que no están asistiendo a la iglesia o que nunca se han relacionado con la iglesia. El propósito es satisfacer sus necesidades y brindarles una oportunidad de escuchar el evangelio. Los grupos ofrecen numerosos tipos de oportunidades educativas y prácticas, tales como artesanía, caza y pesca, reparación y restauración de automóviles, preparación de declaraciones de impuestos, alta cocina, lecciones de guitarra, golf, atención a niños en edad preescolar y mucho más. El enfoque es una combinación única de evangelismo ministerial y evangelismo de servicio. A pesar de que se lleva a cabo en el predio de la iglesia, este esfuerzo requiere encarnar a Jesús mediante el proceso escalonado que comentamos anteriormente en el capítulo 23:

- Gánalos para ti mismo.
- Gánalos para la iglesia.
- Gánalos para Cristo.

Además, se anima a los miembros de la iglesia a que *oren* y *atiendan* a los participantes, y les *anuncien* el evangelio a los que no son salvos. Los grupos se reúnen en el predio de la iglesia durante ocho semanas, tres veces al año (desde mediados de septiembre al día de Acción de Gracias, de febrero a marzo y de mayo a junio). La promoción y la registración de los grupos se realizan en los demás meses. Las sesiones duran una hora los miércoles por la tarde e incluyen un breve devocional por lo general de Nuestro Pan Diario.[1]

Conforme transcurren las semanas, el objetivo es buscar puntos de contacto y eventualmente invitar a las personas a que asistan a los cultos del domingo. Los miembros de la iglesia participan con entusiasmo, pero proceden con cautela para acelerar el proceso.

Evangelismo ministerial y evangelismo de servicio

Ambas prácticas de evangelización son similares en muchos aspectos. Las dos buscan intencionalmente satisfacer las necesidades de la gente con el fin de abrirle las puertas al evangelio. Sin embargo, la diferencia principal está en la cuestión del evangelismo personal en contraposición al corporativo. En otras palabras, el objetivo esencial del evangelismo de servicio es movilizar a que *cada* cristiano participe dentro y fuera del entorno de la iglesia, mientras que el evangelismo ministerial moviliza a un *grupo* de cristianos para hacer partícipe a la comunidad.

El evangelismo ministerial, por lo general, se desarrolla fuera de la iglesia local cuando los individuos trabajan juntos para satisfacer las necesidades corporativas. Por ejemplo, centros de alimentación, centros de embarazos en crisis, tutoría extraescolar, asistencia en casos de desastre y ministerios educativos como enseñar una segunda lengua, todos salen del cuerpo más amplio de la iglesia y por lo general se llevan a cabo en las instalaciones de la iglesia. Estos tipos de ministerios pueden ser extremadamente evangelísticos y permiten a los miembros de la iglesia formar equipos para satisfacer las necesidades y compartir el mensaje de Cristo en un ambiente más controlado.

Otras estrategias pueden ser: Proveer ayuda a los discapacitados, abuso de sustancias, trabajadores migrantes y ministerios médicos y dentales. También hay ministerios especializados como los turísticos y de recreación, ministerios en las paradas de camiones, ministerios automovilísticos y ministerios carcelarios.[2]

El principio SHOT

El principio *SHOT* fue desarrollado en el libro *Friends Forever* [Amigos para siempre].[3] La metodología es simple pero eficaz. Cada letra de este acróstico en inglés representa un enfoque diferente para relacionarse con un vecino o amigo inconverso durante un período prolongado de tiempo (preferiblemente seis semanas o menos).

Somewhere = ***En alguna parte.*** El objetivo inicial es invitar a un vecino inconverso a ir *a alguna parte* contigo (un evento deportivo, una cena u otros lugares), con la esperanza de que así comience una relación. La clave es ser intencional, pero no insistente. En la mayoría de los casos, hay que ganar la confianza de la persona antes de que pueda haber una conversación espiritual profunda.

Help = ***Ayuda.*** El siguiente paso es pedirle a esta persona que colabore en un proyecto de *ayuda ministerial*, tal como pintar la casa de alguna persona mayor o reparar el equipo de juego de un parque local. Lo creas o no, la mayoría de los inconversos está dispuesto a ayudar en este tipo de actividades. Esto sin duda va a profundizar el diálogo y la relación en una atmósfera de camaradería.

Our = ***Nuestra.*** El paso que sigue es invitar a la persona o familia a *(nuestra)* casa para comer juntos en un entorno hogareño. Esto cultivará aun más la relación. La comida no tiene que ser enormemente elaborada; la clave es la autenticidad. La gente no está buscando perfección. ¡Sé auténtico!

Trust = ***Confianza.*** Después de establecer la confianza, el paso final es ir a su casa. Si no has podido dar testimonio ni presentar tu fe en encuentros anteriores (asumiendo la dirección del Espíritu Santo) este es un buen momento para dar un disparo [*shot*] y anunciar el mensaje del evangelio.[4]

Crear oportunidades mediante eventos y ministerios de evangelización

Fiesta evangelística en el barrio

Las fiestas de barrio, o en la cuadra o manzana, se cuentan entre los eventos de alcance más fáciles y eficaces. Generalmente hay una mesa para que todo el mundo se registre y retire los boletos para el almuerzo o los premios. También hay varias máquinas para hacer palomitas de maíz, barquillos de helado, algodón de azúcar, tanques de helio para inflar globos, muchas mesas, sillas y tiendas inflables en caso de mal tiempo. Se puede utilizar una parrilla para cocinar salchichas, hamburguesas o pollo a la barbacoa; también puedes preparar nachos, carne con chile o cualquier cosa que sea popular en tu comunidad.

Las actividades incluyen de siete a diez juegos simples, inflables y pintura para la cara. La fiesta se puede hacer en el predio de la iglesia o preferiblemente en un parque local o escuela. Los miembros de la iglesia por lo general bombardean a la comunidad con invitaciones varias veces durante las semanas previas a la fiesta y siempre en la mañana del evento. Cuando la gente llega, los cristianos sonrientes de todas las edades dan la bienvenida y ayudan a las familias dirigiéndolas a las diferentes actividades.

En muchos casos, estos encuentros sencillos dan lugar a oportunidades divinas para dar un breve testimonio, y en algunos casos, presentar el evangelio. Es por esto que todos los que trabajan en la fiesta reciben capacitación antes del evento y se planea con anticipación para dar seguimiento de inmediato (dentro de los primeros tres a cinco días) a todos los que se registraron y no son miembros de la iglesia. La etapa del seguimiento es un buen momento para las actividades del evangelismo de servicio y llevar un pequeño obsequio (galletas, certificados de regalo de McDonald) cuando se visitan los hogares de los invitados registrados.

Una fiesta de barrio tiene una duración promedio de tres a cuatro horas. Se aconseja que no dure más de ese tiempo para que no se agote la resistencia de los que trabajan y de los participantes.[5]

Evangelismo deportivo

Una de las metodologías más eficaces en el evangelismo es el proceso llamado *contextualización*. Esto significa la adaptación de métodos evangelizadores en una cultura, sin poner en peligro las verdades esenciales del evangelio. Se trata simplemente de aprender a comunicar el mensaje de manera tal que pueda entenderse claramente en la otra cultura. Esto incluye generalmente cosas como el lenguaje y el vestido, pero en la cultura contemporánea también debe incluirse la opción de los deportes.

Pensemos por un momento en el poder y la influencia del deporte en la sociedad moderna. En muchos sentidos, es la lengua de la cultura contemporánea. Casi todo el mundo sabe qué es ESPN, o al menos son conscientes del *Súper Bowl*, las Series Mundiales, las Olimpiadas, el Torneo de Maestros o la Copa del Mundo. Si bien los deportes pueden distraer la atención de los asuntos espirituales, también se han convertido en un lenguaje cultural que demanda atención contextual.

En lugar de criticar a los cristianos por participar demasiado en los deportes, tal vez es hora de comenzar a comisionarlos para el servicio ¿Qué pasaría si las iglesias formaran equipo con los padres jóvenes que participan en ligas de fútbol local, béisbol, softbol? En lugar de inculcar sentimientos de culpa por perderse los cultos del miércoles o el domingo por la noche, ¿por qué no comisionar a estos padres como misioneros en los campos atléticos locales?

La estrategia podría incluir un tiempo de oración por las familias organizado por la iglesia antes de enviarlos. La iglesia puede encomendarles que durante la semana se comuniquen con los padres responsables y animarlos a que hagan una lista de oración de los jugadores del equipo y sus familias. Estas listas podrían enviarse al grupo de oración de la iglesia o diseminarlas entre pequeños grupos para mayor atención y seguimiento.

Las congregaciones también podrían darles a los padres una pequeña suma de dinero (entre 150 y 200 dólares) para que puedan preparar una merienda para todo el equipo después del partido. Eso fácilmente hace populares a los padres entre los jugadores. A continuación se les puede decir a los padres que se comuniquen con los entrenadores para decirles que las instalaciones de la iglesia están a disposición de ellos para el banquete de fin de temporada. La iglesia también puede proveer la comida y ofrecer voluntarios para servir a los padres y a los jugadores. Al final, será una gran oportunidad para mostrar el amor de Cristo y alcanzar así a las familias jóvenes, muchas de la cuales saben poco de asuntos espirituales o de la iglesia.

Además, considera renunciar a las ligas locales de baloncesto, softbol u otros deportes organizadas por las iglesias locales. Eso fue lo que hice un verano mientras servía como pastor principal de una congregación de Texas. La iglesia invadió la liga local de la ciudad, y como resultado, varias nuevas familias y numerosos nuevos creyentes se sumaron. Incluso se pueden ofrecer refrescos gratis para los otros equipos después de los partidos.

La conclusión es que el evangelismo eficaz puede ocurrir en el contexto de los deportes. La iglesia puede patrocinar desde torneos de baloncesto de tres contra tres y *dodge ball* (quemados), clínicas de fútbol, hasta trabajar con la Asociación de Atletas Cristianos (*Fellowship of Christian Athletes*, FCA) mediante las escuelas locales. Los cristianos sabios pueden usar fácilmente los deportes para impactar a su comunidad para Cristo.[6]

Eventos de temporada y de género

Otro método eficaz para crear oportunidades de compartir el mensaje del evangelio es mediante eventos de temporada tales como programas de Navidad y Semana Santa, así como celebraciones del Día de la Independencia y graduaciones. Estos eventos por lo general suelen atraer a grandes audiencias, fomentando así el impacto potencial del reino.

Celebraciones del día de la madre y banquetes para madre e hija son siempre efectivos. Para los hombres, cenas de caza silvestre (o «fiestas de la bestia»), rally, concentraciones de motocicletas y exhibiciones de autos siempre atraen a una multitud y ofrecen muchas oportunidades evangelísticas, especialmente cuando se combinan con actividades tipo fiestas de barrio. Eventos al comienzo del ciclo escolar y festivales de otoño *(Halloween)* son también grandes oportunidades para impactar a la comunidad para Cristo. Todos estos métodos pueden ser espacios efectivos para conversar sobre temas espirituales.[7]

Ministerios para personas con necesidades especiales

Las personas con necesidades especiales (físicas o mentales) y sus familias representan uno de los grupos más grandes sin alcanzar de los Estados Unidos. Según las estadísticas recopiladas por el ministerio *Joni and Friends Ministries*, la tasa de divorcio en familias que tienen hijos con necesidades especiales está por encima del 85 por ciento.[8] Además, menos de uno de cada diez de estas personas (aprox. 5%) o familias asisten a la iglesia.

Veamos otras estadísticas alarmantes de este ministerio de Joni y sus amigos:

- En los Estados Unidos, 54 millones de personas (20,6%), viven con algún grado de discapacidad.
- A nivel nacional, cuatro millones de estas personas son menores de 18 años. El maltrato en familias que tienen un hijo discapacitado es el doble de las familias típicas.
- Nueve de cada diez mujeres que se enteran de que su bebé por nacer padece el Síndrome de Down, abortan.
- ¡Los que sufren alguna discapacidad y sus familias representan el grupo más grande de personas no alcanzadas y sin iglesia en los Estados Unidos![9]

Las congregaciones locales que captan la visión pueden alcanzar con el evangelio a este segmento sufriente de la población. Según los maestros de educación especial y los que conocen muy bien esta clase de ministerio, el método más eficaz es el contacto de familia a familia a través de un interés genuino y la ayuda de los ministerios orientados al servicio.

Considera la posibilidad de varias opciones como dar a los padres la oportunidad de una noche libre, especialmente cuando las necesidades son crónicas y demandan atención las 24 horas del día. ¡Recientemente oí de una familia en la que los padres no habían podido estar solos en más de tres años! ¡Con razón la tasa de divorcios es tan alta!

En algunos casos la situación puede requerir de una enfermera capacitada para administrar los cuidados necesarios. En la mayoría de las situaciones se necesita una leve dosis de paciencia, un oído atento y habilidad especial para administrar el amor de Cristo.

También podrías considerar comprar víveres, preparar comidas u obsequiar vestidos nuevos. Si son de buena calidad, ofrece ropa poco usada por los miembros de tu familia que ya no les queda.

Siempre ten en cuenta las situaciones que surgen de las necesidades especiales. No te estaciones en lugares reservados para discapacitados. Mira a tu alrededor en áreas muy concurridas (centros comerciales, escuelas, iglesias o eventos deportivos) y fíjate si hay personas que necesiten ayuda. Esas situaciones pueden ser enormes desafíos para los que andan en sillas de ruedas o con muletas.

Sé tú mismo. No les claves la mirada. Las personas con dificultades especiales no son diferentes a ti. Todo el mundo quiere sentirse aceptado y amado. Y según la Escritura, todo el mundo necesita un Salvador.

El nuevo vino necesita odres nuevos

> «Les dijo también una parábola: Nadie corta un pedazo de un vestido nuevo y lo pone en un vestido viejo; pues si lo hace, no solamente rompe el nuevo, sino que el remiendo sacado de él no armoniza con el viejo. Y nadie echa vino nuevo en odres viejos; de otra manera, el vino nuevo romperá los odres y se derramará, y los odres se perderán. Mas el vino nuevo en odres nuevos se ha de echar; y lo uno y lo otro se conservan» (Luc. 5:36-38).

Tres de los cuatro escritores de los evangelios (Mateo, Marcos y Lucas) registraron la enseñanza de Jesús sobre el vino nuevo que necesita nuevos odres. El Señor quiso dejar bien en claro que el vino nuevo necesitaba odres nuevos; de lo contrario, debido al proceso de fermentación, el nuevo vino expandiría los rígidos viejos odres y los rompería. Del mismo modo, debemos adoptar nuevos métodos que proporcionen oportunidades a ministerios que den vida mediante el anuncio de Cristo entre los inconversos.

Las estrategias que hemos descrito en este capítulo podrán parecer ideas nuevas y extrañas. Seamos sinceros, algunas personas leerán este capítulo y verán las fiestas de barrio, el evangelismo deportivo y los grupos comunitarios como antibíblicos y demasiado mundanos para usarse en el evangelismo. Recuerda que estos no son más que nuevos métodos que han resultado eficaces porque ofrecen la oportunidad para anunciar el evangelio a la gente laica. Como dice el viejo refrán: «Los métodos pueden cambiar, pero el mensaje sigue siendo el mismo».

— Evangelismo es… —

1. Buscar intencionalmente oportunidades para anunciar el evangelio.
2. No esconderse del mundo.
3. Estar dispuesto a usar nuevos métodos.

— Versículo clave —

«Nosotros no podemos dejar de hablar de lo que hemos visto y oído» (Hech. 4:20, NVI).

Citas interesantes

Una de las claves del evangelismo eficaz es crear oportunidades para interactuar y hablar del evangelio. [...] Esto es especialmente cierto en la cultura contemporánea donde la confianza es difícil de alcanzar y la gente ocupada tiende a aislarse del contacto humano.

—DAVID WHEELER

La iglesia con demasiada frecuencia se ha encerrado dentro de murallas institucionales. Las fiestas de barrio dan a las iglesias un ministerio de presencia y visibilidad cuando en el nombre de Cristo sale de su edificio para alimentar, enseñar, vestir y evangelizar.

—TOBY FROST[10]

Si puedes descubrir qué es lo que genera confianza, estás un paso más cerca de poder mejorar tu eficacia en el evangelismo relacional [...]. La importancia de cómo fortalecer la confianza no debe subestimarse.

—JACK SMITH[11]

Notas

1. Material tomado del cap. 9 de *Innovate Church* [Iglesia innovadora] ed. por Jonathan Fallwell (Nashville, TN: B&H, 2008), 141. Para mayor información ir a, www.trbc.org y buscar *community groups* (grupos comunitarios. Concepto desarrollado y administrado por el pastor de discipulado Rod Dempsey. Para información adicional se puede ver la versión en español titulada: Nuestro Pan Diario, ir a http://www.rbc.org/odb.

2. Ibid., 140. Para mayor información relacionada con el evangelismo ministerial, ir a http:// www.NAMB.net.

3. Para más información, ver J. Smith, *Friends Forever* [Amigos para siempre] (Alpharetta, GA: Home Mission Board of the Southern Baptist Convention, 1994), 83–115.

4. Ibid.

5. Fallwell, *Innovate* Church, 143.

6. Ibid., 144.

7. Ibid., 145. Para más información respecto a las cenas de caza silvestre y el alcance deportivo, ir a http://www.christiansportsman.com or http://www.legacy-outdoorministry.com.

8. Estadísticas proporcionadas en una entrevista con el personal de *Joni and Friends*, Knoxville, TN, octubre de 2006.

9. Estadísticas tomadas del sitio Web de Joni and Friends, 2006. Ver también David Glover, "*Disabilities Ministries Is New NAMB Consultant's Focus,*" 22 de enero de 2007.

10. Cita hallada en T. Frost, B. Simms y M. McWhorter, *The Evangelistic Block Party Manual* [Fiesta de la cuadra evangelística] (Alpharetta, GA: North American Mission Board of the Southern Baptist Convention, 1998), 3.

11. Smith, *Friends Forever*, 27.

38

Evangelismo es... Trabajar juntos

Dave Earley

Tiendo a ser más introvertido que la mayoría y a menudo me siento incómodo cuando converso con extraños. Por eso, una de mis maneras favoritas de hacer evangelismo es con un grupo. Esta es otra forma eficaz de anunciar el evangelio.

Me convertí en líder de un pequeño grupo

Todo comenzó cuando tenía 16 años en mi primer año de la escuela secundaria. Después de varios años de huir de Dios, me di cuenta de lo inútil que era vivir para cualquier cosa que no fuera Dios. Así que corrí hacia Él y me alegré al saber que me había aceptado. Entonces, empecé a trabajar *para* Él.

Unas semanas más tarde, mis dos amigos con los que almorzaba todos los días en nuestra inmensa secundaria pública, decidieron que necesitábamos iniciar un estudio bíblico durante el almuerzo. Uno de ellos consiguió un salón vacío que se usaba para ensayar música cerca de la cafetería, y comenzamos a estudiar la Biblia y a orar unos minutos diariamente. En pocas semanas nuestro pequeño grupo había crecido a doce.

Después de las vacaciones de Navidad, volví a la escuela y me enteré de que el horario del almuerzo había cambiado. Pregunté: «¿Quién va a dirigir el estudio bíblico a la hora de mi almuerzo?»

Me respondieron: «Tú lo harás». Así que aun cuando no tenía más de dos meses de haber empezado a caminar con Dios, me convertí en líder de un pequeño grupo.

Los únicos vestigios del estudio bíblico a la hora del almuerzo del primer semestre éramos una chica y yo. Ya que no queríamos ser los únicos, comenzamos a orar arremetedoramente por los demás y a invitarlos al grupo. Pronto, el salón estaba lleno. En el otoño de mi último año, teníamos más de 100 chicos de la escuela secundaria que venían al estudio bíblico todos los días. Muchos de ellos venían a Cristo con regularidad. Me convertí en un adicto director de estudio bíblico concentrado en ayudar a las personas para que encontraran el camino de regreso a Dios.

Juntos logramos más

Alcanzar a los demás mediante el poder de un equipo no solo es simplemente práctico; es bíblico. Leamos esta historia de la vida de Jesús.

> «Un día, mientras enseñaba, estaban sentados allí algunos fariseos y maestros de la ley que habían venido de todas las aldeas de Galilea y Judea, y también de Jerusalén. Y el poder del Señor estaba con él para sanar a los enfermos. Entonces llegaron unos hombres que llevaban en una camilla a un paralítico. Procuraron entrar para ponerlo delante de Jesús, pero no pudieron a causa de la multitud. Así que subieron a la azotea y, separando las tejas, lo bajaron en la camilla hasta ponerlo en medio de la gente, frente a Jesús.
>
> Al ver la fe de ellos, Jesús dijo: —Amigo, tus pecados quedan perdonados. Los fariseos y los maestros de la ley comenzaron a pensar: «¿Quién es éste que dice blasfemias? ¿Quién puede perdonar pecados sino sólo Dios?»
>
> Pero Jesús supo lo que estaban pensando y les dijo: —¿Por qué razonan así? ¿Qué es más fácil decir: "Tus pecados quedan perdonados", o "Levántate y anda"? Pues para que sepan que el Hijo del hombre tiene autoridad en la tierra para perdonar pecados —se dirigió entonces al paralítico—: A ti te digo, levántate, toma tu camilla y vete a tu casa. Al instante se levantó a la vista de todos, tomó la camilla en que había estado acostado, y se fue a su casa alabando a Dios» (Luc. 5:17-25, NVI).

Sin sus amigos, este hombre no habría conocido a Jesús. Todavía estaría acostado en su casa afligido, sintiéndose culpable y deprimido. Su vida cambió porque *ellos* lo llevaron a Jesús. Le fueron perdonados los pecados porque *ellos tuvieron* fe. Fue sanado porque *lo llevaron* a la casa, *hicieron* un hoyo en el techo y *lo bajaron* delante de Él. Sin sus amigos, este hombre no habría conocido a Jesús.

Pocas personas vienen a Jesús por su propia cuenta. Muchos de nosotros conocimos a Jesús porque un familiar o un amigo nos invitó. El ochenta y cinco por ciento de las personas llegan a conocer a Jesús porque un amigo o un familiar las llevó a Él.[1]

Cristianismo básico

Cathy, algunos amigos de la universidad Liberty y yo nos mudamos a un suburbio de Columbus, Ohio para iniciar una nueva iglesia. Nos trasladamos en dos camiones alquilados un sábado y tuvimos el primer culto de la iglesia la siguiente mañana en mi sótano. Éramos doce, once adultos y un bebé. Después de un mes de reuniones de oración todas las noches y de evangelismo agresivo, lanzamos públicamente nuestra iglesia con 66 personas en una escuela secundaria. La iglesia creció lentamente pero con firmeza y, con el tiempo, compramos un terreno y construimos un edificio.

Muchas de las personas que venían a la iglesia no sabían nada de los fundamentos del cristianismo, ni de la Biblia. Por eso empezamos un grupo al que llamamos «Cristianismo Básico» e invitamos a cuatro parejas jóvenes que eran buscadores espirituales. Abordamos cuestiones elementales como: ¿Qué es la Biblia? ¿Podemos confiar en la Biblia? ¿Quién es Dios? ¿Quién es Jesús? ¿Qué hizo Jesús? ¿Cómo puedo llegar a Dios? Era refrescante estar rodeados de personas educadas que conocían tan poco de Dios pero tenían hambre de aprender. También se nos recordó con frecuencia que los inconversos actúan… así, como inconversos. Por ejemplo, después de algunas semanas en el grupo Cristianismo Básico, un ingeniero mecánico llamado Steve levantó la mano y preguntó: «¿Escuché que decías que Jesús es Dios? ¿De dónde sacaste semejante idea?» La siguiente semana, cuando le pregunté qué pensaba del grupo, respondió: «¡Diablos! ¡Interesante!» (No debemos esperar que los inconversos actúen como cristianos maduros). Después de seis semanas, ocho de ellos tomaron la decisión de seguir a Cristo, incluyendo a Steve.

Disfrutamos tanto esta experiencia de grupo que lanzamos un nuevo curso de Cristianismo Básico cada agosto y enero. Docenas de personas venían a Cristo cada año como resultado de la evangelización en grupos pequeños de estudio bíblico. Después de completar las ocho semanas de este curso, pasaban a otro grupo llamado «Cristianismo Intermedio» en el que aprendían cómo crecer en Cristo y participar en la iglesia.

El grupo

Cuando mis hijos mayores estaban en la escuela secundaria, querían formar un grupo para alcanzar a los estudiantes que no tenían iglesia. No podíamos pensar en un buen nombre, así que simplemente lo llamamos «El Grupo». Cathy, Daniel, Andrew y yo comenzamos con un puñado de gente, y no mucho después creció a más de 50 estudiantes de secundaria que se reunían en nuestra casa en seis grupos y otros 20 que se juntaban en otra casa. Cuando Luke, nuestro hijo menor, llegó a la secundaria, también se convirtió en líder de «El Grupo». Lo mejor que ocurrió ahí es que docenas de jóvenes que no asistían a la iglesia fueron alcanzados para nuestro grupo y para Cristo. Por lo general, veíamos que tres o cuatro estudiantes se entregaban al Señor cada mes. Este fue uno de los grupos más satisfactorios y divertidos que he conducido. Hace unos años un editor me pidió que escribiera por qué nuestro pequeño grupo fue tan eficaz en el evangelismo. Fuimos eficientes porque intencionalmente practicamos diez principios que nos permitieron alcanzar a la gente para Cristo.

10 principios para la evangelización eficaz en grupos pequeños

1. Fe

Los grupos evangelizadores eficaces creen que Dios quiere que la gente se salve incluso más que nosotros. Por lo tanto, tenemos que cooperar con Él. Los grupos eficaces de evangelización, que he conducido, desarrollaron una fuerte expectativa al ver que si invitábamos a las personas, vendrían; y si les anunciábamos el evangelio, responderían. Por supuesto, no todos los estudiantes reaccionaron, pero un buen número sí respondió permitiéndonos creer que Dios honraría nuestros esfuerzos.

2. Oración

El evangelismo es una guerra espiritual que se lucha mejor de rodillas. Dado que los grupos que he conducido oraban continuamente pidiendo a Dios que salvara a las almas, así sucedía. En el grupo de secundaria un puñado de estudiantes llegaba media hora antes y oraba para que Dios bendijera la reunión. Antes de que comenzaran las actividades del grupo en las que presentábamos el evangelio, intensificábamos la oración y algunos de nosotros nos absteníamos de unas cuantas comidas y orábamos más. Dios siempre nos concedió una cosecha.

3. Amor

Como mencionamos anteriormente, el evangelismo eficaz es un proceso relacional que incluye tres victorias consecutivas: En primer lugar, ganamos a las personas para nosotros mismos. En segundo lugar, las ganamos para nuestro grupo. En tercer lugar, las ganamos para Cristo. A menudo no logramos ganarlas para Él porque no las ganamos amorosamente para nosotros mismos.

Nos encontramos con toda clase de chicos que no tienen iglesia, desde el capitán del equipo de fútbol, el wiccano o el traficante de drogas venían al grupo porque encontraban allí amor y aceptación. Nunca debemos ver a los inconversos como objetos o proyectos. Cada persona es alguien por quien Jesús murió y, por consiguiente, valioso para Dios y para nosotros.

4. Invitación

Si los invitas, podrían venir. Pero si no los invitas, quizás jamás vendrán. Los inconversos raramente llegan a un grupo por su cuenta; el 99,99% de las veces, alguien hizo el esfuerzo de invitarlas.

Según Richard Price y Pat Springer: «Los líderes de grupo experimentados [...] se han percatado de que, por lo general, tienes que invitar a 25 personas para que unas 15 te digan que irán. Y de estas, casi siempre se presentarán entre 8 y 10; y de estas, solo asistirán regularmente entre 5 y 7 aproximadamente después de un mes.[2]

¡Esto significa que puedes hacer que un nuevo grupo crezca entre 10 y 14 miembros regulares en un año si invitas a una persona nueva cada semana! Si un grupo entero capta la visión de invitar, un grupo puede experimentar un crecimiento explosivo.

Si invitas a bastantes personas, algunas vendrán. Cuando comienzo un grupo nuevo, invito de 2 a 5 veces el número de aquellos que espero tener en la primera reunión.

Algunos preguntan: «¿Dónde puedo encontrar personas para invitar?» Hay al menos cuatro buenos lugares donde puedes hallarlas:

- La familia
- Los amigos
- Los compañeros de trabajo o de estudio
- Los vecinos

5. Trabajo en equipo

La idea central de un equipo es: Juntos logramos más. Cuando le pedimos a los estudiantes que nos contaran cómo llegaron al grupo, casi sin excepción nos decían que cuatro o cinco personas los invitaron *antes* de que decidieran intentarlo.

Invitar es más fácil cuando se hace en conjunto con muchos que oran, un grupo y una iglesia saludables. No tienes que hacerlo todo. Alcanzar a alguien para Cristo es especialmente eficaz cuando esa persona ya conoce a alguien más en tu iglesia o grupo pequeño.

Los grandes grupos son el resultado de trabajo en equipo. Las reuniones de todo el grupo eran la obra del equipo: traer un refrigerio, orar antes de la sesión de grupo, dar la bienvenida a los que vienen, dirigir el culto, guiar la oración en grupos pequeños de cuatro o seis al final de la noche.

6. Evangelio

Nunca subestimes el poder del evangelio. Cada cuatro o seis semanas presentamos la historia de la muerte, la sepultura y la resurrección de Jesús por nuestros pecados.

También mostramos el plan de salvación (reconocer los pecados, creer en Cristo, invocar su nombre para salvación y encomendarle la vida). Cada vez que anunciábamos el evangelio, los estudiantes respondían. Muchos terminaban asistiendo a la iglesia.

Cuando teníamos eventos de grupo, le pedíamos a dos o tres estudiantes que dieran su testimonio de cómo habían sido salvos. En seguida, explicaba brevemente el evangelio con los versículos de «El Camino de Romanos». Entonces invitábamos a los estudiantes a que oraran y se entregaran a Cristo. Los estudiantes respondían sin excepción.

7. Proceso

El evangelismo es un proceso que conduce a un desenlace. Pocas personas están preparadas para entregarse a Cristo la primera vez que asisten a un grupo pequeño. Alcanzar a alguien puede llevar semanas, meses y hasta años de invitar, orar, amar y oír el evangelio antes de que el suelo esté listo para producir una cosecha. Nunca debemos hacer que nadie se sienta presionado para ser salvo. Todo el mundo es llamado a seguir y dar el siguiente paso de su viaje espiritual.

8. Fiesta

Nunca subestimes el valor de la diversión, la comida y una fiesta para atraer a una multitud. Cada dos meses planeamos reuniones sociales. Entre nosotros, en tono de broma, las llamamos «cenas de pecadores» al compararlas con aquella que organizaron para Jesús un grupo de publicanos (Mar. 2:15-17). Descubrimos que podíamos duplicar la asistencia y lograr que los estudiantes que no tenían iglesia vinieran a nuestra casa si los chicos los invitaban a una fiesta. Las fiestas temáticas como «Guerra con pistolas de agua», «Odio el invierno», «Fogata de *Halloween*» y «Noche de los años setenta», por ejemplo, donde preparábamos algunos perros calientes a la parrilla y jugábamos eran sumamente concurridas. Después de pasarla bien, escuchaban con atención a algunos de sus amigos contar su historia sobre cómo llegaron a una relación personal con Jesús. Llegamos a tener hasta 85 chicos y una noche casi una docena tomaron la decisión de seguir a Cristo, todo porque tuvimos una fiesta.

9. Testimonio

Una de las maneras más fáciles de llamar la atención, mantener el interés y proclamar el evangelio sin ser moralista es tener a algunos que cuenten cómo llegaron a Cristo, de preferencia un testimonio que refleje de alguna manera a las personas que esperas alcanzar. Por ejemplo, en nuestro grupo de secundaria teníamos a otros chicos de secundaria que contaron cómo llegaron a Cristo. En un grupo de adultos que Cathy y yo dirigíamos, alcanzamos a los maridos inconversos cuando otros maridos creyentes también contaron cómo llegaron a Cristo.

10. Celebración

En Lucas 15 encontramos tres historias de algo que se perdió, pero fue encontrado: Una oveja perdida (vv. 1-7), una moneda perdida (vv. 8-10) y un hijo perdido (vv. 11-31). En cada caso, el evento estuvo marcado por una celebración. Tal vez Dios nos daría más oportunidades de ganar a los perdidos si verdaderamente nos regocijáramos cada vez que encontramos a uno. Una celebración podría ser tan simple como animar a los nuevos creyentes y abrazarlos después de haber orado para recibir a Cristo o tener una fiesta especial. *Cómo* celebrar no es tan importante como *qué* celebrar.

Comienza un grupo pequeño

Tal vez la mejor manera de aplicar este libro sea iniciar un pequeño grupo de evangelización, o bien convertir un grupo ya existente en uno de evangelización. En cualquier caso, recuerda que el evangelismo eficaz a menudo es un esfuerzo de equipo y los pequeños grupos pueden ser focos de difusión llenos de vida.

Evangelismo es...

1. Un esfuerzo de equipo.
2. Más fácil con la energía de un grupo.
3. Realizado eficazmente en un pequeño grupo de estudio bíblico en una casa.
4. Realzado con fiestas estratégicas.

Versículo clave

«Mejores son dos que uno; porque tienen mejor paga de su trabajo» (Ecl. 4:9).

Cita interesante

La estructura de una célula [pequeño grupo] evangelística le quita la carga al líder y la coloca en todos los integrantes. Es una red de pesca en comparación con una caña de pescar. Pescar con caña es un trabajo individual, mientras que pescar con red requiere la ayuda de muchas manos. La pesca con red es un esfuerzo de grupo y resulta en una gran cantidad de peces, mientras que pescar individualmente con una caña es capturar un pez a la vez.

—JOEL COMISKEY[3]

Notas

1. T. Rainer, *The Unchurched Next Door* [Desconectados de la iglesia] (Grand Rapids, MI: Zondervan, 2003), 24–25.

2. R. Price y P. Springer, *Rapha's Handbook for Group Leaders* [Manual de Rapha para líderes de grupo] (Houston, TX: Rapha, 1991), 132.

3. J. Comiskey, *The Church that Multiplies* [La iglesia que se multiplica] (Moreno, CA: CCS Publishing, 2005), 80.

39

Evangelismo es...

Un asunto de familia

David Wheeler

Una mirada honesta a la familia estadounidense

Según las estadísticas de la *American Family Association* [Asociación de Familia de EE.UU.] como consta en el libro *Family to Family* [De familia a familia] escrito por Jeery Pipes y Victor Lee:

- Solo el 34% de las familias estadounidenses comen juntos una vez al día.
- El padre promedio solo pasa entre 8 y 10 minutos al día con sus hijos. Esto incluye la televisión y la hora de la comida.
- Solo el 12% de las familias estadounidenses oran juntas. La pareja promedio pasa junta solo 4 minutos de tiempo ininterrumpido al día.[1] Si estas estadísticas son exactas, no es de extrañar que la familia y la iglesia estadounidenses se estén desmantelando sistemáticamente. Una de las consecuencias de esta tragedia es el impacto a largo plazo en los adolescentes cuando salen de la universidad. Según Pipes y Lee, «el 88% de los que crecen en nuestras iglesias evangélicas se van a los 18 y no vuelven más».[2]

Si bien estas estadísticas son alarmantes, hay esperanza para los adolescentes y sus padres. Según otro estudio citado en el video promocional de *Family to Family*, «Cuando los padres dirigen a sus hijos a que compartan su fe y participen en la cosecha espiritual, el 88% se reduce a menos del 4%».[3]

Si este es el caso, las familias deben centrarse atentamente en una misión común que se transmita a las siguientes generaciones. La pregunta es cómo lograrlo.

La necesidad de una declaración de misión

Si entras a cualquier empresa de los Estados Unidos, probablemente verás expuesta una placa o documento donde consta la identidad, el propósito y los objetivos de esa compañía. Esta *declaración de misión* es conocida por todos los que trabajan en la organización y es evidente a todos los que la visitan. ¿Qué tiene de especial este credo? Proporciona dirección y rendición de cuentas de todos los que trabajan allí y un sentido de seguridad a aquellos a quienes les prestan servicios.

La mayoría de los días los empleados no tienen necesidad de hacer referencia a la declaración. Pero cuando una situación, decisión o propuesta desafía los ideales de la empresa, amenazan su integridad o comprometen su identidad, dicha declaración se destaca como un faro en la tormenta. «¡Hay de la compañía que pierde de vista su declaración de misión!», dice un sitio de ayuda empresarial, «porque ha dado el primer paso en la resbaladiza pendiente del fracaso».[4]

Si una declaración de misión es vitalmente importante para el crecimiento de una empresa sana, haríamos bien en adaptar la idea a nuestras familias. «La declaración de misión de la familia servirá como línea central y barandilla para tu familia en el camino hacia la vida», dice Jerry Pipes y Victor Lee. «Cuando la vida es nebulosa, tendrás una línea central donde enfocarte».[5]

Escoge el camino correcto

Mantenerse en el camino parece una buena idea, pero debemos asegurarnos de que el camino por el que vamos, el que está llevando a tus hijos, es el correcto. Proverbios 22:6 declara: «Instruye al niño en el camino correcto, y aun en su vejez no lo abandonará» (NVI). Pero, ¿cuál es «el camino»? Innumerables libros afirman conocer el camino por el que hay que ir y seguramente muchos de ellos son útiles. Pero para los seguidores de Jesucristo, la última palabra la tiene la Biblia. Cuando Jesús enseñó, «Yo soy el camino, la verdad y la vida» (Juan 14:6), nos está dando dirección a través de la vida y la muerte.

En el libro *Family to Family: Leaving a Lasting Legacy* [De familia a familia: Dejando un legado duradero], Pipes y Lee muestran que cuando alineamos a nuestra familia con Cristo, haciendo de sus prioridades la nuestra, cosechamos dos galardones de valor incalculable. En primer lugar, desarrollamos relaciones familiares más sanas y significativas. En segundo lugar, pasamos la batuta de la fe en Jesucristo a nuestros hijos.

Una vez que estamos en el camino correcto, alineados con Cristo, podemos comenzar a determinar lo que eso significa para nuestra familia. ¿A quién tenemos que rendirle cuentas? ¿Cómo podemos adorar? ¿Cuál es nuestro modelo de matrimonio? ¿Cómo nos tratamos unos a otros y manejamos los conflictos dentro del hogar? ¿Cómo comunicamos la fe a nuestros hijos y a los que están fuera de nuestra casa? Estas son algunas de la preguntas que plantea la declaración de misión. «Los que viven juntos se desempeñan mejor cuando están de acuerdo en un propósito común. La declaración de misión de una familia es esencialmente una declaración de lo que cada miembro de tu familia se compromete a vivir».[6]

Josué fue claro sobre la misión de su familia. «Pero si a ustedes les parece mal servir al Señor, elijan ustedes mismos a quiénes van a servir [...]. Por mi parte, mi familia y yo serviremos al Señor» (Jos. 24:15, NVI).

¿Qué es una misión?

La misión de Josué para su familia se extendió al pueblo de Israel, y ellos siguieron ese ejemplo incluso más allá de su vida. Josué 24:31 señala: «Durante toda la vida de Josué, el pueblo de Israel había servido al Señor. Así sucedió también durante el tiempo en que estuvieron al frente de Israel los jefes que habían compartido el liderazgo con Josué y que sabían todo lo que el Señor había hecho a favor de su pueblo» (NVI). A pesar de la enorme carga que Josué llevaba, no se inmutó porque conocía bien su propósito y se mantuvo fiel a su misión, una misión que comenzó en el hogar. Ningún éxito fuera de la casa puede justificar el fracaso dentro de ella. Josué no podría haber dirigido con éxito a una nación hacia Dios a menos que hubiera hecho primero lo mismo por su familia.

Josué nos recuerda que la misión de la familia comienza con los padres. Deuteronomio 6:6-9 subraya:

> «Grábate en el corazón estas palabras que hoy te mando. Incúlcaselas continuamente a tus hijos. Háblales de ellas cuando estés en tu casa y cuando vayas por el camino, cuando te acuestes y cuando te levantes. Átalas a tus manos como un signo; llévalas en tu frente como una marca; escríbelas en los postes de tu casa y en los portones de tus ciudades» (NVI).

Debemos imprimir estas palabras en nuestros hijos a medida que andamos por la vida. Esta estrategia no está destinada a ser un hábito del «domingo», sino una expresión diaria de lo que significa caminar con Dios. La declaración de misión tiene el propósito de guiar a la familia siempre, en todas las áreas.

La misión y el propósito de Jesús

Pipes y Lee insisten en que debemos comenzar nuestra declaración de misión familiar mediante el estudio de la misión de Jesús, la cual se deriva de su propósito.

Los autores identifican docenas de pasajes bíblicos en los que Jesús establece su propósito. Por ejemplo: «Porque el Hijo del Hombre vino a buscar y a salvar lo que se había perdido» (Luc. 19:10). Esto nos muestra en pocas palabras las dos partes de su misión. La primera era buscar. Después de descender del cielo voluntariamente, buscó continuamente a la humanidad perdida incluso en los lugares más inciertos e inhóspitos. La segunda parte de esa misión era salvar, ofrecerse a sí mismo como sacrificio por nuestros pecados.

En Juan 18:37 Jesús refuerza su misión: «Yo para esto he nacido, y para esto he venido al mundo, para dar testimonio de la verdad». Es evidente que esta es una declaración de misión.

Tenemos una visión más clara del propósito de Jesús en Mat. 20:28, donde se afirma que Él «no vino para ser servido, sino para servir y para dar su vida en rescate por muchos». Si queremos el modelo de Cristo, tenemos que aceptar esta mentalidad de servir con humildad, mansedumbre y paciencia, empezando en el hogar. Y aunque no podemos dar nuestra vida como rescate, tal como hizo Jesús, sí podemos mediante nuestras acciones y palabras, señalar a Aquel que lo hizo.[7]

Muchos otros pasajes revelan los propósitos de Jesús: Ser líder y maestro (Mat. 4:19); cumplir la ley (5:17); llamar a los pecadores (9:13b); separar la santidad de la pecaminosidad (10:34b); proporcionar descanso a sus seguidores (11:28-30); predicar la buena noticia, pregonar libertad a los prisioneros, dar vista a los ciegos, poner en libertad a los oprimidos y anunciar el tiempo del favor del Señor (Luc. 4:18-19); representar al hombre ante Dios el Padre (12:8-9) y hacer la voluntad del Padre (Juan 6:38).

Una declaración de misión para la familia no incluye todos estos propósitos manifiestos de Jesús. Sin embargo, una comprensión más profunda de cada uno le proporcionará una dirección.

Los mandamientos de Jesús

La misión y el propósito de Jesús llevan a los mandamientos que nos dio. El primero de ellos fue difundir el evangelio, el cual reconocemos como la gran comisión. No es coincidencia que estos mandamientos aparecen en cada uno de los Evangelios y también en los Hechos.

El libro de Mateo contiene la versión más completa de la gran comisión por lo que también es la más citada:

> «Jesús se acercó entonces a ellos y les dijo: —Se me ha dado toda autoridad en el cielo y en la tierra. Por tanto, vayan y hagan discípulos de todas las naciones, bautizándolos en el nombre del Padre y del Hijo y del Espíritu Santo, enseñándoles a obedecer todo lo que les he mandado a ustedes. Y les aseguro que estaré con ustedes siempre, hasta el fin del mundo» (Mat. 28:18-20, NVI).

En Mar. 16:15 Jesús instruyó a los discípulos: «Vayan por todo el mundo y anuncien las buenas nuevas a toda criatura».

En Luc. 24:47-48 leemos: «y en su nombre se predicarán el arrepentimiento y el perdón de pecados a todas las naciones, comenzando por Jerusalén. Ustedes son testigos de estas cosas» (NVI). El registro de Lucas añade: «arrepentimiento y el perdón de pecados».

En Juan 20:21 Jesús señaló: «Como el Padre me envió a mí, así yo los envío a ustedes» (NVI). Aunque esta versión es relativamente breve, la palabra *como* le da un peso considerable, porque trae a la mente cómo fue enviado Jesús: en amor, en sacrificio, como sustituto y con mansedumbre. En pocas palabras nos invita a que lo imitemos en nuestra misión y nos ocupemos en ella de la misma manera y por las mismas razones.

En Hech. 1:8 tenemos el último de estos mandamientos de Jesús, lo que lo hace sumamente importante. «Pero cuando venga el Espíritu Santo sobre ustedes, recibirán poder y serán mis testigos tanto en Jerusalén como en toda Judea y Samaria, y hasta los confines de la tierra» (NVI). Lo último que dijo a los discípulos antes de ascender reiteró este punto crucial: *tendrán el poder para ser mis testigos en todo el mundo.*[8]

Principios bíblicos

En función de las conductas que deseas promover en tu familia, encontrarás incontables pasajes en la Escritura sobre los que puedes construir tu declaración de misión. Por ejemplo, los versículos que siguen tratan del amor y el estímulo mutuo, así como anunciar el evangelio.

> «Este es mi mandamiento: Que os améis unos a otros, como yo os he amado» (Juan 15:12).

> «Eviten toda conversación obscena. Por el contrario, que sus palabras contribuyan a la necesaria edificación y sean de bendición para quienes escuchan» (Ef. 4:29, NVI).

> «Pido a Dios que el compañerismo que brota de tu fe sea eficaz para la causa de Cristo mediante el reconocimiento de todo lo bueno que compartimos» (Filem. 6, NVI).

Aplicación práctica: Desarrolla tu declaración de misión familiar

Una vez que has examinado la misión, el propósito y los mandamientos de Jesucristo, ahora tienes una buena estructura para desarrollar tu declaración de misión familiar. Recuerda que este es un esfuerzo familiar; tendrás que incluir a todos los miembros para producir algo que sea significativo para todos, y divertirse al hacerla.

Derrick Mueller sugiere un proceso de cuatro pasos para desarrollar una declaración de misión familiar.[9]

Paso 1. Hagan un inventario familiar

- ¿En qué actividades participamos como familia?
- ¿Qué nos motiva?
- ¿Cómo describirían a nuestra familia otras personas?
- ¿Qué tan seguros estamos de nuestro amor mutuo?
- ¿Cuáles son nuestros temores?
- ¿Qué le falta a nuestras relaciones?
- ¿Cuál es el ambiente espiritual de nuestra familia?
- ¿Cuáles son nuestras prioridades?

Paso 2. Consideren sus metas

- ¿Qué cosas respaldan nuestra familia?
- ¿Qué valores vivimos?
- ¿Cómo abordamos nuestras necesidades y resolvemos nuestros problemas?
- ¿Qué actividades serían importantes para nuestra familia?
- ¿Qué es lo que deseamos que resulte para nuestra familia?
- ¿Qué pasajes de la Escritura resumen nuestra intención?

Paso 3. Conceptualicen la declaración

Utilicen las preguntas planteadas en el paso 2 para redactar una declaración que responda a esas preguntas. Por ejemplo:

> Como familia respaldamos _________, y nuestros valores son _________ . Suplimos nuestras necesidades _________ y tratamos de resolver los problemas mediante_________. Como familia, nos esforzaremos a dedicar tiempo para________ y pondremos menos énfasis en_________. Nuestra meta en el futuro es _________ para finalmente estar juntos en el cielo. Los pasajes de la Escritura que guían nuestros esfuerzos son_________.

Paso 4. Afinar y personalizar la declaración

Personalicen las frases del paso 3 para que se adapten a la familia, asegurándose de que todos los temas cruciales están cubiertos. El producto final debe ser atractivo y significativo para todos los miembros, algo que todos puedan entender y aceptar.

A esta fórmula, Pipes y Lee le añaden varias pautas.[10]

No se precipiten. Cuando elaboren su declaración, no se apresuren en este ejercicio. Tómense el tiempo para oír a todos los que participan. Tus hijos son mucho más propensos a aceptar algo que a ayudar a crearlo.

Usen el corazón, no la cabeza. Deuteronomio 6 nos recuerda que nuestra declaración de misión debe ser algo que tenemos en nuestro corazón, no solo en la cabeza. De lo contrario, nos advierte Blackaby, nuestras declaraciones corren el riesgo de convertirse en una herramienta legalista.[11]

Que refleje un estilo de vida, no legalismo. Para nuestros hijos, una declaración de misión puede parecer simplemente otro conjunto de reglas adjuntas a la Escritura, a menos que la vivamos y les mostremos cómo vivirla. Eso significa que debemos estar con ellos. Para aplicar Deuteronomio 6, debemos cambiar nuestras prioridades y/o cambiar nuestro calendario.

No invoquen autoridad; incluyan. La declaración de misión no debe ser una orden redactada por los padres y dictada a los hijos. Todos los miembros de la familia deben ser parte de su desarrollo para que la sientan parte suya y la adopten.

No la desatiendan; incúlquenla. Una vez redactada, la declaración de misión debe ser visible, accesible y mencionada a menudo; úsenla como si fuera un mapa en un viaje por carretera.

Ejemplos de declaración de misión

A continuación encontrarás algunos ejemplos de declaraciones de misión tal como se presentan en *Family to Family.*

- Nuestra familia compartirá el amor, la gracia y la misericordia de Jesucristo con los demás, nuestra familia extendida, nuestros vecinos y nuestra comunidad a medida que avanzamos en la vida.
- Nuestra familia vive para ser las manos y los pies de Jesucristo, para compartir su misericordia y ofrecer la salvación a todos los que nos den oportunidad.
- Esta familia mostrará amor el uno al otro mediante rasgos de ternura, misericordia, gracia, perdón y bondad. Nuestras palabras serán para animar y motivar; nuestro tono, para animar. Pensaremos en los demás antes que en nosotros. Demostremos estas características fuera de nuestra casa cuando compartamos el amor de Jesucristo con los que nos rodean.
- La misión de nuestra familia es presentar el camino de salvación mediante Jesucristo a un mundo perdido y sufriente. Lo haremos forjando una vida semejante a la de Cristo, en primer lugar en nuestra casa, viviendo la actitud y las acciones de Jesús entre nosotros. Luego, vamos a tratar de cultivar re-

laciones con la familia extendida, los vecinos y con aquellos que nos encontremos cada día. En estas relaciones actuaremos con el amor de Cristo con la esperanza de que se nos dé la oportunidad de mostrar cómo Cristo influye en nuestra vida y cómo puede hacer lo mismo en la de ellos.

- Esta familia existe para vivir los grandes mandamientos y cumplir con la gran comisión, a partir de nuestra casa y extendiéndonos a todos los ámbitos de la vida.
- Los que formamos esta familia trabajaremos, jugaremos, oraremos y estudiaremos la Palabra de Dios juntos con el propósito de llegar a ser como Cristo y transmitir el amor de Jesús con todos los que nos rodean.[12]

Tú y tu familia obtendrán paz al navegar en la vida con una declaración de misión inspirada en la Biblia. «No querrás mandar a tu familia al desierto de la vida sin una brújula», dicen Pipes y Lee. «La declaración de misión basada en la Palabra de Dios es esa brújula».[13]

Evangelismo es...

1. El pegamento espiritual que da energía a la iglesia y a las familias.
2. La herencia (batuta) que cada padre debe pasar a la siguiente generación.
3. Esencial para constituir familias sanas.
4. Fundamental para levantar iglesias sanas.
5. Robustecido por declaraciones de misión intencionales.

Versículo clave

«Por mi parte, mi familia y yo serviremos al SEÑOR»
(Jos. 24:15 NVI).

Cita interesante

Hay riesgos y costos relacionados con un programa de acción, pero son mucho menores a los riesgos y costos a largo plazo de la inactividad cómoda.

—JOHN F. KENNEDY[14]

Notas

1. J. Pipes y V. Lee, *Family to Family: Leaving a Lasting Legacy* [De familia a familia dejando un legado duradero] (Alpharetta, GA: North American Missions Board, 1999), 1.

2. Ibid., 1.
3. Pipes and Lee, Family to Family, video promocional.
4. http://www.missionstatement.com.
5. Pipes y Lee, Family to Family, 25.
6. *Mennonite Brethren Web site*, http://www.cdnmbconf.ca/mb/mbh3512/mueller.htm en *Family to Family*, [Sitio web de los hermanos menonitas. De familia a familia] 26.
7. Pipes y Lee, Family to Family, 28.
8. Ibid., 27–31.
9. Ibid., 33–34.
10. Ibid., 34–35.
11. Ibid., 34.
12. Ibid., 35–36.
13. Ibid., 33.
14. J. Pipes, *Building a Successful Family* [Edificar una familia exitosa] (Lawrenceville, GA: Completeness Productions, 2002), 114.

40

Evangelismo es...

Dejar un legado

David Wheeler

Una vida definida por Cristo

Mi papá era un maestro en la edificación de un legado de gran alcance para las futuras generaciones. Nunca olvidaré la lección que me enseñó la Navidad de 1968 cuando yo tenía siete años.

Mi mamá tenía una enfermedad renal casi fatal. Mi papá tenía un empleo adicional en la Western Auto para tratar de pagar los casi 30.000 dólares de deudas médicas. Era la víspera de Navidad y estaba en la tienda donde mi papá trabajaba cuando me llamaron a la trastienda. Me dio instrucciones para cargar en el coche una gran pila de juguetes que le habían permitido llevarse de la sala de exhibición.

Poco tiempo después, estaba con mi papá de regreso a casa, preguntándome sobre los juguetes. Cuando llegamos al barrio, él siguió de largo y terminamos en una casa en la calle detrás de la nuestra. Nunca olvidaré la cara de nuestra vecina cuando papá fue a la puerta y le informó a esta joven madre, quien había sido violada y abandonada por su esposo, que a Dios le preocupaba su familia.

La expresión de su cara no tenía precio. Entre las lágrimas y el coro de «¿cómo supo usted que yo no podía comprar juguetes?» la joven madre se percató de que Dios no la había abandonado.

La verdad es que me divertí más descargando esos juguetes que lo que experimenté cuando abrí el mío la mañana siguiente. No recuerdo qué fue lo que recibí aquella Navidad, ¡pero nunca olvidaré lo que dimos! Fue mucho más que un cargamento de juguetes.

Mediante un acto de compasión nos hicimos mensajeros de la esperanza. ¡Ese es un legado!

Un amor definido por el ministerio

A menudo pensaba que mi papá era anticuado y desconectado del mundo real. Me he dado cuenta de que a él poco le interesaba ir al compás de los tiempos; ¡a él le importaba la gente! Entre Dios y él parecía haber un acuerdo. Mi padre amaría y atendería las necesidades de los demás con un espíritu de sacrificio, y luego Dios les cambiaría el corazón y los atraería a Él.

Él veía la vida de manera diferente a la mayoría. Sino ¿quién más cultivaría 600 plantas de tomate? Eso suena loco a todo el mundo, ¡menos a un agricultor de tomate! Es decir, hasta que experimentabas la magia de cómo vivía el ministerio. Una vez que los tomates estaban maduros, mi papá pasaba días visitando los estadios y los parques públicos invitando a medio mundo a que fueran a ver su huerta. Al final, usaba su pasión por la horticultura para crear oportunidades ministeriales.

Caminaba kilómetros a través de su huerto ayudando a otros a que recogieran tomates y abelmoscos gratuitamente, a la vez que conversaba sobre temas sumamente importantes relacionados con la fe, la integridad, el amor y la vida. Incluso entregaba cajas de tomates a los puestos de frutas y verduras locales sin costo, sabiendo que ellos obtendrían ganancia de su generosidad, solo para compartir unas breves palabras de aliento y ejemplificar el amor de Cristo de una manera práctica.

Un legado definido por la compasión

Cuando mi padre, John Wheeler partió para estar con Cristo en 2002, me sentí profundamente conmovido por la respuesta de la comunidad local. Cientos de los que asistieron al funeral estuvieron más de nueve horas para contarnos las historias increíbles sobre cómo mi papá había impactado sus vidas al vivir una auténtica fe. Ninguno de nosotros sabía que regularmente pagaba facturas de electricidad, compraba insumos médicos, lentes y ropa, pagaba el alquiler de la vivienda y proporcionaba comestibles a las familias pobres.

Mi papá no era ostentoso, sino fiel. Para él Dios nunca fue un Santa Claus celestial encargado de suplir toda necesidad. Por el contrario, como Cristo, amó a la creación más preciosa de Dios: la gente. Una vez me dijo que si hacía un nuevo amigo cada semana, cuando muriera, ¡sería el hombre más rico del mundo!

Incluso su muerte se convirtió en una respuesta a la oración. Por más de diez años oramos para que dos miembros específicos de la familia vinieran a Cristo. Habíamos probado toda clase de estrategia evangelizadora. Durante sus últimos 18 meses de vida, mi padre compartía el desayuno con esta pareja casi cada mañana. Como siempre, los amó activamente al mostrarles al Cristo resucitado mediante la sonrisa, la risa, la palabra oportuna de aliento, la oración y la compasión genuina.

El punto culminante del legado de mi padre fue dos días después de su funeral cuando tuve el privilegio de ver a esta pareja de 70 años recibir a Cristo. Recuerdo haberles escuchado decir en ese momento: «Había algo diferente en tu padre». ¡Claro que lo había!

Con un padre como el mío, ¡no es de extrañar que yo sea profesor de evangelismo! Evangelizar es el legado que mi padre me transmitió.

El principio bíblico

En Deut. 34:7 se afirma que cuando murió Moisés «no se habían apagado sus ojos, ni había perdido su vigor» (LBLA). Aunque no entró a la tierra prometida, sabía que estaba preparando a Josué y a otros para que llevaran adelante la obra de Dios como representantes de la justicia. Con el tiempo heredarían la tierra. Así como mi padre invirtió en mí y en otros, Moisés hizo lo mismo con Josué.

La Escritura dice luego que «Josué, hijo de Nun, estaba lleno del espíritu de sabiduría, porque Moisés había puesto sus manos sobre él; y los hijos de Israel le escucharon e hicieron tal como el Señor había mandado a Moisés» (v. 9, LBLA).

Moisés entendió que su llamado representaba más que su desarrollo personal en la tierra. Se dio cuenta de que la bendición de Dios a Josué y lo que había invertido en su vida y ministerio sobreviviría, como un legado que perdura más allá de su existencia terrena. Esto se evidencia cuando Moisés le pasó el bastón de mando a Josué. De este modo, Dios repetidamente mencionó la influencia de Moisés, aun cuando ya había fallecido.

> «Mi siervo Moisés ha muerto; ahora pues, levántate, cruza este Jordán, tú y todo este pueblo, a la tierra que yo les doy a los hijos de Israel. Todo lugar que pise la planta de vuestro pie os he dado, tal como dije a Moisés [...]. Nadie te podrá hacer frente en todos los días de tu vida. Así como estuve con Moisés, estaré contigo; no te dejaré ni te abandonaré» (Jos. 1:2-3,5, LBLA).

Esta promesa se cumplió en Josué 6 cuando Josué condujo a los israelitas a la tierra prometida al tomar la poderosa fortaleza de Jericó. Nada de esto pudo haber sucedido sin los años de tutoría de Moisés. Al caminar con él en los días peligrosos del desierto, Josué aprendió que Dios siempre abastecería a su pueblo. Así como Josué fue guiado por Moisés para que valorara el llamado de Dios y confiara en sus caminos, mi padre me guió a mí. El fruto del liderazgo de Moisés en la vida de Josué fue humildad, fe, obediencia y profundo amor por los demás.

El legado de la vida de un hombre no tiene que ver con sus posesiones. Más bien es la pasión e influencia que Dios le ha dado que se extienden a los que están bajo su cuidado. Es más que ser un mero ejemplo. ¡Es vivir una vida que se multiplica a través de las actitudes y las acciones de las generaciones venideras! ¡El legado es un deseo obsesivo de impactar al mundo para Dios!

Jesús también vivió para dejar un legado. Multiplicó su vida en los hombres que llevarían su mensaje por todo el mundo. Instruyó a los discípulos en Mat. 4:19, «Venid en pos de mí, y os haré pescadores de hombres». Aún después de su muerte, resurrección y ascensión al cielo, lo que invirtió en ellos se convirtió en la piedra angular de la evangelización como legado a las generaciones futuras.

Cómo transmitir un «legado evangelizador»

1. Siempre ten presente que otros te están mirando

¡Lleva toda una vida labrar una reputación y solo diez segundos derribarla! Los legados evangelísticos nacen de la perseverancia y la compasión por los perdidos. Nunca debes permitir que respuestas y conductas impías destruyan tu influencia con tus amigos o familiares. Alguien ha señalado: «la integridad es lo que somos cuando las luces se apagan y pensamos que estamos solos».

2. Los legados se construyen a partir de la intencionalidad

Mi papá tenía un agudo sentido de su llamado como cristiano y trataba de aprovechar cada momento para enseñar. Como resultado, modeló la clase de persona que deseaba que fuéramos. La manera como trataba a los empleados de la construcción, los meseros, los colaboradores, los vecinos, la familia y los amigos era sorprendente. Era igual con los políticos y los abogados como con los alcohólicos en la misión de rescate o los convictos en la prisión. El estatus social de una persona nunca lo predispuso ni redujo su deseo de atender las necesidades e impactar la vida para Cristo. Su deseo más grande era marcar una diferencia en su esfera de influencia. ¡Eso nunca pasaba por casualidad!

3. ¡No solo hables la Palabra; sé la Palabra!

Esto nos vuelve al punto de ser una influencia cristiana constante y coherente para la gente que Dios trae a tu vida. La gente por lo general no creerá la verdad hasta que la vea encarnada en nosotros y la vivamos. Si asumimos que esta es una lógica correcta, ¿acaso no nos lo pide a gritos como cristianos para que seamos un ejemplo de la vida y las enseñanzas de Cristo? Una cosa es hablar del amor de Dios desde una perspectiva informativa y bíblica, y otra aún más poderosa es demostrar ese amor al preocuparnos primero por los demás y luego anunciarles el evangelio.

4. Todo el mundo finalmente tendrá un legado eterno

El legado que dejarás tras de ti ¿será positivo o negativo? ¿Tu legado transformará a las siguientes generaciones o se olvidará rápidamente?

Todos los días, la gente común puede marcar una diferencia eterna simplemente al ser ejemplo de la vida de Cristo ante los demás en su esfera de influencia. No es qué dirá de ti la gente después que te hayas ido; a menudo eso está impulsado por el dolor momentáneo y las emociones temporales. Lo que verdaderamente cuenta es si tu pasión evangelizadora y compasión por los perdidos será vivida por las personas que influenciaste con tu vida.

5. Tu legado comienza hoy

Moisés comenzó a ser un mentor para Josué desde su estancia temporal en Egipto hasta la tierra prometida. En ese momento no era evidente que Josué sería el elegido para completar el viaje después de la muerte de Moisés. Sin embargo, Moisés fue fiel dándose a sí mismo.

Nuestros legados nacen de la influencia que día a día ejercemos en la gente que Dios trae a nuestra vida. Nunca podremos comprender la magnitud de nuestro impacto. El llamado es a invertir nuestra vida desinteresadamente en el proceso de multiplicar discípulos, y esto comienza en nuestra esfera común de influencia con un compañero de clase, un estudiante o un amigo. Cuando entras en contacto con los demás, tu respuesta determinará tu legado. ¿Sienten en ti a un apasionado seguidor de Cristo? ¿Estás comprometido a vivir tu fe de una manera que impacte al reino y alcance a los inconversos? ¿Vas a marcar una diferencia?

6. Tu legado es más bien captado que enseñado

Mi padre era hombre de pocas palabras, pero la gente quería estar cerca de él para captar su pasión. Conocía el evangelio. Más importante aún, vivía el evangelio. Moisés representaba lo mismo para Josué. Nunca perdió de vista la meta (la tierra prometida). La obediencia de Moisés en la preparación de Josué dispuso el escenario para el futuro ministerio; así como mi papá invirtió su vida para prepararnos a mí y a otros para el ministerio.

7. Tu legado es parte de todo lo que haces

El evangelismo siempre se desarrolla en el ambiente adecuado. Los ingredientes habituales son la compasión, el amor, la intencionalidad, la obediencia y la comprensión de que el llamado a evangelizar nunca está limitado por el tiempo o el espacio.

Puede suceder y ocurrirá en todas partes si eres sensible y obediente a los encuentros divinos. ¿Qué de los puestos de tomate, las tiendas de abarrotes, los estadios, los restaurantes o las funerarias? Mi papá tuvo éxito porque veía oportunidades en todas partes. ¡Los cristianos nunca están de franco o fuera de servicio!

8. Tu legado es digno de la inversión de tiempo y energía

La multiplicación de líderes vale la inversión. Si Moisés hubiera ignorado la oportunidad de ser mentor de Josué, ¿quién habría llevado a los israelitas a la tierra prometida? La obra de Dios siempre es digna de la inversión de tiempo y energía. Esto es especialmente cierto en la evangelización. ¿Recuerdas la pareja de 70 años que vino a Cristo días después del funeral de mi papá? A pesar de que no estaba presente, la vida de mi padre seguía brillando. A través de la guía y el ministerio de mi padre al paso de los años, solamente cosechamos las semillas intencionales de amor que plantó.

El evangelismo, un legado perdurable

Mi padre murió en 2002 y, no obstante, sus hijos, así como muchos otros, continuamos su pasión por el ministerio. En la economía de Dios de invertir en las almas, creo que cada persona en la que Cristo influyó es un reflejo del legado de mi padre como mentor. Así como Josué fue el depositario de un legado eterno que llevó en su corazón cada vez que tomaba una decisión, lo mismo es cierto para mí o para otros que fuimos influenciados por mi padre.

La pasión que nos consume no es nuestra. La tenemos prestada de Dios, pero se manifiesta a través del corazón dispuesto de siervos obedientes. Nos sostenemos en los hombros de todas aquellas personas que han invertido en nuestra vida.

– Aplicación –

1. Anota de cinco a diez nombres de personas que Dios ha puesto en tu vida en los que puedes comenzar a construir un legado eterno al invertir tu tiempo y energía. Ora por ellos cada día. Realiza un seguimiento mediante la creación de oportunidades donde puedas incluir a estas personas en tu lista. Enséñales a servir y desafíalas a que comiencen a construir su legado al invertir en los demás.
2. Dispón un espacio para reconocer a las personas que invirtieron en tu vida. Afirma su legado al citar momentos específicos en los que fuiste bendecido. Escribe una nota, haz una llamada o una visita personal.

Versículo clave

«Y lo que has oído de mí en la presencia de muchos testigos, eso encarga a hombres fieles que sean idóneos para enseñar también a otros» (2 Tim. 2:2, LBLA).

Cita interesante

Mi padre me dijo una vez que si hacía un nuevo amigo cada semana, cuando muriera, ¡sería el hombre más rico del mundo!

—David Wheeler

Apéndice 1
Métodos sencillos para presentar el evangelio

El camino de Romanos a la salvación

El camino de Romanos a la salvación es una manera de explicar la buena noticia del evangelio con versículos de la carta a los Romanos. Es un método simple pero poderoso para exponer por qué necesitamos la salvación, de qué manera la otorga Dios, cómo podemos recibirla y cuáles son sus resultados. (En el capítulo 1 encontrarás un ejemplo de esto).

1. Romanos 3:23

«Por cuanto todos pecaron, y están destituidos de la gloria de Dios».

2. Romanos 6:23

«Porque la paga del pecado es muerte, mas la dádiva de Dios es vida eterna en Cristo Jesús Señor nuestro». El castigo que merecemos por nuestros pecados es la muerte. ¡No solo la muerte física, sino la muerte eterna!

3. Romanos 5:8

«Mas Dios muestra su amor para con nosotros, en que siendo aun pecadores, Cristo murió por nosotros».

4. Romanos 10:9,13

«Si confesares con tu boca que Jesús es el Señor, y creyeres en tu corazón que Dios le levantó de los muertos, serás salvo».

«Porque todo el que invoque el nombre del Señor, será salvo» (BTX).

5. Romanos 5:1; 8:1; 8:38-39

«Justificados, pues, por la fe, tenemos paz para con Dios por medio de nuestro Señor Jesucristo».«Ahora, pues, ninguna condenación hay para los que están en Cristo Jesús, los que no andan conforme a la carne, sino conforme al Espíritu».«Por lo cual estoy seguro de que ni la muerte, ni la vida, ni ángeles, ni principados, ni potestades, ni lo presente, ni lo por venir, ni lo alto, ni lo profundo, ni ninguna otra cosa creada nos podrá separar del amor de Dios, que es en Cristo Jesús Señor nuestro.

Otros libros de la Biblia que llevan un alma a Cristo[1]

	El camino de Juan	El camino de Hebreos	El camino de Apocalipsis	El camino de 1 Juan	El camino de Isaías
La realidad de la condición pecaminosa	3:18	10:26	21:8	1:8	53:6
El juicio por el pecado	3:36	10:27-31	21:8	5:16	53:12
Cristo murió por nuestros pecados	3:16	10:10-12	5:12	4:9	53:4-10
Aceptar a Cristo por la fe	1:12	11:1	3:20	4:15	55:6-7

Siete pasos de Romanos para llegar a Dios[2]

1. Hay un Dios y somos responsables ante Él. (Rom. 1:20; 14:12)
2. No hemos cumplido con nuestra responsabilidad y hemos pecado. (Rom. 3:10,19,23)
3. El pecado nos separa de Dios. (Rom. 6:23)
4. Jesús nunca pecó. (Rom. 5:19)

5. Jesús murió para pagar por nuestros pecados. (Rom. 6:23)
6. Resucitó para demostrar que podía ofrecernos vida abundante y eterna. (Rom. 6:23)
7. Necesitamos creer en Jesús para ser salvos. (Rom. 10:9-13)

Pide a la persona que se sitúe en uno de los siete pasos. Si te dice que está en el número siete, ofrécele una oportunidad para que crea en el evangelio y se salve.

El libro de contabilidad de Dios[3]

A veces los estudiantes visuales necesitan «ver» el evangelio. Una manera de mostrárselos es hacer un bosquejo en dos páginas de un libro y presentar el evangelio a medida que lo explicas como una ecuación y la escribes en las páginas. (Encontrarás este método en el capítulo 8). El libro de contabilidad de Dios es una manera de exponer el evangelio basada en Rom. 6:23: «Porque la paga del pecado es muerte, mas la dádiva de Dios es vida eterna en Cristo Jesús Señor nuestro».

PECADO

Mi justicia	La justicia de Cristo
NOSOTROS	
+ PECADO Isa 64:6; Rom. 3:10; 3:23	

MUERTE

Mi justicia	La justicia de Cristo
NOSOTROS	
+ PECADO Isa 64:6; Rom. 3:10; 3:23	
MUERTE Rom. 6:23a	

JESÚS

Mi justicia	La justicia de Cristo
NOSOTROS	JESÚS
+ PECADO Isa 64:6; Rom. 3:10; 3:23	- PECADO 1 Jn. 2:1; Heb. 4:15
MUERTE Rom. 6:23a	

VIDA

Mi justicia	La justicia de Cristo
NOSOTROS	JESÚS
+ PECADO Isa 64:6; Rom. 3:10; 3:23	- PECADO 1 Jn. 2:1; Heb. 4:15
MUERTE Rom. 6:23a	VIDA Rom. 6:23b

FE

El plan de salvación

Cuando alguien está claramente dispuesto a darle su vida a Cristo, la sigla (ACIH) es una manera sencilla de ayudarle a entender lo que es necesario para que cruce la línea de la fe. (Encontrarás más ejemplos en los caps. 13 y 23)

A. Admitir mi necesidad. (Luc. 18:9-14)

C. Creer completamente en Cristo como Salvador. (Juan 3:16)

I. Invocar su nombre para que tome el control de mi vida y me salve. (Rom. 10:13)

H. Hacer todo lo que me pida. (Mat. 7:21)

El camino del Maestro[4]

El camino del Maestro utiliza los Diez Mandamientos y una serie de preguntas de sondeo que sirven de base para establecer la «condición perdida» de alguien y presentarle a Cristo. El método que estos autores usan para explicar la buena noticia tiene algunas siglas conocidas.

1. ¿Te consideras una buena persona?

2. ¿Crees que has guardado los diez mandamientos?

Éxodo 20:3-17

8 No tendrás dioses ajenos delante de mí.

9 No te harás imagen, ni ninguna semejanza de lo que esté arriba en el cielo, ni abajo en la tierra, ni en las aguas debajo de la tierra.

10 No te inclinarás a ellas, ni las honrarás; porque yo soy Jehová tu Dios, fuerte, celoso, que visito la maldad de los padres sobre los hijos hasta la tercera y cuarta generación de los que me aborrecen,

11 y hago misericordia a millares, a los que me aman y guardan mis mandamientos.

12 No tomarás el nombre de Jehová tu Dios en vano; porque no dará por inocente Jehová al que tomare su nombre en vano.

13 Acuérdate del día de reposo para santificarlo.

14 Seis días trabajarás, y harás toda tu obra;

15 mas el séptimo día es reposo para Jehová tu Dios; no hagas en él obra alguna, tú, ni tu hijo, ni tu hija, ni tu siervo, ni tu criada, ni tu bestia, ni tu extranjero que está dentro de tus puertas.

16 Porque en seis días hizo Jehová los cielos y la tierra, el mar, y todas las cosas que en ellos hay, y reposó en el séptimo día; por tanto, Jehová bendijo el día de reposo y lo santificó.

17 Honra a tu padre y a tu madre, para que tus días se alarguen en la tierra que Jehová tu Dios te da.

[18] No matarás.
[19] No cometerás adulterio.
[20] No hurtarás.
[21] No hablarás contra tu prójimo falso testimonio.
[22] No codiciarás la casa de tu prójimo, no codiciarás la mujer de tu prójimo, ni su siervo, ni su criada, ni su buey, ni su asno, ni cosa alguna de tu prójimo.

Normalmente trato primero con la mentira, el robo y la lujuria porque todo el mundo puede reconocerlos más fácilmente como pecados evidentes. Parece que esto es lo que Jesús hace en Luc. 18:20.

3. Si el día del juicio, Dios te juzgara por los Diez Mandamientos, ¿serías inocente o culpable?

4. Tu destino: ¿irás al cielo o al infierno?

Otros buenos métodos para presentar el evangelio:

Junto con los eventos evangelísticos, hay varios buenos métodos para presentar el evangelio. Algunos de estos son:

Testifica de Cristo sin temor. (Abordamos este método en el cap. 31). Es una sencilla estrategia que emplea una serie de preguntas de sondeo combinadas con la Biblia que quita el temor de anunciar el evangelio.

POR FE. Un viaje por fe es una metodología fácil que utiliza este acróstico para presentar el evangelio. Está destinado a usarse prioritariamente mediante la Escuela Dominical (www.lifeway.com).

Got Life. Es un bosquejo simple que usa el acróstico en inglés *LIFE* [vida]. Tiene una fuerte aplicación apologética dentro de la presentación general (www.gotlife.org).

Evangecube. Es un gran método visual para presentar la fe. Utiliza un pequeño cubo que gira para revelar una fotografía de la presentación del evangelio. La presentación está desarrollada en inglés (www.simplysharejesus.com).

God's Special Plan. Es una presentación sencilla en inglés y bien preparada del evangelio para niños (www.kidzplace.org).

Notas

1. Tomado de D. Lovett, *Jesus Is Awesome* [Jesús es magnífico] (Springfield, MO: 21st Century Press, 2003), 248.

2. Tomado de S. J. Benninger and Dave Earley, *How to Move Believers from Membership to Maturity to Ministry* [Cómo llevar a los creyentes de la membrecía a la madurez y el ministerio] (Lynchburg, VA: CGI, 1999).

3. Ibid.

4. Tomado de K. Cameron and R. Comfort, *The Way of the Master* [El método del Maestro] (Wheaton, IL: Tyndale, 2002). Para mayor información ver www.thewayofthemaster.com.

Apéndice 2
Diez razones para plantar una iglesia

Dave Earley

Después de que me gradué en el seminario, Cathy y yo dirigimos un equipo de cuatro hombres y sus esposas para ir a Columbus, Ohio a comenzar una nueva iglesia. A diferencia de la iglesia en la que serví cuando tenía 22 años, esta no tenía edificio ni presupuesto. En lugar de 120 personas, éramos 12. Pero teníamos algo que la otra iglesia no tenía; una visión y un compromiso para poner en marcha la iglesia más bíblica, saludable, evangelizadora y dirigida por el Espíritu.

Durante el primer mes en Ohio, nos reuníamos todas las noches para orar una hora pidiendo empleos y una nueva iglesia. El segundo mes comenzamos a hacer publicidad, llamamos a 400 puertas de la comunidad y realizamos una encuesta de interés sobre la iglesia. Al final del segundo mes, salimos a la luz pública en el salón de música de una escuela secundaria y estábamos emocionadísimos cuando 54 personas de la localidad se sumaron. Durante el año y medio que siguió crecimos cada semana y llegamos a ser 200 personas.

Durante los primeros 20 años de existencia, la iglesia, creció cada año hasta alcanzar una asistencia promedio de 2000 personas, con más de 100 pequeños grupos para adultos y adolescentes, además de docenas de grupos para niños. Teníamos una propiedad de 27 hectáreas (66 acres), el 70% de los miembros estaba en el ministerio y se bautizaban un poco más de 100 personas cada año. También plantamos cuatro iglesias hermanas y venían otras en camino.

Como pastor, la única constante que me permitió seguir fue el honor que nunca defrauda: trabajar con Dios para ayudar a que la gente llegue a Cristo y el privilegio siempre fresco de dar a luz una nueva iglesia. Este capítulo está escrito con un propósito: convencerte y persuadir a tu iglesia a entrar en el parvulario de Dios. Deseo ayudar a motivar, estimular y educar para llegar a desempeñar un papel mucho mayor al cooperar con Dios en su gran plan de alcanzar a este mundo para Jesucristo mediante la experiencia de comenzar una iglesia.

Voy a suponer que tu corazón ha sido quebrantado ante los billones de personas que no han sido alcanzadas en nuestro planeta, tanto dentro como fuera de nuestras fronteras. Quiero volver a encender tu pasión para alcanzar una ciudad y una región con el mensaje de Jesucristo. Deseo motivarte en oración para que consideres la posibilidad de plantar una iglesia. Si eres pastor o aspiras a serlo, quiero estimularte a que consideres conducir una iglesia para que se convierta en lo que llamo un «centro de multiplicación» al comenzar iglesias que posteriormente planten otras iglesias en Estados Unidos. Nuestro continente esta hambriento de conocer la esperanza del evangelio de Cristo.

Vamos a examinar con espíritu de oración diez razones críticas que deben tenerse en cuenta como parte del esfuerzo que demanda comenzar una iglesia.

1. El mundo necesita desesperadamente más iglesias

Las preguntas son comunes: ¿Para qué plantar iglesias cuando tantas están muertas o agonizando? ¿No debería ser la estrategia auxiliar a las iglesias que luchan por recuperar la salud? ¿Para qué plantar iglesias cuando tantas tienen muchos asientos vacíos? ¿No deberían trabajar para llenar todos esos lugares vacíos antes de comenzar a plantar otras? ¿Vale la pena el tiempo, el dinero y el esfuerzo para entrenar a los plantadores de iglesias? ¿Realmente se necesitan nuevas iglesias?

La respuesta a las dos últimas preguntas es un rotundo «Sí». Examinemos algunos datos que muestran lo mucho que Estados Unidos, por ejemplo, necesita nuevas iglesias. Por increíble que parezca, investigaciones recientes señalan que en la actualidad hay más de 200 millones de personas que no van a la iglesia en Estados Unidos, esto hace de nuestra nación uno de los mayores países del mundo cuyos habitantes no pertenecen a ninguna iglesia. Justice Anderson ha declarado: «La iglesia estadounidense se encuentra en medio de uno de los mayores campos misioneros del mundo de hoy. Solo tres países (China, India e Indonesia) tienen más inconversos».[1]

¿Sabías que en 1987 el número de evangélicos en Asia no solo sobrepasaba al de Norteamérica, sino que en 1991 también superaba al de todo *el mundo occidental*?[2]

A pesar del auge de las megaiglesias, ningún condado de nuestro país tiene una población mayor de asistentes que la que tenía hace diez años.[3] Durante los últimos diez años, los miembros activos combinados de todas las denominaciones protestantes se redujo un 9,5% (4.498.242), mientras que la población nacional aumentó el 11,4% (24.153.000).[4]

En 1990, el 20,4% de los estadounidenses asistía a la iglesia los domingos. En el año 2000, se redujo al 18,7%. Este porcentaje continúa disminuyendo, y si esta tendencia no se revierte, no pasará mucho tiempo antes de que solo el 6% de los estadounidenses vaya a la iglesia cada semana. Según la investigación de Dave Olson, el reciente aumento en el número de iglesias representa tan solo una octava parte de lo que se necesita para mantenerse al día con el crecimiento de la población.[5]

Como resultado, aun cuando Estados Unidos tiene más habitantes, es menor el número de iglesias por persona que en cualquier otro momento de su historia. Y si bien el número de iglesias en Estados Unidos se ha incrementado en un 50% en el último siglo, la población ha aumentado un asombroso 300%.[6] ¡En la actualidad hay un 60% menos de iglesias por cada 10.000 estadounidenses de las que había en 1920!

Tabla 1: Número de iglesias por estadounidense[7]

En 1920	había 27 iglesias por cada 10.000 estadounidenses.
En 1950	había 17 iglesias por cada 10.000 estadounidenses.
En 1996	había 11 iglesias por cada 10.000 estadounidenses

2. El mundo se está convirtiendo rápidamente en una nación postcristiana

Hace un par de años, mi hijo menor llegó a casa después de su primer día en la escuela secundaria en un barrio de Columbus, Ohio. Le pregunté con quién había almorzado. «Fue interesante, papá» me comentó. «Había un musulmán, un budista, un mormón, un católico, un judío, un amigo cristiano y algunos chicos que no se consideraban nada». Hace treinta años me habría respondido: «Un metodista, un presbiteriano, un católico, un bautista y un chico cuyo padre trabaja los domingos». Sin duda los tiempos han cambiado, aun en el Medio Oeste. Para los estadounidenses de mi edad e incluso algo más jóvenes, el país en que crecimos no es el mismo en el que vivimos ahora.

Cualquier estudioso de la cultura occidental sabe que, a pesar de la enorme cantidad de tiempo, energía y dinero gastado para influir en el proceso político, los valores cristianos están desapareciendo rápidamente de la cultura. La honestidad, la moralidad y la integridad son conceptos que, o bien han sido redefinidos o están descartados por completo. A medida que nuestra cultura acoge cada vez menos los principios judeocristianos, que son la piedra angular de esta nación, muchos, a la vez, se tornan más hostiles hacia el cristianismo evangélico. Una de las razones principales de esto es que, proporcionalmente, hay menos cristianos evangélicos presentes en la cultura.

El Dr. Aubrey Malphurs, profesor de ministerios pastorales en el Seminario Teológico de Dallas y director del grupo Malphurs, ha hecho una sabia observación sobre este cambio en la cultura: «En esencia, lo que era una cultura supuestamente cristiana, vinculada a la iglesia, se ha convertido en una cultura postcristiana desligada de ella. Las personas en nuestra cultura no se oponen a la iglesia; simplemente la ven como irrelevante para su vida.[8] Es evidente que tenemos que plantar iglesias para que los estadounidenses una vez más vean que la iglesia es relevante para su vida y familia.

Mientras el mundo occidental pasa en forma acelerada de ser una cultura cristiana a una cultura postcristiana y postmoderna, cada vez será más importante plantar nuevas iglesias para presentar las verdades eternas del evangelio de una manera nueva y oportuna. Debemos poner el vino nuevo en nuevos odres. Es esencial levantar un nuevo ejército de sembradores de iglesias bien entrenados y eficazmente instruidos para recuperar el continente norteamericano para Cristo en el siglo XXI.

Lyle Schaller, experto en crecimiento de iglesia desde hace mucho tiempo, observa: «No hay una congregación que posea la habilidad y los recursos financieros para atraer, alcanzar y responder a las necesidades de todos los residentes de la comunidad».[9] Muchos evangélicos parecen no darse cuenta de que existe una comprensión errónea de que Estados Unidos y Canadá ya están evangelizados. Si bien hay acceso abundante a la información cristiana, muchas personas que no tienen iglesia en Norteamérica están increíblemente al margen de la cultura (o tal vez subcultura) evangélica porque la comunidad cristiana a menudo es incapaz de dar testimonio del evangelio de una manera culturalmente relevante.[10]

3. La metodología evangelística más eficaz bajo el cielo es plantar nuevas iglesias

La declaración anterior la realizó hace varias décadas Peter Wagner, presidente del Global Harvest Ministries. Me parece que tal afirmación es tan cierta hoy como lo ha sido siempre. Por ejemplo, una denominación estadounidense descubrió recientemente que el 80% de sus convertidos vinieron a Cristo en iglesias que tenían menos de dos años de haber sido plantadas.[11] Además, la tasa de bautismos en las nuevas iglesias es de 3 a 10 veces mayores que en las iglesias existentes.

Las iglesias nuevas alcanzan eficazmente a más inconversos que las iglesias más antiguas. Las iglesias que tienen más de quince años ganan para Cristo un promedio de solo 3 personas por cada 100 miembros. Las iglesias entre 3 y 15 años ganan para Cristo un promedio de cinco personas al año por cada 100 miembros. Pero las iglesias que tienen menos de 3 años ganan para Cristo un promedio de 10 personas anualmente por cada 100 miembros.[12] En verdad, cuando la iglesia exhala iglesias, inhala convertidos.

Las nuevas iglesias alcanzan nuevas personas, las iglesias existentes llegan a la gente ya conocida. Esto es así porque la mayoría de las nuevas iglesias están concentradas en ser entidades «misioneras», lo que significa que por lo general se concentran en alcanzar a los perdidos y cumplir con la gran comisión. Pero demasiadas iglesias existentes se han vuelto hacia adentro y han olvidado por qué existen. Los nuevos cristianos alcanzan a los inconversos; los cristianos establecidos tienen compañerismo con amigos cristianos. Después de que alguien se salva, generalmente hay una red de amigos a los que les gustaría evangelizar. Pero después de unos años, o alcanzó a sus amigos perdidos, o ya no pasa mucho tiempo con ellos. Su capacidad para llegar a la gente mediante la amistad declina drásticamente.

El mundo necesita nuevas iglesias si desea cumplir con la gran comisión porque las nuevas iglesias son notablemente más eficaces para alcanzar a los inconversos que las iglesias existentes. Win Arn, experto en crecimiento de la iglesia, comenta:

> Hoy en día, de las casi 350 000 iglesias que hay en Estados Unidos, cuatro de cada cinco están estancadas o en declive [...]. Muchas iglesias comienzan a paralizarse o a decaer entre los 15 y los 18 años. El 80 al 85% de las iglesias estadounidenses están del lado descendente de este ciclo. Del 15% que está creciendo, el 14 lo debe a transferencias, en lugar de crecimiento por conversión.[13]

Esto significa que solo el 1% de las iglesias en nuestra nación están teniendo un impacto significativo con respecto a la responsabilidad de alcanzar a los perdidos para Jesucristo. Es dolorosamente claro que necesitamos más iglesias nuevas.

4. «Es más fácil dar a luz que levantar a los muertos»

Esta declaración fue una llamada de atención para los grandes esfuerzos de la Baptist Bible Fellowship [Confraternidad bíblica cristiana] en 1950. Este gran tema impulsó a un joven graduado de Baptist Bible College [Universidad Bíblica Bautista] llamado Jerry Falwell para que iniciara la iglesia bautista Thomas Road en su ciudad en 1956, junto con un puñado de creyentes. Es también el tema que me motivó a poner en marcha la nueva iglesia New Life Church en Gahanna, Columbus, Ohio, cuando solo tenía 26 años y recién me había graduado del Liberty University y del Liberty Baptist Theological Seminary. Comprendí que no tenía la experiencia, la sabiduría, las conexiones ni la paciencia para dirigir una iglesia existente en sus esfuerzos de reequipamiento para alcanzar a los miembros perdidos de mi generación. De modo que comencé una nueva iglesia que estuviera mejor adaptada para hablar el lenguaje de los que no tenían iglesia.

Si bien comenzamos siendo la congregación más pequeña en comparación con la mayoría de las iglesias que había en nuestro barrio, crecimos rápidamente y alcanzamos a más personas que las demás. No digo esto para presumir, sino para mostrar cómo las iglesias nuevas pueden impactar excepcionalmente a una comunidad. En esta nueva iglesia no teníamos barreras tradicionales que saltar, ni ataduras mentales que derribar, ni comités que agradar ni enfoques egocéntricos que eludir. Pudimos centrarnos simplemente en la tarea de ganar a los perdidos a cualquier costo.

Puede ser que tu llamado sea un «agente de transición» en una iglesia existente, como lo yo le digo. Con esto quiero decir que intentas cambiar viejas suposiciones sobre la evangelización para poder alcanzar a tu comunidad con nuevas formas. Si este es el caso, ¡qué Dios te bendiga! Espero que puedas conducir a tu iglesia para que se convierta en un verdadero centro de multiplicación que también se ocupe en iniciar nuevas iglesias por todo el mundo. Sin embargo, es importante señalar que tratar de realizar la transición en iglesias existentes puede significar una increíble cantidad de tiempo, energía y esfuerzo, y hay quien lo ha hecho con gran éxito. Si bien esto puede hacerse, necesitamos aceptar que es más fácil dar a luz que levantar a los muertos.

5. «La gran comisión es plantar iglesias»

No se puede cumplir plenamente la gran comisión sin plantar iglesias. Cualquier iniciativa para llevarla a cabo que no resulta en la formación de nuevas iglesias yerra el blanco. Te lo explicaré. Después de que Jesús resucitó, les presentó a los discípulos lo que anhelaba más profundamente que ellos realizaran. En repetidas ocasiones Jesús dio un mandamiento que se conoce como la gran comisión. Los que escribieron los Evangelios lo registran cinco veces. La declaración más completa está en Mateo 28.

> «Y Jesús se acercó y les habló diciendo: Toda potestad me es dada en el cielo y en la tierra. Por tanto, id, y haced discípulos a todas las naciones, bautizándolos en el nombre del Padre, y del Hijo, y del Espíritu Santo; enseñándoles que guarden todas las cosas que os he mandado; y he aquí yo estoy con vosotros todos los días, hasta el fin del mundo. Amén» (Mat. 28:18-20; ver también Mar. 16:15-16; Luc. 24:46-48; Juan 20:21; Hech. 1:8).

Después de examinar la gran comisión, la pregunta que surge es: ¿Cómo espera Dios que sus seguidores la pongan en práctica? La respuesta es: Plantando iglesias, porque solo así se cumplen todos los elementos que la forman. A través de las nuevas iglesias los cristianos invaden una cultura, predican el evangelio, bautizan a los creyentes y los entrenan para vivir para Cristo.

Después de que los discípulos oyeron las cinco partes que comprende la gran comisión, ¿qué hicieron para obedecerla? El libro de los Hechos revela que comenzaron nuevas iglesias.

Ed Stetzer, director de Life Way Research, ha plantado iglesias en Nueva York, Pennsylvania y Georgia, y ha declinado invitaciones en diversas iglesias en Indiana y Georgia. Escribe: «Los cristianos del NT respondieron a estos mandamientos como lo haría cualquier creyente obediente y espiritualmente sano; plantaron muchas iglesias según el NT».[14] Concluye: «La Gran Comisión *consiste en* plantar iglesias».[15]

La manera en que los primeros seguidores de Jesús llevaron a cabo la gran comisión resultó directamente en la siembra de iglesias. Pedro (y otros) proclamaron el evangelio (Hech. 2:14-36), las personas fueron bautizadas (Hech. 2:37-41) y los creyentes bautizados fueron incorporados inmediatamente a la vida de obediencia que Jesús había enseñado (Hech. 2:42-47). El cumplimiento fundamental de la gran comisión fue, es y siempre será plantar iglesias. Por todo esto puedo decir que tu iglesia no está cumpliendo con la gran comisión hasta que participe activamente en el inicio de nuevas iglesias.

6. Plantar iglesias expande el reino de Dios

Jesús nos dijo que la prioridad en nuestra vida debía ser el reino de Dios (Mat. 6:33). Nos enseñó a orar por la venida del reino de Dios (Mat. 6:9-10), y afirmó que a menos que alguien nazca de nuevo, no podía siquiera ver el reino de Dios (Juan 3:3-7). La pasión de Dios es que su reino se extienda a todos los pueblos. Su plan es que esto se realice mediante la plantación de iglesias.

Fred Herron hace una buena defensa de esto mediante un estudio minucioso de la Palabra de Dios:

> El corazón de Dios para la expansión de su reino se revela en el Antiguo y el Nuevo Testamento. Dios quiere que la iglesia proclame y manifieste el reino de manera que se extienda a cada grupo de personas sobre la tierra. La pasión del corazón de Dios por el ensanchamiento del reino es el deseo de que todas las naciones glorifiquen a Dios, el Rey eterno. Le ha dado a la iglesia una comisión real para ir a todo el mundo y hacer discípulos que sean fieles adoradores del Rey. El deseo de su corazón por el engrandecimiento del reino es la base para plantar nuevas iglesias.[16]

David W. Shrenk y Erwin Stutzman destacan el vínculo que existe entre el reino y la plantación de iglesias: «Plantar iglesias es la ocupación más urgente de la humanidad. Es mediante la creación (o plantación) de iglesias que el reino de Dios se extiende en aquellas comunidades que no han sido tocadas con la preciosa sorpresa de la presencia del reino de Dios entre ellos.[17]

Cada vez que empezamos una nueva iglesia en una nueva comunidad somos parte de la respuesta a esa oración. Cada vez que una nueva iglesia alcanza a una persona para Cristo, se agrega un nuevo ciudadano al reino de los cielos. Me temo que hay demasiados pastores que han permitido que la pasión por el crecimiento de la iglesia reemplace a la pasión por el reino de Dios. Sin embargo, es refrescante saber que muchos pastores y líderes de la iglesia están más entusiasmados por construir el reino de Dios que por erigir sus propios reinos.

7. Plantar iglesias es estar en una misión con Dios

La frase latina *Missio Dei* es útil porque le recuerda a la iglesia que su misión no es inventiva, responsabilidad, ni programa de origen humano, sino que fluye del carácter y los propósitos de Dios.[18] Históricamente, el término *misión* se usaba para describir los actos de Dios en lugar de la actividad de la iglesia. La misión no es algo que la iglesia hace para Dios; sino más bien la sincronización y la cooperación de la iglesia con el corazón de Dios.

Según Tom Jones, el connotado profesor y entrenador de plantación de iglesias:

> La naturaleza de Dios está en la raíz de la misión. La Biblia describe al Dios viviente como Aquel que envía. Envía porque ama al mundo (Juan 3:16). Envió a Abraham de su hogar a lo desconocido, con la promesa de bendecir al mundo por medio de él, si obedecía (Gén. 12:1-3). Envió a José a Egipto para ayudar a preservar al pueblo de Dios durante una época de hambruna (Gén. 45:4-8). Cuando llegó la plenitud de los tiempos, Dios envió a su Hijo. Más adelante, el Padre y el Hijo enviaron al Espíritu en Pentecostés (Gál. 4:4-6; Juan 14:26; 15:26; 16:7; Hech. 2:33). Por último, Cristo envía a su iglesia (Mat. 28:19-20).[19]

Jones añade; «La manera más eficaz de cumplir la misión total de una iglesia que ha sido enviada es la multiplicación de las iglesias locales [...]. Cada iglesia local debe considerarse como un centro para la misión en el mundo».[20]

El teólogo suizo Emil Brunner, ya fallecido, hizo una declaración memorable: «La iglesia existe para la misión, como el fuego para enardecer».[21] La iglesia de Dios debe ser parte de la misión con Él. Cuando una iglesia abandona esto, en realidad, deja de ser. David Bosh coincide con esto: «Es imposible abordar el tema de la iglesia sin que al mismo tiempo subrayemos la importancia de la misión. Puesto que Dios es misionero, su pueblo también lo es. La misión de la iglesia no está separada de su ser; la iglesia existe al ser enviada y se edifica para la misión».[22]

Nuestro Dios es el misionero que envía la Palabra, al Hijo y al Espíritu al mundo. Dios es quien define, dirige, energiza y lleva a cabo la misión en medio nuestro. Por tanto, es el originador, el catalizador, el arquitecto y el ingeniero de la plantación de iglesias. Plantar iglesias no es más que cooperar con Él para cumplir su iniciativa de misión global.

8. Plantar iglesias es llevar las manos y el corazón de Jesús a la vida de los necesitados

Hace 2000 años el evento milagroso de la encarnación (hacerse carne) de Dios no sólo lo reveló como hombre; también sirvió como modelo para evangelizar a la humanidad. Cuando la Palabra se hizo carne, los creyentes aprendieron la importancia de encarnar la proclamación. No basta con proclamar el evangelio, debemos vivirlo con y ante los demás en las comunidades cristianas.

La manera del NT de «vivir a Jesús» con y ante los que sufren fue y sigue siendo a través de su cuerpo, la iglesia. Una iglesia saludable es el cuerpo de Cristo en la tierra. El establecimiento de una nueva iglesia lleva las manos y el corazón de Jesús a la vida de los necesitados.

Roscoe y Maryanna Lilly se mudaron a Clifton Park, New York en 2003, y comenzaron a servir a la comunidad lavando los cristales de los vehículos en el estacionamiento del centro comercial y limpiando los baños públicos sin costo alguno. Como resultado de ello, nació la iglesia Northstar con un puñado de personas. Les apasiona ser las manos y los pies de Jesús, haciéndolo relevante a su comunidad. Existen para mostrar el amor el amor de Dios de tal manera que la gente intercambia la vida ordinaria por una vida extraordinaria mediante el poder de Jesucristo. El año pasado, la joven y creciente congregación registró más de 1600 horas de servicio comunitario. Dicen que su ministerio encarna esta fórmula:

> Ver a la gente como Jesús los vio.
> Aceptar a los demás como Jesús los aceptó.
> Amar a las personas como Jesús los amó.
> Tocar a la gente como Jesús los tocó. (Conocida en inglés por la sigla SALT).

9. «¡Fructificad y multiplicaos!»

El primer mandamiento de la Biblia es «Fructificad y multiplicaos» (Gén. 1:22). Para las plantas este mandamiento significó que debían reproducir plantas. Para Adán y Eva, connotaba que debían tener hijos. Y para las iglesias, el mandamiento alude a plantar nuevas iglesias.

El Dr. Elmer Towns, que participa en el proyecto *Innovate Church* [Innovar la iglesia] y Douglas Porter escriben:

> La iglesia es un cuerpo vivo. Al igual que todo lo que está vivo crece y se reproduce, así tu iglesia debe crecer y reproducirse al iniciar una nueva iglesia. Así como Dios creó a todos los seres vivos para que se reprodujeran, es decir, «según su género» (Gén. 1:11-12,21), asimismo tu iglesia debe duplicar su ministerio plantando otra iglesia.[23]

Hace algún tiempo hubo una exhibición en el Museo de Ciencia e Industria en Chicago. Se presentó un tablero de ajedrez con 1 grano de trigo en el primer cuadro, 2 en el segundo, 4 en el tercero, luego 8, 16, 32, 64, etc. Al final del tablero, había tantos granos de trigo en un cuadro que se extendían a los cuadros vecinos. Aquí la demostración se detuvo. Sobre la pantalla del tablero de ajedrez había una pregunta que decía: «Si se continuara duplicando cada cuadro a ese ritmo, ¿cuántos granos de trigo habría sobre el tablero en el cuadro 64?» Para encontrar la respuesta a este acertijo, pulsabas un botón de la consola frente a ti, y la respuesta aparecía en una pequeña pantalla encima del tablero: «Suficiente para cubrir la India 15 metros [50 pies] por encima del suelo».[24]

El problema en Norteamérica es que hemos estado trabajando duro para *añadir* conversos cuando deberíamos estar invirtiendo nuestra energía *multiplicando* iglesias. La población crece mediante la multiplicación, pero nos hemos enfocado en la adición. Si tenemos alguna esperanza de cambiar el rumbo, debemos invertir nuestra vida multiplicando iglesias. El *lento* proceso de multiplicar iglesias es la manera *más rápida* de cumplir con la gran comisión.

La multiplicación puede ser costosa, y en las etapas iniciales mucho más lenta que la adición, pero a largo plazo es la manera más eficaz llevar a cabo la gran comisión de Cristo. En realidad, es la *única* manera. Tu iglesia no puede llamarse una iglesia de la gran comisión hasta que se transforme en un centro de multiplicación de iglesias.

10. «Derriben las puertas»

Demasiados cristianos e iglesias se han escondido. Nos hemos retirado a nuestros guetos cristianos, vamos a nuestras escuelas cristianas, escuchamos nuestras estaciones de radio cristianas y frecuentamos solo a nuestros amigos cristianos. A medida que la cultura se aparta de los valores bíblicos, nos alejamos más de la cultura. Y esto le rompe el corazón a Jesús.

En Mateo 16, Jesús les dio a los discípulos una oportunidad para que lograran una comprensión más profunda de su identidad y con ello, un entendimiento más claro de lo que les esperaba. En el versículo 18 declara lo que se conoce como la gran promesa: «Yo te digo que tú eres Pedro, y sobre esta piedra edificaré mi iglesia, y las puertas del reino de la muerte no prevalecerán contra ella» (NVI).

Esta promesa establece claramente que, como Jesús es el constructor de la iglesia, ¡la iglesia es una fuerza imparable que debe derribar las puertas del infierno! No debemos ser cobardes pasivos, agazapados por temor al mundo que nos rodea. Debemos ser un ejército militante y agresivo en la ofensiva de Dios, trabajando para rescatar cautivos del infierno.

Nada hace que el enemigo se incorpore y preste atención tanto como el comienzo de una nueva iglesia que está dispuesta a penetrar la cultura, identificarse con los cautivos y echar abajo las mismas puertas del infierno, si eso es lo que se necesita. Todos los plantadores de iglesias que conozco han enfrentado severa guerra espiritual. Pero también me han señalado que las pruebas que han afrontado han sido pequeños precios que han pagado a cambio de la inmensa alegría de ver a las almas libertadas.

Dos preguntas

Si pudiste leer la mitad de estas diez razones sin conmoverte profundamente para participar en forma más activa en la siembra de iglesias, puede ser que estés dormido espiritualmente o incluso muerto. Quiero concluir este apéndice haciéndote dos importantes preguntas sobre iniciar nuevas iglesias:

Si no eres tú, ¿quién más?
Si no es ahora, ¿cuándo?

Notas

1. J. Anderson, en *Missiology: An Introduction to the Foundations, History and Strategies of Word Missions*, [Misionología: Introducción a los fundamentos, historia y estrategias en el mundo de las misiones] ed. por John Mark Terry, Ebbie Smith, Justice Anderson (Nashville: Broadman & Holman, 1998), 243.
2. W. Craig, *Reasonable Faith*, "Subject: Molinism, the Unevangelized, and Cultural Chauvinism" [Fe razonable. Tema: Molinismo, el machismo cultural y los inconversos] http://www.reasonablefaith.org/site/ News2?page=NewsArticle&id=5681 (ingresado el 21 de enero de 2008).
3. R. Sylvia, *High Definition Church Planting* [Plantación de iglesias de alta definición] (Ocala, FL: High Definition Resources, 2004), 26.
4. T. Clegg, *"How to Plant a Church for the 21st Century,"* [Plantar iglesias que crecen en el Siglo XXI] materiales del seminario, 1997, de la colección del autor, Gahanna, Ohio.
5. D. Olsen, http://www.theamericanchurch.org.
6. B. Easum, "*The Easum Report*" [El informe Easum]. Marzo de 2003, http://www.easum.com/church.htm.
7. T. Clegg y T. Bird, *Lost in America* [Perdido en América] (Loveland, CO: Group Publishing, 2001), 30.
8. A. Malphurs, *Planting Growing Churches for the Twenty-first Century* (Grand Rapids: Baker, 1992), 27.
9. L. Schaller, *44 Questions for Church Planters* [Preguntas para los plantadores de iglesias] (Nashville, TN: Abingdon Press, 1991), 43.
10. E. Stetzer, *Planting New Churches in a Postmodern Age* [Plantación de iglesias nuevas en una era postmodernista] (Nashville, TN: Broadman & Holman, 2003), 9.

11. R. Moore, *Starting New Churches* [Comenzar iglesias nuevas] (Ventura, CA: Regal Book, 2002), 3.

12. B. McNichol, citado *en "Churches Die with Dignity"* [Iglesias que mueren con dignidad] *Christianity Today*, 14 de enero de 1991, 69.

13. W. C. Arn, *How to Reach the Unchurched Families in Your Community* [Cómo alcanzar a las familias de tu comunidad que no tienen iglesia] (Monrovia, CA: Church Growth, n.d.), 41, 43.

14. Stetzer, *Planting New Churches*, [Plantemos iglesias nuevas] 37.

15. Ibid., 35.

16. F. Herron, *Expanding God's Kingdom Through Church Planting* [Extender el reino de Dios a través de la plantación] (Lincoln, NE: iUniverse, 2003), 19.

17. D. W. Shrenk y E. R. Stutzman, *Creating Communities of the Kingdom* [Crear comunidades del reino] (Scottsdale, PA: Herald Press, 1988), 23.

18. A. Murray, *Abide in Christ* [Permanece en Cristo] (Springdale, PA: Whitaker House, 1979), 39.

19. T. Jones, *Church Planting from the Ground Up* [Plantación de iglesias desde las bases] (Joplin, MO: College Press, 2004), 10.

20. Ibid., 16.

21. W. R. Shenk, *Write the Vision* [Escribe la visión] (Harrisburg, PA: Trinity Press, 1995), 87.

22. D. J. Borsch, *Believing in the Future* [Creer en el futuro] (Harrisburg, PA: Trinity Press, 1995), 32.

23. E. L. Towns y Douglas Porter, *Churches That Multiply* [Iglesias que se multiplican] (Kansas City, MO: Beacon Hill Press, 2003), 7.

24. W. Henrichsen, *Disciples Are Made, Not Born* [Los discípulos se hacen, no nacen] (Wheaton, IL: Victor Books), 143.

Apéndice 3
El evangelismo en la iglesia primitiva

Dave Wheeler

Hace unos años, un amigo cercano me desafió a que leyera lentamente el libro de los Hechos sin un plan previo en mente, pero con una simple pregunta: «¿Qué le falta a la iglesia moderna estadounidense?» Después de varias semanas de estudio profundo y oracion, me asombró lo mucho que nos habíamos alejado del ideal de Dios para la iglesia y su pueblo tal como se revela mediante el ministerio de los apóstoles en la iglesia primitiva.

Hay por lo menos cinco características de la iglesia del NT reveladas en Hechos 1–4 que deben servir como principios básicos para quienes guíen a las futuras generaciones.

1. La iglesia primitiva ministraba mediante *una presencia constante* (Hech. 2:46-47)

Una rápida lectura de los primeros capítulos de Hechos revela que la iglesia primitiva no se escondía ni huía de la comunidad a la que fue llamada a servir. Participaba en la cultura.

> «No dejaban de reunirse en el templo ni un solo día. De casa en casa partían el pan y compartían la comida con alegría y generosidad, alabando a Dios y disfrutando de la estimación general del pueblo. Y cada día el Señor añadía al grupo los que iban siendo salvos» (Hech. 2:46-47, NVI).

A diferencia de muchos creyentes contemporáneos que parecen temerosos de mezclarse con el mundo de los inconversos, la iglesia primitiva estaba en el centro de la comunidad todos los días, creando así una presencia constante con el propósito de difundir el evangelio. Como resultado, Dios añadía «cada día» a la iglesia.

Para comprender esta dinámica, es indispensable que entendamos que la iglesia es un *organismo* y no una simple *organización*.[1] ¿De qué manera nuestra cultura suele explicar la idea de «iglesia»? Casi siempre como un lugar, un edificio, algo que se hace o algún lugar al que vas.

Si vemos la iglesia como un espacio que no tiene relación con lo que vivimos, puede resultarnos fácil ignorar los mandatos éticos y especialmente las responsabilidades de la gran comisión de alcanzar a los inconversos. Sin embargo, si realmente entendemos que somos la iglesia encarnada, nuestros barrios y lugares de trabajo se convierten en campos de misión donde anunciamos a Cristo con palabras y hechos. Además, si una congregación se define ante todo como una organización, por lo general irá de un evento o programa a otro en la evangelización, en lugar de desarrollar una estrategia completamente bíblica centrada en los principios de la cosecha.

A fin de cuentas, la mentalidad organizativa no tiene interés en propagar la multiplicación bíblica, sino en la capacidad de añadir. Si esto no se reconoce y corrige, la fuerza impulsora del ministerio se convierte en un estresante juego de números que muestra más interés en los «resultados» que en crear discípulos. A su vez, esta mentalidad fácilmente llega a ser una fuente de arrogancia que tiene poco que ver con la expansión del reino y crear un movimiento de Dios, y mucho con inflar el ego y aumentar la reputación de los líderes de la organización.

Quizás por eso es difícil para los líderes de la iglesia impulsar a los miembros a que planten nuevas congregaciones. Gran parte de esta mentalidad se remonta a un modelo de iglesia que no se fundamenta en la Biblia. En realidad, la iglesia siempre debe ser impulsada por el deseo de multiplicarse en todos los niveles del ministerio y dar la gloria a Cristo, no al hombre.

Lamentablemente, incluso con el establecimiento del nuevo pacto, la práctica de la iglesia es más una expresión del AT que del NT. Por lo general tratamos a la iglesia como un templo en el que adoramos, no como un cuerpo de creyentes. Al igual que los fariseos, tendemos a reverenciar nuestras reglas y preferencias, incluso si esto hace que los demás se aparten de Cristo, en lugar de atraerlos a Él. La parte triste es que Dios ha dado a la iglesia mucho más para que lo experimente que simplemente aferrarse a las posibilidades del modelo del AT.

Incluso la frase que oímos mucho en oración: «gracias Dios por traernos hoy a tu casa», no refleja una comprensión adecuada de la iglesia del NT. En el nuevo pacto, Dios habita en medio de su pueblo, no entre ladrillos y cemento. Un entendimiento más profundo de esto nos transformará radicalmente y cambiará la forma en que vivimos nuestra fe y alcanzamos a los demás en la vida diaria.

¿Por qué debería Dios bendecirnos cuando nos negamos a ser lo que nos ha llamado a ser? ¡Lo que le importa a Dios no son nuestras preferencias o procedimientos, sino llegar al corazón y la mente de los que aún no son salvos!

2. La iglesia primitiva dependía de un *poder consumidor* (Hech. 1:8; 4:8)

Desde el principio de los Hechos, es evidente que el fuego consumidor de la iglesia primitiva es el Espíritu Santo manifiesto en la vida de los creyentes comprometidos. Un poco antes de ascender al cielo, Jesús le dijo a los discípulos «pero recibiréis poder, cuando haya venido sobre vosotros el Espíritu Santo, y me seréis testigos en Jerusalén, en toda Judea, en Samaria, y hasta lo último de la tierra» (Hech. 1:8).

Este pasaje afirma la gran comisión de Mateo 28 y expresa también el tema de Hechos y el establecimiento de la iglesia primitiva. Es evidente que el Espíritu Santo es el poder que motivó a los cristianos primitivos en los cuatro primeros capítulos de Hechos. Según Hechos 2, varios creyentes fueron «llenos del Espíritu Santo». La persona clave fue el apóstol Pedro, quien predicó a las multitudes en Pentecostés.

> «Hermanos, permítanme hablarles con franqueza acerca del patriarca David, que murió y fue sepultado, y cuyo sepulcro está entre nosotros hasta el día de hoy. Era profeta y sabía que Dios le había prometido bajo juramento poner en el trono a uno de sus descendientes. Fue así como previó lo que iba a suceder. Refiriéndose a la resurrección del Mesías, afirmó que Dios no dejaría que su vida terminara en el sepulcro, ni que su fin fuera la corrupción. A este Jesús, Dios lo resucitó, y de ello todos nosotros somos testigos. Exaltado por el poder de Dios, y habiendo recibido del Padre el Espíritu Santo prometido, ha derramado esto que ustedes ahora ven y oyen» (Hech. 2:29-33, NVI).

Un tema similar se repite en Hech. 4:8 donde se afirma que Pedro fue «lleno del Espíritu Santo» cuando se defendió con Juan ante los líderes religiosos. Poco después, según Hech. 4:31, el poder consumidor se extendió a toda la iglesia: «Después de haber orado, tembló el lugar en que estaban reunidos; todos fueron llenos del Espíritu Santo, y proclamaban la palabra de Dios sin temor alguno» (NVI).

3. La iglesia primitiva proclamaba un *mensaje consecuente* (Hech. 2; 3; 4:12)

Una lectura atenta de los capítulos 2 y 3 de Hechos revela que los apóstoles primitivos nunca comprometieron la integridad del mensaje del evangelio. Incluso frente a la intimidación y la posibilidad de morir a manos de los líderes religiosos, Pedro se negó a dar marcha atrás.

> «Gobernantes del pueblo y ancianos: Hoy se nos procesa por haber favorecido a un inválido, ¡y se nos pregunta cómo fue sanado! Sepan, pues, todos ustedes y todo el pueblo de Israel que este hombre está aquí delante de ustedes, sano gracias al nombre de Jesucristo de Nazaret, crucificado por ustedes pero resucitado por Dios. Jesucristo es "la piedra que desecharon ustedes los constructores, y que ha llegado a ser la piedra angular". De hecho, en ningún otro hay salvación, porque no hay bajo el cielo otro nombre dado a los hombres mediante el cual podamos ser salvos» (Hech. 4:8-12, NVI).

Es claro que la muerte, la sepultura, la resurrección y las declaraciones exclusivas de la deidad de Cristo eran la parte medular del mensaje de los apóstoles primitivos. Cristo no es meramente la mejor opción para la salvación, sino nuestra única esperanza.

4. La iglesia primitiva poseía una *convincente audacia* (Hech. 4:31)

Con esto en mente, considera lo que dice la Escritura en Hech. 4:31-33:

> «Cuando hubieron orado, el lugar en que estaban congregados tembló; y todos fueron llenos del Espíritu Santo, y hablaban con denuedo la palabra de Dios. Y la multitud de los que habían creído era de un corazón y un alma; y ninguno decía ser suyo propio nada de lo que poseía, sino que tenían todas las cosas en común. Y con gran poder los apóstoles daban testimonio de la resurrección del Señor Jesús, y abundante gracia era sobre todos ellos».

Es evidente que los creyentes primitivos y los apóstoles no temían anunciar el mensaje de Cristo con intrepidez, a pesar de las repercusiones. Sin embargo, esto no era el ímpetu humano que proviene de una personalidad agresiva. Por el contrario, la audacia de la iglesia primitiva era el fruto de un estilo de vida de oración y dependencia del Espíritu Santo.

La iglesia primitiva no estaba definida por programas sofisticados o espectáculos al estilo de Hollywood, sino por un *poder* avasallador que con *audacia* daba testimonio «de la resurrección del Señor Jesús».

5. La iglesia primitiva demostraba siempre una *valentía contagiosa* (Hech. 4:18-20)

Los primeros cristianos sabían perfectamente que la vida es prescindible y que podían perderla en cualquier momento, pero no estaban motivados por temor a la muerte. Un buen ejemplo de esto ocurrió cuando Pedro y Juan enfrentaron a los líderes religiosos en Hech. 4:18-20. Después de ordenarles que salieran del concilio para discutir su destino: «Los llamaron y les ordenaron terminantemente que dejaran de hablar y enseñar acerca del nombre de Jesús. Pero Pedro y Juan replicaron: ¿Es justo delante de Dios obedecerlos a ustedes en vez de obedecerlo a él? ¡Júzguenlo ustedes mismos! Nosotros no podemos dejar de hablar de lo que hemos visto y oído» (NVI).

Se necesitaba una *valentía* extraordinaria para estar ante una muerte segura y negarse a permanecer en silencio. Esta característica, por encima de todo, es la diferencia más grande entre los primeros apóstoles y la iglesia moderna estadounidense. *Lamentablemente, mientras que la iglesia primitiva estaba dispuesta a morir valientemente por su fe, ¡los creyentes contemporáneos no están dispuestos a vivir por esa misma fe!* Para que la iglesia sea la iglesia, Thom Rainer ha declarado: «En la cultura postmoderna de los Estados Unidos del siglo XXI, los cristianos bien podrían aceptar que las críticas de intolerancia continuarán. La preocupación más grande es que muchos cristianos no están dispuestos a adoptar una visión estrecha porque no quieren que se los considere intolerantes».[2]

Si la iglesia moderna quisiera disfrutar de la eficacia de la iglesia primitiva, debe seguir las pisadas de los apóstoles, que eran totalmente diferentes en su enfoque.

1. Los apóstoles no pasaban el tiempo tratando de mantener contentos a los miembros de la iglesia.
2. En la práctica, los apóstoles no parecen valorar ni impulsar la membrecía de la iglesia.
3. Sin embargo, los apóstoles esperaban que cada creyente participara en el evangelismo.
4. Los apóstoles proclamaban la verdad sin importar cómo sería recibida.
5. En general, a los apóstoles les interesaba más la multiplicación de los discípulos y el crecimiento del reino de Dios que erigir ministerios individuales.

Notas

1. Para mayor información, ver, G. Bulley, "*What Is Church*" [Qué es la iglesia] en *Introduction to Church Planting* [Introducción a la plantación de iglesias] (Alpharetta, GA: North American Mission Board, 2000).
2. T. S. Rainer, *The Unchurched Next Door* [Desconectados de la iglesia] (Grand Rapids, MI: Zondervan, 2003), 225.

Índice de textos bíblicos